内容提要

本书着眼于经济视角，运用新闻学、写作学、经济学、管理学等交叉融合的知识，概括了经济新闻评论在当今中国经济发展进程中的地位和作用，构造了专业性经济新闻评论写作的原理、流变、规律、技巧和特色要求等，系统地创造性地进行经济新闻评论写作的理论和实践总结，兼具理论性、知识性和实用性。本书还用大量案例来解读经济新闻评论对于经济改革过程中热点、难点问题的关注，这些案例所呈现出的深层问题具有很强的现实针对性。

本书对于新闻传播院系的学生、媒体从业者和以及各行各业的评论写作者均有使用和参考价值。

经济新闻评论：理论与写作

闻学 著

武汉大学出版社
WUHAN UNIVERSITY PRESS

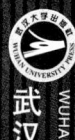

图书在版编目(CIP)数据

经济新闻评论:理论与写作/闻学著.—武汉:武汉大学出版社,
2007.6
 ISBN 978-7-307-05727-2

Ⅰ.经… Ⅱ.闻… Ⅲ.经济—评论性新闻 Ⅳ.G210

中国版本图书馆 CIP 数据核字(2007)第 103576 号

责任编辑:舒 刚　　责任校对:刘 欣　　版式设计:詹锦玲

出版发行:武汉大学出版社　(430072　武昌　珞珈山)
　　　　　(电子邮件:wdp4@whu.edu.cn　网址:www.wdp.com.cn)
印刷:崇阳县天人印刷有限责任公司
开本:720×1000　1/16　印张:23　字数:397 千字　插页:1
版次:2007 年 6 月第 1 版　　2007 年 6 月第 1 次印刷
ISBN 978-7-307-05727-2/G·1006　　定价:30.00 元

版权所有,不得翻印;凡购我社的图书,如有缺页、倒页、脱页等质量问题,请与当地图书销售部门联系调换。

序

当今世界，可能只有中国，几个基本因素交织在一起，使经济新闻评论的重要性更加凸显，并受到特别的关注和研究。一是经济参与全民化。目前正是中国股市告别漫漫熊市、股价屡创历史新高、股市新闻和股市新闻评论潮涌的时期。每个人、每个家庭已很难置身于股市巨大的财富效应之外，截止今年5月底，全国的股票开户数已经超越一亿大关。这意味着，数以亿计的普通民众不再是经济生活的被动接受者，而是一跃成为主动的参与者和决策者，关注与股市有关的各种经济新闻，关注铺天盖地的、各说不一和真假难辨的证券新闻评论，将成为他们生活的一部分。然而，他们中的很多人不知股票和基金为何物，缺乏经济学的基本知识，容易被"忽悠"，一旦股市波动，往往首当其冲遭受损失。因此，及时地解读各种经济新闻、普及经济学常识、强化风险教育，使普通民众理性地参与经济生活，是当下经济新闻评论的一项重要使命。二是世界变"平"了。三度普里策奖得主费里德曼指出："全球的竞技场变平了，世界变平了"。"越来越多的人会发现他们能够找到越来越多的合作对象和竞争对象，人们将和世界各地越来越多的人互相竞争和合作，人们将会在越来越多的工作岗位上互相竞争和合作，人们的机会将越来越平等。"面对经济全球化，我们每个人、每个企业已无法冷眼旁观，我们的经济生活、价值观念和行为方式都将发生改变。我们该如何应对？该如何主动地改变？这需要经济新闻评论及时地进行解读和引导。三是转型中国。中国正处于从计划经济向市场经济、从卖方市场向买方市场、从引进模仿到自主创新、从单纯引进外资到主动"走出去"参与国际竞争的快速转变之中，新的经济现象和经济问题层出不穷，如企业改制重组、房价持续走高、教育乱收费、药价与医疗收费过高、缺乏自主知识产权、国际贸易纠纷不断等牵涉千家万户和国家利益的问题，其背后的逻辑和可能的影响是什么？政府、企业和个人应采取怎样的对策？都需要经济新闻评论工作者呼吁呐喊、出谋划策、质疑争辩和释疑解惑。四是"选择的暴力"。一方面，我们每个人都拥有了更多的选择机会和更大的选择权力；另一方面，太多的商品、信息和机会使我们的选择更加艰难，有时甚至比较痛苦。在受益于选择的同时，如何降低选择可能带来的痛苦，已经成为一个日益普遍的社会现象，而高质量的经济新闻评论有利于我们进行正确的决策。五是构建和谐社会和落实科学发展观。这意味着经济生活中的利益相关者能够正确理解经济生活中出现的各种问题，经济社会中的各种矛盾得到及时化解，政府必须转变发展观念和模式、调整决策行为，自然，经济新闻评论堪当大任。

　　本书恰逢其时，创造性地在经济学和新闻学的交叉视角下，构建一个全新的经济新闻评论的理论与写作框架，其重点在三个方面，一是探讨和归纳经济新闻评论的理论基础，二是分析经济新闻评论的发展源流，三是提炼经济新闻评论的写作方法与技巧。与以往的新闻评论著作相比，本书角度新、视野开阔，其中不乏独创性的见解。此书是作者长期教学和研究的积累，也是作者勤奋努力的结果，希望今后能看到作者更多的佳作。

张　昆*
2007 年 5 月

---

　　* 中国新闻史学会副会长，教育部新闻学科教学指导委员会副主任，华中科技大学新闻与信息传播学院院长、教授、博士生导师。

目 录

前 言 ………………………………………………………………… 1

第一章 经济新闻与经济新闻评论 ………………………………… 1
　第一节 经济新闻与经济新闻评论的界定 ……………………… 1
　第二节 经济新闻评论与经济新闻报道 ………………………… 8
　第三节 经济新闻评论与经济理论文章 ………………………… 14
　第四节 经济新闻评论的基本特征和特殊要素 ………………… 22

第二章 经济新闻评论的功能与作用 ……………………………… 30
　第一节 经济新闻评论的功能 …………………………………… 30
　第二节 经济新闻评论的具体作用 ……………………………… 33

第三章 经济新闻评论主体的素质要求 …………………………… 50
　第一节 新闻评论工作者的素养 ………………………………… 50
　第二节 经济新闻评论工作者的素养 …………………………… 53

第四章 经济新闻评论的现状分析 ………………………………… 63
　第一节 新闻评论的各种变化 …………………………………… 63
　第二节 经济新闻评论的各种变化 ……………………………… 66
　第三节 经济新闻评论的类别和划分 …………………………… 68
　第四节 经济新闻评论的话语选择 ……………………………… 71

第五章 经济新闻评论的逻辑思维 ………………………………… 86
　第一节 论证：说理的过程 ……………………………………… 86
　第二节 立论的方法 ……………………………………………… 91
　第三节 驳论的方法 ……………………………………………… 95

第六章　经济新闻评论的源流 ………………………………… 102
　　第一节　我国的近代报刊和新闻评论的起步 ………………… 102
　　第二节　19世纪末的经济思想言论——以王韬为例 ………… 106
　　第三节　20世纪初的经济思想言论——以梁启超为例 ……… 111
　　第四节　民国经济学说的传播和经济的发展 ………………… 117

第七章　1949年后的经济新闻评论 …………………………… 123
　　第一节　新中国成立后17年的经济建设与经济新闻评论 …… 123
　　第二节　改革开放后的经济新闻评论 ………………………… 126

第八章　经济新闻评论的选题和立意 …………………………… 132
　　第一节　经济新闻评论选题的原则和路径 …………………… 132
　　第二节　经济新闻评论的立意 ………………………………… 146

第九章　经济新闻评论的谋篇结构 ……………………………… 155
　　第一节　经济新闻标题的艺术 ………………………………… 155
　　第二节　经济新闻评论的开头 ………………………………… 158
　　第三节　经济新闻评论的结构 ………………………………… 164
　　第四节　经济新闻评论的结尾 ………………………………… 170

第十章　报刊经济新闻评论（一）……………………………… 174
　　第一节　报刊经济新闻评论 …………………………………… 174
　　第二节　社论 …………………………………………………… 181
　　第三节　评论员文章 …………………………………………… 198
　　第四节　经济时评 ……………………………………………… 204

第十一章　报刊经济新闻评论（二）…………………………… 212
　　第一节　专栏经济新闻评论 …………………………………… 212
　　第二节　经济述评 ……………………………………………… 227
　　第三节　经济随笔 ……………………………………………… 242
　　第四节　财经杂志评论 ………………………………………… 249

第十二章　广播经济新闻评论 …………………………………… 256

经济新闻评论：理论与写作

第一节　广播经济新闻评论的优势……………………………256
　　第二节　网络广播的兴起、特点与发展…………………………257
　　第三节　新世纪广播经济新闻评论的发展………………………264
　　第四节　现阶段广播经济新闻评论问题…………………………266

第十三章　电视经济新闻评论……………………………………269
　　第一节　电视新闻评论的发展历程………………………………269
　　第二节　电视新闻评论的发展趋势………………………………274
　　第三节　电视经济新闻评论的分类………………………………276
　　第四节　电视经济新闻评论的主要特点…………………………281

第十四章　网络经济新闻评论……………………………………286
　　第一节　网络新闻评论的几种形式………………………………286
　　第二节　网络评论与传统媒体新闻评论…………………………293
　　第三节　网络经济新闻评论………………………………………295

第十五章　多维经济视角下的经济新闻评论……………………301
　　第一节　宏观经济新闻评论………………………………………301
　　第二节　中观经济新闻评论………………………………………306
　　第三节　微观经济新闻评论………………………………………316

第十六章　金融新闻评论…………………………………………327
　　第一节　金融新闻报道与评论……………………………………327
　　第二节　证券新闻报道与评论……………………………………336

后　　记……………………………………………………………355

前　言

中国是一个有着几千年辉煌历史的文明古国，身受传统儒家文化浸润的知识分子信奉"达则兼济天下，穷则独善其身"，其所学所知一为修身养性，二为经世报国。可以说中国知识分子从来都不缺乏济世救国之志，更不缺少自省察人之心。中国的改革开放是"摸着石头过河"的全新实验，没有任何成功的先例借鉴，需要中国知识分子寻求良方，找准症结，积极探索改革的思路和计策。在这个时代，中国从事经济学研究的专家学者更加责无旁贷，从计划经济到市场经济的转轨过程中，面临纷至沓来的新事物、新现象，如企业改制、重组、承包制、住房改革、教育收费、医疗收费等牵涉老百姓利益的问题，他们呼吁呐喊，出谋划策，为国家、企业、个人三方利益的博弈而找寻平衡；他们著书立说，质疑争辩，为自己、他人、社会三种理想的融合而尽心出力。

我们为什么要学习经济学？美国经济学家曼昆认为有三个原因："第一个原因是学习经济学有助你了解你所生活的世界。第二个原因是经济学将使你更精明地参与经济。第三个原因是将使你更加理解经济政策的潜力与局限性。"① 我们要勤于学习，更要善于学习，终身学习已经是我们这个时代别无选择的行为。学校教育只是人们学习的一个阶段，更多的时候，我们需要在业余时间不断地学习。在信息社会，媒体为大众搭建了学习经济学、参与经济生活的平台，经济专家、公司高管、政府官员、媒体记者等在媒体上发表对于中国经济见解和看法的报道和评论，既普及经济常识又引导社会舆论，既建言献策又倡导社会正义，其意义大到为民族的振兴，小到为弱势群体的权益，体现了知识分子的良心和社会责任感。伴随中国经济改革的进程，他们需要"铁肩担道义，妙手著文章"。

中国加入世界贸易组织，纳入世界经济一体化，高新技术、网络经济等

---

① ［美］曼昆：《经济学原理》序言，生活·读书·新知三联书店、北京大学出版社，1999年版，第11页。

的出现,拉近了世界的距离。"2000年左右我们进入了一个新的纪元:全球化3.0。全球化3.0使得这个世界进一步缩小到了微型,同时平坦化了我们的竞争场地。"① 我们面临新的挑战,历史又赋予新的机遇,对于新经济,我们应该满心期待,积极迎接。正值本书写作过程中,中国股市不断飙涨,告别漫漫熊市,进入大牛市,基金热、股票热席卷每个家庭。基金、股票开户数连创新高,中国人比以往任何时候都更加关心中国经济指数的涨跌、经济运行秩序的好坏,中国人正由经济浪潮的旁观者变成积极参与经济建设的投资者。财经媒体的火爆,经济信息的追捧,正是中国经济日益向好的象征,经济新闻的报道和评论正在影响和左右着人们的经济决策和行为。今天的媒体面对越来越苛刻的大众,仅仅提供客观报道已满足不了他们的经济投资需求,大众需要了解新闻事实背后的分析及真知灼见的观点。专业性的经济新闻评论谁在写?为谁写?写什么?怎么写?成为新闻评论写作教学和研究的一个重要课题,本书正是基于以上考虑,力图在经济学的视角下,构建一个经济新闻评论的写作框架,其区别不同于以往的新闻评论著作在于:

一、紧扣经济,重在经济新闻评论

本书既吸收了前人新闻评论著作的研究成果又有独特的创新:把新闻评论中的一个分支抽取出来作为研究对象,在新闻学和经济学的交叉学科下,探讨和研究经济新闻评论的写作规律和模式。在"报刊经济新闻评论(一、二)"章节中,梳理了"经济时评"、"专栏经济新闻评论"、"经济随笔"等近几年日渐流行的经济新闻评论的特色和要求。在"多维经济学视角下的经济新闻评论"一章中,对于宏观、中观、微观经济新闻评论,作了大量的案例分析。由于金融处于现代经济的核心地位,本书单列一章专门研究金融和证券新闻评论的写作要求及媒体应注意的问题和防范对策。

二、技巧为下,正义良心为上

有些经济学专家学者常常与政府官员、企业家、公司高管等高层人士打交道,多重身份使得他们容易成为某一利益集团的代言人。有的经济学专家学者身处庙堂之上,其经济收入不菲,不了解百姓的甘苦和需求。其言论往往脱离底层大众及弱势群体,甚至公开宣称为精英、高层服务,新闻评论一

---

① [美]托马斯·弗里德曼:《世界是平的》(第2版),湖南科学技术出版社,2006年版,第9页。

时间只有代表媒体编辑部、社会精英的意见,而一般民众的意见却湮没无声。新闻评论的"新闻媒体、知识精英、社会大众"构成的"稳定的三角"① 却无形中缺了一个角。经济新闻评论与现行的经济关系紧密,写作尤其要体现理性和独立精神,在兼顾公平和效率的前提下,用良心说话,为正义呼吁。所以,经济新闻评论的写作出于技巧又高于技巧,即:人品高于作品,正义良心是经济新闻评论写作者的出发点和落脚点。

三、突出案例分析,抓住社会经济热点

这些年来,教育、医疗、住房、交通、通信、金融服务等消费快速增长成为老百姓心中挥之不去的阴影,也成为各个媒体热议的话题。本书选择生活中热点难点问题作为案例分析,具有一定的现实针对性。这些显性问题的解决既需要经济学、社会学、管理学等专家学者的对策研究和具体建议,也需要政府深化改革转变体制,打破垄断,更需要全民参与、群策群力,充分理解和支持下一步的改革措施。媒体经济新闻评论倡导的舆论空间,为中国的改革和发展提供了上、中、下各个阶层的交流平台和疏导出口。

本书的案例选取了近年来报刊上发表的经济新闻评论,在此向一线写作经济新闻评论的广大作者表示诚挚的感谢。同时也向本书参考的著作、教材及论文的作者表示衷心的感谢,没有你们的探索和积累,本人不可能完成此重任。

本书不当之处,欢迎读者批评指正。

作　者

2007 年 5 月 6 日

---

① 马少华:《新闻评论教程》,高等教育出版社,2007 年版,第 198 页。

第一章 经济新闻与经济新闻评论

第一节 经济新闻与经济新闻评论的界定

一、什么是经济新闻

经济活动是人类社会最基本的活动,每一个社会成员的衣食住行都离不开经济活动。从个体到集体,整个社会都十分关心经济发展,重视经济效益。通过发展经济,个人可以发家致富,实现个人理想;国家可以安定殷实,屹立世界之林。20世纪开始的改革开放使我们遇到一个个艰难险阻,我们的"小舢板"终于闯过了惊涛骇浪,由一个经济落后的大国经过将近30年的发展成为经济初具规模的中等发展水平的国家,小康社会由一个遥不可及的梦想开始逐步成为现实。21世纪,中国经济加快融入全球经济一体化之中,又面临着巨大的机遇与风险。我们既要大胆地迎接挑战,做强做大中国的民族企业,又要更新观念,接受先进的世界文化。所以,我们应尽可能多地掌握现代经济知识,了解经济规律和管理艺术。而传播经济知识,帮助人们将零星、个别的经济体验整合提升为理性的经济行为,要数经济新闻最为有效。这就是为什么近年来经济新闻越来越被公众关注的现实背景。

至于什么是经济新闻,由于审视的角度不同,说法也各种各样:
"新近发生的经济事实的报道,便是经济新闻。"也就是:"在生产、流通、分配、交换这个循环往复过程中所形成的物质运动……就有可能构成经济新闻。"①

"经济新闻是报道人类一切经济活动的新闻,或以经济活动为主要内容的新闻。经济活动包括经济建设、经济改革、经济生活等。"②

---

① 张颂甲:《经济新闻写作浅说》,经济日报出版社,1991年版,第5页。
② 徐人仲:《经济新闻学初稿》,新华出版社,1993年版,第5页。

"经济新闻是各种以报道经济活动、经济生活、经济现象、经济信息为内容的新闻报道的统称。"①

"经济新闻就是对受众欲知而未知的、经济事实的最新状态和发展趋向及时、公开传播的非指令性经济信息。"②

"所谓经济新闻,应该是关于人们如何进行经济选择和经济决策的报道。"③

所有这些界定,都从新闻是"事实"、是"信息"的角度,阐发了经济新闻的本源与本质属性,强调了内容的新闻性和时效性。

综合上述经济新闻的各种定义,本书认为,所谓经济新闻,应该是关于人们从事经济活动的行为及动态情况的能动性的报道。着眼于"能动性",不仅使经济新闻更贴近读者,更有针对性,更多地启发人们思考,帮助读者更多地透过现象了解背后的"为什么",而且对记者提出了更高的要求。经济新闻不应该是具象的反映,而应该对纷纭复杂的种种经济现象进行深入细致的分析和解剖,抓住其本质,阐释其市场规律。

二、什么是新闻评论

何为新闻评论?每一本评论学著作,都是说法各异。一种事物,多种说法并存,在学术研究中是一种普遍的现象。虽然新闻学科的存在和研究的历史均不长,但新闻实践活动却随着时代的发展蓬勃兴盛,为新闻理论提供了丰富的资源,也为学术争鸣提供了一个正常的空间。争议不乏对于开展我国新闻学科的研究和提高新闻作品写作质量来说,是一件大好事。它一方面说明新闻研究领域富有活力,既有的新闻体裁在新的实践领域不断得到改变、充实和丰富,要求研究者给予新的界定和解说;另一方面反映了面临日新月异、层出不穷的现象研究者没有墨守成规,而是积极发现、随时总结创新,用理论指导实践,又在实践中检验和升华理论。现就新闻评论定义的几种主要界定列举如下:

"新闻评论,是报纸、广播等新闻舆论工具,就当前重大问题、新闻事件发议论、作解释、提批评、谈意见、发号召的一种文字体裁,属于论说文

---

① 程道才,严三九:《经济新闻写作概说》,中国广播电视出版社,2001年版,第30页。
② 仇学英:《热点经济新闻采访技巧》,新华出版社,1998年版,第29页。
③ 樊凡,时统宇:《经济新闻范文评析》,新华出版社,2001年版,第15页。

经济新闻评论:理论与写作

的范畴。"①

"新闻评论是就当天或最近报道的新闻,或者虽未见诸报端但确有新闻意义的事实,所发表的具有政治倾向的,以广大读者为对象的评论文章。离开了新闻性、政治性和群众性,都不成其为新闻评论。"②

"新闻评论是当代各种新闻媒介普遍运用的、面向广大受众的政论性新闻体裁。"③

"新闻评论,是媒体编辑部或作者对最新发生的有价值的新闻事件和提出一定看法和有普遍意义的紧迫问题发议论、讲道理,有着鲜明针对性和引导性的一种新闻文体,是现代新闻传播工具经常采用的社论、评论、评论员文章、短评、编者按、专栏评论和述评等的总称,属于论说文的范畴。"④

"所谓新闻评论是传者借用大众传播工具或载体,对新近发生或发现的新闻事实、问题、现象直接表达自己意愿的一种有理性、有思想、有知识的论说形式。新闻评论在报纸、广播、电视和网络上有不同的表现方式,或文字、或声音、或音像结合、或图文并茂,在新闻传播中发挥着重要作用。⑤

"新闻评论是针对现实生活中新近发生的、具有普遍意义的新闻事件和迫切需要解决的问题而发议论,讲道理,直接发表意见的文体。"⑥

"新闻评论是各种传播媒体普遍运用的、面向受众传播的有关新近(或正在发生的)事实的意见性信息"。⑦

"新闻评论是针对社会新近发生的重要事实或人们思想中的突出问题,在新闻媒体上发表的具有一定倾向的言论,是新闻传播媒体发布的各种评论的总称,即评论主体对社会新近发生的具有普遍意义的新闻事件和重大问题所作的议论、品评,是一种有着鲜明的针对性、指导性和时代特色的政论文体,属于论说文的范畴。"⑧

以上几种提法(当然还可以列出其他几种)各有短长,没有必要也不

---

① 姚文华:《实用评论学》,新华出版社,1985年版,第5页。
② 范荣康:《新闻评论学》,人民日报出版社,1987年版,第5页。
③ 王振业:《广播电视新闻评论》,北京广播学院出版社,1997年版,第2页。
④ 丁法章:《新闻评论教程》,复旦大学出版社,2002年版,第15页。
⑤ 赵振宇:《现代新闻评论》,武汉大学出版社,2005年版,第43页。
⑥ 胡文龙:《新闻评论教程》,中国人民大学出版社,1998年版,第1页。
⑦ 李法宝:《新闻评论:发现与表现》,中国传媒大学出版社,中山大学出版社,2005年版,第3页。
⑧ 薛中军:《新闻评论》,上海大学出版社,2003年版,第73页。

可能强求统一。尽管如此，研究一下这些提法的异同，使之互相取长补短，从而弄清新闻评论这个概念的真正含义，对于新闻评论的研究和写作无疑有着重要意义。前五种评论定义基本把新闻评论作为政论文的一种文种，偏重于政治性、论说性、思想性，而忽略了信息性和意见性的功能。后三种定义则强调了倾向性和意见性而忽略了新闻评论对象的常态与动态、主观与客观的双重特征。

相比较而言，新闻评论是各种传播媒体普遍运用的、面向受众传播的有关新近（或正在发生的）事实的意见性信息。它虽然强调了信息性和倾向性，但没有把评论对象的主观性考虑进去，而偏重于评论的客观性。

三、什么是经济新闻评论

如今的新闻媒介面对的是越来越挑剔、苛刻的市场和受众，人们已不再满足于一般性地获知信息，而要求全方位地解读信息，要获知"比消息更生动的内幕，比内幕更生动的见解"，这一点在经济新闻评论中尤为突出。为了适应这一需要，当代经济新闻的标准就应是，对经济事实不仅要有感性的反映，而且更要有理性的梳理，不仅要有程序性的认识，更要有规律性的把握，不仅要有对规律的局部的、个别的了解，而且要有对规律的全面的、系统的分析。因此，经济新闻的采访写作者必须用唯物辩证法去认识某些现象所反映的经济信息，认识经济事实中的主体——人，帮助读者进行能动地主观抉择。因此，经济新闻评论作为新闻评论的一支得以产生和快速发展。

所谓经济新闻评论，它是指传播媒体就现实经济世界发生的或正在发生的客观事实和在现实环境中产生各种想法的民众的主观世界发表的具有一定倾向性的意见或看法，是对于经济行为和经济活动的动态过程的评论。

经济新闻与经济新闻评论是既密切相关又区别明显的概念。前面提出的经济新闻的各种定义仅仅反映了"经济事实"的表面，尚未触及"事实"的本质，没有抓住经济运动的基本矛盾和人们从事经济运作的基本出发点，因而经济新闻只能是被动的、甚至是机械的、镜像式的反映，还不是能动的反映。人类的经济活动是一个动态的发展过程，有着不可抗拒的经济规律，甚至不以人类的意志为转移，机械地、镜像式地反映和报道不利于准确把握经济新闻的命脉，从而影响经济新闻在经济改革和经济建设中的作用。而经济新闻评论应该关注人类的经济行为，更应该关注人类的经济活动，因为单一的经济行为并不足以完成一个动态的经济活动，在经济行为的进程中考察经济运行的常量和变量则是一个符合经济发展规律的科学方法，作为评介或

指导经济行为或活动的经济新闻评论不能无视经济规律，要运用经济学常识解释经济现象和经济行为，揭示经济发展的趋势和走向，影响或指导人们的经济行为和经济思维。

以下是一则经济新闻引发的经济新闻评论。

案例 1-1

中国企业如何跨越"青春期"？

中评社香港2月27日电 创业7年的马化腾终于开始逐渐退居幕后了。2月15日，在香港上市的腾讯公司发布公告，任命公司原首席战略投资官刘炽平为公司总裁，协助董事会主席兼首席执行官马化腾负责公司的日常管理和运营。马化腾则将更多的精力集中于制定公司的战略发展方向和产品规划。

这个看似简单的人事任命其实暗藏玄机，在接受《中国经营报》记者采访时，马化腾认为这是腾讯从"青春期"迈向"盛年期"过程的重要一步。这个跨越不仅发生在腾讯，还有许多公司正在或即将面对这种变化。

而这个跨越一旦失败，这些公司将可能永远达不到鼎盛阶段，它们或是夭折或是提前进入老化阶段。如何实现成功跨越，引导腾讯迈向鼎盛，是马化腾的新挑战。

个人英雄主义让步

"企业也像孩子一样，孩子小时需要父母的照顾，长大后就要独立了。"柏安基业企业管理咨询有限公司咨询总监苏尚华是"企业生命周期"理论创始人爱迪思的"超级粉丝"，他用这一理论来解释企业的发展。

"马化腾看着腾讯一天天长大，刚刚走过青春期的腾讯从本质上需要脱离'父亲'的照顾，所以说腾讯的这个决定很明智。"

作为高速成长的企业，腾讯早在去年就完成了组织架构的调整和优化。腾讯按照用户导向，将主要业务按照类型成立了无线、互联网、互动娱乐和网络媒体四大业务系统。在华信惠悦副总经理伍刚看来，这个"看似简单的人事任命"是决定腾讯是否能够顺利从高速发展的"青春期"进入稳步的"盛年期"的重要信号。

"但是像马化腾这样主动做出选择的创业型企业家不多，不少中国企业还处在刚起步的婴儿期、学步期，都还没有达到稳步发展的盛年期。"针对多数中国企业面临的发展阶段，苏尚华这样表示。

不过，腾讯的这种模式代表了多数中国企业的发展方向。企业在发展过程中需要英雄的出现，在从小变大的过程中，个人的魅力在某一阶段尤其重要，好在多数中国企业的治理正在逐渐从个人英雄主义阶段走向科学的管理体系中。

几年前，搜狐和万科也还停留在"英雄主义"时代。张朝阳的时尚秀能增加搜狐的点击率，热爱登山的王石，每次进山时总会使股票下跌，而顺利结束登山任务后，股票又能反弹回来。

"如今，这种个人英雄主义带给企业的影响正逐渐失去效用，现代管理制度正逐渐发挥更大的作用。"苏尚华说。

权力移交是难事

"企业进入青春期，企业家的关注点则从外部转向内部。"苏尚华说，"完善内部管理很重要。如何'让人做事'是必不可少的环节。"

"让人做事"的程度和表现其实也是克服"成长拐点"的一个参考值。在过去的发展中，马化腾认为最大的成功之处是打造了一个非常具有创新精神和富有激情的团队。按照现在的趋势，他未来会将更多的工作授权给自己的团队。

"在一个正常运作的企业，企业家应该将20%的精力用于公司的日常管理，剩下的事务则由职业经理人来负责。同时，企业家精力的80%则应用在关注公司的整体发展战略和战略层面的管理工作上。"伍刚描述了一种相对理想的企业家工作状态。

显然，他描绘的这一状态只能是"理想中的"。爱迪思形象地描述了其中的最大难题：创始人雇佣职业经理人，但是发现移交权力是件难事。"老资格"和职业经理人及其支持者的意见对峙，阻碍公司运营。内部冲突使得公司没有什么时间服务客户。

在伍刚看来，"马化腾从现在开始应该转变角色，将自身定位在领导企业而非管理企业。在华信惠悦对中国400多家企业、上万名员工的调查中发现，使员工留在企业的首要因素就是管理者的领导力。可见现代企业管理制度更加需要领导者。领导者有办法激励一些有才干的人，让他们把事情做得更好。而管理者呢，总是在复杂事务的细节中打转，这些人往往将'进行管理'与'把事情弄得复杂'画上等号。因此，为了确保企业的良性成长，马化腾必须从管理者转变为领导者。他必须在融入日常工作的同时，始终保有战略思考的大局观念，将企业的价值观、战略与企业的日常经营活动、业绩管理和员工表现结合起来。真正做到刺激整个组织成长，并领导组织进行

日常的工作。"

企业家精神提升生命周期

成长道路是痛苦的，蜕变的过程总是充满艰辛和疼痛。蝴蝶在蛹的时候，是丑陋和痛苦的，但一旦冲破了蛹的束缚，就将化为美丽的蝴蝶。如果企业能够顺利跨越青春期，它将获得再生、并逐渐成熟，进入稳定期。

如何跨越青春期到盛年期的鸿沟？

"具有创新意识的企业家精神将是最好的法宝。"苏尚华支招。在这种前提下，企业家的战略决定更准确。

王石显然是一个具有创新意识的企业家。依据销售1000亿元、利润100亿元、市场占有率3%的目标，他提出万科2005年的年度关键词是"颠覆"。在这一战略思想的指导下，2005年，万科进行了战略调整。在职能战略分组方面，万科的组织结构调整为四条主线：产品线、运营线、管理线、监控线。在集团总部与一线公司权限划分上，则由过去的相对集权变为相对分权，赋予了一线公司更大的操作空间。

而一直以创新形象出现的马化腾相信自己对战略的把握："技术出身的人在管理细节上不太注意，性格很急，优势是战略眼光准。"

不过，企业家的战略眼光并不是跨越鸿沟的全部，还需要很好的管理来配合。一个健康的企业，需要的是保障和执行的能力。就像一个聪明和勇敢的孩子，成长中需要步步为营，否则只能仰天长叹。从某种意义上说，管理就是一切。进入稳步发展的盛年期，不单靠企业家具有创新意识的战略眼光，也不单是职业经理人的执行能力，双剑合璧才是最终的利器。

（资料来源：《中国企业如何跨越"青春期"？》，http://www.chinareviewnews.com，2006-02-27）

这是一则典型的由经济新闻引发的经济述评，而不是经济新闻报道。上文可以看出，经济新闻评论不仅仅是对新近发生的经济事实的报道，不只是描述现象，而是要力求抓住现象背后的本质，获得一个登高望远的视点。换句话说，它对经济现象的反映不是只触及经济新闻的表层，不是机械的、镜像式的反映，而是能动的反映。新闻评论对事件分析和综合概括更加具有说服力和引导性，而不是仅仅报道一个经济现象或反映一个经济问题。这篇评论不是针对马化腾和腾讯公司换帅的采访，而是对于"马化腾退居幕后"这一事件的意义的开掘，并运用苏尚华和伍刚的言论评点企业家及企业的行为和生长规律，夹叙夹议，最后亮明观点：对于处于盛年期的企业来说，具

第一章 经济新闻与经济新闻评论

有创新意识和战略眼光的企业家与具备执行能力的职业经理人的双剑合璧才是最终的利器。

美国经济学家萨缪尔森指出:"经济学研究的是社会如何利用稀缺的资源以生产有价值的商品,并将它们分配给不同的个人。"① 在他看来,经济学研究范围包括:人和人之间与生产和交换有关的种种活动;经济的总体运动,如价格、产量和失业等;对稀缺资源的使用方式如何选择;人们如何组织他们的生产和消费活动;货币、利息率和财富。

美国经济学家斯蒂格利茨认为"经济学常常被认为是关于选择的科学",他将经济学的范围归结为四个问题:生产什么,生产多少?如何生产?为谁生产?谁来决策,如何决策?② 可以说,经济学存在的客观基础,是资源稀缺性、有限性与人类欲望无限性之间的矛盾。简单地讲,经济学就是管理自己的稀缺资源。经济行为就是如何以更小的资源成本获得最大收益的选择和行动。

因此,经济新闻评论可以通过媒体普及经济学常识,解释经济现象,回答现实中存在的经济问题,并预测经济发展走向,可以使广大受众获益,在面临经济选择和决策时能够以最小的资源成本获得最大的收益。

第二节　经济新闻评论与经济新闻报道

一、案例分析:银行卡跨行查询收费

1. 事件回放

2006年5月新闻媒体纷纷宣告银行卡跨行查询即将收取费用的信息:银行卡跨行查询的免费午餐将在6月1日正式结束。与此前交通银行充当出头鸟的单打独干不同,5月18日,中农工建四大行一齐发布了这一消息。它们的收费标准与交行相同,都是境内跨行查询每次收费3角,境外银联网络查询每次4元。此外,四大行还调整了在境外ATM机取现的收费标准,手续费为每笔12元人民币+交易金额的1%。各银行当天都通过营业网点、

---

① [美]保罗·萨缪尔森,威廉·诺德豪斯:《经济学》(第十六版),华夏出版社,1999年版,第2页。

② [美]斯蒂格利茨:《经济学》(中译本上册),经济科学出版社,1997年版,第17页。

网站、电话银行以及客户对账单等渠道进行了公示。(《北京青年报》,2006-05-19)

面对这一消息,人们站在消费者角度纷纷发表自己的意见,一时形成了话题风景,由此可看出经济新闻评论的功能与作用。

案例1-2

向持卡人收费违背银联成立初衷

从去年开始,"银行卡收费"潮起潮涌。一时间不少家银行根据"国际惯例"纷纷对银行卡开始收取各种费用,诸如年费、小额账户管理费、跨行取现费,直到最近出台的跨行查询费,等等。民众当然应接不暇,但是潮起潮涌之中的奥秘值得探究。

本次一些商业银行要求收取跨行查询费,背后有其特别的考虑。主要战略动机是:一是打击竞争对手;二是增加自己的中间业务收入。

这次跨行查询收费的波澜是由大银行挑起并挑头最终落实的,中小型银行对于该收费问题避而不谈也无所作为,这主要是由于大街上的取款机大都由大银行设立,取款机没有联网通用之前,这些取款机都仅仅服务本行的客户,而建立银联要求各行互联互通后,这些取款机也可以服务中小银行的客户。这样,一方面大银行的设备维护成本确实是增加了,但更重要的是事实上扩大了中小银行的服务网点,这无疑刺激了大银行要求通过设立跨行性的各种收费来增加中小银行客户的用卡成本,以此打击同业竞争对手。当然,由于发卡属于中间业务,一旦收取了这笔费用,大银行每年的中间业务收入也就增加了。这种一箭双雕的好事何乐而不为呢!

可问题是,设立中国银联这个独一无二的机构,初衷就是为了促进国内金融支付手段的现代化,为民众提供更加方便、快捷、低成本的金融服务,即"不但实现了联网通用,而且做到通用好用"。但现在"联网通用"不假,而在"通用好用"方面,却不断地出现了设立各种名目向消费者不断增加收费的问题。这显然违背了成立银联的初衷。

关键问题是:跨行查询收费是可以,但是应该是由各个银行之间结算相关跨行使用金融设备的费用,而不应该直接向持卡人收取这笔费用。道理很简单,这就像消费者拿中国移动的手机打电话。无论是打给联通的手机,还是打给移动的手机,对于消费者而言每分钟话费都是一样的,不可能说因为

打给联通的手机就多收费。但是，如果是移动的手机打给联通的手机，中国移动实际上是要支付给联通公司一笔费用的，但是这笔费用不需要消费者单独再来承担。银行卡的年费其实本就应承担各种跨行性使用金融设施的费用，无论是查询业务还是取款或消费支付业务，都不应该在年费之外仍不停地向持卡人转嫁各种原本由银行承担的费用。

说到最后，才轮到说广大持卡人。不管绕来绕去，道理怎么个讲法，最终费用还是由作为消费者的持卡人承担了。之所以跨行查询的费用最终由持卡人承担，一方面是由于中小银行承担这些费用肯定有压力。另一方面，从对银行等金融机构的监管现状看，也很难出现由银行承担该项费用的局面。

目前来看，无论各方对于出台跨行查询收费的看法和态度如何，最终的费用都还是将由持卡人承担。纵然民众可以"用脚投票"，拔脚不用银行卡走人，但是这无疑使得自己陷入现金交易的"金融远古时代"。民众在这种金融市场的大格局中，或许可以使用《合同法》或《消费者权益法》据理抗争，但可能也只有无奈地接受统统由自己埋单的最终安排。

（资料来源：石桦：《向持卡人收费违背银联成立初衷》，《新京报》，2006-05-24）

案例 1-3

银行卡收费到底违反了什么法

面对银联和所有银行共同组成的一个巨大的垄断利益联盟，单个的持卡人和这样的垄断利益联盟根本不可能处于一个平等的地位，显然也无法订立一个公平的合同来保护自己的权利。

四大国有商业银行在网点发布收费公告，将于6月1日起开始收取跨行查询费。银行再次公布的收费行为引起了媒体和各方的强烈反响。有人认为银行与持卡人之间的合同关系应当由《合同法》来调整，如果未经持卡人同意，银行擅自采取单方面行动（如直接从卡上扣钱）将构成违约，要承担相应的法律责任。

笔者非常赞成银行卡的规定应当服从法律，不过对于银行违反《合同法》的判断却有些疑问。银行卡的章程都规定了银行方面随时可以变更章程，调整收费标准和方式，如果持卡人不同意，可以随时销卡。而所有的持卡人在申请银行卡时都签字同意了这样的章程。没有人强迫你同意，也没有人强迫你必须用银行卡。所以，如果依据《合同法》，那么这个交易和合同应该是合法有效的。

那么问题到底出在哪里呢?实际上,面对银联和所有银行共同组成的一个巨大的垄断利益联盟,单个的持卡人和这样的垄断利益联盟根本不可能处于一个平等的地位,显然也无法订立一个公平的合同来保护自己的权利。如果让他们自由订立合同,这样的合同只能是"人为刀俎我为鱼肉"。就如同在一个劳动力严重过剩的市场,在没有《劳动法》保护的时候,我们很难想象劳动者能和雇主签订一个公平的劳动合同。因此,我们需要一个更好的法律保护处于弱势的消费者,这就是《消费者权益保护法》。

银行卡单方面的收费行为显然损害了消费者的利益。根据《消费者权益保护法》规定:经营者不得以格式合同、通知、声明、店堂告示等方式作出对消费者不公平、不合理的规定,或者减轻、免除其损害消费者合法权益应当承担的民事责任。显然,银行卡的章程就是一个对消费者不公平、不合理的规定,而四大国有银行的收费公告也是如此。因此,无论是银行卡章程还是最近银行的收费公告,都是明显违反《消费者权益保护法》的行为。

《消费者权益保护法》还规定:各级人民政府应当加强领导,组织、协调、督促有关行政部门做好保护消费者合法权益的工作。各级人民政府工商行政管理部门和其他有关行政部门应当依照法律、法规的规定,在各自的职责范围内,采取措施,保护消费者的合法权益。因此,对于经营者依靠个别行政部门的错误审批侵害消费者权益的行为,政府和工商行政管理部门应当采取措施、予以纠正,以保护消费者的合法权益。

虽然此次银行卡收费得到了有关行政主管部门的批准,但是不能以行政审批作为侵害消费者权益的违法行为的保护伞。如果任何企业都可以凭着一纸批文就向消费者收费,那么必然引起各类有条件企业的效仿。电力局可以找电监会批准,每月收点灯泡费。电信局也可以找信产部批准,每月收点接听电话费。那些没有条件的企业也会努力创造可以获取批文和收费的条件。实际上,在单个银行没有条件获取收费批文的情况下,银联这个新组织有了获取收费批文的条件。

而且,依靠行政审批获取收费的可以带来的巨大利益,也必然鼓励银联这样的企业不去考虑降低成本和提升服务,而是挖空心思从消费者身上找钱和主管部门那里找批文,谁都知道这样来钱显然要快得多。因此,如果银联和银行联合侵害消费者权益的这类行为得不到制止,不知道他们会用怎样丰富的想象力去创造收费名目。

之所以会有如此多的企业敢于明目张胆侵害消费者的权益来扩大自己的利益,关键在于对《消费者权益保护法》的执行力度远不如一些部门和企

业对利益的追逐力度,对消费者的保护意愿远远不如对利益集团的保护动力,导致经营者违法的收益远远大于违法的成本,从而也鼓励了越来越多的企业依靠违法获取利益。

因此,要真正保护消费者的权益,改善中国的消费环境,必须用法律严惩漠视消费者权利者,让敢于以身试法者付出沉重代价。只有这样,才能让所有经营者,特别是垄断企业不敢越雷池半步,也只有这样,消费者们才可能真正体会到"顾客就是上帝"的感觉。

(资料来源:周城雄:《银行卡收费到底违反了什么法》,《新京报》,2006-05-23)

2. 案例总评

银行卡在当今社会几乎是不可或缺的消费必备之物,银行卡的收费问题自然也和群众的生活息息相关,因而这一问题的评论话题很贴近现实,容易引起人们的兴趣和关注。在案例1-2开头,作者就以一些现象引导读者进行思考:商业银行实行跨行收费的动机何在?这又和银联的成立有何关系?在言简意赅地点明了原因后,一步步进行论证:"大街上的取款机大都由大银行设立","建立银联……后,这些取款机也可以服务中小银行的客户","事实上扩大了中小银行的服务网点",从而说明收取跨行收费对打击竞争对手以及增加中间业务的收益的重要性。进而自然地引出问题:说明这与银联成立的初衷——"为民众提供更加方便、快捷、低成本的金融服务"相悖。在提出自己的论点——不应向持卡人收取跨行查询费后,接着用通信行业的收费情况进行对比论证,说明为何其收费不合理。分析说理环环相扣,语言通俗简洁,论证方式层层递进,自然地引导读者进行思考并劝服读者接受其观点。

而"银行卡收费到底违反了什么法"表明银行行为是违法的,准确明了。文章开门见山地点明了题旨:面对银联和所有银行共同组成的一个巨大的垄断利益联盟,单个的持卡人和这样的垄断利益联盟根本不可能处于一个平等对话的地位,显然双方也无法订立一个公平的合同来保护消费者的权利。作者用理智的笔触,对这次事件进行了比较中肯的分析。

作者以一个相对立的观点"有人认为银行与持卡人之间的合同关系应当由《合同法》来调整"为对立面,提出自己的观点:我们需要一个更好的法律保护处于弱势的消费者,这就是《消费者权益保护法》。指出单个的持卡人和垄断利益联盟不可能处于平等的地位,无法订立一个公平的合同来保护自己的权利。这样的合同只能是"人为刀俎,我为鱼肉"。鲜明生动,

经济新闻评论:理论与写作

准确贴切，找准了事件的命脉，最后从保护消费者利益出发，推而广之地引申出结论：如此多的企业敢于明目张胆侵害消费者的权益来扩大自己的利益，关键在于对《消费者权益保护法》的执行力度远不如一些部门和企业对利益的追逐力度，对消费者的保护意愿远远不如对利益集团的保护动力，导致经营者违法的收益远远大于违法的成本，从而也鼓励了越来越多的企业依靠违法获取利益。中心论点发人深思，引人思考。

3. 结局

（1）暂停 ATM 跨行查询收费。

ATM 跨行查询收费事件经过众口一词的反对热浪，迫于舆论压力银监会于 2006 年 7 月 18 日向这些银行下发了一份征求意见稿，指出要暂停 ATM 跨行查询收费，并妥善处理已向持卡人收取的手续费。

银监会拟暂停 ATM 跨行查询费

[ATM 跨行查询收费事件再度升级。记者昨天从可靠渠道获悉，在前一日银监会召集部分商业银行卡部负责人召开的会议中，银监会向这些银行下发了一份征求意见稿，指出要暂停 ATM 跨行查询收费，并妥善处理已向持卡人收取的手续费。]

银监会有意暂停收费

据介绍，银监会此次向部分银行下发的征求意见稿主要包括以下几方面：一是暂停收费，妥善处理已收取持卡人手续费；二是升级系统，提供一定次数的免费跨行查询服务；三是当客户跨行查询交易时，操作界面上必须出现收费提示；四是已经收费的银行，应严格执行商业银行服务价格管理办法，于 7 月 18 日前将为什么要收费、怎么收费及收费定价依据、原则上报银监会，违者处 10 万元至 30 万元的罚款。

银监会在意见稿中表示，综合考虑到我国银行卡事业尚处于起步阶段，银行服务还有待改善，结合持卡人和人大代表等要求，拟出台相关解决方案。而解决方案既要考虑到持卡人的需要，也要有效抑制持卡人无度查询给银行带来的成本上涨。

（资料来源：袁峰：《信息时报》，2006-07-13）

（2）停止收取 ATM 跨行查询费用。

跨行查询费的收取，掀起了轩然大波，这一事件的纵深讨论及质疑导致的直接结果：银联表示"原定于 4 月 1 日执行的 ATM 跨行查询收费计划暂

时推迟"。跨行查询费的争议到了2007年4月6日终于画上一个句号。

中新网4月6日电（记者 于晶波） 针对当前市场反应，经与会员银行协商同意，2007年4月6日中国银行（5.63，-0.06，-1.05%）行业协会自律工作委员会常务委员会决议，要求各会员银行于本月20日之前，开始停止向持卡人收取人民币银行卡境内ATM跨行查询费用。具体停止日期由各行根据各自系统调整所需时间自行决定。

（中国新闻网，http：//www.sina.com.cn，2007-04-06）

反对或暂缓到停止收取跨行查询费的一边倒的舆论倾向说明经济新闻评论在经济活动中具有一定建议性和影响力。经济新闻评论来自经济生活又干预经济生活，其意见性和倾向性往往决定经济社会中的经济行为及动态发展。

二、经济新闻评论与经济新闻报道的区别

通过上面的分析，可以看出，经济新闻评论与经济新闻报道之间的区别主要在于：

（1）经济新闻报道经济消息，属于记叙文范畴；经济新闻评论则分析经济现象及问题并给出解决意见或方案，属于议论文范畴。

（2）经济新闻报道反映经济动态，尽可能客观地展现经济活动的过程和全貌；而经济新闻评论则是对于经济行为和经济活动的动态过程的评论并对宏观经济走向进行分析和预测，从主观上给出符合客观实际的评介和意见。

第三节 经济新闻评论与经济理论文章

经济理论文章和经济新闻评论都与经济有关，前者属于经济学范畴，后者属于新闻学范畴，它们的文体、诉求点、功能和价值具有显著的差异。但无论是经济新闻评论还是经济理论文章，都要遵循经济学的基本原理。经济学的基本原理概括起来就是两个公理性假设和十大原理，① 它们分别是：

---

① ［美］曼昆：《经济学原理》（中译本），三联书店、北京大学出版社，1999年版，第4页。

公理一：稀缺性（Scarcity）假设。任何有用的物品和服务相对于人们的需求而言都是有限的，凡属有用的东西都是稀缺的。

公理二：理性经济人假设。经济行为者是理性的，他们在各种约束的限制下，追求目标函数的最大化。

原理一：选择原理——人们事事时时处处面临交替关系。

原理二：机会成本原理——某种东西的成本是为了得到它而放弃的东西。

原理三：边际原理——理性的标尺。

原理四：激励原理——人们会对激励作出反应。

原理五：比较优势原理——贸易能改善个人和国家的经济福利。

原理六：市场机制原理——市场通常是组织经济活动的一种好办法。

原理七：政府适度干预原理——政府有时可以改善市场结果。

原理八：生产率原理——一国的生活水平取决于它生产物品与劳务的能力。

原理九：通货膨胀原理——政府发行货币过多时物价上升。

原理十：菲利普斯曲线——通货膨胀与失业的短期交替原理。①

以上是我们写作经济新闻评论的理论依据，但是经济新闻评论毕竟不同于经济理论文章。"经济学家和金融专家习惯于用一整套专业术语来解释一些宏观和微观经济现象，但对于日常生活中的一些经济现象却较少关注，这样，经济金融知识的普及工作显得相对滞后……②所以，经济新闻评论写作者既要遵循经济学理论，对于经济现象与问题及时作出合乎经济理论和理性的解释和分析，但又不能陷于理论的艰深中无法让大众读懂，这就需要入乎其内又出乎其外，把高深的经济理论还原成通俗易懂的大白话，真正做到经世致用。

一、案例分析：中国经济与廉价劳动力问题

案例 1-4

中国经济发展的双刃剑

中国经济自改革开放以来保持了20多年的高速增长，成功的因素是多

---

① 赵凌云：《经济学通论》，北京大学出版社，2005年版，第3～10页。
② 郑友林：《身边的经济学》（序），中国市场出版社，2006年版，第1页。

方面的，廉价劳动力无疑是其中不可忽视的因素之一。正是凭藉低廉的劳动力成本和良好的基础设施，中国形成了制造业的比较优势，成为世界上最重要的产品加工和制造基地之一。

廉价劳动力与比较优势的形成

必须注意，中国经济赖以成功的廉价劳动力绝大部分为低级劳动力，所谓低级劳动力系指未受过高等教育的、主要从事体力劳动的劳动者。在中国，低级劳动力的主要来源是农民、下岗工人和因为各种原因中断教育的青年。由于这类人口的巨大基数，使得中国的低级劳动力资源远远供过于求。在供求关系作用下，劳动力作为一种商品的价格极其低廉，相比国外，在中国进行生产的企业其产品制造成本中的工人工资可以压缩到很小的比例。廉价的劳动力资源不仅为国内的制造类企业所利用，同时也吸引了外国企业来华投资。在国际市场的大门打开后，遍布全国各地大大小小的加工制造企业便如雨后春笋般林立，这些企业中绝大部分是引进资金和一条生产线便可以开工的低端制造业，如玩具、纺织、制鞋业等。即使是高端如需要较大规模的机电制造业，倚恃的依然是廉价劳动力。因为技术工艺可以引进，最终需要的仍然是装配流水线前的熟练工人。利用低廉的劳动力成本所形成的竞争优势，中国的加工制造企业在国际上以惊人的低价迅速抢占市场，同时还有更多的企业在国内市场上进行激烈争夺。既然廉价劳动力这一资源是共享的，就总会有新的企业加入。然而市场容量有限，于是削价竞争成了常事，利润空间被迫压缩。这样一来，本应是主要竞争武器的技术革新，对于中国制造企业而言就很奢侈了。大部分国内的民品加工制造类企业。其技术或设备都源自国外，有的甚至自始至终都处于依赖阶段。显而易见，国外企业不可能将自己的核心技术与开发经验拱手相送。而自行研发不但在技术上存在困难，更重要的是企业根本无法提供财力支持。众所周知，现代企业要开发一项领先的技术往往需要巨大的投入，而在低价竞争的狂潮中，中小企业可怜的利润根本无法承受这样的投入。对于同行业的大企业而言，进行技术投资意味着高风险，由于中国劳动力成本的低廉，对技术的投资将使成本陡然提高，如果短期内看不到回报，即使是大企业也很可能支持不住。从国外引进技术设备或核心硬件虽然代价高昂，但仍远小于自行研发。当然，笔者并不否认国内一些大型制造企业在技术研发方面做出的努力，然而现在真正能够有计划地进行长期战略、技术投资和人才储备的国内企业又有多少呢？

比较优势战略的持久性分析

坚持比较优势战略的人认为，在全球经济一体化的背景下，我们的制造产业只要发挥自己的比较优势就可以了，作为世界工厂的一个装配车间似乎也没什么不好。这种观点直白地说，就是让中国的制造业继续吃低级劳动力资源这块蛋糕。可惜低级劳动力资源和石油或铁矿这些自然资源不同。低级劳动力是人，是组成我们这个社会的个体。对于廉价劳动力的过度剥削严重阻碍了国内市场的成长。同时，长期依赖低素质劳动力资源阻碍了人口素质的提高。一个现实的例子：在我国不是有很多农村青年被父母强迫辍学去打工挣钱的吗？（其中并非所有人的生活都窘迫到了交不起学费的地步）毕竟在目前高校毕业生严峻的就业形势面前，谁也无法保证一个大学生的前途比一个包工头更光明。在市场经济条件下，劳动力是商品，有需求才有市场，如果大部分国内企业的竞争力仅仅体现在廉价劳动力上，那么除了车间里的技术员，企业当然也无需更多的科研人才。从这里我们也就能够理解目前高级人才的就业危机了。从高校毕业生的就业形势可看出：与制造业密切相关的专业就业都非常困难，这与我国目前的产业结构现状完全不相称。原因就是大部分加工制造业企业完全在依靠廉价低级劳动力这一资源。也就是说，靠着低廉的劳动力成本，中国的加工制造业企业无需不断提高生产技术水平也可以苟活。既然如此，高级人才对它们又有何意义呢？事实上，即使我们甘愿放弃国家的前途，永远依赖廉价低级劳动力，我们的经济同样要面对危机。世界上不单是中国有剩余的低级劳动力，只不过目前中国的劳动力成本相对较低，同时又有良好的基础设施，才会引得国外的产业资本趋之若鹜。而一旦中国的经济发展到一定阶段，低级劳动力成本上升后会如何呢？对于发展中国家来说，依赖廉价低级劳动力构建自己的经济支柱势必引发一个恶性循环，低级劳动力成本低—吸引发达国家制造业投资—经济发展—劳动力成本上升—国外资本撤逃—经济衰退—低级劳动力成本下降。前次东南亚经济危机表面上是外国金融炒家在金融市场上兴风作浪所致。但根本原因还是在东南亚各国的经济结构上。和东南亚情况类似的中国大陆，是到了有所警惕的时候了。与比较优势战略相反的一派观点是赶超战略，这一派的观点认为中国经济不能做全球化的奴隶，不但应该构筑一个完整的国民经济体系，而且要在新兴的和高附加值的产业上赶超国际对手。为此政府必须干预调整由市场自发形成的资源配置，实现所谓动态的比较优势。这也是我国政府一向秉持的经济战略，并在国家产业政策中得到了体现。目前以信息产业为代表的高新技术产业受到了国家的重点支持，也取得了一定的成绩。然而与国家巨大的支持力度相比，回报率显然是不高的。在各地兴建的高新技术开发区并未出现想象中的繁荣，而由国家出资支持的高新科技中小企业创业基金

项目成功率也甚低。为何会出现这些问题？笔者认为，忽视对大型制造类企业，尤其是民生行业中的大型企业的扶持是问题的关键。诚然，在现代化社会中，第三产业中的新兴部门是高级人才聚集、创造社会财富最多的部门。但一个必要条件是工商业的高度发达。如果我们把服务视为一种产品的话，如信息产业、咨询服务业等这些正高速发展的行业生产的都是企业消费品，他们的市场客户是工商企业，是工商业的需求产生了这些行业及其它衍生行业，没有发达的工商业，不可能指望第三产业的繁荣。不同于生产有形生产资料的行业只为企业的生产环节提供原料和设备，生产无形生产资料的信息产业和咨询服务等行业面向企业活动的各个层面。特别是产品生产环节之前的开发设计环节和之后的市场营销环节。而以制造业为代表的中国工业貌似欣欣向荣，却远不足以支持新兴第三产业的蓬勃发展。在制造业的国际分工中，那些真正与信息产业和服务业联系密切并由此产生高附加值的环节与大部分中国制造商毫无关系，留给中国的仅仅是组装和加工，对于许多中国企业来说连最后的销售权都没有。这样的工业不是完整的工业，只是发达国家工业的制造车间而已。当然，脱离本国经济结构，以出口为导向发展信息产业也可以成功，这是有印度作为先例的。但这样的信息产业仅是发达国家工商业的附庸，不以本国工业为基础，对本国工业的发展也难有大的促进。这种畸形的经济结构不应当是我们追求的。只有尽力完善我们自己的制造业体系，使相当数量的大型企业能够完成从长期战略技术研发—具体产品开发—生产—销售全过程的能力，才有可能形成工业化与信息化的良性互动。实现我国国民经济长期健康的发展。

全球化下的中国之路

在全球经济一体化的今天，国际分工的趋势日益明显：由上一轮科技革命掀起的国际产业结构调整已经完成。低端制造业基本转移到发展中国家，形成了一条国际产业链：由亚非拉澳的初级产品生产，到中国及东南亚的低级制造业，到欧美日的工业开发设计和高端制造业，再到美国的信息产业。这是世界经济的一条主链，同时又有如台湾的计算机硬件制造业和印度的软件设计业等其他支链作为补充。这条产业链的一个显著的特点是：各国经济都向自己在全球产业链中的角色不断靠拢。这种靠拢是在比较优势下由全球市场自发进行的资源配置和各国经济运行的惯性造成的，而一国资源尤其是人力资源向某一个部门的集中又加剧了国家经济的特化（人才一旦专门化就很难再改变）。只要市场足够大，以容纳劳动力就业，这个循环就不会打破。然而现实中这个市场不可能无限扩张，因为最终消费品的市场集中在发

经济新闻评论：理论与写作

达国家。由于发达国家在国际产业链的整个运行环节中，掌握技术开发、关键设备制造等优势，他们获得了最大的利润，也就是最终产品分配权。当前，发达国家各产业的生产能力已经饱和（包括服务和产品），相应地，其对于最终消费品的消费能力也已趋于饱和。这意味着国际产业链中各国所承担部分的比例即将固定，任何国家生产能力的过度增长都会引起其产品在国际范围内的通货紧缩。因此，留给中国的时间已经不多，如果不能在国际市场完全饱和前完成自身经济结构的改善，摆脱对廉价劳动力的过度依赖，中国经济就将陷入停滞。

（资料来源：闻文：《中国经济发展的双刃剑》，《社会科学报》，2004-01-08）

案例 1-5

中国经济发展不能对廉价劳动力"上瘾"

中国的大半个经济也是以廉价的人力为基础，要让人力贵起来，对中国经济的挑战实在是太大，但这是中国必须突破的瓶颈，因为永远躺在廉价人力之上的国家是不能成为真正的经济强大、民众富裕的国家。

美国人有句俗话："上帝是公平的。"如果将这一公平原则应用到国家的优势上，西方国家有制度和技术优势，中东国家有最多的石油资源，中国则有丰富的人力资源。

毋庸置疑，当今的中国正是充分借助廉价的人力资源打造出以制造业为主体的中国经济。

尽管中国在人力资源上占有优势，但在用"中国制造"使中国崛起后，中国如何发挥人力优势也已进入瓶颈阶段。中国所面临人力资源的瓶颈，并非如许多发达国家那样的人力短缺，或者如一些发展中国家那样的人力文化、科技素质不高，如果可以借用美国总统布什称美国人对石油"上瘾"的说法，也可以讲，中国经济发展对中国丰富的廉价劳动力"上瘾"，这就是中国人力资源对下一步经济发展的瓶颈。当然，丰富的廉价劳动力并不等于在短期内会限制中国经济的发展，但考虑到中国的社会和经济形势下，以及中国经济的长远发展目标，中国廉价劳动力在以下几个方面成为经济发展的瓶颈。

首先，中国人尤其中国农民工的低人力成本是造成贫富差距问题的主要原因，这不仅影响经济的发展，而且还严重影响社会的稳定。当今中国对讨论打造中国中产阶层谈得热闹，其实，比中产阶层更重要的是中国的低收入

阶层的收入需要提高。提高中国低收入阶层最根本的途径就是提高中国的人力资源的价格（工资）。第二，由于长期"享受"低成本的人力资源，中国企业缺乏创新精神，也难有向高附加值行业发展的动力。第三，中国人力的廉价削弱民众的购买能力，继而影响中国经济发展，同时"中国制造"所带来的贸易外汇储备却为美国等西方国家的民众提供低利率的"贷款"，近年来美国的低利率房屋贷款就直接得益于中国对巨额债务的持有。

"解铃还需系铃人"，逐步提高中国劳动力成本是突破廉价人力瓶颈的根本措施。但需要指出的是，提高中国的人力资源的价格并不等于要失去"中国制造"的成本优势，尤其是将来的10年甚至20年里，中国不仅不能让出"世界制造中心"的地位，而且要必须保持和加强这样的地位，并继续向高附加值的制造业发展。显而易见的是，中国的几亿劳动力不会都去从事软件开发等服务行业，也没有另一个经济体能接过这样的制造任务。因此，在既不失去"中国制造"的优势，又能提高中国人劳动收入的前提下，中国经济可以调整成本结构，并增加高附加值的产业。

中国应该在降低供应链以及行政成本上加大力度。美国《福布斯》杂志专栏作家罗伯特·马龙在今年1月写了一篇题为"大挤压"的文章，马龙指出，按美国AMR集团的调查研究，中国在交通运输等供应链上的花费占国民生产总值的21%，美国却为8.6%；2004年的中国行政开支占14%，美国却占3.9%。由此可见，在交通运输和行政效率上中国效率不高，这也同时是中国向交通运输和行政开支上要效益的潜力。仅就行政开支而言，如果砍掉每年9000亿（公款吃喝、公款出国、公车）的10%，就有900亿。

如果在交通运输和行政开支这两方面能有所改进，"中国制造"将有更大的竞争力，中国能用更多的资金搞研发、打造品牌，人力的成本也就有希望提高，当然不一定是通过政府对工资的确定，而是通过中国企业效率的提高。对于中国的行政开支，除了对公款消费下手外，还可以举这样的一个例子来说明其浪费和节约的潜力，中国中西部有许多小城市，每年的行政收入根本不够自己的开支，于是国家便将从东部发达地区征得的税收大量补贴到中西部的这些城市。其实，应该做的是，可以将这些中西部城市的行政人员减下来，让其行政开支自给自足，国家补贴行政开支的资金可以用于投资，解决就业包括雇用减下来的行政人员。

按照"梯子的理论"，全球的经济体形成了一架梯子，从下往上附加值不断增加，发达国家从事的产业比如软件、制药、航空等是在上端，发展中国家从事的制造业等在下面。同样的理论完全可以应用到中国经济发展，即中国的发达地区和欠发达地区也是在一架梯子之上，目标就是中国经济作为整体在梯子上向上攀升，逐渐地，上面的台阶上的高附加值产业要不断增加，下面的台阶和基础也要牢靠，而这架梯子运行正常的关键就是中国许多产业战略西移所要求的交通运输等供应链效率，这不是简单的建设几万公里公路就成的。

要提高供应链的效率，并减少行政开支，更需要制度的改革，这就要求中国在政治体制和经济体制上加大力度的改革。多建公路、铁路、用软件系统优化供应链、应用先进的管理技术能在一定程度上提高供应链的效率，但根本上是一个体制的问题。现在的体制不仅为一年耗掉9 000亿公款创造了条件，而且以罗伯特·马龙看来，中国政府机构臃肿是提高供应链效率的最大的障碍。至今，中国的供应链系统并非由市场经营。由于政府的机构运行效率远不如私人企业，没有美国的公司愿意将自己的供应链交给美国的邮局管理，而许多公司却放心地外包给私人公司UPS快递公司和联邦快递公司。中国也无疑需要有自己的UPS和联邦快递公司一样的企业，有竞争力同时也发挥规模经济的优势。

美国要戒掉石油之瘾，谈何容易，美国的经济很大程度上建立在石油能源之上。同样的，中国的大半个经济也是以廉价的人力为基础，要让人力贵起来，对中国经济的挑战实在是太大，但这是中国必须突破的瓶颈，因为永远躺在廉价人力之上的国家是不能成为真正的经济强大、民众富裕的国家。

（资料来源：袁晓明：《中国经济发展不能对廉价劳动力"上瘾"》，《东方早报》，2006-04-14）

　　案例1-4是一篇经济理论文章。文章开篇从劳动力的价格入手，认为利用低廉的劳动力成本形成的竞争优势，中国的加工制造企业在国际上以惊人的低价迅速抢占市场，同时还有更多的企业在国内市场上进行激烈争夺。中国企业无力开展技术革新和科技研发，陷于低价竞争的狂潮中无以自拔。再从比较优势原理出发，认为我国企业不能仅满足于做一个世界工厂的一个装配车间，也不能仅仅成为发达国家高科技产业的组装和加工的附庸工厂。只有尽力完善我们自己的制造业体系，使相当数量的大型企业能够完成从长期战略技术研发——具体产品开发——生产——销售全过程的能力，才有可能形成工业化与信息化的良性互动，实现我国国民经济长期健康的发展。最后站在世界经济一体化的整体格局中指出由于发达国家在国际产业链的整个运行环节中，掌握技术开发、关键设备制造等优势，他们获得了最大的利润，

第一章　经济新闻与经济新闻评论

也就是最终产品分配权。当前，发达国家各产业的生产能力已经饱和（包括服务和产品），相应地，其对于最终消费品的消费能力也已趋于饱和。中国经济如果不能在国际市场完全饱和前完成自身经济结构的改善，摆脱对廉价劳动力的过度依赖，中国经济就将陷入停滞。

案例1-5是一篇经济新闻评论。与案例1-4比较，一是全篇语言通俗。标题以"上瘾"的字眼，形象地说明了中国经济对于廉价劳动力的依赖到了何种严重程度。在论述"中国廉价劳动力将成为经济发展的瓶颈"时，首先认为中国人低人力成本是造成贫富差距问题的主要原因；第二，由于长期"享受"低成本的人力资源，中国企业缺乏创新精神，也难有向高附加值行业发展的动力；第三，中国人力的廉价削弱民众的购买能力。二是全文语言形象生动。用"梯子"说明全球经济体的上端、中端和下端，通过美国《福布斯》杂志专栏作家罗伯特·马龙所写的文章证明中国交通运输和行政的效率不高，同时这也是中国向交通运输和行政开支上要效益的潜力。三是针对性强。全文谈的是劳动力的价格问题，最后却落脚到中国要加大政治体制和经济体制的改革力度，关注经济运行中的症结问题。

二、经济新闻评论与经济理论文章的区别

通过上面的分析，可以看出，经济新闻评论与经济理论文章之间的区别主要在于：

（1）经济理论文章基于理论阐述和分析，重在揭示和解释经济规律，一般偏重理论性；而经济新闻评论则不止步于经济学理论的阐释，往往运用通俗易懂的语言化解普通民众理解不了的经济学理论知识，深入浅出。

（2）经济理论文章选题并不仅仅是现实中具有针对性的问题，一般更偏重于经济学学理的研究和争鸣；而经济新闻评论则关注当下经济生活，分析并解决实际生活中的经济现象与问题。

第四节 经济新闻评论的基本特征和特殊要素

一、经济新闻评论的基本特征

经济新闻评论具有以下所有新闻评论的共性特征：

1. 新闻性

新闻评论，如果不是针对新近发生的新闻事件和问题来选题立论，就没

经济新闻评论：理论与写作

有了新闻性。如果不是讨论重大的新闻事件和问题，不能回答公众关注的普遍性问题，也不能解答人们思想中迫切需要回答的一些疑虑，就会失去读者，也保证不了它的新闻性。"新闻评论，如果不能就有关事件和问题，鲜明地表明作者和编辑部的意见和态度，而这种意见又是十分通俗、浅显易懂的，那么，这种评论就会削弱它的指导性，因而也会影响它的新闻性。"① 新闻评论不同于一般评论的特点，就是新闻性始终占据首位。新闻事实始终是新闻评论的基础，是第一位的要素，而发表评论，则是派生的，第二位的，有许多的评论就是配合新闻报道或依附于新闻报道而发的、如短评和编者按语等。

2. 论理性

"新闻评论隶属于论说文、政论文，它的政论性特征概括了二者的基本特点，其中主要有：一、明确阐述对于事物——评论对象的看法；二、以说理为主要手段；三、着重从思想、政治或伦理的角度分析论述有关问题。前两项是包括政论文在内的所有论说文共有的特点，后一项则是一切政论文包括新闻评论的基本属性之一。综合起来，新闻评论的政论性，就是从思想、政治或伦理的角度阐明对于所论述的事物的看法。"②

中国早期报刊的新闻评论，如王韬在《循环日报》上写的那些"论说"，是政治性的，并且正因为它反映了中国新兴的资产阶级要求变法图强的政治愿望，而在历史上留下了不可磨灭的印记。当时一些外国传教士在中国创办的外文报刊发表的评论，其政治性也是很强的。外国传教士于1818年创办我国最早的中文报刊《察世俗每月统计传》，其宗旨是"阐扬宗教、砥砺道德"，但其中已经包含有外国传教士来华宣传宗教、宣传西方文明的政治目的。

梁启超关心时务、积极鼓吹政治改良，他在《时务报》、《清议报》、《新民丛报》等发表的大量评论，如"变法通义"、"少年中国说"、"文明普及之法"、"富国强兵"等政论文，在中国近代史上起过不小的作用。

五四运动前后，以李大钊、陈独秀为代表的先进的知识分子，从传播俄国十月社会主义革命的胜利开始，大力宣传马克思列宁主义。当时在全国非常有影响的《新青年》、《每周评论》、《湘江评论》、《向导》都发表了众多

---

① 王兴华：《新闻评论学》，杭州大学出版社，1998年版，第4页。
② 王振亚，胡平：《新闻评论写作教程》，中国广播电视出版社，1995年版，第18页。

传播革命思想的评论。

1938年1月11日,在国民党统治区,中共在武汉创刊出版了最重要的报纸《新华日报》,后来转移到重庆。1941年5月16日,中共中央出版的第一个大型的、每日出版的机关报《解放日报》在延安创刊。毛泽东、周恩来等中共中央领导人为这些党报党刊撰写了大量的新闻评论,或者说,他们的革命主张,大量是以新闻评论的形式发表的。如,1943年《解放日报》上发表了毛泽东撰写的《质问国民党》、《评国民党十一中全会和三届二次国民参政会》等重要社论。在解放战争时期,毛泽东针对美国国务院白皮书和艾奇逊的信件,为新华社写了五篇论战性系列评论:"丢掉幻想,准备斗争"、"别了,司徒雷登"、"为什么要讨论白皮书"、"'友谊',还是侵略?"和"唯心历史观的破产",这些评论一直作为经典佳作被人们所称道。

3. 大众性

新闻评论的群众性,首先要求评论的对象是广大人民群众最关心和最感兴趣的,同人民群众的切身利益密切相关,能及时反映人民群众的要求和呼声。报纸要密切与群众的联系,它的内容必须要"反映群众的情绪、生活需求和要求,记载他们的可歌可泣的英勇奋斗的事迹,反映他们身受的苦难和惨痛,宣达他们的意见和呼声"。① 其次,新闻评论要通俗易懂。要面向广大人民群众,要使各个阶层、各种职业的读者听众,一读就懂,一听就明白。因此,新闻评论在论述的方式和形式方面,在语言的使用方面,都应当符合广大群众的特点和需要,尤其要注意它的受众群的特点和需要,尽量照顾他们的兴趣和爱好,使他们能很有兴趣地阅读和听取新闻评论文章。再次,还要求编辑部和评论工作者,尽量吸引广大的人民群众来关心新闻评论工作,直接参与新闻评论的写作。从精英到草民,只有广大受众的广泛参与,才能使评论文章代表各个阶层的利益,才能真正做到为百姓立言。"除了编辑部自己努力以外,我们请求作者们在给我们稿件的时候,也务必注意到广大读者的呼声,尽量把文章写得有条理,有兴味,议论风生,文情并茂,千万不要让读者看了想打瞌睡。"②

评论作者的广泛性,是新闻评论大众性的体现之一。20世纪80年代以来,我国各种报纸刊物开设的一些专栏,如《大家谈》、《群言堂》、《百家论苑》等。近年来,一些报刊更是加强了言论的分量。1998年9月4日,

---

① 延安《解放日报》,社论"致读者",1942-04-01。
② 《人民日报》,社论"致读者",1956-07-01。

经济新闻评论:理论与写作

《深圳特区报》首开《群言》专版，在第 18 版上半版（后移至第 10 版）位置刊出。该版设置了多个栏目，如《百姓聚焦》、《有话就说》、《百家杂谈》、《针芒》、《新语丝》等；1999 年 11 月 1 日《中国青年报》第 8 版的言论专版"青年话题"出刊，它的基本定位：一个供人们"发表不同意见的场所"。从 2002 年开始，报纸言论版开始进入一个快速发展期。一些都市报纷纷开设言论版，如《京华时报》（2001-05-28 创刊）的 A2 版的《声音》；《南方都市报》（1997 年元旦创刊）A2 版的《时评》，A3 版的《来论》；《新京报》（2003-11-11 创刊）在 A2 版开设了"社论/来论"，在 A3 版开设了"时事评论"版等。报纸言论版的热度说明了宽松的言论环境正在逐步形成，报纸评论的写作正在由精英写作发展到大众写作。

二、经济新闻评论的特殊要素

1. 图表、数据

"用生动形象的图表来报道事件、阐释新闻，是报纸应对网络媒体挑战不可缺少的一种方法。用图表对新闻事件进行报道，最大特点就是直观、形象、生动、准确。一幅图表新闻往往包括数字、线条、图案、色彩等多种视觉信息元素，运用得好，可以弥补照片无法反映而文字又表述不准的缺憾。这一优势，在财经类新闻报道中尤为明显。"① 金融、证券报道本身具有很强的专业性，图表新闻简单明了、醒目好看，可以引发读者的阅读兴趣，为财经新闻报道带来深入浅出的效果，也可以作为评论的形象化的论据。

数据是现代经济学研究的基石，引用数字，不是指那些任意杜撰的浮夸数字，而是通过有关部门认真调研核实统计得出的科学而准确的数据。写作经济新闻评论除了需具备扎实的理论功底外，还要掌握活生生的数据作为论证的论据，从而实证地科学地论证所要阐述的主旨。如郑也夫《住房社会学断想》（《南方周末》，1997-04-18）一文，写了广州美院一个青年教师参加美院教师们组成的一个"住房合作社"，他们自费筹资在院方免费提供的一块地皮上，建造一幢九层楼房。该教师得到一套 117 平米的顶层单元房。文章以此事为由头论证我国住房改革也可以参考住房合作社这一世界上普遍实行的形式，不仅可望保护其成员的利益，也将为整个中国建房市场提供价格参照。该文引用的世界住房合作社的系列数据为其论证全文主旨提供了有

---

① 南山：《图表在财经新闻传播中的运用——国外报纸"2·27"全球股灾报道分析》，《中国记者》，2007 年第 4 期。

力论据。

　　写作经济新闻评论文章，注重数据，并不是简单的数字堆砌，而是将其融为全文的有机组成部分，甚至成为解决症结的突破口。《公平出效率》（杨东平：《南方周末》，1997-03-21）一文，以一组使人忧虑的数据表明，政府在制定解决城市交通问题的政策时不能走以发展私人轿车这一不符合国情的道路，而必须和只能发展公共交通，作者为此呼吁政府必须遵循面向大多数人的原则，将社会公平作为首要的价值目标。北京市交通状况的数字成为作者论证"公平出效率"的突破口，推而广之，证明在诸如住房、卫生、基础教育等公共领域，公平和效率也是高度统一的。

　　经济新闻评论作者要慎用自己手中的笔，出言必信。经济新闻评论中提出的见解，绝不能没有把握，而应当比较科学、可靠、可信，既要经得住实践检验，又要透出一股不容置疑的气势。如果评论作者自己都拿不准，凭什么发表意见呢？经济新闻评论作者应成为社会良医，找准一个时期党委、政府十分关注而又迫切需要解决、许多企业共同探求、人民群众共同关心的问题，认真研究中央的决策信息、各部委的政策信息，并结合地方信息和基层动态，尊重经济工作的规律性，提供真正切实可行的解决方案。比如姚新民的《国债市场新的里程碑——析我国长期国债的发行》（《金融时报》，2001-08-07），文中说："近日，总额240亿元的2001年记账式（7）期国债在交易所债券市场发行。本期国债期限20年，每半年付息一次，其利率水平经过竞争性投标后确定为4.26%。"对这一继2001年6月6日财政部在银行间债券市场发行15年期国债后又一次发行长期国债，也是在交易所市场首次发行的长期国债，评论从"完善国债品种结构"、"促进利率市场化改革"等几方面得出长期国债的发行无论是对国债市场的长期发展，还是对政府加强国债管理都具有十分积极的意义，同时建议投资者不要放过这样的投资机会，积极参与该期国债的投资。论点鲜明，论据充分，逻辑缜密，读后令人信服。类似的经济新闻评论还有中国养老保险基金测算与管理课题组的《养老保险基金如何避免投资风险》（《经济日报》，2001-06-09）、刘胜军的《股价操纵与反操纵监管》（《证券市场导报》2001年第7期）、李永森的《独立董事能否摆脱"花瓶"形象》（《瞭望》新闻周刊，2001-7-23），这些经济新闻评论就某一时期经济热点问题、人们思想中迫切需要回答的问题以及市场中的混乱现象，有感而发，对症下药。

　　运用精当的典型的数据和图表替代一般化的叙述和抽象的议论，增强了文章的科学性和说服力，也避免了理论说教造成的空洞苍白，这也成为经济

经济新闻评论：理论与写作

新闻评论写作内容上的特殊要求。

2. 经济现象与经济难点

增加经济新闻评论的意见信息量,不是说经济新闻评论中的意见信息越多越好,而是要增加经济新闻评论的有效信息量。"有效信息指信源所发出的信息被信宿(如收信人)收到后所起的效果和作用,即信息的实效、效用(或信息的价值)问题。"① 经济新闻评论中的有效信息量也应该是指有效意见信息量。经济新闻评论要出精品,就必须增加评论中的有效意见信息量。这就要求经济新闻评论对于现实生活中典型的经济新闻事件和群众普遍关心的经济热点、难点,在进行价值判断、因果分析和理性抉择上,要着重回答"为什么发生"、"怎样发生"、"怎么办"等深层次的问题,使受众看过评论后,把评论中的有效意见信息融入自己的知识体系后,可以解决思想中的疑惑,从而做出正确的决策。

经济新闻评论写作所论事理,主要针对社会经济生活中出现的新现象、新思想,鲜明地提出问题,以独到的见解吸引受众观看,或以自己的思考与读者交流,共同探讨经济生活中的重大问题,要及时抓住社会上的热点、难点,言人所未言。

如国有企业改造的问题,一时间众说纷纭,针对这一经济改革中的难题,有的主张走集团化之路,以为只要架子搭大,什么都好办。《经济日报》的一篇评论《企业兼并的误区》(1997-08-17)引用美国美西企业管理咨询机构的调查表明,约有57%的企业在合并后利润低于平均水平,从而提出企业兼并并非一并就灵,走集团化道路也不是唯一良策。该文在世界经济范围内讨论了企业兼并一加一不一定等于二,在兼并之前如果不对即将被兼并公司的组织结构、运作程序、内部系统等各个方面进行全面的评估,成功比例往往较低,这为我国某些热衷于收购兼并的大中型企业及时奉上一帖清醒剂。

中国的改革开放和社会主义市场经济的发展并不是一帆风顺的,有成功,也有失败。那么,经济新闻评论决不能春风得意时便一哄而上,锦上添花;败走麦城时,便群起攻之,雪上加霜。我们媒体上的经济新闻评论应多些理性、客观分析,要辩证地看问题,成功时要指出其不足之处,对失败者

---

① 王雨田:《控制论、系统科学与哲学》(第2版),中国人民大学出版社,1988年版,第309页。

也不能一棍子打死。如果企业不是有意为之,我们应给其喘息的机会,要保证经济新闻评论的论点具有宽容面。如陈正中的《论证券市场奖励:"从郑百文重组"说起》(《证券市场导报》,2001年第3期)这篇评论,对于郑州百文股份有限公司重组"参与各方均可以获益,这些收益又从何而来呢?"该文作者认为,最主要的原因是重组后形成的大量看不见、摸不着,但可以感觉得到的证券市场奖励。对于此类特殊奖励,作者不是简单地说其好或是不好,而是认为,"偶一为之,可以让投资者在接受风险教育的同时,避免因为幼稚或盲动所造成的重大损失;经常为之,容易导致投资者形成不正确的风险意识。"像该文作者这样全面、辩证地看经济问题,是每一个想要推动中国经济良性运作的评论作者所必须具备的。

3. 经济理论术语的通俗和创新

经济新闻评论作者要使评论中的每一个意见都流露出对国家、社会的关爱和"天下兴亡匹夫有责"的使命感,才能实实在在地为中国经济的发展出点力。如朱生球的《蓝筹股:2001年的投资目标》(《中国经营报》,2000-12-12),通过分析看好蓝筹股的七大原因后做出蓝筹股的后市走势分析的预测,同时,作者还提醒投资者对于蓝筹股必须认真分析其所处的历史发展阶段,切忌一窝蜂而上,表明了评论作者对中国经济的驾驭能力和热忱。又比如张维迎的《企业发展谨防"陷阱"》(《经济参考报》,2001-05-23)这篇评论,作者认为企业在发展中要谨慎多重"陷阱",即要"谨防'青春期过度症'"、"慎重多元化经营"、"别总提'资本经营'"、"不要盲目上市"、"注重自己的声誉"。文章有理有据,真正为企业的发展担忧,为中国企业的发展打预防针。

评论文章重在出新,好的评论文章往往刻意求新,能提出新思想、新观点、新见解。经济建设中各种问题及现象层出不穷,要善于发现矛盾,不回避矛盾,这样才能切中时弊,这是经济评论文章立意的首要前提。除此之外,还应注意要有独特的视角,不要人云亦云,不痛不痒,而要务去陈言,直指要害,击中经济改革中的痼疾。如一篇《住房金融,发展空间有多大》(郑成新:《经济日报》,1997-05-15)的评论,针对某些部门认为住房的积压闲置以及住房商品化受阻等问题,是住房金融落后所致,作者参考美、英、法、德等国的住房抵押贷款的年期数值,认为银行不是慈善机构,如果按照有关部门的要求,将个人住房抵押贷款业务的首付款降到20%以内,贷款年期延至20年以上,利率尽可能地降低,就可能出问题,使国内银行

经济新闻评论:理论与写作

陷入困境。作者突破了房地产业的低迷徘徊归因于金融业的一般观点，指出了我国金融业可能出现的问题。作者用通俗的语言解释了金融利率的杠杆作用，言近而旨远，词约而意深。

第二章 经济新闻评论的功能与作用

社会的变革和转型使国内新闻传媒业发生了深刻的变化,从某种意义上说,各类传媒也处于转型期。社会主义市场经济的逐步确立,促使国内新闻传媒必须面向市场,以受众为本位。这种带根本性的转变,使媒体之间的竞争日趋激烈,且竞争的方式也逐步由低层次向高层次转化。在竞争的高级阶段,媒体传播的意见信息质量和特色状况,将起到关键性作用,它是媒体开展高层次竞争极具潜力有待开发的一个"富矿"。

第一节 经济新闻评论的功能

一、解读经济政策

经济政策指党和政府关于经济工作的部署、政策和法令。它们是指导我国经济工作的指针。要把经济政策传达给广大干部群众,最快捷、最有效的方法是用经济新闻的形式在报纸、广播、电视和因特网上发布。党和政府历来十分重视新闻传媒在传达政令中的作用,在经济宣传中,十分重视发挥经济新闻传达经济政令的功能。

经济新闻对经济政令的传达与发布,其具体含义是:运用消息、通讯、调查报告、新闻评论等多种形式,及时而准确地传达和解释党和政府的最新经济部署、经济决策和经济政策,使它们在最短的时间内与最广大的干部、群众见面,并变成广大干部群众的自觉行动。毛泽东同志在对《晋绥日报》编辑人员的谈话中指出:"报纸的作用和力量,就在它能使党的纲领路线、方针政策、工作任务和工作方法,最迅速最广泛地同群众见面。"① 经济新闻在传达党和政府的经济政令时,正是履行着报纸的这一作用和职能。

我国各级新闻传媒经常利用重要版面或黄金时间刊播经济政策,宣传党

---

① 《毛泽东新闻工作文选》,新华出版社,1983年版,第149页。

的路线、方针和政策。这些经济政策的内容丰富多样，有关于国家重大经济决策的（如国务院关于进行西部大开发的决定），有针对某个经济领域的政策规定（如2006年5月国家出台的关于房地产行业的调控政策），也有针对某一经济问题的政策性条例（如国家关于鼓励自主创新的采购政策）。对于经济政策的及时解读是经济新闻评论的主要功能之一。

二、监督经济行为

经济新闻不仅可以传递大量经济信息，而且可以对经济工作的过程、结果进行监督，对各类经济行为进行评判，以激励先进，批评后进，指导经济工作。

经济新闻对经济行为的监督，是舆论监督在经济报道领域的具体体现。这种监督，说到底属于人民的监督，是人民通过新闻媒介对经济工作的监督。正如李瑞环同志所指出的："新闻舆论的监督，实质上是人民的监督，是人民群众通过新闻工具对党和政府的工作及其工作人员进行的监督，是党和人民通过新闻工具对社会进行的监督。"① 经济新闻对经济行为的监督，主要从以下几方面来进行：一是披露经济工作中的失误，揭露经济建设和经济工作中存在的问题和不正之风。如《工人日报》对渤海2号钻井船违规作业被台风掀翻沉没的批评报道，《广州日报》2000年3月2日刊登的葛洲坝三峡实业公司总经理戴兰生花7亿元买回的洋设备竟是洋破烂的报道，等等。二是反映人民群众对各项经济决策的讨论与参与，以及他们对经济工作的意见、要求和建议，如1999年以来《人民日报》、《经济日报》所发表的关于如何搞好西部大开发的讨论文章。

经济新闻对经济行为的监督，具有舆论监督的若干特点：一是公开性。经济新闻对经济行为的监督，是通过新闻媒介进行的；而新闻媒介是公开发行的，且面向全社会，具有公开性的特点。新闻媒介所具有的这一特点，使经济新闻对经济行为的监督，比其他几种社会监督机制（如法律监督、行政监督、党纪政纪监督）具有更大的影响力和更好的效果。二是广泛性。舆论监督在监督对象、监督主体、监督效果上都具有广泛性的特点（可以对监督对象进行全方位的监督，可以动员全社会的公民对监督对象进行监督，可以产生广泛而巨大的监督效果）。经济新闻对经济行为的监督，由于是舆论监督在经济报道领域的具体体现，自然也具有监督广泛性的特点。经

---

① 《中国共产党新闻工作文献选编》，人民出版社，1990年版，第172页。

济新闻可以对一项重大经济活动的决策过程、实施经过、最终效果和影响进行全面监督，可以反映社会各阶层和广大公民对某一经济行为的评价、意见和建议，从而使经济行为做到决策科学化、民主化，取得最好的经济效果。三是及时性。经济新闻对经济行为的监督，是通过新闻传媒的新闻报道来体现的。新闻报道所具有的及时性、新鲜性特点，使得经济新闻对经济行为的监督十分及时：发现问题就能及时予以披露；对人民群众关于经济工作的意见、建议和要求，也能及时反映。这样，就可以使经济工作中可能出现的失误、问题得到及时处理与纠正，使人民群众的建议、意见得到及时采纳。

经济新闻评论对经济行为的监督，对于搞好经济决策和各项具体的经济工作，对于揭露经济工作中的失误行为和少数贪污腐败者的违法犯罪行为，十分必要。在实行社会主义市场经济条件下，在改革开放不断深化的今天，全社会应该更加充分地发挥舆论监督的威力，让经济新闻在监督经济行为中发挥更大的作用，用这种有力的武器更好地为经济建设服务。

三、传播经济知识

如果说新闻评论是社会生活的指南，那么经济新闻评论则是人们经济生活的指南。经济新闻评论在传播经济知识方面的功能是显而易见的。

经济新闻评论所解读的知识有广义与狭义之分。广义上，经济新闻所传播的新政策、新信息、新经验、新动向，均属于知识范畴，都是经济新闻评论所传播的知识。狭义上，经济新闻评论所传播的知识主要包括以下两方面的知识：一是关于从事经济活动的业务知识，如：工农业生产知识、商品知识、经济政策与法规知识、经济管理知识，等等。二是与经济活动相关的历史知识、法律知识、科技知识等，这些知识在经济新闻中随处可见。

四、指导经济生活

在指导经济生活方面，经济新闻评论的作用不可小视。改革开放以来，我国的经济建设迅速发展，我国人民的消费观念迅速变化，消费水平不断提高，经济新闻评论可谓功不可没。

经济新闻评论对经济生活的指导，主要表现在促进经济生产、商品流通和引导群众日常消费等方面，而指导的具体内涵则表现为以下几点：一是在思想观念上进行引导；二是在资源开发上进行指导；三是在经营方法和消费方式上进行诱导。

经济新闻评论：理论与写作

第二节 经济新闻评论的具体作用

一、具体作用

说到经济新闻评论的作用，可以从一件往事说起。从1978年党的十一届三中全会确立以经济建设为中心，把工作重心转移到生产建设中，拉开了延续至今将近30年的中国改革开放政策的实施历程，中国经济发生了翻天覆地的变化，取得了举世瞩目的成就，不能不提起一篇特约评论员文章，发表于1978年5月11日《光明日报》的"实践是检验真理的唯一标准"，冲破"两个凡是"的思想禁锢，拉开了中国思想解放的序幕，具有划时代的意义。

1. 大众参与、搭建平台

美国20世纪40年代由大学教授们组成的新闻自由委员会（哈钦斯委员会）提出："大众传播机构应担负沟通公共消息与意见的责任"，要"成为意见与批评的论坛"①。我国早期新闻学者徐宝璜的《新闻纸之职务》在写到新闻纸的评论时事职务时，第一个职务即是："供给各方平等发表机会。新闻既为国民之言论机关，社外一切来件，但须所记不虚，言之有理，不应问其属何党派，及与本报主旨向背，而予以刊出，供世人讨论，给各方平行待遇。"②

"公民写作"时代，为数不少的人都有表达的欲望，也具备一定的表达能力，随着社会的开放，评论作者明显多元化，其中有具备系统知识背景的思维创新式"学院派"学者，有具备丰富阅历感知的解读分析式专家人士，也有高度关注时事的观念普及式大众写作者。不论这些人的身份如何，他们都在试图通过评论来传播自己的观念和思想。

新闻评论要靠观点的新颖独到去吸引人，要靠思想的深刻去启发人，要靠逻辑的力量去说服人，一个优秀经济新闻评论作者要有较强的思想理论水平和分析思考能力，才能常发他人未发之声，以体现思想的力量。

当前不少媒体积极打造一个能给思想提供交流和碰撞机会的平台。1999年11月1日，《中国青年报》"青年话题"版发刊词《倾听》中写道："青

---

① 李瞻：《新闻学》，台湾三民书局，1983年版，第205~209页。
② 徐宝璜：《新闻学》，中国人民大学出版社，1994年版，第10页。

第二章 经济新闻评论的功能与作用

年话题是一个发表意见的场所,一只张开听您说话的耳朵。无论是脱口而出,还是深思熟虑,我们欢迎不拘形式、不论长短的观点和意见。关键是'不同'。'不同'的价值在于,它不仅包含着新闻媒体求新求异的运作干什么和读者求新求异的阅读规律,更重要的意义是思想进步可能就孕育在'不同'之中,而相同只能使我们停在原地。"当前评论写作颇具特色的《新京报》的"社论与批评"栏目和《南方周末》的"回应与争鸣"栏目受到大众的好评和欢迎。

在新闻评论版面运作中,评论作者往往不分年龄、性别、职业、地位,任何人都能发表自己的感想,读者的主体地位逐步得到彰显,发表权利受到尊重。

2. 利益诉求、民情表达

在市场经济体制下,利益分化是必然趋势,也是一个不可回避的话题。建设和谐社会的根本途径是诉求于各种利益的表达与整合。从现实来看,中国社会分化已十分明显,不同的社会阶层、利益集团业已形成。不少知识精英、学术名流,乃至媒体人士,都已公然宣言自己就是为"高端"、"强势"、"主流"人群服务。"高知"、"高管"、"高层"、"高峰"等已成为当今流行词。在这样的社会大背景下,一些与文化精英结盟而垄断社会资源与话语权的评论作者,为了维护社会生态和媒体话语的平衡,就必然会选择自己的立场,自觉以平民的视角看问题,为弱势群体公开辩论、坦白博弈、主持公道。

不同利益代表不仅关注已经出现的经济问题,而且还要关注背后所代表的具体人群。当自由、民主、人权、平等、博爱等普适性价值观引进中国之时,理应让每个公民有权表达自己的合法社会经济利益诉求。广大评论作者也有责任作为大众利益的代言人。近年来,经济新闻评论通过直面拖欠农民工工资、下岗工人、经济困难的无房户等弱势群体,唤起全社会关注发挥了重大作用,从而推动了中国的和谐社会构建和经济的可持续发展。

3. 贴近大众、解惑释疑

当前中国正处在社会转型的关键阶段,身处其中的每一个成员,都无可避免地要成为这一历史的参与者甚至是推动者,也无可逃遁地要成为这一历史的被触动者。因此,在这个转型中,这个国家的经济发展方向、所获得的进展、所遭遇的困顿、所影响的命运,都是经济新闻评论作者所要紧密关注、积极表达的话题,这种关注和表达在新闻实践得到了一定的印证。

针对全国妇联、中华家庭研究会透露的"中国有1.2亿农民常年于城

经济新闻评论:理论与写作

市务工经商，由此产生近2000万少年儿童留守家中"，《中国经济时报》刊载时评《2000万留守儿童是三农问题显象》（2005-08-25）；面对"民工荒"现象凸显，南方都市报推出社评《"民工荒"给予我们的警示》（2004-07-26），深刻分析其背后中国整体经济结构的变动以及中国经济的调整问题。新闻来源于生活，经济新闻评论必须密切关注现实、直面现实、剖析现实、释疑解惑，研究社会经济问题，这是经济新闻评论不可推卸的责任。

4. 激浊扬清、扶正祛邪

经济新闻评论最重要的一个功能就是舆论监督，特别是异地监督，很多人倡导"理性、建设性"，但是好的评论往往建立在批评、批判、质疑的基础上，通过批判的姿态和开阔、深刻地思考达到建设的目的，而不是一味的叫好、赞颂或是建议。

2005年11月21日，由于松花江上游污染，哈尔滨市紧急停水。当地媒体对于哈尔滨包括松花江沿途经过的地市都进行了关注和报道，及时地发布了消息。异地媒体因为不能接近新闻源，他们扬长避短，主要从评论的视角对停水事件进行了开掘和反思，报道面广，观点深入，视野开阔，一定程度上也起到了异地舆论监督的作用。《哈尔滨停水事件引发水业思考》（中国水网）、《从哈尔滨停水事件中学会"未雨绸缪"》（《新京报》2005-11-24)、《一滴水考验一座城，从哈尔滨市停水事件透视城市公共危机处理能力问题》（《辽沈晚报》）等评论文章就发出了引人思考的声音；《谁对"哈尔滨停水事件"撒谎了?》和《中石油吉林石化必须向哈尔滨市民道歉》（《中国经济时报》）、《哈尔滨停水事件凸显"负外部效应"》（《每日经济新闻》）、《有坦诚政府才有理性公民》（《中国青年报》）等一些批评性评论，从不同的角度进行阐发，为哈尔滨市民提供了舆论支持，使得停水信息更公开、透明，民众知情权得到有效保障，显示出了新闻评论的异地监督功能。在众多媒体评论的轰炸下，吉林方面从否认松花江水污染是吉林石化爆炸事故引起，转向承认并道歉，这种态度的改变离不开媒体评论的批评与监督。

二、案例分析：医疗改革热评

1. 写作医改评论的背景资料

医疗改革经过近30年历程，老百姓吃不起药，看不起病，成为社会各界人士诟病的话题之一。总结历史经验是我们改变和完善目前医疗体制的途径之一。

（1）公共卫生领域的改革没有抓住问题的实质

中国医疗卫生事业发展中的问题及其严重后果已经引起了社会各界的高度关注，全面推进医疗卫生体制改革也得到了社会各界的高度认同，各个领域的改革也都开始进一步推进。能够面对问题、正视现实，加快推进改革固然值得肯定，但改革能否获得预期的进展及良好的效果则是另一问题。从总体上看，目前正在推行的不少改革思路及做法都值得进一步商榷。

"非典"过后，强化公共卫生体制建设得到了各级政府的高度重视。目前的政策着眼点主要集中在两个方面：一是增加政府投入，二是强调应急体制建设。这种思路存在明显的问题。

政府投入不足的确是近年来公共卫生事业出现问题的一个重要因素，但并不是唯一的因素。除投入不足外，医疗服务体系与公共卫生体系的割裂问题、公共卫生组织体系之间的条块分割问题、公共卫生机构组织与管理上的体制缺陷，以及由此导致的行为偏离等问题都是非常严重的。没有综合性的配套改革，仅靠增加政府投入，解决不了以上这些矛盾。即使在投入问题上，也需要以体制完善为基础，尤其是要建立不同层级政府间规范的责任分担与资金筹集机制，否则即使增加了政府投入，也无法确保公共卫生事业的稳定发展。

强化公共卫生领域的应急体制建设固然是必要的，但应急体制不能简单地被理解为由各级疾病控制中心、防疫站和传染病专科医院组成的应急医疗系统。"非典"暴露的决不仅仅是应急医疗系统问题，而是整个医疗卫生体制，特别是常规医疗卫生体制的失效问题。离开了常规医疗卫生体制，只靠应急医疗系统，不仅解决不了传染性疾病的早期发现问题，也解决不了大量传染病患者的救治问题。此外，公共卫生不仅包括传染病防治，还包括地方病防治、职业病防治、健康教育、妇幼保健以及环境卫生控制，等等。除传染病防治外，中国目前在上述领域存在的问题也不容忽视。而所有这些问题的解决，都离不开有效的常规医疗卫生体制，回避常规体制的失效问题，只因特定问题的出现而强化应急系统的思路和做法显然是不合理的。

（2）医疗卫生服务体制改革商业化、市场化倾向十分严重

商业化、市场化的医疗卫生服务体制改革已经带来了极为严重的社会后果，但至今国内学术界对此不愿意进行认真的反思，商业化、市场化的舆论和呼声依旧很高。很多地方政府在医疗卫生领域实际推行的改革措施依然是进一步商业化、市场化。除鼓励竞争、放开价格，以及在公立医疗卫生机构进一步引入企业管理模式外，不少地方还套用国有企业改革的做法，通过股份制改造、整体出售、授权经营等多种方式将公立医疗卫生机构民营化。如

果这种倾向得不到有效遏制，后果将不堪设想。

上述倾向来源于一个简单化的、有诱惑力的思路：通过医疗卫生服务机构的市场化竞争，可以提高机构自身的运行效率并降低服务价格，政府转而采取补贴需方或购买服务的方式来提供公共卫生服务和基本医疗保障，财务负担可以因此而大大减轻。这种思路貌似有理，其实是行不通的。只要医疗服务机构走向全面市场化，医疗卫生服务体系的布局及服务目标偏离问题就不可避免，竞争无法保证医疗服务价格降低，也早已被各国的实践所证明。在以上前提下，政府补贴需方和购买服务不仅无法保证医疗卫生服务体系的健康发展，也减轻不了政府的财务负担，最后必然因医疗卫生的总体服务水平下降而招致公众激烈的批评。

中央政府有关部门虽然没有主张医疗卫生服务体制全面商业化、市场化，但是强调分类改革。其政策要点是将医疗卫生服务机构分为两类，一类放开，定位为营利性机构，按照企业模式进行组织和管理；另一类为非营利机构，主要追求公益目标，政府继续给予经济上的支持。鉴于中国国情（国家投入能力）并考虑到国际上的普遍做法，对医疗卫生服务机构进行分类改革，形成多元化的服务提供主体是合理的选择。但在抓什么、放什么的问题上，有关改革政策的基本导向是"抓大放小"，这种思路存在重大缺陷。在医疗服务体系建设方面，要想充分保证医疗卫生服务的可及性，要想真正提高卫生投入的宏观效率，需要优先发展和政府确保的是初级医疗卫生服务机构，而不是那些三级以上的大型综合医院。从这个意义讲，可能"抓小放大"比"抓大放小"更为合理。

还有一个值得深思的问题是，目前对包括医疗服务机构在内的事业单位改革思路中，非营利机构的组织管理模式备受推崇。但中国并没有发展非营利机构的传统和经验，相关法律、法规也几乎全部是空白。另外，非营利机构本身也有其固有弱点。由非营利机构来担当某一公共服务领域的主要责任，在国际上并非是普遍的做法。

2. 改革思路

目前，中国无论是在城镇医疗保障制度设计还是新型农村合作医疗制度的设计上，都将"大病统筹"作为医疗保障的重点。这种办法得到很多人的认同，大病由于治疗费用高只能通过医疗保障制度来解决，小病则因治疗成本低可以由个人和家庭自行解决。这种思路看似合理，事实上却根本行不通。如果所有的大病问题都可以通过社会统筹来解决，则意味着公共筹资与个人筹资相结合的医疗保障制度可以解决所有人的所有医疗服务需求，这显

然不符合中国的基本现实。按照这一思路进行制度设计,基本结果只能是以牺牲大部分人基本医疗需求来满足部分社会成员的大病保障需求,医疗卫生事业的公平性无法实现。另外,医疗卫生的理论和实践已经证明,很多疾病特别是部分大病的发生是无法抗拒的自然规律,对很多大病的治疗和控制是成本很高而效益却很低的,将保障目标定位为大病,也不符合效益原则。

将医疗卫生的干预重点集中于公共卫生以及成本低、效益好的常见病、多发病的治疗与控制是无可非议的选择。但有几个问题需要强调。第一,这种选择主要是针对政府责任而言。如果部分社会成员有特殊医疗需求,而且其个人和家庭力量抑或其他筹资方式(比如购买商业保险等)可以承担相关费用,这种需求应予以满足。第二,常见病、多发病与大病的界限不能简单以治疗费用的高低来区分,而是需要综合考虑多方面的因素。第三,对于部分治疗成本很高、治疗效果很差甚至无法治愈的大病,出于人道主义考虑不可能放弃治疗,合理的治疗方案是采用低成本的维持性措施来尽可能减轻患者的痛苦,实施临终关怀。

在医疗卫生干预重点选择问题上,除了要通过有效的制度设计确保选择的合理性外,应当对所有社会成员进行理性思维教育。不少疾病的发生、演化属于自然规律,是人类现阶段无法抗拒的,即使不存在资源约束,以高投入且很多情况下以增加患者痛苦方式来对抗自然规律是缺乏理性的。

从中国的情况看,尽管卫生资源与医疗需求之间的矛盾依然很大,但与计划经济时期相比,整个国家的经济能力以及卫生投入能力均有了大幅度的增长。如果能够很好地选择医疗卫生的干预重点,充分发挥资源投入的健康效用,全民的健康状况比计划经济时期有更大幅度的改善是不成问题的。

案例 2-1

医疗改革需多听听民意

国务院发展研究中心和世界卫生组织对中国医疗卫生体制改革作出"总体上不成功"的结论,引起强烈反响。据《中国青年报》报道,目前,"卫生部正在会同相关部委制定新的医改方案,但何时出台,还没有时间表。"人们对"医改不成功"的结论一点也不会吃惊。老百姓或许还不能把医改不成功的根源说个一二三四,但已经持续了数年的"看病贵"、"看病难"让每一个人都感同身受,公众心里对几年来医改的成效早就有了自己的判断。权威部门的结论不过印证了公众的判断而已。

但是，对一个涉及国计民生的改革方案进行整体上的否定并公之于众，还是需要勇气的。中国20多年来的改革总体上是成功的，因为改革，中国人的积极性、创造性和智慧得到了充分的发挥，中国的经济、社会等诸方面得到了空前的发展，但是，总体上的改革成功并不等于每一个细节上的改革都是成功的，也并不意味着总体上的改革成功就可以忽视一些细节上的改革的失误。

改革允许犯错。因为中国要走别人没有走过的路，所以，才有了被称为"摸着石头过河"的改革，这种勇敢的探索同时也意味着可能会遇到失败的风险。所以，医疗卫生体制改革的不成功放在中国宏大的改革历程中，并不是十分奇怪的事，其意义在于：对医疗卫生体制改革成效的评估从民意印象上升到政府调研课题，为其他领域改革成效（如教育体制改革、住房体制改革等）的评估提供了一个有意义的范例和契机。

改革允许犯错，但只要知错就改，从已有的错误中找出原因，吸取教训，对症下药，制定新的方案，就能符合改革的原意，符合改革自身运行的轨迹。

医疗体制改革为什么不成功？现在更多地归纳为"市场化方向"本身的失误，因为过度追求"市场化"，导致了一些地方政府"甩包袱式"地放弃了为公众提供公平服务的应有职责，导致了各地医疗机构"国退民进"私有化的浪潮，导致了我国医疗服务的社会公平性差、医疗资源配置效率低，最终导致了民众"看病贵"、"看病难"的后果。

卫生部部长高强在前不久的一次报告中指出，发展卫生事业需要引入市场机制，但有三条基本原则不能变：一是坚持走适合中国国情的发展道路不能变，不能盲目照搬外国的发展模式；二是坚持卫生事业为人民健康服务的宗旨和公益性质不能变，医疗卫生机构不能变成追求经济利益的场所；三是政府承担公共卫生和维护居民健康权益的责任不能变，增加卫生投入、提供公共服务、加强医疗卫生监管依然是各级政府的重要职责。

按照这样的思路和方向，新制定的改革方案将有望改变原来方案的失误。

但同时，我们也建议，在制定新的方案时，能够多多地问计于民，而不是闭门造车。

医疗卫生体制的改革涉及每一个人的利益，改革将使政府、医疗机构和民众之间的利益分配产生或大或小的变化，但是最终的结局要每一个公众来承担。其中，政府在保障社会公平、实现"人人享有卫生保健"的政策目

第二章 经济新闻评论的功能与作用

标中要承担什么角色？医疗机构在道义责任和利益追求中如何寻求一种能被公众接受的平衡点？

改革之后低收入阶层的医疗卫生怎样保障？这些问题都需要广泛征求医疗体制改革成本的直接承担者公众的意见。

发现了改革中的某些失误，当然要承认并改正这些失误，最可怕的是用另一个失误来"纠正"原来的失误。

人们期待着医疗体制新的改革方案能够"从群众中来，到群众中去"。缺乏公众了解和认可的方案从一开始将会面临着再次不成功的危险。

万事开头难，改革迈开第一步不易，总结改革成效并实事求是地作出"不成功"的结论也不易，但更不易的或许是改正改革中出现的失误。尤其需要的是，要通过对已有改革失误的剖析，找出通向正确目标的路径，这样的路径将是检视其他领域改革的更有价值的"镜子"。

（资料来源：《新京报》社论：《医疗改革需多听听民意》，2005-08-04）

基于医疗卫生事业的特殊性，无论是基本保障目标选择还是医疗卫生的干预重点选择，靠市场都无法自发实现合理选择，出路只能是强化政府职能。政府的责任应主要体现在两个方面，一是强化政府的筹资和分配功能，二是全面干预医疗卫生服务体系的建设和发展。

案例 2-1 的作者基于普通民众的立场为民众代言，指出中国医疗改革的失误问题：因为过度追求"市场化"，导致了一些地方政府"甩包袱式"地放弃了为公众提供公平服务的应有职责；导致了各地医疗机构"国退民进"私有化的浪潮；导致了我国医疗服务的社会公平性差、医疗资源配置效率低；最终导致了民众"看病贵"、"看病难"的后果。文章认为缺乏公众了解和认可的医改方案从一开始将会面临着再次不成功的危险，呼吁将要制定和出台并事关老百姓切身利益的医疗改革方案需多听听民意。

案例 2-2

全民医保：医改最优选择

两会期间，医改是最为热门的话题之一。这一点都不奇怪。奇怪的是，我们很少听到有关新医改的具体信息、提案或者方案。不绝于耳的还是对于若干基本原则的重复陈述以及对于医疗体制的道德主义批判。不少两会代表痛心疾首地指出，医疗体制重重弊端的根本在于医疗机构淡化了社会公益性

经济新闻评论：理论与写作

质，忽略了以人为本，热衷于通过治病来赚钱，而不是积极地维护人民群众的健康。于是乎，新医改的方向就在于恢复社会公益性。还有的政协委员为医德的回归流下了热泪。

表面上看，这些批评和呼吁也确实切中要害。现行医疗体制种种弊端的集中体现，就是"看病贵"，即医疗费用的上涨幅度远远超过了城乡民众收入增长的幅度。造成这一现象的原因之一，乃是医疗机构诱导病人过度消费医药，也就是民众大为不满的多检查、多开药、开大处方等。很多媒体报道热衷于聚焦或渲染所谓的"白衣天使变黑心"，并且呼吁加强医护人员的伦理建设。

一切从道德角度来看问题在我国具有悠久的传统，但这是一种简易、却不太顶用的思维方式。我国医疗机构的整顿年年都搞这一事实，恰恰证明这一思路没有大用。关键的是建立一套制度，让医生们既能赚钱又能以符合公众利益的方式行事。

道理很简单，我们期望医疗工作者成为"白衣天使"，但是"天使"也要吃饭。让他们成为高收入者，才符合我们老百姓的利益。在国外，殷实之家大多希望孩子们学医，乃是当医生日后既体面又能挣大钱。在我国，哪些富家子弟愿意学医呢？学医的时间长。其他专业四年本科毕业后就可以工作赚钱了，但我国的学医者还必须继续四年寒窗。如果医疗工作者收入不高，有谁愿意八年苦读呢？如果学医者不踊跃，医疗工作者人数不见增长，那么民众看病岂不是愈发困难，医疗费用岂不会越来越贵？

如果医疗服务的价格再受到政府的严格管制，情况会愈加恶化。遗憾的是，这正是我国的事情。医生们做一次手术的时均价格甚至低于做头发的时均价格。

已经有无数经济学家经过大量研究，分析了无数案例和数据，以极为严谨的治学态度证明：只要政府试图对某种物品和服务施加价格控制，那么这种东西一定短缺，而其台面下的价格一定不菲。

我们很多人对政府的期望甚高，也对政府的能力有不切实际的幻想。在他们看来，只要政府一出手，就能实现"社会公益性"，于是"政府主导"的呼声不绝于耳。问题是，政府主导什么？怎样主导？

其中，最为流行的一个思路是政府主导公立医疗机构，提供低价甚至免费的基本医疗服务。我们经济发展低，既然做不到像英国那样使所有民众的绝大多数疾病都可以在公立医疗机构中得到医治，那么我们至少可以做到一个低水平的公费医疗。这就是说，民众可以在社区卫生服务机构中大体上免

第二章 经济新闻评论的功能与作用

费看小病。

的确,老百姓大体上看小病不要钱了,但社区医疗人员不能总是拿低薪甚至做义工,否则他们服务的积极性会越来越低。于是,国家必须出钱。同时,为了在这些机构分配资源,各级政府必须层层建立管理机构,这还要国家花钱。进而,现有社区卫生服务机构网点少、能力差,国家又要出钱加强其能力建设。但是,一旦医护人员水平提高了,会不会跳槽呢?这样一来,社区医疗机构岂不是成为其他机构的人力资源培训站?

别看是低水平的公费医疗,都可能是一个无底洞。如果政府财政没有能力来填洞,那么最终的结果就是短缺。这个体系没有办法为民众提供基本卫生保健服务,民众还是要被迫自己花钱去买医疗服务。

政府主导医疗体制没错,但不要误读。正确的主导方向是政府建立覆盖全民的医疗保险体系,然后代表参保者(民众)来购买医疗服务。

(资料来源:顾昕:"全民医保:医改最优选择",《广州日报》,2007-03-14)

建言献策是新闻评论工作者的使命,案例2-2的作者提出的全民医保的方案,也可算是医改过程中的可选择举措之一。作者紧扣中国国情积极地从经济学的视角考察医改问题,具有较强的现实性。文章针对一些人关于政府应该主导公立医疗机构,提供低价甚至免费的基本医疗服务的呼吁,作者认为只要政府试图对某种物品和服务施加价格控制,那么这种东西一定短缺,而其台面下的价格一定不菲。所以,作者最后指出:政府主导医疗体制没错,但不要误读。正确的主导方向是政府建立覆盖全民的医疗保险体系,然后代表参保者(民众)来购买医疗服务。评论作者从政府和市场的双向调节和相互支撑来解决中国的医疗改革问题,无疑,这是一个全新的视点,将有利于问题的解决。

我国医疗改革,关键是资金问题。在筹资方面,首先要确保政府对公共卫生事业的投入。公共卫生事业属于典型的公共产品,提供公共卫生服务是政府的基本职责。除此之外,在一般医疗领域,基于个人疾病风险的不确定性及个人经济能力的差异,政府也必须承担筹资与分配责任,这是实现社会互济和风险分担的前提,也是实现合理干预目标的基本条件之一。

在一般医疗领域如何发挥政府的筹资和分配职能是一个需要讨论的问题。从国际经验看,主要有两种方式。一是直接通过政府一般性税收筹资,为国民提供医疗保障;二是政府组织实施社会医疗保险计划,对国民提供医疗保障。两种筹资和保障方式各有利弊。

经济新闻评论:理论与写作

在全面干预医疗卫生服务体系的建设和发展方面，一是要干预医疗卫生服务的地域布局，避免医疗卫生资源过分向城市及发达地区集中，以确保医疗卫生服务的可及性；二是要干预医疗卫生服务的层级结构，大力扶持公共卫生及初级医疗卫生服务体系的发展，避免医疗卫生资源过分向高端集中，这是实现合理干预重点选择的基本条件之一；三是要干预医疗卫生服务的服务目标，突出公益性，在此基础上，发挥医疗服务机构及医务工作者在医疗卫生干预重点选择方面的积极作用。四是要干预医疗卫生服务的质量和价格，确保公众能够得到优质服务。

如何更好地实现政府对医疗卫生服务体系建设和发展的干预是另一个需要讨论的问题。首先，如果医疗卫生服务机构以营利性机构为主体，将无法保证社会公益目标的实现。其次，目前很多人崇尚的个别西方国家的非营利机构主导模式，由于受文化传统、法律和制度基础等多方面因素的影响，在我国也行不通。合理的选择可能还是由政府直接举办多数医疗卫生服务机构，特别是承担公共卫生和基本医疗服务责任的机构。当然，由政府直接举办医疗卫生服务机构也有其难以克服的弱点，但这种组织方式在确保政府意志的实施、确保医疗卫生事业服务不脱离社会公益目标方面的优势是其他体制所不可比拟的。对于公立机构可能出现的效率低下问题，可以通过人事制度、分配制度的改革在很大程度上给予改善。迄今为止，多数发达国家的医疗卫生服务机构仍以公立机构为主体，这一事实也值得我国认真考虑。

案例 2-3

医疗改革错在不彻底

这些天相信很多人的眼球都被所谓的550万元天价医药费事件吸引过去了。大家都痛骂这帮医生怎么会这么没良心，怎么会这么不讲职业道德。但是在痛骂医生没良心之前，应该先扪心自问一下，如果换了自己在这帮医生的位置，是不是真能经受550万元的考验。

一位经济学家曾说，"如果政府建立了这种管制，刚好我也是那里的一个官员，那么我也会会贪污的，我甚至坚信我会贪污得比其他大多数人更有效、更厉害"，"就像有个一丝不挂的美女躺在我的床上，要我不动心也办不到的"。

关键还是体制的毛病，这也是很多人所看到的。因此，有很多人开始骂现在这种体制，进而骂现在体制的来源：医改。因为以前的体制不会这样，所以大家都说这是市场化医改导致的。改成这样一个体制，其实就说明医改不成功，市场化方向是错误的。有人想否认这点，甚至只是提倡不争论这点，都会引来痛骂，似乎市场化成了罪恶之源。

还是要争论的，而且要积极参与争论，只有这样我们才能保护我们真正的朋友，暴露我们真正的敌人。我知道这样的话有人说过很多次了，也被人骂过很多次，但我还是要再说一遍，那就是：造成如今这个体制，不是市场化的改革方向错了，不是过了头，而是因为改革还没有彻底。

改革前的体制是一种什么样的体制？公费医疗，国家投入资金养设备和医生，免费给患者看病。医生不靠卖药为生，也没有卖药的动力，因为不允许，价格被管得死死的。这个时候，民营医院是竞争不过公立医院的，不给投入却同样要求不能收费，民营医院不可能有生存之地。在那种体制下，民营医院是自动消失的。

现在搞市场化改革，把医院推进市场，自负盈亏，国家不管医生的工资和设备投入了，但同时也不管你是不是免费提供医疗了。这样的话，公立医院就开始追求起盈利来。但这样一来，搞私营医院又开始也有利可图起来了，会在医疗市场上和公立医院一决高下。公立医院很可能就竞争不过，没法盈利。怎么办？毕竟政府和公立医院还是一家人，因此政府会开始管理医疗市场，整顿市场秩序，限制民营医院自由进入，确保公立医院的市场垄断地位。

这样状况下的市场格局确实是可怕的。就拿这次这件事来说吧。大家都抱怨医药费怎么这么高，能高到550万元。确实是高，我也同样认为是高。但通过分析我们就可以知道，这样的天价医疗费其实已经是市场最低价。道理很简单，因为价格其实是由需求者之间的竞争以及供给者之间的竞争决定的。需求者之间竞争越激烈，价格就越高；而供给者之间竞争越激烈，价格就会越低。550万元能成交，无非是表明，没有第二个患者出的起更高的价。如果有，你500万元都拿不下。而对患者来说，无非是表明，没有第二家医院能收比这更低的价，如果有，你肯定去那了。

所以说，对于患者来说，550万元其实是个最低价了。不然你不会心安理得地选择这家，你肯定会选择其他家。也就是说，在这样的市场格局下，550万元就是最低价，不管你主观上是不是觉得高，天价也可以是市场最低价的。

所以说，天价不是因为医生没良心，而是市场行政垄断体制造成的。但这是不是市场化的错呢？不是，因为市场化改革从来就都是包括两个方面

经济新闻评论：理论与写作

的：放开价格和放开进入。造成垄断市场化的弊病，不是市场化方向有错，而是因为市场化还有一方面没完成。至于为什么没完成，大家都知道，是因为既得利益。因为放开进入，肯定就意味着现在公立医院的利益要减少。

要让老百姓看得起病，一定要打破行政垄断，打破了行政垄断才是真的市场化了，市场的最低价也才不会再是天价。靠痛骂医生起不了实质作用。

（资料来源：胡晓翔："医疗改革错在不彻底"，《财经时报》，2005-12-09）

全民医保，随着医疗市场化的推进，越来越成为中国人一个遥不可及的梦想，甚至有人怀念起过去的计划经济时代。医疗改革的失误，板子不能单纯打在市场化上；对于政府应承担的责任及权限范围，我们也不能回到过去平均主义的老路上去。政府主导医疗体制没错，但不要误读。正确的主导方向是政府建立覆盖全民的医疗保险体系，然后代表参保者（民众）来购买医疗服务。未来的医改方案需要政府与市场共同建立符合中国国情的医疗体制。案例2-3作者从天价医疗费谈起，认为天价不是因为医生没良心，而是市场行政垄断体制造成的。文章最后指出要让老百姓看得起病，一定要打破行政垄断，打破了行政垄断才是真的市场化了，市场的最低价也才不会再是天价，光靠痛骂医生起不了实质作用。

3. 案例总评

（1）医改评论应顾及中国国情

以上三篇评论站在多方角度分析了我国医疗改革进程中凸显的问题。我国医疗改革的失误，一是政府没有发挥主导作用；二是医疗市场没有打破垄断；三是没有广泛征求医疗体制改革成本的直接承担者公众的意见。我国的医疗改革实施应充分考虑国情。新闻评论为民立言、为民代言，体现了评论写作者的良心和正义，促进了医疗改革方案的尽快推出，发挥了公共舆论平台的作用。

第一，打破城乡、所有制等各种界限，建立覆盖全民的、一体化的医疗卫生体制。

新中国成立以来，我国的医疗卫生体制建设特别是医疗保障体制建设，一直是分别城乡、分别所有制乃至分别就业状态来组织实施的。这种制度建设方式已经落后于当前的经济发展阶段。在未来的改革中，必须打破城乡、所有制等界限，建立一个覆盖全民的、一体化的医疗卫生体制。这样不仅可以更好地实现社会公平，保障全体公民的基本健康权益，也可以避免体制分割所造成的利益集团分化以及由此产生矛盾和冲突，还能够从根本上扫清传

第二章　经济新闻评论的功能与作用

统医疗体制对劳动力流动、国有企业改革,以及多种经济成分共同发展等形成的障碍。更为重要的是,通过城乡一体化的医疗卫生体制建设,可以真正增进对农民权益的保护。此外,过去只针对少数群体的保障体制所难以解决的体制外侵蚀问题,自然也就不存在了。

第二,划分医疗卫生服务的层次和范围,实行不同的保障方式。

为了合理的分配医疗资源,有必要将医疗卫生服务分为公共卫生、基本医疗服务和非基本医疗服务三个层次。包括计划免疫、传染病控制、妇幼保健、职业卫生、环境卫生和健康教育等在内的公共卫生服务属于典型的公共产品,应由政府向全体社会成员免费提供。

在基本医疗方面,以政府投入为主,针对绝大部分的常见病、多发病,为全民提供所需药品和诊疗手段的基本医疗服务包,以满足全体公民的基本健康需要。具体实施方式是,政府确定可以保障公众基本健康的药品和诊疗项目目录,政府统一组织、采购并以尽可能低的统一价格提供给所有疾病患者,其间所发生的大部分成本由政府财政承担。为控制浪费,个人需少量付费,对于一些特殊困难群体,需自付部分可进行减免。

对于基本医疗服务包以外的医疗卫生需求,政府不提供统一的保障,由居民自己承担经济责任。为了降低个人和家庭的风险,鼓励发展自愿性质的商业医疗保险,推动社会成员之间的"互保"。政府提供税收减免等优惠政策,鼓励企业在自愿和自主的基础上,为职工购买补充形式的商业医疗保险,也鼓励有条件的农村集体参加多种形式的商业医疗保险。

对不同层次医疗服务的界限划定,尤其是基本医疗服务包范围(包括药品和诊疗项目)的确定,可以依据医疗服务领域对各种常见病、多发病的诊疗经验,并结合政府和社会的保障能力来确定。

制度建设初期,基本服务包的范围可控制得小一些,随着经济增长和政府投入能力的提高,再逐步扩充服务包的内容。

第三,构建与目标体制相适应的医疗卫生服务体系。

既然在公共卫生问题上政府要承担全部责任,为了便于工作上的统一组织与协调,最好由政府直接组织的公共部门来提供相关的服务。从我国目前的情况出发,基本医疗服务也应主要由公立机构来提供。鉴于公共卫生事业和基本医疗服务之间的紧密联系,二者可以采取合一的体制。即建立同时承担公共卫生服务和基本医疗服务职能的公立医疗卫生服务体系。这样做,可能更加符合医疗卫生自身的规律,突出预防为主,实现防治结合,同时也可以避免多元服务体系并存带来的资源浪费。

经济新闻评论:理论与写作

非基本医疗需求属于私人消费品，至少在现阶段如此。因此，主要靠市场化的方式来提供服务，不需要政府来统一组织。在这一领域可以充分引入竞争机制，鼓励营利性医疗机构的发展。但是由于医疗服务的特殊性，不可能将全部非基本医疗服务都交给营利性机构去提供，还是需要保留一部分承担非基本医疗服务责任的高端公立医疗机构。其作用之一是在服务价格方面发挥导向作用，二是在技术路线选择方面发挥导向作用，三是仍需要承担一些相关的政府职能。例如诊疗新技术的推广、新标准的示范，以及特殊时期的应急医疗服务等。除此之外，也应借鉴国际经验，积极创造条件，发展非营利的医疗服务机构，与营利性医疗机构、公立医疗机构一起，共同为居民提供非基本医疗服务。

公立医疗机构由政府直接举办，其基本职能是提供公共卫生服务、基本医疗服务以及部分非基本医疗服务。此类机构不得有营利目标和行为，收支要严格分开。对于只提供公共卫生和基本医疗服务的机构，政府应确保投入。提供非基本医疗服务的公立医疗机构运转费用来源以服务收费和政府投入相结合，可以有盈余，但盈余应当进入国家预算收入并用于推进医疗卫生事业发展。公立机构的医务人员为公职人员，但需通过合同聘任等方式引入激励与约束机制。公立医疗机构的布局由政府统一规划。其中，只提供公共卫生和基本医疗服务的机构，可以参照政府行政机构的管理方式；承担非基本医疗服务责任的公立医疗机构，可以在确保政府基本意志得到贯彻的前提下，给机构以更大的独立性。

营利机构完全按照企业方式运作。政府对医院和医务人员的资质条件、服务价格、服务质量等实行全面监管。

非营利医疗服务机构按照一般非营利机构的模式运作，机构不以营利为目的，盈余只能用于事业再发展。政府给予相关税收等方面的优惠，同时进行全面监管。

第四，全面推进医药分开。

按照以上制度设计，在基本医疗服务领域，前述医药不分、以药养医等问题应当可以彻底杜绝。政府工作的重点应主要集中于非基本医疗领域，特别是营利性医疗服务机构。主要的调控手段一是在调整医疗服务价格的基础上严格限定医院的收入比例，全面推行医药分开；二是辅之以严格的价格监管和相应的惩戒手段，最大限度地控制医药合谋问题。

第五，建立并逐步完善筹资与组织管理体制。

基本政策框架、服务内容和标准由中央政府来确定。在公共卫生和基本

医疗保障领域,保持全国大体上均等的水平。但公共卫生服务和基本医疗保障涉及千家万户,具体的组织实施责任还是要更多地依靠地方政府。从中国目前的情况看,以县级政府作为组织实施的责任主体,应该是比较适宜的选择。

为了实现医疗卫生事业特别是公共卫生及基本医疗事业的均衡发展,实现服务的公平,筹资责任应以中央政府为主,各级政府合理分担。可以考虑由中央政府承担医务人员工资、基本药品和诊疗手段的采购费用,而诸如医疗设施的基本建设等费用,则主要靠地方政府来承担。地区间的财政能力差异问题,可以通过强化一般性的财政转移支付来逐级解决。

（2）医改方案的探讨

从宏观数据来看,目前我国卫生费用总支出占GDP的比重已经超过5%,这种投入水平在发展中国家位居前列。按照这种投入水平,解决所有居民的基本健康保障是没有任何问题的。改革的实质是要进行筹资方式、分配方式和资源运用方式上的调整。说到底,这只是一个政治决策和制度设计问题。

无数事实表明,现实生活中不仅存在医疗资源分配的不公平问题,也同时存在医疗资源的浪费、流失及投入效率低下等问题。如果能够通过体制改革解决这些问题,甚至通过更低的投入解决公众的基本健康保障都是没有问题的。

最近,备受争议的医改方案终于有了一个阶段性的结果,最新消息发布:

第7套方案亮相：医改节省1000亿

"北师大版的医改方案应该说是一种低花费、高效率、保证人人享有基本卫生保健的方案。"有关专家向记者透露,第7套方案主张政府作为医疗筹资的主体,代表患者成为强有力的谈判者,向医疗机构购买医疗服务。患者不需要向医疗机构直接付钱,而是向政府购买医疗保险,政府再依据参保人数购买医疗服务,有别于目前依据患者人数或病种及医疗项目的数量付费的方式。据该专家分析,第7套方案的特点在于:政府支付的固定医保"人头费",决定了医疗机构只能靠固定的医保收入生存,医生们将自觉选择疗效最高、成本最低的治疗路径为患者提供医疗服务。

2007年,是即将诞生新医改方案的"医改元年"。一位不愿透露姓名的参与医改设计的卫生经济专家对此指出,"未来能够被政府接受的医改方案,必然要遵循'先易后难'的原则,争议最小、花费最少、可操作性最强的才会被优先采纳。所以,真正的争论不是在现在,而是在未来医改方案被公示出来之后"。他认为,届时,各部委的意见会争相渗透到新医改方案中,部际的争抢会愈加激烈。医疗改革的争论仍将继续,受惠的将是广大人民群众。①

---

① 《第 7 套方案亮相:医改节省 1000 亿》,《中国经营报》,2007-04-16。

第三章 经济新闻评论主体的素质要求

第一节 新闻评论工作者的素养

新闻评论的好坏,与新闻评论者本身有着直接的关系,评论质量的高低,关键取决于评论者的素养如何。事实证明,新闻评论者,不但要具备新闻工作者,主要是记者和编辑的能力和素养,还要具备评论工作者特有的素养。出色的新闻评论工作者,应是一个杰出的"多面手"、"杂家",更应是一名出色的社会观察家和科学工作者。不仅具有敏锐的洞察力,具有社会预见能力,还应具有缜密思维的头脑、灵活的反应能力和思辨能力,更要具有科学严谨的逻辑推理能力及辩证的哲学观等。所以,评论工作者应是出色的记者、编辑,更应是政治家、观察家、理论家,应该是智慧和博学、理性和情感兼备。

一、新闻评论工作者要具备政治家的眼光

一定程度而言,新闻评论工作者尤其是社论写作者,往往代表着编辑部甚至同级党政部门的集体意见,在相关大是大非,或有关政局、社会形势或社会重大事件面前,新闻评论往往肩负着阐明党的方针路线和基本政策,分析实际工作形势,为人们指明方向的重任。所以,新闻评论者要首先具备政治家的眼光,要有正确的立场、远大的理想、坚定的信念,同党中央保持一致。这也是中国共产党对新闻评论者最基本的要求。每个新闻评论者都要像政治家一样,满怀热情,关注党和国家的大事、前途和命运,胸怀全局,为更好地促进社会的发展进步而努力。

我们说评论者要同党中央保持政治思想上的高度一致,并不意味着要"照抄照搬"、教条主义,成为"文抄公"。而是说,评论工作者要能够对新出现的社会动向、社会事物、社会思潮等进行及时敏锐地辨别、清醒地分析,并做出明确的判断和推理。在新的历史时期,作为新闻评论者,还要有

民主的思想，不要总是以"官腔"话语表述，更不要以"惟我正确"的语境示人，而要以民主的、科学的、严谨的态度，以理服人，以情感人。

二、新闻评论工作者要具备理论家的头脑

新闻评论工作者的理论素养，并不是生拼硬凑的术语、概念等，而是要用正确的世界观观察问题、分析问题，为人们正确地解决问题提供思路和导向。以往，有的评论员文章有偏颇、不严谨等不足，这主要是缺乏理论的思维方法和评论方法的缘故。评论工作者要做到客观、全面、深入，要能够具体、灵活、生动，有比较全局、发展的思想眼光，就必须摒弃主观、片面、肤浅，避免抽象、死板、局限的观点，更要不断努力地丰富自身的理论修养，以提高自身的理论水平。艾丰通过总结写作《首钢启示录》的文章经验时说道："一、理论和新闻的结合应该是我们新闻记者的一种基本追求。它既是记者政治素养的要求，又是记者业务素养的要求。缺乏马克思主义基础理论素养的记者难逃摇摆和浅薄。二、理论的兴趣是把记者的思维引向深刻、把记者的目光引向深邃的'指路标'。三、向马克思主义的理论著作学理论，向生活学理论，向广大的群众学理论，向理论家和一切有理论素养的人学理论。记者的理论大学是无限广阔的。四、理论不是新闻，但有时理论的价值包含着重要的新闻价值，针对性很强的理论价值，往往既包含着很强的政治性，也包含着很强的新闻性。深刻的新闻选择与准确的理论判断紧密相连。五、用理论的目光分析生活中的事实，把新闻事实中所包含的'理论油'榨出来，再把这种理论的针对性抓出来，深度报道的深度由此而来。六、记者毕竟是新闻记者，优秀新闻记者应该是用事实说话的理论家。"①

三、新闻评论工作者要具备杂家的本领

新闻界老前辈邓拓，是一个杂家。他不论是写新闻报道还是评论，都非常有文采。他不仅是有名的明清史专家，还是社会科学家。他写过众多新闻，也是文学艺术家，还是书法家、古物鉴赏家。有的人写评论总是那几句话，久而久之，显得知识面非常有限。而同样的题目到了这些杂家手里，就会妙笔生花，引人入胜，足见其功底之不同。

新闻评论是多种学科知识兼容的构件。评论的论证需要逻辑推理知识，评论需要巧妙的构思和文学知识，词章句法的准确应用需要语法知识，评论

---

① 艾丰：《寻求新闻与理论的结合》，《中国记者》，1990年第9期。

的深刻性及论据需要丰富的新闻事件、社会知识等。总之，思想的生发、升华，文采的多姿、理性的深刻才会使评论更具有感染力和说服力，这一切都与"杂家"的能力水准密不可分。这正如邓拓同志经常说的，也是我们应该谨记的："深入实际兼读史，立定脚跟做圣人"。

四、新闻评论工作者要具备作家的技巧

如果一个人具有新颖的思想或观点，但他不具备良好的语言表达能力，与别人的交流自然受阻，别人无法了解他的内心世界；同样，如果没有良好的写作能力，新闻评论对于读者来说，无疑于自说自话，白费了一番气力。所以，评论工作者的写作能力相当重要。写作素养不仅是遣词造句，它包括立意高远、深刻；论证、论据严谨严密，富有逻辑性，具有说服力；生动活泼的文采、清新流畅的语言、高屋建瓴的思想等。新闻评论贵在及时，要对社会上发生的、发现的事件问题能够反应迅速，评点到位，没有好的文学素养、写作技巧，是写不出又好又快的评论的。

五、新闻评论者要具有一定的法律素养

新闻评论要敢于立论，还要善于立论。在不违反新闻道德原则的基础上，还要注意尊重个人的名誉权、隐私权、肖像权，审慎地评论尚未完结的案件和案件当事人。面对公众的名誉权、隐私权、肖像权等，以及法庭案件审理过程中当事人的受保护权，新闻评论者要给予理解，适当让步，放弃一部分同样是法律授予的新闻评论的自由权，要恰到好处地采取公正的态度和公众的立场，进行较客观的评论，不要加进个人的主观臆断和立场。当然，这与为人民的利益勇敢仗义执言并不发生冲突。这是说，新闻评论者要具有一定相应的法律素养和人道主义精神。

随着中国加入WTO，公民的法律权限更加明晰化，新闻评论者需更加注意，要使自身具有一定的法律知识。只有这样，才不至于使自己的评论冒犯人权，违反法律常识，才能使新闻评论更加有理、有利、有节地发挥其社会效应。

总之，评论工作者应具备较高的综合素质水平，以上几点都不可以孤立地去认知，因为它们相互之间是有联系而相辅相成的。当然，这里谈到的新闻评论工作者要具备的各种素养，只是从评论者发展目标而言。

经济新闻评论：理论与写作

第二节 经济新闻评论工作者的素养

一、经济新闻评论工作者的专业素养

经济新闻评论工作者除了具备上述评论工作者的基本素养外，还须具备一些特殊素质。下面我们从分析具体的经济新闻评论案例入手，看看经济新闻评论写作者的素质要求有哪些？

1. 高屋建瓴——哲学家的宏观视野

写好经济新闻评论，首先要有哲学家的宏观视野，对于社会的政治、经济运行规律要有一定的宏观把控，善于辩证思维，运用马克思主义的辩证唯物主义和历史唯物主义的方法论，站在一定的历史高度全面地联系地分析经济现象和经济问题。近几年来，我国房产价格的高速飞涨，已经远远超出了人们的心理预期和实际承受能力，站在宏观经济的调控治理角度，政府部门应该发挥应有的作用。房地产业如果投资过剩泡沫过多，一旦资金链出现问题，其后果就会造成金融危机隐患等社会问题。《房地产业要有看得见的手》的作者以放眼全球的眼光，从韩国、新加坡政府以补贴、经济适用房、廉租房等方式成功解决中低收入者的住房问题，以雄辩的事实证明，相对于其他产业，在房地产业，政府这只看得见的手是比较明显的，着重强调政府在经济运行中的调控能力。

2. 经济规律——经济学家的理论素养

涉及宏观经济、微观经济，尤其是市场经济规律的新闻评论写作者，一定要具备经济理论知识，可以透过纷纭复杂的经济现象看清其实质。对比国外某些国家的高福利政策，我国将要实行何种政策，是需要我们从经济发展的现状、规模等角度出发来考虑的。既不能以西方发达国家的高福利政策带来的弊端来就此否认我国实行福利政策的可行性和必要性，也不能超出我国的生产力水平套用西方的高税收实行不堪负荷的国民福利政策。针对目前高房价，政府一定要加大廉租屋、经济适用房等配套设施的供给，以抑制房地产业的暴利行为。由于房地产本身的高价值量、位置的不可移动性、保值增值性等特点，使得房地产市场具有较强的区域性，竞争的不充分性、交易的复杂性、供给的滞后性以及与金融的高度关联性等基本特征。如果懂得房地产交易的复杂性，买卖和租赁是房地产市场两种最基本的交易方式，缺一不可，那么就能够懂得培育规范的租赁市场的重要性；如果明白房地产本身的

第三章　经济新闻评论主体的素质要求

高价值量、保值增值性等特点,那么就不难明白住房二级市场对一级市场的重要补充作用;如果理解了房地产市场与金融的高度关联性,那么就能够更深地理解建立完善的住房金融市场,特别是住房抵押贷款二级市场的重要意义。如中国社科院金融所的易宪容为多家财经媒体写作专栏财经评论,尤其对于国内房地产行业的价格虚高不下、投资过热等现象,在中央未出台多项政策进行调控之前,写作多篇房地产行业泡沫会给金融业带来巨大风险的文章,体现出一个经济学者的理性和专业素养。

3. 把握重点——政治家的分析能力

政治水平和理论水平是密切相关的,理论水平是基础,政治水平是理论水平的重要体现。首先要认真学习,掌握党的一个中心、两个基本点的基本路线,熟悉党和国家的各种方针、政策,尤其是经济工作方面的方针政策;二是要熟悉体现方针政策的一些重要提法,评论写作者需认真领会方针政策的重要意义和精神实质,并在实践中检验;三是要及时了解党的政策在实践中产生的效果和群众对政策的反映,以加深和丰富我们对于政策的理解。如2006年5月下旬,国务院出台了6条《关于调整住房供应结构稳定住房价格的意见》(被称为"国六条"),随后,中央9部委联合出台了针对于"国六条"的15条实施细则(被称为"国15条"),7月和8月期间,各政府部门又陆续出台一系列对以上政策补充和促进落实的法规,至此,房地产界刮起了新一轮宏观调控的旋风。写作房地产业的评论一定要随时关注国家部委和地方政府的相关政策,在充分理解和领会各项政策的前提下为老百姓的切身利益鼓与呼,为房地产业的理性运作而做出中肯的建议和评价。

4. 独到独立——学者的创新意识

"知识经济"以人的创造性知识为最核心的知识要素;而人是知识的载体,没有创造性人才,"知识经济"将无从谈起。新闻传播业作为最活跃的社会神经,对新科学、新知识、新思想的反映最为迅速,对新技术的使用最为敏捷,因而更需要有创新精神。新闻从业者只有具有永不停歇的创新意识,在新闻实践中大胆创新,独辟蹊径,才能在激烈的新闻竞争中频出新招,胜人一筹。如艾丰曾说:"《首钢启示录》是什么体裁的作品呢?老实说,我自己也说不清楚。它的主要内容其实是一篇理论文章:可冠以《从一个企业看公有制的优越性》的题目。但它是用新闻手法写的'理论文章',因而不伦不类,既不是通讯,也不是述评,什么现成的体裁都套不

经济新闻评论:理论与写作

进去。"①

新闻从业者的创新意识,表现在采访方法、报道方式、新闻写作方法、版面和节目的编排方式、经营与管理方法等方面,领域极为广阔。不断变革与创新,是新闻事业不断进步的力量源泉。正是由于我国广大新闻从业人员的不断创新,才使我国新闻文体这些年来得以迅速发展,涌现出诸如采访札记、记者来信、政论性通讯等新颖活泼的新闻文体。闻名全国的"珠江模式",也是广东经济广播电台的新闻同仁在大胆改革传统广播编排与播出模式的基础上摸索出来的。在以数字化、信息化、网络化为特征的知识经济时代,新闻传播业面临着许多新情况、新问题,更需要新闻从业者发扬创新精神。我们应该以创造性思维积极面对新闻实践中涌现的新情况、新问题,大胆实践,勇于创新,不断开创我国新闻传播工作的新局面。

二、案例分析:房地产新政出台前后的评论

1. 写作房改评论的背景资料

(1) 历史回顾

始于20世纪80年代初的中国住房制度改革,总体说来是一种自上而下的渐进式的制度变迁模式。房改中的这种渐进式改革方式给房地产市场的发展造成的障碍,可归纳为"两步走"难题,即由于产权改革不到位造成的改革进程的延误。例如,房改中第一步将公房以成本价或标准价出售给职工,同时又不给他"完全产权",公房的产权形式只是由"公有"变为"共有",产权仍然不明晰从而"已售公房"无法直接入市交易,于是只能进行第二步的改革,即"公房入市"。

中国的房改进程可以大致划分为三大阶段:第一阶段是20世纪整个80年代,主要是进行初步探索,是房改的试点阶段;第二个阶段是整个90年代,特别是邓小平同志视察南方讲话后,是找到了正确方向明确了市场取向改革的阶段;当前处于第三阶段,即以产权为核心的改革阶段。只提"市场"不提"产权"或"制度"的改革绩效至此已然消散得差不多了,产权改革应该成为下一步房改的重点,即明确保障住房私有产权,确保初始产权界定明晰,并制定相应的规则,保障并鼓励住房产权的自由流转交易,从而达到降低交易费用,政府逐步退出房地产市场运行微观领域,并真正确立市场在房地产资源配置中的基础性地位的目的。

---

① 艾丰:《经济述评自析集》,人民日报出版社,1995年版,第226页。

(2) 市场需求

明确了市场取向的改革是正确方向，那么合乎逻辑的观点便是政策的制定和研究的重点应放在房地产市场的需求方面而非供给方面。中国改革开放20多年，在住宅建设方面所取得的伟大成就是有目共睹的，也是得到世界公认的，由此使得城镇居民住房条件有了较大改善。然而，客观地讲，我们目前的居住水平还不高（2000年人均居住面积10.3平方米），住宅消费占家庭消费总支出中的比重偏低（2000年为10%），大多数普通百姓靠自己的正常收入买不起房。

解决问题的关键还是在需求方面。特别在当前的转轨时期，对市场需求、百姓的实际消费偏好应重点考虑。市场经济的本质要求任何决策（不管是政府的还是企业的）都应从市场的实际需要出发，从市场需求出发。任何政策的制定如果背离了这个大方向，将会大大提高其实施成本和难度，最终的政策结果与原定的政策目标之间将会出现越来越大的偏差。例如，目前推行的"住房供应体系"和"经济适用房"有关政策认为，我国城镇居民的住房结构应大致如此：5%~10%是纯商品房，10%~15%是廉租屋，75%~85%是经济适用房，经济适用房是解决城镇居民住房问题的核心和关键。这一政策的出台，无疑在很大程度上出于对房价过高居民承受能力不足这一切肤之痛的考虑，然而房价过高，居民承受能力不足的个中原因却非常复杂，并非单纯地通过贴补地价、限制开发商利润率等简单的经济适用房政策就能解决。此外，住房供应体系中所提出的中国城镇居民各类住房的比例是否科学合理，也是一个尚需讨论的问题。

事实上，消费者需要哪类住房，是由他们自己根据其收入和偏好做决定，最终在市场交易中得以实现。可以肯定地说，经济适用房在我国房地产市场建设、住房制度改革中的地位应该是过渡性的，是权宜之计。希望将这一观念融入政策制定中，加快我国房地产市场建设的进程。

由于租赁市场的不完善对买卖市场造成的损害一样，不重视住房二级市场的培育，在公房入市问题上瞻前顾后，极大地降低了住房一级市场的效率；而不完善的住房金融市场特别是抵押贷款二级市场的缺乏，也极大地阻碍了整个房地产市场的发育和完善。

案例 3-1

五大原因促使全国房价将长期高烧

日前，中国社会科学院、社会科学文献出版社联合发布的《2006年房

地产蓝皮书》（以下简称"蓝皮书"）预测：我国房地产价格长期走势是上升，而不是下降。今年全国平均房价也是继续飘红，但增幅较上年有望回落。

全国房价将长期上涨，2005年北京大幅上涨近20%。

原因一：需求旺盛

蓝皮书课题组成员王建武指出，我国的房价近年来一路攀升有多方面的原因。"房价上涨首先是需求旺盛的结果"。

1998年国务院实施积极的税收政策和住房金融政策，鼓励居民住房消费。各地区、各部门加快住房建设，尤其是银行推出个人购房按揭贷款业务，激发了长期被压抑的购房需求，住房消费有效需求迅速被释放。另一方面，从1999年下半年起，住房二级市场放开，允许房改房上市交易，增加了个人购房的支付能力，使住房改善需求在短期内急剧增加。另外，随着工业化和城镇化发展，城镇人口增加，大规模城市改造和居民拆迁，使住房市场的基本需求和被动需求也不断增加。

原因二：供给结构失调

除了刚性需求之外，市场供给结构失调也给房价添了一把火。

由于产权不明晰、中介不成熟，我国房地产二级市场一直发展缓慢，二手房供给始终短缺，需求全部被压向住房一级市场，从而造成了新房房价的持续高烧。

而租赁市场不但管理上没有规范规章，租金也不尽合理，造成多数居民只能通过购房实现住房需求。

在房地产一级市场，面向中低收入阶层的中低档住房比重偏低，导致了需求结构和供给结构的错位，有效供给不足继续扩大。2004年全国商品住宅施工面积、竣工面积同比分别增长18.2%和2.3%，其中经济适用房却分别下降11%和26.3%。这造成了真正有居住需要的、占社会人群之大多数的中低收入居民的住房得不到解决，而房地产投资投机却大行其道。

原因三：国家信贷支持

虽然现在房价居高不下，老百姓骂声一片，但是购房热情仍在继续。这跟国家实行的信贷支持分不开。根据央行《中国房地产发展与金融支持》报告，中国房地产信贷在整体信贷中的比例由2000年的6%急剧提升到2003年的21%。在上海，2005年第一季度，有87.7%的新增贷款进入房地产市场。

原因四：地方政府推动

第三章　经济新闻评论主体的素质要求

从土地的角度看,自从银行管辖权上收以后,来自土地的收入成为地方政府财政的支柱。据统计,2003年上海的土地收入为216亿元,相当于上海市地方财政总收入的24%。房价、地价的上涨,有助于地方政府获取更多的收入,房地产膨胀得越大,地方政府的收益就越大。而与此同时,地方政府成本却是零。正是这种成本和收益的极端不对称性,使地方政府成为推动中国房地产业快速发展的动因。

原因五:缺乏规范的信息披露制度

目前,我国还没有一个统一、规范的房地产市场信息披露制度,各政府部门相互独立,信息之间互相矛盾的情况时有发生。少数开发商与中介机构联手谎报商品房销售进度,发布不实价格信息,恶意哄抬房价;有的开发商囤积土地、囤积房源,人为造成市场紧张,诱发房价短期内非正常上涨。

因此,中国社会科学院城市发展与环境研究中心主任牛凤瑞大胆断言,今后几年,中国房价将"表现为波浪式的上升趋势"。

"蓝皮书"副主编、中国社科院城市发展与环境研究中心研究员李景国表示,今年国家政策将向中低价位商品房倾斜,强化房地产行业管理,抑制房价过快增长仍然是国家对房地产市场的主要政策目标。国家将继续增强土地对房地产调控的针对性和有效性,加大对中小户型、中低价商品房、经济适用房和廉租房的土地供应,高档住宅供地将受到严格限制。同时,今年土地供应比较充足。上述因素都有利于抑制房价的过快增长。

(资料来源:李景国:《五大原因促使全国房价将长期高烧》,《2006年房地产蓝皮书》,中国社会科学院、社会科学文献出版社,2006年版)

房地产热的不断升温,房产价格的持续走高,房地产行业蕴含着巨大的风险已经成为不争的事实。这则消息进一步透露出近年来房地产商新建房屋空置面积总计已达到1.23亿平方米,较一年前同期上升了大约24%,并运用各种数据指出了新建住房空置率的大幅上升说明中国房地产市场可能面临潜在的金融风险。这不能不引起政府加大监管力度及出台各种抑制房价的宏观经济调控政策,反映了中国目前经济建设中的一个严峻问题。

房价为何居高不下?开发商应该为谁建房?为什么"不做房奴"?房地产业作为事关百姓基本生活、拉动我国经济发展的重要产业,近年来总是新闻不断,房地产价格的一路上涨引发的社会不公现象,促使市场健康发育的政策法规的相继出台。房地产业已经成为我国目前利润最高、诟病最多的

经济新闻评论:理论与写作

行业。

案例 3-2

房地产业要有看得见的手

在经济高速增长的国家，房地产价格往往以更高的速度上涨，这是世界许多国家的一种普遍现象。房地产价格上涨过快，购房成为投机行为，就会形成房地产泡沫，形成金融危机隐患，形成中低收入者住房难的社会问题。相对于其他产业，在房地产业，政府这只看得见的手是比较明显的。从世界各国的情况看，政府从来是介入房地产业的，只是手段和力度不同而已。

以韩国为例，1998年亚洲金融危机后，韩国经济复苏，房地产业随之繁荣，房价和房租同步上涨。2003年，韩国政府对房地产业采取了宏观调控措施。其主要政策是：加大住宅建设的土地供给，增加住宅供应量；抑制投机性需求，针对性地提高房地产转让税率，针对性地禁止住宅预售权转让；实施国民廉租房建设计划，政府投资在10年内建设100万套国民廉租房；完善全国房地产信息系统，使有关信息及时、透明，实现买卖双方信息对称，等等。在韩国政府采取这些措施后，2004年住宅价格开始下降，房租2003年即开始下降。

从新加坡的情况看，20世纪60年代初，新加坡成立了建屋发展局，专司建造公共组屋（相当于中国的经济适用房），组屋现今已成为87%居民的住所。为实现"居者有其屋"，新加坡的政策是：实行强制性的公积金制度；组屋建设坚持小户型、低房价原则；对购买自用房者实行税收优惠。对10%的最困难群体，政府提供补贴或廉租房。政府有关的管理严格有效，避免了欺诈投机现象。

近代以来，工业化的过程同时成为城市化的进程，解决城市住房问题成为各国政府的一个基本职能。新加坡、韩国等国对这个问题解决得比较好，避免了南美国家、菲律宾等国出现的城市贫民窟现象，值得借鉴。住房是人民的基本生活保障，解决这个问题是各国政府的基本职能，这种意识必须明确而自觉。

在市场经济条件下，房价高企从本质上说是供给与需求落差过大所致，其根本解决有赖于住房的有效供给。与此同时，炒房套利是一种难以避免的普遍现象。炒房套利一旦形成投机狂潮，会造成房地产市场的大起大落，造成金融隐患，对国家的经济平稳发展不利。在房地产业，政府的基本政策取

第三章 经济新闻评论主体的素质要求

向应是最大限度地缩小炒房套利的空间，要能"节制资本"，通过有效监管和针对性的税收抑制过度的谋利冲动。政府政策必须要有前瞻性才能防患于未然，才能防止大的马鞍型起落。在经济全球化的条件下，对外资进入炒房的情况也要有警惕，予以有效地控制。

在政府通过补贴、经济适用房、廉租房等方式解决中低收入者的住房问题时，其机构和人员的廉洁有效是基本前提，否则，政策再好也等于零，只会给舞弊欺诈者提供寻租空间。政府的土地转让必须经过公开公平的拍卖，政府的购租房优惠必须有严格的资格审定，否则，政府的"好处"会被资金拥有者侵占，落不到中低收入者头上。当政府机构成为住房投资主体时，必须以中低收入者为对象。

固然，解决住房难的问题归根到底还需要社会方方面面的改革与进步，例如逐步解决收入差距过大的问题等，但政府这只看得见的手是不可或缺的。

（资料来源：黄晴："房地产业要有看得见的手"，《人民日报》，2006-05-08）

"高闲置率下的中国地产市场蕴含风险"（中国财经社区，2006-04-26）一文报道：北京、上海及其他主要城市不断拆除市中心地区的旧房，以腾出地皮兴建豪华住宅和商用地产项目，致使数百万居民迁居他处。与此同时，虽然政府承诺建设更多经济适用型住房，但许多中低收入家庭还是被排斥在了市场之外。新建住房空置率的大幅上升意味着中国房地产市场可能面临潜在的金融风险。《上海日报》和中国其他国有媒体报道称：截至2006年3月底，中国新建房屋空置面积总计已达到1.23亿平方米，较一年前同期上升了大约24%。报道援引国家统计局发布的数字说，上述数字还不包括那些买家出于投机目的买下但一直闲置的房屋。对于房地产市场的种种怪现象，"房地产市场冷热交加三大悖论值得玩味"（董素玉，李嘉，王英诚：《经济参考报》，2006-04-24）一文分析其中奥妙，悖论一：房价不以购买意愿为涨落核心，房价的高居不下，使很多居民望而却步，但另一方面居民的消费意愿正在受到漠视，市场越来越不以居民的消费意志为价格涨落的核心。悖论二：过剩与短缺并存，一方面是广大中低收入百姓有庞大的市场需求，另一方面是开发商追逐高利润，大多钟情高档房。悖论三：建筑水平超前，消费水平滞后，住房消费超前与大部分居民买不起房的现实，表明城市居民已经为购买住房而超支。该文语句通俗，原因分析中肯，概括了房地产行业现存的种种弊端。房地产行业存在的问题，老百姓已经怨声载道，安居乐业成为一个渐行渐远的梦，与推行房地产行业改革之始的美好愿望背道而驰。写作房地产行业的评论应熟知行业政策和相关背景资料，在一个历史的长河中考察该行业的兴盛和衰落，并与宏观经济调控相联系，规避金融风险。

2. 案例总评

从大众传播的角度看，媒体所塑造的信息世界极大地影响着人们对外部世界的认识和理解，媒体中呈现的事实可能取代现实中的事实成为人们决策的依据。因此，媒体有责任为人们提供真实、客观的房产信息，满足公众的需求，为公众决策提供帮助。房地产报道和评论写作应注意的问题：

（1）立足本土，客观报道

房产报道应立足本土关注本土化市场信息变化，且在语言上比较通俗，符合市民阅读口味。现今报纸仍然是当地市民了解房产信息的主要渠道之一，购房前，市民会有意识地通过本地报纸了解市场行情与政策变动的诸多信息。媒体应该通过提供准确、真实的信息，提高自身的公信力吸引公众的注意力，而不能一味地追捧广告商的利益，为房地产商人做"软广告"，而忽视新闻的真实性以损害消费者的利益。房产信息的客观、准确程度直接影响媒体的公信力。报纸传播的信息是否真实、报纸是否注重反映普通市民的心声、是否将土地买卖、成本交易中的不公正现象揭露出来等因素会影响市民对报纸的认同感。不真实的信息传播和弱化的舆论监督也有悖于报纸应该承担的职业规范。

（2）注重细节，加强服务

房地产报道不能忽视房屋交易中的法律知识和售后服务信息的传播。房地产业包含一个复杂的产业链条，市民在购房售屋的实际过程中也会经历诸多步骤，其中不少环节琐碎又细致，离不开法律的支撑和规范，就签订购房合同一事而言，看似简单，却有很多细节需反复斟酌，处理不当可能带来较大的损失，从房产报道中法律知识的比重和报道状况可以看出文章作者的法律素养和法律思维，也可以初步评估法律对该行业的规范约束状况，所以房产报道不能忽略法律知识的穿插。加强对房屋售后服务的报道是增加报纸民生新闻分量的途径之一，有利于赢得读者。

（3）打造舆论平台，强化评论引导

房地产评论的数量不够，深度欠缺。评论与杂谈之类的文章不够，说明媒体对于有关房地产认识的公共讨论引导不足，房地产意见市场发育不良。报纸在提供客观信息、满足公众知情权的同时，其另一功能是为人们提供了

公共讨论的平台，通过这个话语平台，人们得以自由地表达和公开他们的意见。这种意见的表达常常通过评论和杂谈的形式表现出来，评论在一定程度上反映了公共讨论与思考的发育状况，是一面反观市民思想层面智性活动的镜子。评论的缺席，预示着公共讨论的缺席，这会导致市民接收到的有关信息零碎肤浅，缺乏较为深刻的讨论、怀疑、引导和理性思考，缺乏广泛的发自市民本身的真实交流和思考发育，缺乏对市场零碎、浅层信息的提炼和甄别，报纸缺少对房产信息系统宏观的整理、消化、甄别与足够强大的消费引导。舆论监督是报刊发挥社会公信力的最重要的途径之一。对于媒体来说，其社会责任就在于利用自身强大的话语平台对社会的不公正、不道德、不符合社会健康与进步的现象及时地发出警醒的声音。房地产业的高额利润必然会带来一系列不规范的操作，房地产交易中的合同纠纷、价高质次乃至欺诈行为屡有发生就是明证。面对民众终生也许消费一次的买房行为，公众需要了解与他们利益攸关的领域到底发生了什么，需要了解这个领域里危害他们安全、损害他们利益的所有事实，并求得妥善解决。因此，进行舆论监督是媒体不可推卸的责任。

第四章 经济新闻评论的现状分析

第一节 新闻评论的各种变化

我国正处于经济转轨、社会转型的大变革、大发展时期,作为经济社会的变革与发展的直接反映,新闻评论也在急剧地变化和发展。新闻评论的发展趋势主要体现在以下三个方面。

一、题材的多样性

从评论内容看,正在从题材单一化向题材多样化的方向发展。在邓小平发表南方谈话以前,新闻评论尤其是党报党刊的评论在题材上带有较为明显的单一化倾向,即特别偏好重大的政治问题,带有浓厚的政治色彩,文章发表后也往往能够产生重大的政治影响。撇开政治上的是非不论,这里略举数例:"文革"前《人民日报》发表的"九评",1965年《文汇报》发表的"评新编历史剧(海瑞罢官)",1966年《人民日报》发表的"横扫一切牛鬼蛇神",1978年《光明日报》发表的"实践是检验真理的惟一标准",1991年《解放日报》发表的"皇甫平"系列评论,等等,所评所论无一不是重大的政治问题,发表之后都曾产生重大的政治影响,不仅在当时出现了轰动效应,而且在十几年甚至几十年后仍然令人记忆犹新。

自从1992年中国步入市场经济以后,能够产生轰动效应的新闻评论在不知不觉之间日渐消失。从整体上看,新闻评论正在由题材单一化走向题材多样化,即选题的视野更加宽广,评论的内容更加丰富,带有浓厚政治色彩的新闻评论相对减少,贴近广大读者口味的新闻评论越来越多。如今风头正盛的"时评",就属于政治色彩相对淡薄、比较贴近大众口味的新闻评论。即使是党报党刊上发表的涉及重大政治问题的新闻评论,在措辞上也越来越平和,过去那种慷慨激昂的论争腔调不见了,取而代之的是和风细雨的论述语调。

导致新闻评论发生上述变化的根本原因，在于我们党和国家在政治上发生的重大变革。党的十一届三中全会以前，政治运动此起彼伏，阶级斗争常抓不懈；党的十一届三中全会以后，尽管我们党在指导思想上已经把工作重心转移到经济建设上，但由于社会发展的惯性作用，党内和社会上对于某些重大的思想理论问题仍然争论不休，整个意识形态领域仍然是非不断。这些社会现实反映到相关的新闻评论上，必然是浓厚的政治色彩、激烈的论争氛围。1992年初，邓小平发表了著名的南方谈话。这次"谈话"彻底澄清了许多重大的理论是非，一举结束了"姓社姓资"一类的政治论争，从而实现了全党全国人民在思想上政治上的大统一，开创了聚精会神搞建设、一心一意谋发展的新局面，我们国家从此进入市场经济发展的新时期。与此相适应，新闻评论自然没有什么可以引发轰动效应的"政治文章"可做，涉及经济社会发展乃至百姓衣食住行等寻常话题的文章逐渐多起来了，评论题材的多样化于是成为不可逆转的大趋势。同过去相比，当今的新闻评论视野更加广阔、题材更加丰富，内容更加富于建设性和专业性，也更加贴近实际、贴近生活、贴近群众了。尤其是那些针对某一新闻事实的所谓"时评"，更是空前地拓展了新闻评论的视野，极大地吸引了广大读者的眼球，从而成为评论领域独树一帜的新军。

二、个性写作的张扬

从表现形式看，正在从写作程式化向写作个性化的方向发展。马克思主义哲学认为，形式是由内容决定的，是为内容服务的。评论文章的写作也是如此。一定的文章内容派生出一定的表现形式，不同的文章内容也需要不同的表现形式，有什么样的文章内容就会有什么样的表现形式。庄重严肃的政治评论，需要严谨大气的表现形式；准确严密的经济评论，需要朴素大方的表现形式；轻松宽泛的社会评论，需要自由活泼的表现形式。当然，评论内容与表现形式之间的这种对应关系只是相对的，我们不能将其绝对化。

既然文章的内容决定着文章的形式，那么，1992年以后新闻评论在内容上的发展变化，就必然要引起其表现形式的变化。因为题材上的单一化必然导致写作上的程式化，题材上的多样化必然要求写作上的个性化。此外，新闻评论在表现形式上由程式化向个性化的发展变化，也与社会政治空气和大众审美观念的发展变化有着密切的联系。

1992年以前，由于新闻评论的题材大多是严肃而重大的政治问题，由于政治空气经常处于高度紧张的状态之中，新闻评论工作者为了保证文章的

经济新闻评论：理论与写作

安全稳妥、避免自身的政治风险，必然在语言表述上力求四平八稳，在谋篇布局时不惜千文一面。"文革"时期出现的"小报抄大报、大报抄梁效"的状况，就是此种心态及其结果的极端表现。表现形式上的程式化体现在新闻评论的文章结构上，就是为业内人士所熟知的"三段论"模式：第一，是什么？第二，为什么？第三，做什么？所谓"是什么"，就是亮明文章的观点，提出某一目标或任务；所谓"为什么"，就是阐释其意义或论证其正确性；所谓"做什么"，就是指明达到某一目标或完成某项任务的具体途径。这里需要说明的是，"三段论"的文章结构并没有什么错误，但成为一种普遍的固定模式就难免有些令人生厌。

1992年以后，随着改革开放和市场经济不断向纵深发展，我国社会迅速进入转型时期和信息时代，全方位大容量的信息流无孔不入，人们获取信息的渠道空前扩大，人们的思想意识、价值观念及审美情趣都发生了巨大而深刻的变化，过去那种居高临下、单向灌输的空洞说教已没有市场，而平等对话、双向交流的传播形式则大受欢迎。这正是网络评论迅速兴起且影响剧增的根本原因。为适应媒体市场的这一变化，20世纪90年代末以后的新闻评论，不仅在题材上日益多样化，在表现形式上也更加生动活泼，评论写作的个性化色彩越来越明显。特别是电视评论，其节目主持人独具特色的语言风格和个人魅力，使电视评论赢得了较多的受众，产生了广泛的社会影响。此外，某些都市类报纸的评论也在逐渐兴起，其表现形式也具有鲜明的个性化色彩。

在网络评论、电视评论异军突起、精彩纷呈的同时，党报党刊也在继续发挥着它们在评论方面的传统优势。近几年来，许多党报针对一些重大的思想理论问题所发表的重头评论，不仅取得了较好的社会效果，在写作上也具有鲜明的个性。《人民日报》署名为"任仲平"的重头评论可以说是这方面的典范之作；《湖南日报》近几年来的编辑部文章，也产生了较好的社会反响。

三、作者队伍的普及

从作者队伍看，正在从作者职业化向作者大众化的方向发展。1992年以前，由于题材的相对单一化和政治化，新闻评论的写作具有极强的政治性和专业性，需要较高的政策水平和理论素养，一般人写不了也不愿意写新闻评论，因而其作者队伍完全是职业化的。那时报纸上的评论文章，基本上是"本报评论员"或"特约评论员"所为，业余作者所写的评论一是数量较少，二是作者经常是一些"老面孔"，三是作品范围多限于一些专栏言论。

第四章　经济新闻评论的现状分析

1992年以后,随着社会主义民主政治建设的稳步推进,特别是党的十六大提出"健全民主制度,丰富民主形式,扩大公民有序的政治参与"的方针以后,各级各类媒体的新闻评论都出现了广开言路的可喜态势,广大新闻工作者的观念正在由"为民众说话"向"让民众说话"的方向转变,新闻评论的作者队伍也在由职业化向大众化的方向发展。时至今日,普通公民在媒体上发表言论,不仅已经成为人民群众有序参与民主政治的重要形式,而且也是党和政府了解民意、把握舆情的重要渠道。

　　新闻评论作者队伍的大众化首先体现在网络媒体上。众所周知,网络论坛是一个完全开放的系统。在网络论坛上,无论何种身份、性别、年龄的人,均可就某一新闻事实或社会现象自由地发表评论。近几年来,在以人民网、新华网为代表的众多网络媒体上,不时可以读到一些思想深刻、观点鲜明、见解透辟、文采飞扬的评论文章,而且,随着国内互联网的迅猛发展和上网人数的急剧增长,网络评论的社会影响正与日俱增。当然,网络评论存在着一个加强管理、严格把关的问题。

　　新闻评论作者队伍的大众化同样体现在报纸、电视等媒体上。就报纸而言,新闻评论的作者队伍已经悄悄地突破"本报评论员"的局限,逐步扩大到社外文人及其他社会阶层。近两年来在全国报界兴起的"时评"热,其实质是广大报人为适应时代要求而改进评论报道的结果。比如沿海地区的《解放日报》、《南方日报》、《大众日报》等省级党报,以及内陆地区的都市类报纸,每星期都有2~5个时评专版,其作者多是报社外面的,且来自四面八方和士农工商各个阶层。此外,报纸专栏专版言论的作者队伍也呈现出明显的大众化趋势。在电视媒体上,像"央视论坛"等电视节目,受邀嘉宾与节目主持人围绕一个新闻热点或社会问题各抒己见,实际上就是一种大众化的新闻评论节目。

第二节　经济新闻评论的各种变化

　　随着中国经济的发展,社会主义市场经济体制的建立,信息在现代经济发展中的重要作用日益明显,受众对于经济信息的需求不断加大,从而使经济新闻在新闻领域中占据着越来越主要的地位。由于20世纪90年代开始的住房、教育、医疗及分配体制改革的步伐加快,人们开始关注财富的增加以及与财富相关的信息。许多前所未闻的经济术语进入人们的视野,国债、基金、股权、A股、B股、指数、福利彩票、按揭、信用消费,等等,大量充

经济新闻评论:理论与写作

盈着新型的财经报道版面，每天为受众带来大量的财经信息，并影响他们的各种投资理财举动。与之前的评论相比，当代经济新闻评论的变化表现为以下几个方面：

一、内容的变化

从大量经济形势大好的宣传、单纯介绍成绩、传达宏观经济政策的评论，转变为主要以发现、预测经济问题以及为受众释疑解惑为主。评论内容与国家经济的宏观调控政策相关，为经济改革的深入发展鼓与呼；与投资者和消费者的切身利益直接相联，预测并分析我国宏观经济的趋势、中观产业及行业走势面、微观企业的运作（证券公司、上市公司等），各个阶层的消费者的日常生活。比如：人们如何正确对待国企改革中的职工下岗，大学并轨后大学生的学费上涨，老百姓的日常消费观，国民的福利改革，黄金周的利弊等我国经济中出现的一系列问题的讨论和评点。

二、需求的变动

随着我国加入世界贸易组织，为经济的进一步发展提供了新一轮机遇与挑战，告别贫困温饱阶段之后，人人渴望"尽快富起来"的心态，人们对于经济信息的需求不再是漠不关心和被动地接受，而是主动地参与到我国经济的迅猛发展中。中国股市十几年的沉浮经历，为我国培养了数千万乃至上亿的中小股东，他们每天关心股市的跌涨起伏，关心影响股市的每一项政策面的风吹草动，关注《人民日报》对于股市的每一条评论。当代经济新闻评论从"要我看"变成"我要看"的新局面。

三、知识含量的增多

当今是知识经济时代，随着信息高速公路的连接，世界经济正日益趋向一体化、全球化。经济信息的传播也比以往任何时候都更加迅速、快捷。经济新闻中科学技术和经济学知识的含量大大增多，人们对于经济新闻报道和经济新闻评论的写作要求越来越高，这就要求评论文章的写作者必须熟知现代经济理论，了解世界经济的发展趋势，具备金融投资方面的知识，熟悉高科技行业的运作机制。如写作对于高科技行业发展趋势的分析评论文章，评论者必须拥有信息产业投资的高成本和高风险性、这个行业竞争的残酷性以及与此相关的对于知识产权保护的相关法律条款等知识的储备，如果缺乏相关知识的积累，可能会出现意料不到的负面后果，影响媒介的公信力。

第四章 经济新闻评论的现状分析

四、传播意识的回归

经济新闻评论不再仅仅是老百姓的宣传和教育工具。从写给国家干部、政策制定者、高级知识分子等，转向主要写给投资者、消费者、企业的管理者等。写作对象主要是与经济建设相关的一线人员以及需要了解经济动态的广大投资者和消费者。传播意识从政治学阶层上理解的"人"，开始转为经济学意义上的"人"，回归了经济新闻评论的本位。

第三节 经济新闻评论的类别和划分

一、《焦点访谈》栏目的火爆及思考

20世纪90年代，随着我国社会主义市场经济的建立，我国经济类媒介迅猛发展。广播电台、电视台的经济频道、经济栏目如雨后春笋，涌现出《经济半小时》、《证券无限周刊》等品牌栏目。中央电视台以财经报道为主要内容的第二套节目，收视率节节攀升，其访谈类栏目《对话》，因为定位于高端访谈，邀请国内外专家学者和企业高层管理者就我国企业发展中存在的一些现象和问题展开讨论，视野开阔，观点交锋，成为央视经济新闻评论栏目中的经典之作。

开播于1994年的央视一套《焦点访谈》栏目一经问世便引起轰动并带来我国电视评论节目的火爆局面。其社会意义如下：

第一，是利益表达与社会情绪疏导。在阶层分化重组过程中，社会成员利益意识的自觉，必然导致其政治参与和利益表达的愿望增强，从理论上说，这种政治参与和利益表达可以增加社会成员对政府的认同感和个人的责任感，但由于我国政治制度改革滞后，没有提供相应的表达空间，《焦点访谈》在相当程度上替代了个人表达平台的缺失，提供政治参与和表达机制。在《焦点访谈》和《新闻调查》庞杂广博的评说话题中，"反腐败"和"减轻农民负担"始终是频率最高、分量最重的两个话题。显然，这两个语词联系着转型期政府面临的两大难题，也是普通百姓所关注的政治话题。对同一话题的共同兴趣为电视媒介弥合二者之间的断裂提供了可能，但不同的利益基础、动机又使这种弥合只能止于表层，在为普通百姓找回现实利益、满足他们的利益表达和宣泄需要的同时，完成了转型期社会由情绪的宣泄到制度的建立的过渡。

第二，是监督和制衡地方政府与其他职能部门。中央政府面对地方政府和职能部门某些忽视国法和政策，偷漏税、乱收费等行为，为了维护中央利益、重塑国家威严，不仅要依赖过去的行政手段，而且更需要运用媒体手段"杀一儆百"。从这个意义上说，《焦点访谈》是中央政府在新的历史阶段所创造的新型治理手段，而远非独立的新闻监督。民主政府的一个基本条件就是对权力进行有效的监督和制约，然而我国的制衡机制非常薄弱且不规范，传媒尤其是新闻评论类节目在事实上构成了一种制衡力量。

第三，是重建宣传中心的权威。在电视传媒的企业化转型过程中，作为营利机构，收视率被奉为第一准则，商业因素的过分侵入，损害了中央台的权威性，焦点类新闻评论节目通过发出其他传媒机构不能发出的声音来重树权威。当前社会文化的多元格局，工业化又造成社会分化及社会主体之间的疏离，当发生重大事件需要鼓动群力群策参与时，由谁、在哪、如何去发动？从这个意义上看，《焦点访谈》节目真正的意义在于重构一个权威的意见平台，以便设置社会议题，确立社会的聚焦点。

焦点类新闻节目在初期的确能起到相当积极的作用，包括监督行政执法机关、疏导民众情绪、重塑国家威严等。但模式的形成意味着程式化的固定，使舆论监督呈现模式化、琐碎化，虽在多种权力机构和话语力量之间游刃有余，但却渐渐丧失了从前的社会民主建构力量和预期的意识形态宣传效果，其栏目的转型和改革势在必然。

二、经济新闻评论的划分

信息爆炸时代，人们不仅需要新闻，更需要对新闻的解读，需要从纷繁复杂的新闻世界中寻求观点，寻找解释，印证思想，指导行为。新闻评论正是解读新闻的重要形式。新闻评论作为媒介的意见传播活动，其社会功能由指挥、教导、监督、转向社会沟通、协调、阐释。新的时代，新闻评论的传播生态发生了变化：由政治话语独霸转向经济话语为主、知识大众化的语境，人们对与自己生活紧密联系的经济信息越来越关注，经济新闻评论成为一种时代需求。经济新闻评论是新闻学科的一个组成部分，是新闻评论的一种，是就经济领域中的某些现象或问题进行是非、臧否评价的议论文体，具有引导经济舆论，指导经济工作，深化经济报道，解惑释疑的作用。

1. 新闻评论的分类

从不同的目的和体裁出发，新闻报道一般可分为消息、简讯、通讯、新闻特写、报告文学等一样；新闻评论按其评论的内容、表达方式、媒介性质等不同标准，新闻评论也可以划分为各种类型。

（1）按新闻评论的内容划分

新闻评论根据评论对象的范畴和领域可划分为政治评论、法制评论、思想评论、经济评论、科教评论、文艺评论、军事评论、国际评论和社会问题评论等。

（2）按新闻评论的表达方式划分

新闻评论主要划分为：社论、评论员文章、短评、述评、编者按（编后）、专栏评论等。

（3）按新闻评论的媒介性质划分

新闻评论可以划分为：报纸、杂志平面媒体评论、广播、电视、网络电子媒体评论等。

2. 经济新闻评论的分类

经济新闻评论是新闻评论按其内容划分的一个分支，根据新闻评论作者身份以及郑重程度可以再划分为：经济社论、经济评论员文章、专栏经济评论、经济述评、经济短评、经济随笔等。

另外一种以评论的传播载体为标准的划分有：报刊经济新闻评论、杂志经济新闻评论、广播经济新闻评论、电视经济新闻评论、网络经济新闻评论。

3. 经济媒体的划分

西方发达国家经济类报纸的发展史表明，引领报业的最终是经济类报纸。英国《金融时报》的主要特色是报道金融财经、工商业消息和与经济相关的国内外政治动向。它追求订户的权威性，几乎全世界所有大企业都订阅了《金融时报》。20世纪90年代末，期发量达29万份。美国的《华尔街日报》是一份典型的时事新闻与财经新闻并举、以财经新闻见长的大报，期发量174万份，为全美发行量最大的报纸。整个华尔街及美国企业界和具有重大影响力的法律、政治、教育、医学界巨头，周一至周五，每天至少花45分钟阅读《华尔街日报》。《日本经济新闻》以经济信息权威性著称，日晚刊发行总量高达464万份。

正处于转型时期的中国，市场经济体系已经逐步建立起来，从报业市场发育程度看，有成熟市场和新兴的潜在市场。根据经济媒体的发展阶段和不同定位，可以把我国的经济类媒体分为综合类经济媒体、专业类经济媒体、证券类经济媒体、新型财经类经济媒体、信息类经济媒体。

（1）综合类经济媒体

以《经济日报》、《经济参考报》、《市场报》为代表，多数于20世纪80年代由政府部门创办，属于传统的经济类媒体。

（2）专业类经济媒体

多为具有一定学术性的大众媒体，如《经济学消息报》，从关注、介绍经济研究成果著称，但随着市场经济体制的确立，也更关注经济实务，比如关注资本市场等要素市场。

（3）证券类经济媒体

以三大证券报为代表，《中国证券报》（1993年1月创刊）、《上海证券报》（1991年7月创刊）、《证券时报》（1993年11月创刊）以及《证券市场周刊》（1992年3月创刊），均伴随着中国资本市场的产生而产生，与资本市场有着天然的联系，集中关注资本市场的信息及动态变化。

（4）新型财经类经济媒体

这类媒体诞生多有深刻的资本运营背景，大多创办于2000年以后，其为经济类媒体的"新生代"。在新闻处理上，注重故事、背景、观点三要素，尤其注重以资本市场为切入点及最终落脚点，注重对于新闻事件的独家判断和深入剖析。其目标读者是与资本市场紧密相关的参与者、操作者、管理者和研究者。其运作方式高度专业化、市场化，借鉴国际通行模式，以报纸为产品，以利润为目标。如《财经时报》、《21世纪经济报道》、《经济观察报》、《财经》杂志等。

（5）信息类经济媒体

这类报刊以传播大容量的商品信息为主，一般为四开周刊，每期至少五六十个版。其典型代表为北京的《精品购物指南》、上海的《申江购物导报》等。

在中国，经济类报纸的竞争格局远未形成，在人们的经济和社会生活中，真正意义上的占主导地位的经济类报纸尚未出现。中国经济正行进在经济高速发展的快车道上，与此相适应，中国需要经济类大报的快速成长，与中国迅猛发展的经济地位相匹配。

第四节　经济新闻评论的话语选择

一、经济新闻评论的话语选择

经济新闻评论谁在说话？怎样说话？说什么？谁在说话，是回答评论的

主体是谁的问题；怎样说话，是回答说话的方式问题；说什么，是回答说话的内容问题。

1. 从精英到大众，由指导到劝服

经济新闻评论由于专业性较强，其话语权一直是社会精英把持。这些精英名流拥有优良的教育背景，具有一定的社会权力、经济地位和文化上的优势，掌控着言论权。在中国媒体中，精英言说长期处于主导和优势地位。

中国新闻媒介长期以来承担教化、宣导职能，是实现社会治理的工具，过去、现在和将来都是党和政府等权能机构的声音表达，即新闻要"为党和国家工作大局服务"。文化精英有着天然的言说优势，从言说规模、言说方式到言说力量都呈现出绝对优势。当然，精英们也在担负着他们的社会责任，那就是关注大众，为大众代言、立言。

但是，由于精英们处于社会的中上层，生活感受不同，经济利益决定他们的思考方式和角度，他们的代言自然与大众利益相去甚远，甚至隔靴搔痒说着不关老百姓痛痒的话。对于医疗改革、教育收费、高房价等牵涉到生活基本面的福利问题，老百姓承受着无可言说的隐痛，而一些所谓的经济学家们却在叫嚣要拿出钱来消费。

信息技术的发达，精英们的一统天下的格局被打破。网络媒体为大众提供了一个言论平台，经济上的诉求得以宣泄。主流媒体也急需建构评论言说的公众平台。途径之一是增加一般读者（听众、观众）的评论空间。具有优良传统的新闻业，主流媒介几乎都有受众言论的栏目，现在有些报纸和期刊，大量增设了来论。这些来自于大众群体的个人署名评论，其选题、角度和利益诉求和观点表达，比编辑部不署名评论的内容更加宽泛、文风也更加符合大众的口味。但来论的门槛相对于普通读者（听众、观众）来信、来电要高很多。这些评论除了要求有较高的文字表达水平外，还有对经济学专业知识和思辨能力等方面的诸多要求。

读者（听众、观众）来信、来电是原生态的评论，无须文字或语言的精美，不必讲求结构的完整，不必刻意追求微言大义，可以洋洋洒洒，也可以只言片语，表述一己生活的柴米油盐和衣食住行。这些处于下层的大众从被描述、被代言以及仅仅作为"受众"的被指导状态，实现向主动、不经粉饰的传者和说话主体转化。社会各阶层的大众成为言说的主体，是新闻评论价值实现的保证。

2. 平等视角，多种观点

财经类报纸与晚报、都市报这类的大众化报纸相比，最大的不同在于：

一是经济类报纸对读者本身是有某种要求的，和读者的背景、价值观和所从事的社会工作，有很密切的联系。财经类报纸的读者群具有相对的稳定性，具体比例如下：第一是读者对财经类报纸经常接触，而且认为对自己的生活、工作和发展比较重要的，只占自然人群中的 4.2%；第二是比重要级读者对财经资讯的依赖程度稍逊，但也经常接触的人占 21%；一般性的看一看，可有可无的读者比例是 19.4%，加起来就是 44.6%，也就是说 55.4% 的人，基本上不看财经类报纸。二是经济类报纸的读者比较固定，报纸跟读者之间的黏合度、忠诚度，相对来说，会比一般的综合性报纸更高一些，因为经济类报纸的资讯是跟读者的发展联系在一起的。① 财经类报纸读者群的特殊性也在影响着媒介立场的变化。自 20 世纪 90 年代以来，随着市场化的导入，媒介与受众的关系悄然发生着转变，市场经济带来的不确定性促使固有思维方式不再具有效力，至高无上的俯视叙述随之悄然瓦解。新闻评论也在进行渐进式的视角转换。新闻视角应该说是叙述者与被叙述的事实之间的关系，即记者如何看待和评价事实，媒体如何看待和评价事实的问题。在 20 世纪 90 年代的报纸中，首先是社论数量的减少和地位的降低，编者按和编后话逐渐退出了报纸版面。时评却成为许多报纸的竞技场，它一般采用投稿制，文章篇幅较短，纯属个人观点，不代表媒体立场。

从俯视到平视的视角转换过程实际上是一种新闻从"说话"向"事实"的回归。"说话"是要将未来中所可能发生的事件纳入到自身话语体系中的一种尝试。尽管"说话者"总是希望能够将所有的事实纳入到自身的话语体系中来，但事实却往往出乎意料。放弃了全知全能式的视角，"说话"的目的和功能也随之发生了改变，说话者的角度不同、阶层不一，得出的事实结论自然也就各异。

"一种观点"是仅向说服的对象提示自己一方的观点或于己有利的判断材料。"多种观点"是在提示己方观点或证据的同时，也提示对方（多方）也可能有不同的视角。一种观点会使说服对象产生心理抵抗，给人以强词夺理之感。"多种观点"给人一种"平衡"感，但理解难度增加，容易造成民众无从选择的结果，这也是今后我们媒体要培育读者素养的一项工作。

长期以来，我国的新闻评论都是以"一种观点"为主。在同一份报纸上，很难看到正反两种观点的对峙。但随着互联网技术的不断发展，公众发表言论的渠道日益畅通。网络言论具有自由性、广泛性、随意性、参与性等

---

① 喻国明：《展望经济类报纸的明天》，《中国经营报》，2001-09-11。

优势,这给报纸新闻评论提出了极大的挑战。经济的发展也带来了社会阶层的变化,各个利益群体代表不同的经济地位,往往同一件新闻事实在不同的利益群体看来具有不同的意义。于是,各大报纸纷纷开设评论专栏、专版,新闻评论也开始从"一种观点"发展到"多种观点"。《南方都市报》2003年的新年祝辞是:我们力求打造一个充满民主气氛的'思想圆桌会议',让每一个有价值的思想能够发出声音。《南方都市报》时事评论版的所有栏目"全部开放",开设了"来信/来论"栏目,来稿"文章但求言之有理,不求面面俱到"。打造"观点的自由市场",同时设有"另类观点"和"观点交锋"两个栏目,以保证受众能尽可能地听到多元的声音,从而形成自己的判断。

"评论版不仅是各种言论的集纳之地,更是一个言论的生态环境。这种生态环境表现为不同言论之间的关系:交流与争议。"① 《中国青年报》设立"青年话题"评论版,《南方周末》开设"众议"版,都在试图营造一个宽松的言论生态环境。《北京青年报》的"每日评论"版开设"众议堂"栏目,提供一个议题,允许大家各抒己见。比如就"江苏连云港灌云县鲁河中学学生就餐分贫富"这个事实,发表三篇评论文章:《学生就餐"分贫富"是一种歧视》、《理性看待学生就餐贫富有别》、《别拿"贫困是社会现象"说事》(《中国青年报》2006-03-02)。同样一件事实,在不同阶层的人眼中具有不同的意义,报纸必须让大众畅所欲言,积极疏导公共意见,才有可能消泯社会不公带来的负面影响并建立和谐社会。我国报纸新闻评论从"一种观点"走向"多种观点",报纸成为意见的交流场所,让公众获取更多的信息,了解不同的观点,这是新闻评论发展的必然,也体现出我国言论自由和民主的进步。

3. 解读经济政策,体现专业水准

经济新闻评论要体恤老百姓的利益,也要体现每一个"经济人"的立场和利益。经济新闻评论要有对市场经济全面而准确的把握,更要有对财经资讯的精到而独特的诠释和分析。深度、透彻的金融财经专业报道是《金融时报》的拿手好戏。该报财经分析深刻而专业,对全球经济的权威性报道和独特评论不愧于其宣传口号"没有《金融时报》,就没有发言权",而由该报创立的伦敦股票市场的金融指数更是闻名遐迩。《金融时报》每天都用数十个版面集中、深入地报道经济、财经和金融领域,详尽刊登国际国内

---

① 李方:《交流与争议:国外报纸言论版述》,新华网,2004-12-17。

各种图表、报表。《金融时报》数据图表的权威性和完整性得到国际公认。该报每天详尽刊登亚洲股票市场，特别是中国沪、深股市行情，这是其他国际经济类报纸很少能做到的，凸显出该报的国际性和专业性。①

我国经济类报刊的发展以 1992 年为界，一批经济类的报纸有了一些与以往不同的特点。一个特点是由过去以行业为本，转变到以人为本。过去比较多的是哪个行业就说哪个行业自己的事，而 1992 年之后更多的是关注企业家、经营者、高级职业经理人等。这实际上是为人服务，而不是为行业服务。第二个变化，是由过去的大众化定位和取向，转向现在小众化的定位取向。过去的经济类报纸，都是以数量最大化作为对市场的诉求。而现在，有很多报纸或者刊物在创办的时候，并不是追求数量最大化，而是特别讲究在局部领域、局部人群当中，实现一定程度的规模覆盖。比如说对人群、对区域、对行业的有效覆盖。第三个变化，就是由过去的以资讯作为第一卖点，开始转向以意见作为第一卖点，比如《财经》杂志、《中国经营报》、《21世纪经济报道》，等等，都是提供资讯，但主要是提供资讯的专业化整合和评点，随之而来的变化就是经济报刊的专业水准大大提升。

二、案例分析：教育改革的争议

1. 写作教育改革评论的背景资料

"上学难、上学贵"是目前人民群众普遍关心的热点问题。党中央一直非常重视教育问题。胡锦涛在中共中央政治局第三十四次集体学习时强调要坚持把教育摆在优先发展战略地位，努力办好让人民群众满意的教育。六中全会（2006-11-11）《决定》进一步提出，要"坚持教育优先发展，促进教育公平"。农村义务教育免费政策今年已开始实施，未来政府将逐步把农村义务教育全面纳入公共财政保障范围，构建起农村义务教育经费保障机制。今后 5 年，中央与地方各级财政将累计新增农村义务教育经费约 2182 亿元。2006 年 8 月 29 日，教育部副部长张保庆宣布，"十一五"期间，全国农村义务教育将全面免费。

免费本是义务教育的应有之义，义务教育法已颁行近 20 年，但中国 9 年制义务教育尚非真正的义务教育，到目前为止，免的仅是学费，其他如杂费、课本费等仍是要交的。目前，世界上 190 个国家已有 170 个国家实行了免费义务教育，屡屡为人提及的是：缅甸、泰国、老挝等邻国也都加入了免

---

① 万鑫：《英国〈金融时报〉发展策略浅析》，《传媒》，2006 年第 10 期。

费义务教育国家的行列。

自改革开放起,学费改革就没有停止过。整体的方向是,一方面减少或免除对义务教育的收费;另一方面对非义务教育,如高等教育和职业教育,实行合理收费。两条线合起来看,就是教育收费的正本清源。

这个方向本身并没有问题。一直到20世纪90年代中期,改革一直采取"小步慢跑"的形式。

1986年实施的义务教育法,规定"国家对接受义务教育的学生免收学费。国家设立助学金,帮助贫困学生就学","实施义务教育所需事业费和基本建设投资,由国务院和地方各级人民政府负责筹措,予以保证"。而1992年国务院出台的义务教育法实施细则中规定了实施义务教育的学校可以收取杂费。

进入20世纪90年代,"教育产业化"成为学费改革的主导力量,并从高等教育蔓延到中小学。义务教育阶段的择校费,名目繁多的乱收费、公立高校的收费"双轨制",均成气候。教育乱收费持续成为社会热点。

更为重要的变化发生在1999年前后。1998年11月,亚洲开发银行中国代表处首席代表汤敏上书中央,为当时的内需不振献策,即日后业界俗称的"乘数理论"。在这份方案中,高校招生量被扩大1倍,收费上涨至1万元/年,建议者希望由此波及其他产业产生的乘数效应,拉动内需1000亿元(扩招3年后,北京大学高等教育研究所经过研究后得出结论:拉动内需仅为预计的一半左右)。

据统计,1989年大学学费是200元,占城镇居民平均年收入的七分之一。加上生活费和其他学杂费开支,平均以每年500元计,供养一个大学生的费用占居民年收入的一半左右。与其他国家(包括发达和落后的)相比,这比例已经算很高,但还承受得起。

而中国统计年鉴的数据显示:1998年至2002年我国高校学杂费5年增长5.34倍。2004年《人民日报》做过一个比较,近几年,大学的学费比1989年增加了25~50倍,而同期城镇居民收入实际增长了2.3倍。大学学费的涨幅10倍于同期居民收入的增长。

案例 4-1

"教育产业化"和教育市场化:两种不同的改革

"教育产业化"是近年来使用频率很高、但缺乏共识的模糊概念。它基

本不是一个理论概念，每人的理解和所指各不相同。非义务教育阶段的职业教育、高等教育、民办教育、留学教育等作为公共事业，同时具有产业属性。"教育产业化"的合理性，是在教育属于"第三产业"的概念下，强调其产业属性的一面。通俗的理解，"教育产业化"泛指利用市场手段扩大教育资源、利用市场机制"经营"教育的各种举措。在现实的发展中，"教育产业化"已成为享有骂名的负面词汇。从2004年年初起，教育部领导一再回应社会的批评，指出"中国政府从来没有提出教育要产业化。""教育部历来坚决反对教育产业化，教育产业化了，就毁掉教育事业了。"教育部反对的主要是"化"，认为所谓"化"就是彻头彻尾、彻里彻外之意。老百姓的评价并非来自语辞和理论，而是对教育现实中学校营利创收、高收费、乱收费、乃至钱权交易、教育腐败等各种不良现象的气愤和切肤之痛。

对"教育产业化"进行定义和概念之争并不重要。比较学术化的表达，"教育产业化"是指在教育领域实行的被称为"单纯财政视角的教育改革"，或者说是一种"经济主义路线"的教育改革。即在教育经费严重不足的背景下，为弥补经费短缺，围绕着学校创收、经营、转制、收费、产权等问题，以增长和效率为主要追求的教育改革。90年代以来我国主要的教育政策，无论多种渠道筹集教育经费、"人民教育人民办"的农村"普九"，还是大学高收费，学校广办公司开展多种经营创收活动，公办学校转制、"名校办民校"和择校热，公办高校举办"二级学院"、"独立学院"，以及用房地产开发的模式兴建"大学城"等等，大致是循着这一思路。

"教育产业化"是纯粹的"中国概念"，无法与国外交流的。国外与之相似的概念叫"教育市场化"，是具有确定内涵的严格的理论概念，主要用于高等教育领域。西方国家从上个世纪80年代开始的"高等教育市场化"改革，是新公共管理改革的一个组成部分，旨在改善政府治理方式，通过引入市场机制配置资源、调整结构，提高高等教育的活力、质量和效率。它在实践中主要有三个方面：一是减少国家/政府对高等教育经费投资的比例，增加非政府（市场、个人或家庭）对高等教育的投资。二是强化高等教育与私有经济部门的联系，加强大学与工商界的联系。三是加强私立/民办高等教育的角色和作用。

高等教育市场化并非纯粹市场化，围绕这一变革，事实上出现了两个逻辑。一方面，国家运用市场的理念和做法来运营高等教育，通过引入市场机制以增强高等教育的竞争性和选择性，使其提供的服务更适应市场的需要。另一方面，要想使大学能够灵活地在市场环境中发展，就必须减少对大学的控制，使大学成为市场的主体。因而，这一过程必须增强大学的自主性，使大学既不为行政驱使，也不致简单地蜕化为"市场的奴仆"。去年日本对国立大学实行"松绑"的国立大学独立法人化改革，就是最近的一例。

在基础教育阶段，情况是类似的。西方国家的公立学校由于发展过于均衡、缺乏竞争和严格的政府管制，造成了公立学校的教育质量和效率普遍不高、缺乏特色和活力，导致家长和社会的不满。从上个世纪70年代起，美国、欧洲、澳洲等地均出现了针对公立学校的择校改革，通过向家长和学生赋权，放宽择校限制，以促进公立学校之间的竞争。与高等教育市场化改革不同，它基本不涉及学校产权、经费或收费问题。公立学校改革更根本的特征是放权，政府通过权力下放，向社区和学校赋权，实行学校自治，从而增加教育的活力、形成学校特色的多样性，提升教育质量。虽然学校自治与家长择校并不必然相关，但两者在改革中共生的特点，显示它们创建教育服务"准市场"的实际功效。

以英国为例，《1986年教育法》对公立学校董事会进行改革，撤换和减少地方教育当局成员，增加家长和商业界的代表。同时，政府建立起一批完全不受地方教育当局影响的新型公立学校。《1988年教育改革法》，允许公立学校在家长无记名投票后选择脱离地方教育当局，成为由中央直接资助的拨款公立学校，并赋予它更多的自主权。《1993年教育法》的主旋律是向学校、家长和社区放权。保守党政府甚至提出通过立法使所有学校成为拨款公立学校或废除地方教育当局的想法，希望所有公立学校都能成为自由的自治学校。其他国家对公立教育制度的改革，也是"择校"和"放权"这样两个措施。择校是引入竞争机制的手段之一，放权则是公立学校改革更主要的特征，它的基本追求是赋予学校真正的办学自主权，在学校、市场和政府之间构建新的关系。因而，它与其说是一场私有化、市场化改革，不如说是民主化改革；在有些国家，它被明确地命名为"教育自由化"。

不难看到，中国的"教育产业化"与西方国家的"教育市场化"和择校改革貌似而神异，问题、动机、政策取向、操作过程完全不同，有天壤之别。认识这一差异，的确有利于我们认识我国"教育产业化"的问题所在。

与中国将择校与高收费、学校改制、产权改革相联系不同，西方国家的放权和择校改革既不涉及高收费和创收、营利，也不涉及产权问题，主要是管理权的改革。在这些发达国家，政府的教育供给十分充足，政府的教育责任并没有减少，公共教育政策保障教育公平，保障弱势群体的受教育机会的基本价值并没有改变。择校改革既不是为了政府和学校创收，也不是为了提

经济新闻评论：理论与写作

高升学率，而是以促进竞争、改善教育品质、增加公立学校的吸引力为主要诉求。

我国的"教育产业化"虽然也进行了十多年，但政府治理模式的转变还没有开始，政府对教育的管理，高度行政化、垄断资源和对学校的直接微观控制的弊端并没有改变。本应更大程度市场化的高等教育，仍处于主要由政府包办的状态；以世界一流大学为目标的研究型大学仍需处处"跑部前进"；本应作为教育产业的主体而大力发展的民办教育，仍然步履维艰，份额很小。我国基础教育阶段的择校竞争不可谓不激烈，然而，由于学校的自主性没有出现，因此学校的办学特色、多样性也没有出现，仍然是单一的升学竞争、应试教育。结论是需要推动一场真正的教育改革——以体制改革为中心的教育改革。

（资料来源：杨东平：《"教育产业化"和教育市场化：两种不同的改革》，http://blog.sina.com.cn/yangdongping，2006-03-30）

教育的"产业化"导致教育收费直线上升，成为中国每个家庭的重负。教育改革应走向何方？案例4-1作者以宏观的视野、大量的第一手资料，分析了我国教育存在高等教育、职业教育、基础教育等不同层次存在的多种问题，并与日本、英国比较，指出中国的"教育产业化"与西方国家的"教育市场化"和择校改革貌似而神异，问题、动机、政策取向、操作过程完全不同，有天壤之别，承认这一差异，有利于认识我国"教育产业化"的症结所在。问题如下：第一，本应更大程度市场化的高等教育，仍处于主要由政府包办的状态；第二，以世界一流大学为目标的研究型大学仍需处处"跑部前进"；第三，本应作为教育产业的主体而大力发展的民办教育，仍然步履维艰，份额很小。第四，我国基础教育阶段的择校竞争不可谓不激烈，然而，由于学校的自主性没有出现，因此学校的办学特色、多样性也没有出现，仍然是单一的升学竞争、应试教育。中国的教育改革之路任重而道远。

案例4-2

再评教育产业化、市场化

一、问题的提出

近来教育应否产业化、市场化再次成为社会关注的热点。对此问题有两

种相反的观点：一种观点认为教育应当产业化、市场化，我国教育发展之所以相对缓慢，是因为在适应市场经济改革中，教育改革进展缓慢，甚至认为教育是市场经济改革中的最后一个堡垒。相反的观点则认为教育不应当产业化、市场化，教育发展与改革中诸如以钱择校，学校高收费，乱收费等问题必须坚决遏止。

教育应否产业化、市场化事关重大，它关系着在市场经济中，教育服务中政府与市场作用边界的划定和政府职能定位，它关系着我国教育改革的基本走向和轨道，关系着教育发展的进程和成败，关系着人民群众的根本利益与和谐社会的构建。

二、讨论的对象

教育是一种复杂的社会现象和社会活动，它包括正规学校教育，各种在职培训和技能培训，乃至家庭教育、社会教育等。在这里笔者将讨论的对象界定为正规学校教育，而且仅指正规学校教育中的教育教学活动。

究竟什么是教育产业化，讨论双方都未给出明确界定，也难以给出明确界定。就讨论的内容来说，双方所指实际上是市场化。因此作者将二者等同看待，即教育产业化就是教育市场化。通俗地说，教育服务是商品，教育服务的需求和供给通过市场交易实现。从需求方来说，就是谁要获得教育服务，谁出钱谁埋单。以下的讨论均以正规学校教育服务应否市场化为对象展开。

三、讨论的视野

教育应否市场化，放大来说，是市场经济中，如何界定政府与市场作用的边界。就教育来说，是如何认识和处理政府和市场关系。在市场经济中，资源应由谁来配置和如何配置大体有三种模式：政府行政配置、市场价格配置和政府与市场共同配置。当今世界市场经济国家中，既无纯粹的市场经济，也无纯粹的计划经济。因为市场存在失灵，政府也存在失灵，所以市场经济国家大多是二者的结合，即市场与政府的混合经济。

公共经济学中公共产品的理论，依据产品或服务的消费是否具有竞争性和排他性，将社会产品和服务分为公共产品、私人产品、准公共产品（混合产品）。现实生活中大多数产品和服务都属于准公共产品或服务。

公共产品或服务则应由政府提供，私人产品或服务应由消费者通过市场提供，准公共产品则应由政府和市场共同提供。私人产品应由私人提供是因为消费该产品的私人成本和私人收益对等。公共产品应由政府提供是因为该产品的消费，私人收益小于私人成本，收益外溢到他人或社会。在市场经济条件下，私人（企业或消费者）从事经济活动的目标是私人收益最大化，尽管公共产品或服务是全社会的共同需求，由于成本私人负担，收益却外溢到他人，是鲜为有人愿意提供的，结果导致供给严重不足。政府作为社会的代表理应由政府提供，政府通过征税提供公共产品或服务。准公共产品或服务则应由政府与市场双边提供。所谓提供仅指出资或"埋单"，非指产品服务的生产和管理，即私人产品不一定由私人生产，公共产品也不一定由政府生产，提供、生产、管理是三个不同的概念，不应混同。

以此理论为分析工具界定教育服务的性质和应由谁提供，就可回答教育服务应否产业化、市场化。

四、教育服务的性质

正规学校教育服务应界定为具有正外部效益的准公共服务。在一定条件下，教育服务具有竞争性，增加一个单位对教育服务的消费，会影响其他人消费的数量和质量，其边际成本为正。同时，教育服务消费又具有一定的排他性，如我国高等教育通过招生指标分配、考试、筛选、收费，可将部分同龄人排除在高等教育服务之外，排除在技术上没有障碍易于排除。但过度排除将导致排除社会成本过高。这是因为教育服务的消费，一方面使消费者即受教育者在经济上受益，如就业、流动机会增多、预期收入增加、职位晋升等，另一方面，他人或全社会也可从中受益。教育对一个国家的物质与精神文明建设具有重大作用。即教育收益有正的外部性。

正规学校教育中的义务教育从性质来说，属于更接近公共服务的准公共服务。由于义务教育是一种以法律为准的具有强制、免费、普及特征的教育，强制以免费为前提。从这个意义上说义务教育的竞争性和排他性丧失了，可视为公共服务。

既然教育服务属于准公共服务，理应由政府和市场共同提供，既不应由政府完全提供，也不应完全由市场提供，换言之，政府财政应该为教育服务埋单，受教育者即学生和家庭也应付费。义务教育在法律规范后，则全部应由政府提供，财政埋单，学生免费。

五、教育服务不应市场化

教育服务产业化从技术上说并不困难，将教育服务视同商品或私人产品，如同食品、服装消费一样，谁上学谁埋单，谁埋单谁消费，无钱埋单就不能上学，就不能获得教育服务。即教育服务能够市场化。问题在于教育服务应不应该市场化，这属于价值判断和制度、政策取向问题。

提供教育服务是政府与财政的基本职能，如前所述，教育服务属于准公

共服务,应由政府与市场共同提供,即由财政和受教育共同埋单,义务教育在特定条件下,是一种公共服务,应由政府提供,财政埋单,受教育者无须付费埋单。因此,提供教育服务是政府的基本职能之一,也是公共财政的基本职能之一,教育服务不应市场化。

第一,从政治上说,受教育是公民的基本权利之一。我国和其他国家在宪法和教育相关法律中明确规定了公民的受教育权,而且规定不能因公民家庭经济背景不同,剥夺其受教育的权利。由于世界各国居民收入都存在差别,我国居民收入分配在区域间、城乡间、群体间存在较大差异。居民收入分配的基尼系数已超过国际公认的警戒线。如果教育市场化了,将导致低收入群体受教育权被剥夺,有失教育的社会公平,违背政府维护社会公平与稳定的职能。

第二,从教育的社会经济功能与作用来说,教育对一国的经济增长和经济发展有重要作用。如果教育市场化了,在居民收入分配不平衡条件下,将导致教育入学率的降低,辍学率的上升,将阻碍教育的发展和人力资源的增加和提升,不利于我国物质文明、精神文明、民主与法治的建设。

第三,从教育的本质来说,教育自诞生之日起,就是在代际之间传承人类已经积累起来的文明,作为执行教育宗旨使命的学校,其组织性质是非盈利组织,其目标是培养人,而根本不同与盈利组织,及其追求利润最大化的目标。如果教育市场化了,教育和教育机构的本质将会异化,成为追逐利润的手段或工具。

主张教育应当市场化的重要论据,一是市场经济的要求,二是教育市场化是国际尤其是西方发达国家的发展趋势。在市场经济制度下,市场是资源配置的基本方式,在我国从计划经济向市场经济转型过程中,包括教育、科研、医疗卫生、文化、体育等服务业的管理体制必须相应改革,建立起与社会主义市场经济体制相适应的教育管理体制。但如前述,市场并不是万能的,市场作用的范围也不是无所不包的。教育作为准公共产品或公共产品,完全靠市场提供和调节,将导致教育有效供给不足。正是由于这种市场缺陷,教育成为政府提供公共产品或公共服务的重要组成部分。教育体制应适应市场经济进行相应的改革,但不等于教育应市场化。

所谓教育市场化是国际趋势,这是一种误解,媒体的报道是一种误导。此种意见列举的事实,集中在少数国家的部分学校实施的教育券,特许学校和欧洲国家大学收费等。

笔者还未曾见到哪个国家教育市场化的决策或法规,绝大多数发达国家乃至发展中国家，义务教育都是免费的，其费用均由财政负担，包括高等教育在内的非义务教育，其经费大部分都由财政负担（私立学校除外），学费并不是主要部分，这从教育经费来源的统计中可以得到验证。教育券和特许学校可以视为在教育管理中，引入市场竞争机制。教育券所含费用仍由财政支付，由学生或家长选择学校，教育券所含经费即进入被学生选择的学校。特许学校是指公立学校通过公开招标的方式选择管理者，学校的公立性质和经费由财政负担并无改变。

六、教育服务的市场机制

教育服务不应当市场化指的是不应当将市场经济运行机制和规则完全移植到教育服务中来，这并不等于教育服务不应按市场经济的要求进行相应的改革。事实上，我国改革开放以来，伴随着经济体制改革，教育资源配置方式和教育管理体制乃至各级学校的管理体制已经进行了相应的改革。尽管对改革的力度和范围，改革的成效人们有着不同的评价，但是改革的不断进展是不争的事实。

教育资源配置方式和教育管理体制应如何深化改革，笔者认为应遵循以下基本原则：第一，应按市场经济体制要求，在教育服务中引入市场机制，以提高稀缺的教育资源利用效率。第二，应根据教育服务准公共产品、公共产品的性质和教育发展规律进行改革，不应简单将市场经济的运行机制和规则在教育中移植和照搬。第三，应从中国的实际出发，根据中国社会经济和教育发展和改革进程，面临的问题和挑战做出选择，外国相关理论和实践可以借鉴但不能照搬，更不应将西方某些学者的观点和某个国家的实践奉为神灵和教条，当作评价中国教育改革成效的评价标准。

关于教育服务应如何适应市场经济体制进行改革，笔者多次撰文探讨，这里做一简单概括：第一，既然正规学校教育服务属于准公共服务，教育经费来源和负担应多元化，既不应由财政全部负担，更不应由学生和家庭全部负担，义务教育则应全部由财政负担，同时可以吸纳部分社会资源。第二，办学主体应多元化，这不属于教育服务应由谁提供和谁"埋单"的问题，而属于教育服务谁"生产"的问题。在我国被称为办学体制，三级学校可以由政府举办，也可以由非政府的民间机构举办，甚至是私人举办。第三，在教育管理上，应区分宏观与微观管理，政府应负责对教育的宏观管理，包括制定规则和政策，学校在遵守国家相应规则和政策下进行教育的微观管理。第四，基础教育尤其是义务教育资源应在区域间、城乡间、学校间和群体间均衡配置，政府的高等教育资源在非均衡配置中应采用招投标制度，引

入竞争机制,并公开透明。第五,学校人力与物力资源的获得和管理应引入市场竞争机制。教师可实行公开招聘的聘任制、基本工资外的奖金和津贴采取以绩效为评价标准的分配制度,建筑和设备采购均采取向厂商招标的政府采购制度,以降低成本、提高效率、减少腐败,等等。

(资料来源:王善迈:《再评教育产业化、市场化》,《光明日报》,2006-05-11)

在案例4-2中,作者分析了教育服务的性质、办学主体的来源方式、教育管理的具体操作模式以及教育人才的管理等问题,指出正规学校教育服务属于准公共服务,教育经费来源和负担应多元化,既不应由财政全部负担,更不应由学生和家庭全部负担;办学主体应多元化;在教育管理上,应区分政府的宏观管理和学校的微观管理;基础教育应均衡配置教育资源,政府的高等教育资源应公开透明地引入竞争机制;学校人力与物力资源的获得和管理应引入市场竞争机制。这些建议对于当下的教育改革应有一定的借鉴意义和理论价值。

2. 案例总评

以上评论作者以教育专家学者的身份探讨中国的教育改革问题,体现了一定的专业素养和水准,为争取公民平等教育权代言,质疑教育产业化市场化的弊病。他们对于中国教育的各项政策、教育教学规律、办学模式以及教育经费等方面,均理性深入地进行了中外对比和纵深剖析,全面分析了中国教育改革进程中遇到的各种问题。作者指出中国教育的产业化、市场化并不能解决教育的公平与效率,也没有很好地解决经费短缺等问题。教育经费的不足一直是制约中国教育发展的一个瓶颈,这种体制性短缺的根源在于教育体制改革不够深入,政府既不能大包大揽,也不能完全推向市场。进一步深化体制改革,是中国教育面临的首选任务。

体制性短缺的根源是办学主体和投资主体的过于单一,那么,改变体制性短缺的出路就在于深化教育体制改革,尤其是改革单一的公立教育和政府投资的体制,在政府宏观调控下,加大市场参与和市场调节的力度。具体地说,政府要改变作为教育资源供给的惟一主体的角色,区分公共产品、准公共产品、私人产品的不同属性,保证公共产品的供给,退出私人产品领域的供给,调节准公共产品的供给,扩大社会参与和市场调节,充分发挥市场调节教育供求关系的作用,增加教育资源的供给,缓解教育资源的体制性短缺,实现教育供求的动态平衡。政府既不能把教育完全推向市场,致使公民失去天赋人权的接受教育的公平机会,也不能大包大揽,致使教育成为指令

性的事业机构失去市场活力。

解决教育资源的体制性短缺,政府与市场要在保证教育资源配置的公平与效率方面,发挥各自的作用。政府把保证义务教育的经费供给作为主要责任,实现基本教育机会的公平原则,同时把对非义务教育的投入,主要用于帮助处境不利的地区和人群获得公平的教育机会,并运用多种间接调控手段,创造市场参与的法规和政策环境。在这样的政策背景下,探讨市场参与的多种途径,扩大市场准入,从社会吸纳教育资源供给,为社会增加更多的教育机会。

有关专家建议:从我国的实际出发,发展民办教育需要采取多种形式,大体包括:(1) 由非政府机构和公民举办的民办教育机构;(2) 公办学校改制,即校产国有,民办机制运行,亦称"国有民办";(3) 公办学校举办民办二级学院或按民办机制运行的分校;(4) 由混合办学主体举办的民办学校,即一部分由公办学校的校产入股,大部分由民间资金投入,按民办学校机制运作(有的地方把这类学校称之为"股份制"学校,似不准确);(5) 中外合作办学的学校,也按照民办机制运作。在各种非政府办学投资中,有国有企业、民主党派、社会团体,也有民营企业、公民个人等,而实际的经费来源主要还是来自学生缴费。因此,不能单纯以投资来源作为衡量公办教育和民办教育的依据,也就是说公立学校可以吸纳非政府的资金来源,而政府也可以资助民办学校;民办教育既可以由非政府机构和个人新建学校来发展,也可以利用公办教育资源,通过改制来发展;作为非盈利性机构,公立学校与民办学校,可以通过发展多种形式办学,发展出各种混合型的学校。总之,办学体制的改革,要在国家法规和政策的规范下,更多地应用市场机制,按照有利于增加教育资源供给,有利于扩大教育机会,有利于教育事业的发展的原则,突破现有体制的束缚,发展出符合我国国情的多种办学体制,增强教育满足社会多种需求的能力。①

---

① 谈松华:《中国教育资源供给与配置中的公平与效率》,http://www.edu.cn,2002-06-26。

第五章　经济新闻评论的逻辑思维

第一节　论证：说理的过程

一、论证及其类型

论证，也叫逻辑论证，是根据已知为真的命题通过推理来确定另一个命题的真假的思维过程。

如案例5-2的"这不是一个孤立的个案"中，评论者用新闻事件引出正文，并不是简单的事件概括，而是跳过描述事件的过程，卖关子似的先说齐齐哈尔假药事件并不全是一件坏事，接着在正文部分引入了美国企业史学家钱德勒的管理学观点和现代企业管理学大师德鲁克的管理理论。强调管理学在现代企业运行中的重要地位，即企业管理应该具备三个要素，指出在很多中国企业眼里，"市场必然带来自由"成了金科玉律，也就是只重市场，不重管理，认识上的巨大偏差构成了企业行为失范的重要诱因。作者结合中国企业的管理现状从正面提出自己的论点，认为齐齐哈尔事件反映了中国大多数企业家的社会责任意识淡漠，对管理的理解仅停留在管理的第一因素——企业的经济收益。作者提出观点后，紧接着对齐齐哈尔事件进行严密的分析，以夹叙夹议的方式，层层剖析，指出管理上片面注重利润反映了企业老板的赌徒心理，以及这种心理造成的社会危害。论述客观合理，言辞激烈，最后一句"因此，'减负卸压、轻装上阵'这剂企业改制的所谓良方，最终成了社会统一的毒药"结论震撼人心，让人不得不思考企业究竟该如何面对管理上的不足。论证从一般的理论出发，推导出"企业之所以能够单纯追求利润最大化，而无视于社会责任，企业老板的赌徒心态之所以能够占了上风，根本原因在于违法风险成本太低。法制懈怠、监管缺失，在相当多的行业造成假冒商品横行，并非只有医药领域，只是这一领域危害更大而已"。最后得出政府要成为一个脱离市场中各利益方的公正守夜人的结论。

二、论证的结构

从结构上看，论证由论题、论据、论证方式三个要素构成。

第一，论点。论题也叫论点，是论证中真实性需要确立的命题。论题是论证的主题，在论证中回答"论证什么"的问题。如案例5-2中的"企业之所以能够单纯追求利润最大化，而无视于社会责任，企业老板的赌徒心态之所以能够占了上风，根本原因在于违法风险成本太低和政府管理职能缺失所致"。这就是论题。论题的含义要清晰、准确、单一，不能含糊其词，也不能出现歧义。论证者要明确论证的目的；使用准确的词项来表达论题，对其中的关键词项应加以定义或说明；最后使整个论题的表达清楚明白。主张什么，反对什么要明确，这是论证有效的先决条件，否则整个论证就失去了目标。

第二，论据。论据又叫理由，是论证中确定论题真实性所依据的命题。在论证中，论据回答"用什么来论证"这个问题。案例5-2中的"美国企业史学家钱德勒的管理学观点和现代企业管理学创始人德鲁克的管理理论"等命题都是论据。论据必须真实可靠，不能引用虚假命题；论据的真实性必须已经确定，不能引用尚未证明的命题。论题的真实性是靠论据的真实性支持的，如果论据不真实，那么论题的真实性就无法确立。

论据主要有两类：

一类是已经得到确认的关于事实的命题。用这类命题作论据进行论证，即通常所说的"摆事实"。关于事实的论据种类丰富多样，有历史的、有现实的；有具体的、有概括的。经过全面分析，选择反映典型事实的真实命题作为论据，"事实胜于雄辩"，这样的论证是很有说服力的。如案例"教育改革的争议"的背景资料：

中国统计年鉴的数据显示：1998年至2002年我国高校学杂费5年增长5.34倍。2004年《人民日报》作过一个比较，近几年，大学的学费比1989年增加了25~50倍，而同期城镇居民收入实际增长了2.3倍。大学学费的涨幅10倍于同期居民收入的增长。

这个论证即以反映客观事实的命题作为论据。

另一类是科学定义、定律、公理和原理等命题。运用这样的论据论证论题，即通常所说的"讲道理"。由于科学定义、定律、公理和原理等反映了客观事物的本质和规律，经过实践的反复检验，也是可靠的、有说服力的，用于论证往往更深刻。如案例4-2中写道：

第五章 经济新闻评论的逻辑思维

公共经济学中公共产品的理论，依据产品或服务的消费是否具有竞争性和排他性，将社会产品和服务分为公共产品、私人产品、准公共产品（混合产品）。现实生活中大多数产品和服务都属于准公共产品或服务。

公共产品或服务则应由政府提供，私人产品或服务应由消费者通过市场提供，准公共产品则应由政府和市场共同提供。私人产品应由私人提供是因为消费该产品的私人成本和私人收益对等。公共产品应由政府提供是因为该产品的消费，私人收益小于私人成本，收益外溢到他人或社会。在市场经济条件下，私人（企业或消费者）从事经济活动的目标是私人收益最大化，尽管公共产品或服务是全社会的共同需求，由于成本私人负担，收益却外溢到他人，是鲜为有人愿意提供的，结果导致供给严重不足。政府作为社会的代表理应由政府提供，政府通过征税提供公共产品或服务。准公共产品或服务则应由政府与市场双边提供。所谓提供仅指出资或"埋单"，非指产品服务的生产和管理，即私人产品不一定由私人生产，公共产品也不一定由政府生产，提供、生产、管理是三个不同的概念，不应混同。以此理论为分析工具界定教育服务的性质和应由谁提供，就可回答教育服务应否产业化、市场化。

这个论证以公共经济学中公共产品的理论作为论据。人们经常把"摆事实"与"讲道理"结合使用，以增强论证效果。

从论据在论证中的性质来看，它可以分为基本论据和非基本论据。在一个论证中，论题只有一个，而论据可以是一个或多个。在由多个论据组成的论证中，真实性明显的、不必再由其他论据推导出来的论据，叫"基本论据"，如客观事实、公理、定义以及已为科学所证明了的一切原理、定理、定律等。自身的真实性不明显、须由其他论据推导出来的论据，叫"非基本论据"（也称"推导论据"）。

有时由于论题涉及的范围较大、较为复杂，围绕总论题作出论证的论据自身又需要用相应的论据来支持，成为一个范围较小的分论题。这样的论证中，往往存在多个层次的论证关系和论据，可以表示如下：

$$p\begin{cases}q\begin{cases}s\\t\begin{cases}u\\v\end{cases}\end{cases}\\r\end{cases}$$

在论证 p 这个总论题时，以 q、r 作为总论题的第一级论据（即分论题）来支持它；以 s、t 作为第二级论据来论证 q；u，v 则是用来支持 t 的第三级

经济新闻评论：理论与写作

论据。这些论据中，r、s、u、v 为基本论据，q、t 为非基本论据。论题与论据的区分具有相对性。在这个论证中，q、r、s、t、u、v 都是总论题 p 的论据；但其中的 q 又以 s、t 为论据；相对 u、v 而言，t 也是论题。

第三，论证。论证方式是论据与论题的联系方式，即由论据推出论题所运用的推理形式。在论证中，论证方式回答"怎样论证"这个问题，即怎样从论据中推出论题。仅有论题和论据还不能构成论证。在论证中论据与论题必须按照一定的推理形式连接，由论据可以推导出论题。可以说，论证方式是论证过程中所有推理形式的总和。

一个论证方式可以只包含一个推理，如案例5-1：

浙江前25年耕地减少了近三分之一，按照这个速度，再过五十几年，全省就没有可耕之地了。

这个论证的论证方式，只用了一个简单推理。论证方式也可以包含多个推理，如案例5-1：

GDP 增长的代价，主要反映在高消耗、低效率上。资源的惊人消耗，使可持续发展难以为继。浙江前25年耕地减少了近三分之一，按照这个速度，再过五十几年，全省就没有可耕之地了。能源消耗近两年已经全面紧张。2003年，全省用电量比上年增长22%，大大超过 GDP 的增长速度，一半民营企业今年上半年平均月停电有11天多。浙江是个资源小省，中国其实也是个资源小国，再继续快速拉高 GDP，电从哪里来？煤从哪里来？水从哪里来？油从哪里来？算一算 GDP 的代价，经济发展较快的地方，能增强危机感和紧迫感，加快经济增长方式的转变；经济发展相对滞后的地方，能避免重入先进地区的"误区"（浙江省领导语），使今后的发展科学合理。

这段话中隐藏着"只有 GDP 增长，就意味着经济增长；没有经济增长，就没有 GDP 增长"。充分条件假言判断，但是经济增长的代价却被忽略不计。如果经济增长是以高消耗、低效率和污染物的高额排放为代价，那么，GDP 增长就不值得宣扬和提倡。这个例子的论证方式，是先用了一个归纳推理，然后用了否定后件从而否定前件的充分条件假言推理。

论证方式隐含在论题和论据之中，不像论题和论据那样明显。正确分析一个论证的论证方式，需要在熟练掌握各种推理形式的基础上，正确把握论据和论题之间的逻辑联系。必要时，可在不改变原文内容的原则下，将形式多样的语言表达形式转换成典型的逻辑表达式，以便于直观了解。在实际论证过程中，相同的论证方式可以运用于不同内容的论题，同一论题也可以运用不同的论证方式，如一条数学定理有时就可以用不同的方法来证明。从论

据应能推出论题,即论据与论题之间必须有逻辑联系,论据必须是论题的充足理由,从论据的真实性能合乎逻辑地推出论题的真实性。它要求在论证过程中必须使用正确的推理形式,遵守有关的推理规则。

论证与推理有着密切的联系。论证过程必须应用一个或一系列的推理,是推理形式的运用,推理是论证的工具。论证的论题相当于推理的结论,论据相当于推理的前提,论证方式相当于推理形式,如图所示:

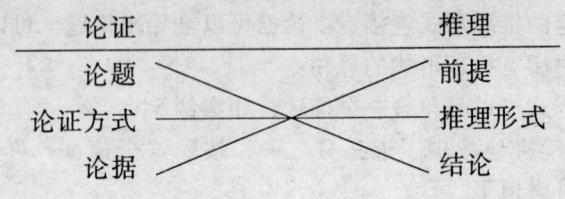

例如:

（论证）	论题	算一算 GDP 的代价
	论据	浙江 GDP 增长过程中的成本分析

（推理）	前提	GDP 能反映经济增长的总量,却不能反映其他
	结论	所以,不要以牺牲环境质量为代价……

推理和论证又有区别。首先,二者的思维顺序不同。论证是根据需要证实的论题寻找相关的论据及推理形式;推理是由已知的前提推导出结论。其次,二者的结构繁简不同。论证的结构通常比推理复杂,它可以由一个推理组成,也可以由一系列推理组成。再次,二者对命题的要求不同。推理要求前提真时结论也真,但不要求前提一定真。而论证要求论据和论题都真。最后,论证是推理的实际运用,论证总是由推理组成,但推理不一定是论证;例如"A→A"是有效的推理,但在论证中论题不能以自身为论据。

三、论证的作用

论证建立在实践的基础之上,在检验思维的正确性方面,实践处于根本性的地位。论证所使用的论据,其真实性要经过实践的检验;正确的论证方式,即论证中所运用的正确推理形式,也是经过亿万次的实践活动的重复才使它具有公理的性质,思维的逻辑是行动的逻辑的内化;经过论证所确立的论题,也仍需要再接受实践的检验,如欧几里得几何学中确定"三角形的内角和等于180°",非欧几何学中确定"三角形的内角和不等于180°",都经过了逻辑论证,但它们的真实性仍然取决于实践的检验。恩格斯说过:"不论在自然科学或历史科学的领域中,都必须从既有的事实出发,因而在自然科学中必须从物质的各种实在形式和运动形式出发;因此,在理论自然科学中也不能虚构一些联系放到事实中去,而是要从事实中发现这些联系,并且在发现了之后,要尽可能地用经验去证明。"①

论证在思维活动中的独特作用却又是实践检验、实践证明所无法代替的。在日常生活和科学研究中,论证起到了重要的作用。逻辑论证是实践检验的必要补充:

第一,科学探索、科学证明的过程需要论证。论证可以把实践经验上升为系统的科学理论;可以在已有知识的基础上获得新的知识;也可以为实践提供指导、为实践检验的结果提供理论说明。科学史上,有不少重要的科学猜想、科学假说,在实践检验之前,是通过逻辑论证取得突破的。例如:对于地球是圆的这一命题的证明。

第二,宣传真理、驳斥谬误需要论证。已经得到证明的命题,在向别人进行宣传、传授时,需要通过对它们的论证展示其可靠的论据与严密的推理过程,以让人心悦诚服地接受。对于似是而非的谬误与强词夺理的诡辩,需要用论证指出其原因,提高人们的辨别能力。

第二节　立论的方法

证明,是根据已知为真的命题通过推理来确定另一个命题为真的论证。根据证明所用的推理形式、论证过程是否直接推出论题的真实性等不同的标准,可以将证明划分为不同的种类。

一、演绎证明、归纳证明及类比证明

根据证明所用的推理形式的不同,证明可以分为演绎证明、归纳证明和类比证明。

1. 演绎证明

演绎证明是运用演绎推理形式所进行的证明。它是根据一般性的公理、原理、定律和有关事实的命题,运用演绎推理的形式,推导出特殊性的命题的真实性。例如:

---

① 《马克思恩格斯选集》(第3卷),人民出版社,1972年版,第469~470页。

有专家指出，GDP的代价大概占GDP总额的7%。如果此说成立，那么，全国以及各地公布的GDP，都得减去7%，这就所剩无几了。算一算GDP的代价，能使我们看到GDP的另一面，在高增长中保持清醒的头脑。

这是一个演绎论证，运用的是三段论推理形式。演绎论证还可以运用选言推理、假言推理等其他各种演绎推理作为论证方式。

2. 归纳证明

归纳证明是运用归纳推理形式所进行的证明。它是根据关于个别或特殊的论据推导出一般性的论题的证明。

根据归纳是否包括了全部的对象，归纳证明可以分为完全归纳证明和不完全归纳证明。例如：

浙江是个资源小省，中国其实也是个资源小国，再继续快速拉高GDP，电从哪里来？煤从哪里来？水从哪里来？油从哪里来？算一算GDP的代价，经济发展较快的地方，能增强危机感和紧迫感，加快经济增长方式的转变。

完全归纳证明是运用完全归纳推理形式进行的证明，它的论据包括了归纳的所有对象。例如，"地球上各大洲都有矿藏。经地质勘查发现欧洲、亚洲、非洲、北美洲、南美洲、大洋洲和南极洲等地都有矿藏，而这些洲是地球上所有大陆的全部"。就是一个完全归纳证明。

不完全归纳证明是运用不完全归纳推理形式进行的证明，常以简单枚举归纳推理、科学归纳推理等形式作为论证方式。

正如恩格斯所说："归纳和演绎，正如分析和综合一样，是必然相互依赖着的。人们不应当牺牲一个而把另一个捧到天上去，应当设法把每一个都用到该用的地方，人们要能够做到这一点，就只有注意它们的相互联系、它们的相互补充。"① 演绎推理和完全归纳推理，都是必然性的推理；因此，只要演绎证明和完全归纳证明的论据真实，论题就必然真实。不完全归纳推理是一种或然性推理，论据真实，不一定就能确定论题真实；因此，在进行归纳证明时，必须注意在搜集大量材料的基础上进行科学分析，以大量典型事例作为论据推出论题的真实性。演绎证明和归纳证明都有重要的价值。

3. 类比证明

类比证明就是运用类比推理形式所进行的证明。在证明过程中，根据一定条件下的两个或两类对象在某些属性上相同或类似，确定它们在另一属性上也相同或类似。如案例4-2：

---

① 恩格斯：《自然辩证法》，人民出版社，1984年版，第121页。

绝大多数发达国家乃至发展中国家，义务教育都是免费的，其费用均由财政负担，包括高等教育在内的非义务教育，其经费大部分都由财政负担（私立学校除外），学费并不是主要部分，这从教育经费来源的统计中可以得到验证。教育券和特许学校可以视为在教育管理中，引入市场竞争机制。教育券所含费用仍由财政支付，由学生或家长选择学校，教育券所含经费即进入被学生选择的学校。特许学校是指公立学校通过公开招标的方式选择管理者，学校的公立性质和经费由财政负担并无改变。

其结论是把绝大多数发达国家乃至发展中国家与中国类比，认为教育市场化是国际趋势，这是一种误解，媒体的报道是一种误导。

由于类比证明所运用的类比推理的结论是或然性的，并不完全可靠，所以在使用类比证明时，应尽量选择共同点较多的对象来进行类比，避免"机械类比"的逻辑错误。

二、直接证明和间接证明

根据论证过程是否直接推出论题的真实性，又可以将论证分为直接证明和间接证明。

1. 直接证明

直接证明是根据已知为真的论据，直接推出论题的真实性的证明。它的特点是：从论题出发，为论题的真实性提供正面的理由、直接推出论题，不是通过确定其他命题的虚假来间接推出论题的真实性。

与中国将择校与高收费、学校改制、产权改革相联系不同，西方国家的放权和择校改革既不涉及高收费和创收、营利，也不涉及产权问题，主要是管理权的改革。在这些发达国家，政府的教育供给十分充足，政府的教育责任并没有减少，公共教育政策保障教育公平，保障弱势群体的受教育机会的基本价值并没有改变。择校改革既不是为了政府和学校创收，也不是为了提高升学率，而是以促进竞争、改善教育品质、增加公立学校的吸引力为主要诉求。

2. 间接证明

间接证明是通过确定其他命题的虚假来确定论题的真实性的证明方法。间接证明有反证法和选言证法。

反证法，是通过确定与论题相矛盾的命题（反论题）的虚假来确定论题真实性的间接论证。如案例1-2：

设立中国银联这个独一无二的机构，初衷就是为了促进国内金融支付手段的现代化,为民众提供更加方便、快捷、低成本的金融服务,即"不但实现了联网通用,而且做到通用好用"。但现在"联网通用"不假,而在"通用好用"方面,却不断地出现了设立各种名目向消费者不断增加收费的问题。这显然违背了银行们成立银联的初衷。

这个论证的论题是"中国银联成立初衷就是为了促进国内金融支付手段的现代化,为民众提供更加方便、快捷、低成本的金融服务"。其论证过程是:先假设反论题"联网通用,通用好用"为真;接着由此为前件建立充分条件假言命题,即"联网通用,通用好用,那么不会出现向消费者不断增加收费的各种名目";又以这个后件为前件,形成一个新的充分条件假言命题:"联网通用,通用好用,中国银联确实为民众提供更加方便、快捷、低成本的金融服务";然后根据假言命题推理的否定后件式进行推导:"联网通用,但通用却不好用,其费用需要消费者埋单。"

反证法的形式为:

论题:p

设非 p

如果非 p,则 q

非 q

非 p 假

所以,p 真

选言证法,是运用选言推理,通过确定论题之外的其他可能为假,从而确定论题真实性的间接证明。

选言证法的推理形式主要是选言推理的否定肯定式,通过"去伪存真"、淘汰其他所有可能情况而使论题所说的情况得到确定。例如:

人的正确思想是从哪里来的?是从天上掉下来的吗?不是。是自己头脑里固有的吗?不是。人的正确思想只能从社会实践中来,只能从社会的生产斗争、阶级斗争和科学实验这三项实践中来。

这个例子的论题是"人的正确思想只能从社会实践中来",其证明步骤是:将论题与另外两个选言肢"人的正确思想是从天上掉下来的"、"人的正确思想是自己头脑里固有的"放在一起组成一个选言判断;再论证所有其他选言肢不成立;最后根据,选言推理的否定肯定式,推出论题真。

选言证法的形式是:

论题:p

或 p,或 q,或 r

经济新闻评论:理论与写作

非 q，非 r

所以，p

论题"p"、"q"、"r"穷尽了所有的选言肢，"q"、"r"的总和与"p"构成矛盾关系。根据排中律，由"q"、"r"假，可以推出"p"必定是真的。选言证法也是排中律在起作用，是由假推真的间接证明。

在实际证明过程中，间接证明、直接证明等各种证明方式经常结合使用，以增强证明的说服力。

第三节 驳论的方法

反驳，是根据真实命题来确定某个论证的论题错误、论据虚假或论证方式不能成立的论证。在人们的认识过程中，或有意或无意，经常会产生谬误。在揭露、驳斥、纠正和克服谬误以探求真理的过程中，就需要用自己的论证来推翻别人的论证，即反驳。反驳是论证的一种特殊形式。

从结构上看，反驳有三个要素：被反驳的论题、反驳的论据以及反驳方式。被反驳的论题，即在反驳中需要确定为假的命题，它是被反驳的论证中的论题或论据。反驳的论据，即在反驳中用来作为反驳根据的命题。反驳方式，即反驳中所运用的推理形式。

根据要反驳的对象不同，反驳可分为反驳论题、反驳论据和反驳论证方式三种类型。

一、反驳论题

反驳论题，就是论证对方论题的虚假性。反驳论题有直接反驳论题和间接反驳论题两种方式：

1. 直接反驳论题

直接反驳论题，就是根据真实的论据，直接推出被反驳的命题虚假的反驳方法。例如，对于"所有的乌鸦都是黑色的"这个虚假的论题，只要举出一只白色的乌鸦，即"有的乌鸦不是黑色的"就可以驳倒上述虚假的论题。这就是用有关事实的命题为反驳论据，对虚假论题的直接反驳。

2. 间接反驳论题

间接反驳论题，是通过论证与对方论题的矛盾命题或反对命题为真，或者假定对方论题为真而据此推导出谬误，从而根据矛盾律确定对方论题是虚假的反驳方法。间接反驳论题可分为独立证明的间接反驳论题与归谬法间接反驳论题。

(1) 独立证明的间接反驳论题

即先论证一个与对方论题相矛盾或相反对的命题是真的，然后根据矛盾律确定对方论题虚假。例如：

有人认为"语言是上层建筑"，这是不对的。因为凡是上层建筑都是由一定的经济基础决定的，并且随着经济基础的变革而变革；而语言是一种约定俗成的社会现象，它的发展和变革并不是由一定的经济基础决定的，所以，语言不是上层建筑。

这个例子是先论证与对方论题"语言是上层建筑"的矛盾论题"语言不是上层建筑"的真实，再根据矛盾律确定对方论题虚假。在反驳的过程中运用了三段论推理。又如：

有人说"有些法律没有阶级性"，这话是不对的。因为，一切法律都是有阶级性的，从历史上看，奴隶社会的法律是体现奴隶主统治阶级意志的，封建社会的法律是体现封建统治阶级意志的，资本主义社会的法律是体现资产阶级意志的，社会主义法律是体现无产阶级意志的，所以，一切法律都是统治阶级意志的表现，因而是有阶级性的。

这个例子先论证与对方论题"有些法律没有阶级性"的矛盾论题"一切法律都是有阶级性的"的真实，再根据矛盾律确定对方论题的虚假。反驳过程中运用了归纳推理形式。

独立证明反驳方法的形式可以表示为：

被反驳论题：p

反驳的论据：非 p 真

所以：p 假

(2) 归谬法间接反驳论题

即先假定对方论题是真的，然后由它推出荒谬的结论，再根据充分条件假言推理的否定后件式确定对方论题的虚假。例如，许多人都认为春秋时的吴国是因女色而亡国，唐朝诗人罗隐却认为："家国兴亡应有时，吴人何苦怨西施。西施若解倾吴国，越国亡来又是谁？"国家兴亡成败有各种复杂的原因，不该归罪于西施之类的妇女；如果西施是亡吴的罪魁祸首，那么后来越国的灭亡又怪罪于谁呢？这首诗通过假定对方论题"女色亡国"是真实的，并以此为充分条件假言判断的前件，推出一个虚假命题；再根据充分条件假言推理否定后件式，推出对方论题是虚假的。

归谬法间接反驳和反证法间接论证有密切联系，如在运用反证法时，就常常运用归谬法来确定其反论题的虚假。二者也有明显区别，归谬法目的在于确定某一命题为假，作用是反驳；反证法目的在于确定某一命题为真，作用是论证。形式上，反证法有原论题，并根据原论题增设反论题；归谬法则不需要设反论题。

归谬法的反驳形式可以表示为：

被反驳论题：p

反驳的论据：如果 p，则 q

非 q

所以，非 p

二、反驳论据

反驳论据是确定对方所引用的论据是虚假的，不能用来论证它的论题。反驳论据也有直接和间接两种。

如案例 8-7（叶建平："中国应该如何对待全球性'恭维'？"，《经济参考报》，2007-03-12），文中，"恭维"性的言论有三条：一是美国财政部长保尔森称，中国和美国都是当今的"世界经济领袖"；二是全球股市"黑色星期二"之后，许多媒体和投资机构认为中国股市引领了世界股市；三是香港一位经济学家的观点再次被人提起，他认为，"中国正在浮现的制度，是人类历史上我所知道的最好的制度"。对于以上三条说辞作者引用权威人士言论逐一反驳：一是中美经济差距仍然很大，中国 GDP 的总额只有美国的 13.6%；二是中国股市规模小，国际化程度不高，现在不可能也不会影响到全球股市。三是市场不是一切，经济增长也不能代替社会发展；比经济增长更高一个层面的东西，就是宪制的架构。文章最后对于这三条"恭维"性的言论细加剖析，分别指出其本质目的：一是保尔森实际上也在逼迫人民币升值，只不过是以中国人所擅长的方式来对付中国人罢了；二是提醒中国应该在更多领域负起更大的责任，或者多牺牲一些自身的利益；三是经济绝不可能成为全体国民物质生活和精神生活的全部。

这是一个反驳论据的例子。论据是论题赖以成立的根据，如果把对方的论据驳倒了，其论题也就不攻自破。反驳论据是一个十分有力的方法。以上例文既运用了引证法间接反驳，也运用了因果论证法直接反驳的形式。

三、反驳论证方式

反驳论证方式，是指出对方的论据与论题之间没有必然的逻辑联系，根

据其论据的真实性无法确定其论题的真实性。

《纽约时报》的评论员弗里德曼对于"全球化的一个结果是拉大了贫富差距"这一问题，在回答采访者时说道："一个事实是底层人群生活水平的提升比以前任何时代都快，中国和印度在过去30年中以历史上前所未有的速度脱贫。二是底层在上升，而最底层和最顶层的距离也被拉大了。但是，虽然你和比尔·盖茨的收入差距是史无前例的，而你和你父母那一代的收入差距可能也超过任何时候，你和你父母的生活方式已经完全不一样了。"

这里弗里德曼实际上是运用归纳推理的规则来反驳其论题的论证方式的不确定性。从论据"你和比尔·盖茨的收入差距是史无前例的"推不出论题"全球化的一个结果是拉大了贫富差距"。因为这是一个不完全归纳的片面推理，它违反了归纳推理规则。归纳推理有完全归纳推理和不完全归纳推理两种推理形式。完全归纳推理，是必然性的推理。因此，只要完全归纳推理的论据真实，论题就必然真实。不完全归纳推理是一种或然性推理，论据真实，不一定就能确定论题真实。因此，在进行不完全归纳推理时，必须注意在搜集大量材料的基础上进行科学分析，以大量典型事例作为论据推出论题的真实性。而以上的论证方式是建立在相对成立的事实之上，而事实论据"那些每天只挣1美元的人现在能挣5美元、6美元甚至更多，而你和你父母那一代的收入差距可能也超过任何时候，你和你父母的生活方式已经完全不一样了"，在收入的绝对值上，进步是不言而喻的，这是确定性的事实论据，从而推导出其结论是不确切的。

案例 5-1

算一算 GDP 的代价

年终了，大家都在盘点一年的收成。工人农民在算一年的收入，工厂商店在算今年的利润，各级政府看重的，当然是GDP（国内生产总值）了，看看同比增长了多少，是一位数还是两位数，较其他同类地区高了还是低了。

然而，浙江省政府今年的盘点，却不一般。前不久，省统计局出具了一份《浙江GDP增长过程中的代价分析》，把浙江经济高增长所带来的负效应，和盘托出，并通过新华社公诸于众。改革开放25年来，浙江GDP年均增长13.1%，人均从1978年的331元，增加到2003年的2440美元，2004年全省实现GDP预计可达1万亿元，经济总量已居全国第四。与此同时，

经济新闻评论：理论与写作

浙江的耕地面积也减少了726万亩，相当于去年末实有耕地的30.4%；能源消耗水平是世界平均值的1.6倍，高收入国家的2.5倍；2003年，废水、废气和固体废物的产生量，分别比1990年增长84.8%、3倍和1.3倍……

GDP一直是我国经济的第一指标，是政府官员的最高追求。衡量经济，用GDP；考核政绩，看GDP；与人比较，拿GDP；引进项目，为GDP。GDP高了，洋洋得意；GDP低了，唉声叹气。其实，被官员们如此看好的GDP，既不是上帝，也不是万能。它能反映经济增长的总量，却不能反映社会成本，不能反映效率效益，不能反映贫富差距，不能反映公正幸福……打一个比方，一个城市创造了1000亿元产值，同时为治理污染花去了100亿元，为医治居民因污染而得的疾病，又花了10亿元，而在计算GDP时，则是将三者相加，为1110亿元。因为治污的费用是有关企业的产值，治病的费用是医院的产值，理所当然地都要纳入到"总产值"之中。有专家指出，GDP的代价大概占GDP总额的7%。如果此说成立，那么，全国以及各地公布的GDP，都得减去7%，这就所剩无几了。算一算GDP的代价，能使我们看到GDP的另一面，在高增长中保持清醒的头脑。

GDP增长的代价，主要反映在高消耗、低效率上。资源的惊人消耗，使可持续发展难以为继。浙江前25年耕地减少了近三分之一，按照这个速度，再过五十几年，全省就没有可耕之地了。能源消耗近两年已经全面紧张。2003年，全省用电量比上年增长22%，大大超过GDP的增长速度，一半民营企业今年上半年平均月停电有11天多。浙江是个资源小省，中国其实也是个资源小国，再继续快速拉高GDP，电从哪里来？煤从哪里来？水从哪里来？油从哪里来？算一算GDP的代价，经济发展较快的地方，能增强危机感和紧迫感，加快经济增长方式的转变；经济发展相对滞后的地方，能避免重入先进地区的"误区"（浙江省领导语），使今后的发展科学合理。

GDP增长代价的另一主要表现，就是污染物的高额排放。高污染必定带来治污的高投入。统计局的"分析"说，2003年全省为治理环境污染所投入的资金为232亿元，占GDP的2.5%，比上年增长33%。污染物的高额排放，危害更大的是对生态的破坏，对居民身心健康的侵害。老百姓一直有个疑问：以前生活水平低，恶性疾病的发病率也低，现在生活水平高了，恶性疾病的发病率也高了，这是为什么？医学专家的答案是，生活方式不好，环境污染严重。生活方式以前可能更不好，环境污染以前的确没有这样严重。如果我们的发展，要以牺牲环境质量为代价，以牺牲人的生命健康为

第五章　经济新闻评论的逻辑思维

代价,那是"要钱不要命"的发展,与我们的目标背道而驰。算一算 GDP 的代价,有利于贯彻以人为本的理念,坚持明智的、理性的、以人为中心的发展,从而"创造我们的幸福生活"(十六大报告结束语)。

尽管浙江省统计局对 GDP 代价的分析,还是初步的。由于技术上的原因,有些"代价"目前还无法核算,GDP 的实际负面效应,比上述"分析"还会大一些。但是,这丝毫不影响它的示范意义和导向作用。笔者相信,浙江省政府的做法,一定会得到各地各级政府的积极响应,从而推动科学发展观落到实处。

(资料来源张登贵:《算一算 GDP 的代价》,《宁波日报》,2004-12-15)

案例 5-2

这不是一个孤立的个案

齐齐哈尔假药事件似乎并不全是一件坏事。假药被迅速地堵截,真相迅速地揭露,信息也迅速地传达给了公众。政府在应对一场紧急公共事件的爆发时所做出的反应,有效地避免了事态的扩大。但它暴露了问题,引起了社会的重视,也引发了我们的思考。

三十年前,以《看得见的手——美国企业的管理革命》而闻名的美国企业史学家艾尔弗雷德·D·钱德勒认为,在协调经济活动和资源分配方面,现代工商企业在管理上的"看得见的手",已经取代了亚当·斯密所提出的市场这只"看不见的手"。二战以来,质量圈、精益生产、全面质量管理等等经典管理思想,已经造就了各国的很多成功企业。这些管理思想最具代表性的表述是现代企业管理学的创始人彼得·德鲁克做出的,即管理必须同时考虑三个因素:作为企业存在目的的成果和绩效、企业员工所形成的组织,以及外在的社会,即企业的社会责任。

中国迈向市场化的改革也已近三十年了,这些年来,对于美国式市场经济的崇拜已经在很多人头脑中根深蒂固,而钱德勒所提出的这种美国企业的管理革命,却一直受到极大的漠视。也就是只重市场,不重管理。因此,今天很多中国企业对管理的理解,大约只停留在德鲁克所提出的第一个因素上。并且,在很多人眼里,"市场必然带来自由"成了金科玉律。认识上的巨大偏差,构成了企业行为失范的重要诱因。

这样看来,齐齐哈尔假药事件并不仅仅是一个孤立的个案。2005 年,原齐齐哈尔第二制药厂从国有企业转手成为私人企业——齐齐哈尔第二制药有限公司，这家企业的老板大量招聘临时工参与药厂工作和管理，投资扩建厂房却不在质检方面增加一分钱的投入。管理被视为只关注绩效、成果和利润，企业成为惟利是图的机器，最终导致多人伤亡。这种不顾一切习俗、情感和价值观念的疯狂行为，反映了企业老板毫无约束的赌徒心理。

人人都有赌徒心态，但很多企业老板的这种心态后果更为严重。这种赌博的后果是，企业的风险减小了（只要不被发现），而社会的风险却增大了，并且这种增长还无限地加大了社会问题的不确定性。这种不确定性既表现为下岗职工权益不保，也表现为假冒伪劣层出不穷。因此，"减负卸压、轻装上阵"这剂企业改制的所谓良方，最终成了社会统一的毒药。

究其缘由，企业之所以能够单纯追求利润最大化，而无视于社会责任，企业老板的赌徒心态之所以能够占了上风，根本原因在于违法风险成本太低。法制懈怠、监管缺失，在相当多的行业造成假冒商品横行，并非只有医药领域，只是这一领域危害更大而已。如何根治顽症，需要讨论在转轨经济中，政府职能定位和权力制衡分配，使政府成为一个脱离市场中各利益方的公正守夜人，这才是值得我们思索的问题。

（资料来源：湛卢：《这不是一个孤立的个案》，《21世纪经济报道》，2006-05-22）

第五章　经济新闻评论的逻辑思维

第六章 经济新闻评论的源流

新闻评论是与新闻报道相伴产生的。西方新闻学者十分重视评论。卡斯柏·约斯特说：新闻是报纸的身躯，而社论则是报纸的灵魂。美国现代资产阶级报纸的创始人普利策说："我的《纽约世界报》虽然有巨大的篇幅、许多的栏目，但是我最关心的是社论版。我要用种种专栏吸引读者来读社论。"①

我国古代具有文字记载的历史源远流长，但是漫长的历史并没有促成新闻体裁的孕育和发展。在相当长的时期内，我国的古代文化传播停留在这样的一个阶段：以封建官场为传播范围（最多扩大到知识分子），以朝廷信息为主要内容（尤其是皇帝的言行及谕令等）的手抄（后来发展到印刷）的古代报纸。从严格意义上来说，邸报不能算真正的报纸。我国古代报纸诸如邸报旨在传播"皇帝谕旨"和"宫廷动态"，不面向大众传播，更不能做任何评论。新闻评论的到来是伴随着我国近代报刊的产生而实现的。我国新闻评论正式出现于近代，而我国的近代报刊并不是经济、政治等社会因素发展成熟后的产物，而是帝国主义侵略中国的衍生物。中国出现最早的近代报刊是由外国殖民主义者创办和掌握的。

第一节 我国的近代报刊和新闻评论的起步

一、外文报纸和新闻评论

中国早期近代报刊及其评论是由外国殖民主义者直接控制，这种现象对中国来说是一种被动的接受，对外国殖民主义者来说，则是一种有意的主动的选择。英国传教士李提摩太在写给英国驻沪领事白利兰的一封信中曾这样表白："别的方法可以使成千的人改变头脑，而文字宣传则可以使成百万的

---

① 韦尔伯·斯拉姆等：《报刊的四种理论》，新华出版社，1980年版，第51页。

人改变头脑。"他认为只要控制了中国"主要的报纸"和"主要的杂志",就控制了这个国家的头和脊梁。① 正是在这一思想的指导下,外国传教士和商人在华不惜金钱和时间,创办了大量的近代报刊。

这些外文报纸主旨是一种政治性很强的宣传活动,其意不在报业经营。他们的评论意识（或者说控制和运用舆论的意识）、报纸的经营手法都远远领先于同期的中国报纸。首先是重视评论,并且增设评论专栏,评论的现实针对性较强,内容上极力鼓吹中国应学习他国所长,并粉饰西方人来华的意图,为帝国主义张目和辩护。即使是以赢利作为首要目标的《申报》（此报为美国商人美查所发起和创办）,也非常重视言论,每天均有一篇论说,且置于头版,并一再以有益于国计民生相标榜。这一现象可以说明,言论不仅是帝国主义宣传所需要的重要工具,也可以争取到更多的中国读者。

外国列强在华的报刊活动总体上是为资本主义列强侵略中国服务的,是列强侵略中国的舆论工具,进行舆论准备和文化征服,提供信息和宣传服务。这是早期外国人在华办报的主要意图。因此我国的新闻评论从一开始问世就担负起反对外来文化侵略的使命,担负着争夺舆论导向的任务。

二、我国近代经济学理论的传播及经济新闻评论

1905 年废除科举制度以后,经济学才像其他"新兴"学科一样真正开始引起国人的重视。1905 年以后,中国民族危机空前严重,加上科举制度被废除,大批知识分子开始脱离传统经书的羁绊,投身于社会现实之中,出国留学、兴办实业蔚然成风,甚至有大批青年知识分子参加新军。特别是辛亥革命之后,实业救国、科学救国、教育救国等思潮逐渐传播开来,中国出现了前所未有的学习、传播西方先进科学文化的热潮,经济学也随之在中国得以扩散开来。早在 1867 年北京同文馆就开设《富国策》课程,由美国传教士丁韪良（W. A. P. Martin）讲授英国经济学家亨利·福西特（H. Fawcett）1863 年出版的《政治经济学教本》（Manual of Political Economy）,后来该书由汪凤藻翻译,丁韪良校订,于 1880 年以《富国策》为译名出版。最早在中国翻译出版的西方经济学著作,除了《富国策》之外,还有 1886 年由海关总税务司翻译的英国人 W. S. Jevons 所著的《富国养民策》（Primer of Political Economy）,以及 1889 年英国人傅兰雅口述、徐家宝

---

① 方汉奇,张之华:《中国新闻事业简史》（第 2 版）,中国人民大学出版社,1995 年版,第 66 页。

笔述的《保富述要》。

从19世纪80年代到五四运动前夕的40年中，中国出版了40部左右的经济学著作。从1901年严复翻译出版《原富》到辛亥革命为止，中国出版了十六七部经济学著作，主要是翻译西方和日本的经济学著作，并且以译自日本的为多，这反映了1905年以后，中国留日学生的激增和日本对中国影响的上升。当然，这期间也出现了几本中国人自己编写的经济学著作，比如1910年出版的《调查户口章程释义》（陶保霖著）、1911年出版的《中国国债史》（梁启超著）、1911年出版的《比较预算制度论》（吴琼编著）。当然，从整体上看，这一时期中国的经济学仍然处于引进阶段，所谓国人自编的经济学著作，基本上就是外文著作的翻译整理，没有什么创新。

京师大学堂在1898年设立，严复作为首任校长主持工作之时，就开设了经济学课程，聘请日本教师教授，及至严复翻译的《国富论》出版，中国经济学科的近代化进程加速。北京大学于1912年设立了中国最早的经济学系——商学科。同时陆续有不少学生负笈欧美，学习经济学。对西方经济学的译介也更为全面，出版了不少经济学原理、财政金融、经济学说史等方面的书。伴随西方经济学的传播，围绕中国的若干现实经济问题，也有不少著述，仁智之见交相迭出。① 近代西方经济学理论的传播使中国近代重商主义思潮得以发端，并达到了高潮，对于商品货币经济的认识也提高到了新的高度，也为报刊经济评论的兴盛提供了理论储备和人才准备。

1840年鸦片战争以后，中国沦为半殖民地半封建社会，日益处于被动挨打贫困落后的困境。侵略者的坚船利炮吓坏了清朝的皇帝和昏庸的官吏，但人民群众却前仆后继地奋起反抗，一些有识之士在炮声中惊醒起来，向内也向外寻找救国方案，不断探索改变中国落后贫困的道路。历史急剧变化，中国除原有的封建经济外，又有了资本主义经济。"这种资本主义经济，对于封建经济说来，它是新经济。同这种资本主义新经济同时发生与发展着的新政治力量，就是资产阶级、小资产阶级和无产阶级的政治力量。而在观念形态上，作为这种新的经济力量和新的政治力量之反映并为它们服务的东西，就是新文化。"② 伴随着"新经济"的出现，在内忧外患、风雨飘摇中产生的近代经济新闻，充满了忧患与抗争。如1897年10月13日诞生于上

---

① 林毅夫，胡书东：《中国经济学的百年回顾》，学术批评网 http://www.acriticism.com，2005-06-22。

② 《毛泽东选集》（第2卷），人民出版社，1991年版，第695页。

海的小报《演义白话报》一面世即就当时国际经济交往中的不平等抨击帝国主义:"如今东西洋各国,两面进来,夺我的属地,占我的码头,他要通商就通商,他要立约就立约。同是做生意,外国人运货进来,中国关税极轻。中国货到了外国,进口就要收人身税,还有许多规矩。近来美国竟把我华工赶出……我们中国人种种吃亏,不止一处。讲到这里,便要气死。"再如八国联军侵华后第二年在联军"都统衙门"占领着的天津创办的《大公报》,更是在经济新闻中大声疾呼民族危急,宣传救亡图存。1905年春,美国迫使清政府续订限禁华工新约。《大公报》在"时事要闻"栏,以《外部连续要电》为题,报道了上海、广东、美国等地的中国商民千余人,接连致电清廷外务部,指出"华工禁约一事所关者大,万不可轻易画押"。又全文登载上海民众抵制美货的传单,刊出《上海筹拒美国华工禁约公启》,内称"古今中国,均无此等禁约","彼来受我保护,我往乃受彼苛禁虐待,天下不平等,孰有逾此?"19世纪末到20世纪初,帝国主义掠夺中国的一个特点,是从商品输出迅速过渡为资本输出,通过投资,直接在我国经营厂矿企业,或用有息贷款间接控制我国的路权、矿权。所以,这个时期帝国主义与中国人民之间在收回利权问题上,掠夺和反掠夺的斗争非常尖锐。而收回利权运动,又以收回路权斗争最为激烈,它最早发生在粤汉铁路。《大公报》从1904年11月9日起,连续5天刊载了《详志粤汉铁路废约始末》。后来,又一再发表粤、湘、鄂等省绅商和留日学生的公启、函件,坚决要求清政府把路权从美国人手中赎回。此外,《大公报》还经常发表时评、消息,支持江、浙、鲁、晋、滇、川等省人民收回苏杭甬、同蒲、滇蜀等路权的斗争。

中国资本主义近现代新闻事业一产生,就受到外国资本主义和本国封建势力的压迫。为了反抗压迫,救亡图存,富国强兵,当时的报纸曾大力倡导发展中国近代工业,宣传现代意识,并产生了一批经济时评,成为当时经济新闻中很有影响的文体。如1872年4月30日创刊的《申报》,就连续发表了《建议铁路引》、《炮局议》、《建议设吸水公司》、《江堤说》、《开矿论》、《治河说》、《轮船论》、《论西人电信保险拍卖诸事》等,提倡兴办铁路、开发矿藏、制造轮船、开设邮政和银行,鼓励商办实业,以跟上时代,把国家引导到近现代工业化道路上,自强自富。这些"建言"一方面说给当局听,一方面又着眼于开启闭塞的民风。如在1874年4月20日刊出的《试行开矿论》中说:"上年李相(指李鸿章)曾有在金陵试行开矿之议,是役也,众商人闻之,无不称善,皆以为法良意美,在所必行。不意迁延至今,

第六章 经济新闻评论的源流

已有载，此举尚属未行。据说，因该地居民，认为将使风水受损，请求停止开发，故暂寝此意。如此举措，不知天下利国便民之举及强兵富国之图，莫大于开矿之一事也。"虽然这些"建言"不能像今天报上那些合理化建议和善意批评那样能引起政府的重视和群众的响应，但它们发展近代中国工业企业和富国强兵的主张，在当时却是很有眼光，确实颇有见地，代表了社会前进的方向。那时的经济新闻，不像今天如此"专业"，如此"成熟"，除了商情、物价、船期等消息外，多半与政论、时评结合在一起，这是亡国亡种的焦虑使然，反映了那个时代的特色，这正好说明经济新闻与社会的发展，总是紧密地联系着的。①

由于外报对我国古代报纸的冲击和示范作用，我国自己创办和主持的中文报纸也注意到了评论的重要性，但是统治阶级的禁锢，言论陷入一种尴尬而无所作为的境地，不仅如此，我国第一批近代报刊的兴办，也处于一种艰难的生存境地。新兴的资产阶级创办的报纸则可能少受传统势力的影响，在困难中勇敢探索。19世纪60年代以后，内忧外患的双重威胁迫使我国封建统治集团发起洋务运动，由此出现一批资本主义企业和民族资产阶级，这是中国人自办的第一批近代报刊的社会基础。这些报刊都表现出明确的反侵略爱国立场，将自己和外报区别开来。例如，中法战争期间，《述报》发表了大量专电、消息、通讯和评论，报道和评述了战争的全过程，欢呼中越军民的每一次胜利，对《字林西报》、《申报》等外报宣扬的"输金议和"等谬论，也给予了针锋相对的批驳。但是，这些报刊的处境十分艰难，动辄得咎，经常受到帝国主义和封建政府的两面夹击。中国的封建政府，当时实际上实行的是听任外人办报而禁止中国人办报的政策，"于己民则禁之，于他国则听之"。《岭南日报》只因稿件中称外国人为"夷"，便被租界当局驱逐；而《广报》只因转载了一份令总督恼火的奏折，就被查封。②

第二节　19世纪末的经济思想言论——以王韬为例

王韬（1828～1897）是我国第一位报刊政论家。1874年在香港主编《循环日报》，主张变法自强，批判洋务活动徒袭西方皮毛，提出发展中国

---

① 樊凡，时统宇：《经济新闻范文评析》，新华出版社，2001年版，第31页。
② 孙江波：《简论中国新闻评论的历史渊源》，《中国新闻研究中心》，2005-12-22。

经济新闻评论：理论与写作

资本主义工矿交通的主张。指出"今日当变者有四,一曰取士,二曰练兵,三曰学校,四曰律例",认为应清仕途,裁冗员,安置旗民,撤除厘金。颂扬英国议会制度。政治上建立君民共治国家,经济上国家富强,外交上主权独立,变法自强,抵御外辱。这些言论在一定程度上代表和反映了新兴民族资产阶级的利益和愿望,是报刊宣传变法维新的先声。他主张报纸要"强中以攘外,诹远以师长",他在《循环日报》发表的论说,经常被内地报刊转载,产生过一定影响。《循环日报》被认为是我国第一份以政论著称的报纸。1883年王韬将其部分报刊政论汇编成《弢园文录外编》出版,成为我国第一本报刊政论文集。在该书的序言中,王韬阐明了他的政论写作原则:"文章所贵,在乎记事述情,自抒胸臆,俾人人知其命意之所在,斯即佳文。至其工拙,抑末也。"这种重视思想内容而不拘泥于形式的政论写作的原则,对后来时务文体的形成,起了推动作用。封建统治势力阻止维新变法,对于萌生的新经济因素加以限制与摧残。王韬忧戚国运苍生,以新生的资产阶级代言人的姿态,对统治阶级进行了规劝与批驳,对刚刚出现的工商经济给予了支持和肯定。他的经济学说言论是中国早期资产阶级经济思想的源头。

一、"商为国本说"

"重商"是王韬在深入地观察和思考、并认真地估量其得失代价之后才提出的思想结论。王韬指出,"重商"将给中国带来无穷益处。第一,商可以使那些娴于技术的工匠和游手好闲之徒自食其力,有事可做,既减少了社会动荡不安的因素,"镇定民志",又可培植社会元气,达到藏富于民的效果。"民富"是国家繁荣兴旺的基础,"民之富藏于公,家之丰通于国",民与国相辅相济,一旦内外有事,便会立于不败之地;第二,"商"可直接为国家带来财富。工商税收的范围更广、量更大,因而比单一的农业税更有潜力向国家提供财政来源。西方国家的财政实践对此已经"屡验不爽";第三,"商"可强兵,不仅现代化武器的制造和供应离不开"商",而且就其财力来说,"商力富"才能"兵力裕"。没有财源,强兵只能永远是一句空话。英国兵马雄强,正是由于英国商税丰富、商兵相辅所致;第四,商可抵制西方的经济掠夺,挽回利权。中国若仿效西方,外则通商于泰西各国,内则以轮船火车转输贸易,"收西商之利而复为我所有",中国将"自握利权",日见其富,西商之利则将因为中国的商业竞争而日分日薄。

王韬力主中国全面开放通商。他在《代上广州府冯太守书》一信中理

第六章 经济新闻评论的源流

直气壮地把"广贸易以重货财"当作救世方策中的第一良方,并建议当道者端正对商的态度,关注商情的变化,研究为商之道;在有关"商"的政策和策略上,要撤得开,搞得活,既大力发展国内商业活动,也积极参与国际贸易;既允许外商进来,也鼓励华商"越乎境外","售与彼邦"。①

二、"全面兴利说"

"兴利"是王韬经济改革思想中的中心议题。他多次在论著中和献议里鼓吹"兴利"意义。他说,兴利已不是中国统治者可以讨价还价的可做可不做的事情,而是国际资本主义潮流下中国人必须做出的无可回避的选择。

王韬以建造铁路为例说,英国继垄断了中国水路运输之后,其"轮车铁路公司"又秘密地"绘图贴说",企图攫取由云南经重庆至汉口的铁路修筑权和经营权。英国之所以还"掩而未发",是因为"英国驻京公使以英商之意未免出之太骤,故未代为之请",但他们专心致志于铁路掠夺则一天也没有停止过,"上海吴淞之事已可援也"。因此,审时度势,与其留着大利引狼入室,"不若我中国之自为"。② 换个角度讲,中国一旦"兴利",外来者在激烈的工商竞争面前就会"无利而沮",自然而然地减低侵入中国的热情。再者,中国全面兴利之后,民富国强,外来者即使有心掠夺也存有顾忌。昔日西方列强动辄欺侮中国的局面将会得到改变。因为,外交是国力的竞争,"处今之世,两言足以蔽之:一曰利,一曰强。诚能富国强兵,则泰西之交自无不固,而无虑其有意外之虞也,无惧其有非分之请也"③。

王韬"兴利"的"利"到底包括哪些具体内容呢?他在《兴利》一文中罗列道:

"利之最先者曰开矿,而其大者有三。一曰掘铁之利。中国产铁之处不可胜计,盖矿中有煤则必有铁……今我自开铁矿,则一可省各处厂局无穷使费,二可铸造枪炮,建制铁甲战舰火轮兵舶,三可分行各种机器,四可兴筑轮车铁路,而亦可售之于西人,以夺其利。一曰掘煤之利……"④

在王韬所留下的文字材料中,他所关注的"兴利"活动,几乎覆盖近代工商业的一切领域,诸如矿山、制造、交通、通讯、银行、加工、兵器等

---

① 王韬:"代上广州府冯太守书",《弢园文录外编》,卷十。
② 王韬:"建铁路",《弢园文录外编》,卷三。
③ 王韬:"洋务上",《弢园文录外编》,卷二。
④ 王韬:"兴利",《弢园文录外编》,卷二。

各种行业，无所不包。在许多文章中，他以极大的耐心，向刚刚从噩梦中醒来可还没来得及看清世界的国人仔细讲述这些近代行业在国外的发展状况和它们可能对中国国计民生带来的影响。《循环日报》中常常出现名为《建铁路》、《设电线》一类的文章。

王韬所倡导的兴利活动中的工商业，其基本特征归属于机器化大生产。他坚信引入机器是中国工业振兴的前提。从生产关系角度讲，这些新兴行业应以商办私营为主，企业的所有权和经营权在商人而不在国家，国家的义务只是保护和监督企业权利不受侵犯，他明白无误地说："愚见以为官办不如商办，官办费用浩繁，工役众伙，顾避忌讳甚多，势不能尽展其所长。"他认为，新行业应该是资本主义的工商企业。

三、"国佐工商说"

王韬对封建国家轻视工商业、盘剥工商业的行为提出了批评。他指出，中国地大物博，人民勤奋，其之所以落到民贫国弱、不堪一击的地步，全是由于统治者"重农而轻商，贵谷而贱金"、"不能自握其利权，自浚其利薮，而亟为之兴利"所致（"兴利"）。他曾以华人未出国门时困苦不堪，而一旦出国谋生反而富裕"出乎土人之上"的现象为例，指责中国封建统治者"于簿书钱谷刑戮鞫讯"之外，从来不知道引导人民"运其心思之灵"兴利求富。

在《代上苏抚李宫保书》一信中，王韬用准确的语言，鲜明对比的手法，以英国政府保护商人、商业的态度反衬中国统治者轻视商人、盘剥商业的做法，谴责清王朝是损人损己。他写道："西国于商民，皆官为之调剂翼助，故其利薄而用无不足；我皆听商民之自为，而时且遏抑剥损之，故上下交失其利。"① 对"商"的"遏抑剥损"的结果，不但使"商"备受折腾，难以兴盛，连清王朝自身也无利可得，元气大伤。王韬在中西比较中批评清朝统治者的短视目光。

清朝盘剥工商业的典型政策为厘金制度。厘金征收始于 1853 年。原是清政府为了筹集镇压太平天国农民起义的军费而实行的临时措施。可太平天国被镇压后清政府不仅没有撤除，反而将它常规化扩展到全国。从此，厘金成为限制中国工商业发展的一个障碍。厘金制度对中国工商业的危害又因《天津条约》和《烟台条约》关于外国商品只交 2.5% 子口税、免交一切内

---

① 王韬：《弢园尺牍》，卷七。

地税的规定而加剧。中国工商业在与外商的竞争中处于严重不利的地位，许多民族工商业者因不堪外商竞争而宣告破产。

王韬对清政府盘剥工商业的厘金制度及其毫无悔改十分痛恨。在他看来，清朝的厘税之政是有百害而无一利的恶政。它"榷尽锱铢，搜无遗蕴"，将民间工商者压迫在"无利"或"微利"的可悲境地，打击了民间投资工商业的愿望，阻碍了民族工商业的进一步发展。

国家如何才能做到辅助工商而不"为工商病"呢？王韬认为，国家应该首先在指导方针上重视工商业，理直气壮地做工商业社会的倡导者，勇开"言利之门"。针对民间对工商业的误解和疑惑，国家应有责任"教导之"；针对民间经营工商业的热情，国家有责任"鼓舞之"，以形成一种"上行而下自效"的有利工商业发展的社会环境。① 王韬相信，聪明智巧吃苦耐劳的中国人一旦"有大力者以开其端，潜移默化"，就一定会得到彻底改变。其次，国家应在资金方面率先投入，主动联络富户创办实业，积极为民间"谋生聚之道"、"辟生财之源"。从这一角度立论，王韬在倡导"官办不如商办"的同时，又提出"官商相为表里"之说。他这样写道：

"最要者莫如官商相为表里，其名虽曰商办，其实则官为之维持保护，盖承充之商非巨富重资者不能为，而地方大吏往往于两三年间升转迁移，法令每多更张。商人虑其掣肘，不乐于一试。今欲矿务畅行，莫如酌仿轮船招商之例，而小为变通，招商局中集众非一，虽封疆方面皆预其间，而隐为之规画，于是各富商无不踊跃，咸尽其心力，所以其事易集。苟矿务亦能仿此以行，衙署差役自不敢妄行婪索，地方官吏亦无陋规名目私馈苞苴。"②

四、新财税观的萌芽

远赴欧洲旅行之前，王韬就已经对清王朝的财税措施严重不满。在寻找太平天国爆发原因的思考中，他发现"苛税"是这场原本为地方之乱之后演变为席卷大半个中国、绵延十数年之久的社会动乱的罪恶之源。他提出拯救衰世的方策依然是传统的轻徭薄赋、减税莳民一套。他在上给李鸿章的"治吴善后之策"中论证最多的是"抚恤灾困"、"减赋损捐"、"商不重征"、"贾不再榷"一类。旅欧归来之后，特别是在研究了欧洲近代资产阶级的历史之后，王韬了解到世界上还有一种完全不同于中国传统的财政税收

---

① 王韬："补苴起废药痼议"，《弢园文录外编》，卷七。
② 王韬："代上广州府冯太守书"，《弢园文录外编》，卷十。

制度和税务观念；而这种财税制度和税务观念与中国相比显然具有无法估量的优越性。

王韬曾以英国财政为具体事例揭示资产阶级财税制度的优越性说："其所抽虽若繁琐，而每岁量出为入，一切善堂经费以及桥梁道路，悉皆拨自官库，藉以养民而便民，故取诸民而民不怨，奉诸君而君无私焉。"① 这段话道出了资产阶级两个重要的财税原则：一是量出为入；二是民税民用。前者要求国家一切税收必须经国会辩论决定，造出预算，然后再根据预算来征收。后者要求必须将纳税人所上缴的税款无条件地服务于纳税人，挪作他用均属违法。

王韬毕竟没有系统接触过西方资产阶级的经济学说理论，其经济思想存在诸多浅泛和散乱之处。但他是一位中国资产阶级经济思想的传播者、开路者。他所提出的"商为国本"、"兴利富国"、"国佐工商"和"财税服务于民"等经济观点在中国近代经济实践和经济思想史上具有指导现实和开拓未来的双重作用。其后，经过王韬的大力宣传和廓清谬误，中国资产阶级的思潮和实业得到了蓬勃发展。②

第三节 20世纪初的经济思想言论——以梁启超为例

梁启超（1873~1929）是近代著名政论家和启蒙思想家，也是著名报人。1895年"公车上书"活动和资产阶级政治改良运动进一步开展，强学会的成立标志酝酿几十年的维新变法已由思想启蒙变为上层社会有组织的政治活动，出现了资产阶级政党的萌芽。康有为、梁启超等资产阶级改良派为开展变法运动而进行舆论准备。强学会机关报北京《中外纪闻》创刊，它是强学会时期的资产阶级报刊（1895~1896）。1896年8月9日，《时务报》创刊于上海，是19世纪末维新运动中维新派的重要刊物之一。该报第1期的第1篇论说，是梁启超的《论报馆有益于国事》。"流浪于萧寺中者数月，益感慨时局，自审舍言论外未由致力，办报之心益切"，《时务报》最受读者欢迎的是梁启超等人撰写的论说，成为维新派的主要言论阵地，并在全国引起强烈反响。"举国趋之，如饮狂泉"，成为中国历史上第一份问世不久即风行全国的近代报刊，也是当时发行量最高、影响最大的国人自办报刊。

---

① 王韬："纪英国政治"，《弢园文录外编》，卷四。
② 张海林：《王韬评传》，南京大学出版社，1998年版，第227~258页

第六章 经济新闻评论的源流

从文体的角度来看，维新派在实践中创造了一种新颖的报刊论说文体。这种文体的代表作是《时务报》上梁启超等人的论说，故被称为"时务文体"，也被称为"新文体"，或"报章文体"。① 这种政论文体是一种在中文报刊上发展起来的文体，戊戌变法时期初步形成，变法失败后，梁启超在日本办《清议报》和《新民丛报》时，才臻于成熟，风靡于20世纪一二十年代，对辛亥革命和"五四"时期报纸文风产生过很大影响。

梁启超的《变法通议》是一篇全面地论述维新变法的纲领性文件，涉及政治、经济、文化、军事等方面；在《开议院论》中宣传伸民权、开议院；在《商战论》中主张发展民族工商业；在《论中国之将强》中反对帝国主义侵略及呼吁救亡。这些文章议论新颖，文笔活泼，深受知识界欢迎。数月间发行增加到万余份，风靡海内，"为中国有报以来所未有"。

在19世纪末20世纪初的启蒙宣传活动中，梁启超不仅大量宣传介绍近代西方经济学说，而且依据中国当时国情，提出了以西方经济理论解决中国经济问题的独到见解。梁启超尽管不是一个经济学家，但是在经济方面却写过不少文章，里面有不少闪光的东西。他知识广博又关心国家经济问题，在袁世凯政府里担任过几个月的币制局总裁，又在段祺瑞政府里担任过几个月财政总长。出于实际工作的需要，梁启超对于中国的经济问题进行过一番研究。

一、经济为立国之本

梁启超是我国近代著名的改革家。他主张向西方学习，寻求救国真理。戊戌变法失败后，为宣传变革思想，他以《新民丛报》为阵地，大量介绍西方资产阶级民主主义政治、经济等先进学说。应该指出的是，梁启超并不是一个经济学家，更没有办过实业，他自己也说其经济学说是"演师友之口说，拾西哲之余唾，寄他人之脑之舌于我笔端而已"②。在梁启超的笔下，经济问题被提到十分重要的地位。他认为，今天的世界只有在经济占优胜者，才能安定繁荣。所以，"国家之荣悴消长，惟于国民生计竞争之胜败决之"。梁启超首先从整个社会生产发展的角度探讨了经济产生的必然性。梁启超指出："盖自机器骤兴，工业革命，交通大开，竞争日剧，凡中小企业

---

① 丁淦林：《中国新闻事业史》，高等教育出版社，2002年版，第82页。
② 李华兴，吴嘉勋：《饮冰室文集》原序，《梁启超选集》，上海人民出版社，1984年版，第366页。

势不能以图存，故淘汰殆尽，而仅余此大企业之一途也。①

梁启超还指出，无论在生活上，税权上，企业竞争上，举借外债上或是在外交上，列强在中国划分势力范围问题上，"其动机起于生计，而影响必及政治"，所以，经济问题是立国的根本问题。"中国政府，不知依赖工商业家，亦不能保护之。其多款项抽厘税，皆尽其力之所能及，百端摧折实业而不顾。故我国民欲振兴实业而依赖政府，则万无可兴之道。"② 封建专制政体已成为近代中国各项改革的瓶颈。

梁启超不仅在宣传介绍自由主义思潮方面不遗余力，而且对自由主义经济理论及其实践价值给予了高度重视，认为"西国之兴，不过近数百年，其所以兴者，种因虽多，而生计学之发明，亦其最要之端也。自今以往，兹学左右世界之力，将日益大。国之兴亡，种之存灭，胥视其焉。"他把亚当·斯密列为改变近代世界趋势的十位重要人物之一，认为其以自由竞争为旗帜，"此论既出，披靡一世"，"不徒学问界为之变动而已，其及于人群之交际，及于国家之政治者，不一而足"，"今日商务之繁盛者，斯密氏《原富》之论为之也"。③

二、创建自由竞争的工农商业体系

创造良好的自由竞争机制，通过平等、自由的竞争去建立新型的、富有活力的民族工商业体系。自由竞争是近代社会进步的强大推动力，其理想图式正如梁启超所描绘的："于国际之通商，自由也；于国内之交易，自由也；于生产、制造、贩卖种种营业，自由也；劳力以自由而勤动，资本家以自由而放资，上自政府下及民间，凡一切生计政策，罔不出于自由。""故此竞争行，则生产家不得不改良其物品，低廉其物价，以争贩路。以是之故，不得不节俭其生产费，扩充其生产力。复是以故，新式机器之发明，技术意匠之进步，相缘而生焉……如此，则于全国全社会种种方面，互添活动，而幸福遂以聚。"④

---

① 李华兴，吴嘉勋：《敬告国中之谈实业者》，《梁启超选集》，上海人民出版社，1984年版，第527页。
② 张楠，王忍之：《辛亥革命前十年时论选集》（第1卷，上册），生活·读书·新知三联书店，1963年版，第206页。
③ 李华兴，吴嘉勋：《梁启超选集》，上海人民出版社，1984年版，第272页。
④ 梁启超：《饮冰室合集》（第14卷），中华书局，1931年版，第35页。

在经济问题上，梁启超非常重视发展生产。他说，现在有些谈论治理国家的人，研究如何使国家强盛起来的较多，而研究如何使国家致富起来的比较少，这是一种不好的倾向。没有富，何来强？真是一语中的。

梁启超认定实业和交通为富国之本，那么应该如何去发展实业呢？在农业方面，他认为要垦辟荒地，改良农业。等到财政基础稳定，就要学习德国、法国普及农业银行，并以国力兴修水利。在工业方面，他认为棉、铁、丝、茶、糖的生产最需要保护，普通的矿业则宜采取开放。外商在我国境内投资，所生之力，他们得三四成，我们得六七成。这样，政府和国民都会欢迎外商来投资。

怎样才能致富？他认为"实业，交通二政为富国之本"。他所说的实业，是工业和农业，说明他看到了发展生产的重要性，抓住了富国的根本。他特别强调农业生产，认为是最根本的。有的人以为中国是农业立国，而欧美则是商业立国。梁启超认为这种看法是不对的。当时，欧洲每年的总产值是312 200亿两，其中，商务仅为11 200亿两。这说明，欧洲的商务虽然很繁荣，其利不过是农政的1/10，而欧美研究农学的，国家有农政院，民间有农学会，有关研究农业的言论，真是汗牛充栋。而中国只有农业新法一书。不及三千言。中国所患的是没有研究农业和发展农业，若真能发展农业，就不用担心贫困了。

对于交通事业，他也很重视。他年轻时就主张要修铁路。他说，当时许多中国人孤陋寡闻，数百年来如坐在暗室中，对新事物没有一点认识。所以遇见新学，便不遗余力阻挠。看到维新人士，如同寇仇加以诋毁排斥。若兴修铁路，与外界交往多了，见识广了，就会明白使国家走向独立富强的道理。这样变革起来就容易多了，就不会遇到诋毁和阻挠。否则，坐而论道，将一事无成。

三、财政改革

1. 整顿赋税

在其《政闻时言湘乱感言》一文中，他说："田赋虽征诸地主，而负担实转嫁于佃丁也；原金虽征诸行商，而负担实转嫁于小贩及消费物品之贫氓也。"梁启超认为一切租税都是可以转嫁的，这符合各资产阶级学派当时所公认的原则。

梁启超认为，国家越是发展，所需要的经费就越多，而国家的财源以赋税为大，但是旧时赋税制度非常混乱，有的地方交纳过多，有的地方隐瞒很

严重，形成赋税不均。全国不分宅地、耕地，税率相同，很不合理。官吏中饱私囊。凡此种种，必须整顿。

首先要改正田赋。对土地要进行调查，重新登记。要区分宅地和耕地，实行不同税率。这样，全国7亿余田，加上城镇宅地，可常年国库收入3亿两以上。

然后要整顿盐课。收全国之盐归政府专卖，设提盐使和各级盐务官，分管十盐区。制盐人必须登记，经批准才能开业。

再次要裁减旧税目，增加新税目。如茶税，为了保护茶的生产贸易，可以不抽税。赌博应该禁止，不再抽赌博税。其他杂税也不合理，都应该裁减。

在裁减旧税的同时，增加新税目。根据各国通行税目，我国应该采取的除了田赋、盐税、海关税和酒烟糖印花税外，还应该设遗产税、通行税、登录税。家屋税和营业税为地方税，将来条件许可，还应该开征所得税。梁启超认为，开设税目的原则以不妨人民经济之发达，而负担均平者为贵，故选择税目最当加慎。

2. 建立银行制度

银行关系到财政，利国便民，建立银行制度和普及银行十分必要。梁启超在《银行制度之建设》、《中国货币问题》、《币值条议》、《余之币值金融政策》等文章中，对于币制改革和银行建设方面，都提出了许多自己的见解。因此，在民国初年，他认为设立中央银行为不便政策，奖励发展私立银行为当务之急。建立的办法是给予银行发行权。单一的银行发行和多数银行发行都不适用我国，中央银行与国民银行制并行。最后过度到单一制。

在改革货币制度方面，要救亡图存，必须整理货币流通金融，其为财政枢机，关系到国民生计命脉。民国初年，中国货币制度不统一。所以他认为中国仍然是没有货币的国家。这种情况下他要提出执行新货币政策，建立新货币制度。他认为应该首先明确，货币之所以需要，是因为它能成为一切物价的尺度。法律不能强定金银的时价，但是应该强定金币，银币的比价。他还批评有的人以为改革货币制度必须准备一笔巨款才行，是多余的顾虑。按照他的分析，当改革开始时候，只要有1 000万的铸本费就可行。

梁启超还提出举办和利用公债，他认为举办公债为财政伸缩的一大妙用。无论什么国家都应该举办，并不只是为了补国库临时之缺，而国家得借以为理财妙用。国家举办公债，一是减轻租税负担保护税源，一是吸收游资，不浪费。中国内债之所以难推行，是因为没有把公债看做有价证券，不

第六章　经济新闻评论的源流

准买卖流通。以后的公债除了要看成有价证券外,还要采取低价廉息发行。

四、关于外债

梁启超在其《外债评议》一文中列举了许多深受外债之害的国家,如埃及、阿根廷、波斯等,其中,以埃及受害最深。埃及于1862年开始向英国借债,以后10年左右时间,借外债竟达5亿3千多万第纳尔。埃及财政崩溃后,英国以贷款附带的政治经济条件,强迫埃及聘任英人为顾问,又于1876年,设立清理财政局,并以英国、法国人为局长。随后,进而完全掌握了埃及的财政权。统治者转而加紧对人民的剥削,导致阶级矛盾激化,社会动荡。英国又借机大肆出兵,将埃及变为自己的殖民地。前后仅20年的时间,埃及就国破家亡。对此,梁启超评论说:"是故平心论之,外债之本质,非有病也,即有之其病亦微,而非不可治……而外债之特以病闻者,则政治上之病而已。"因此,梁启超提出:利用外资要"政治机关健全,毋使外人挟资者侵及有司,则其于一国生计之前途,仍多利而害少"。所以,在引进外资时,严防列强借投资之名,欲操纵我生计权,控制我主权的诡谋,是我们应该首先考虑的问题。①

正如梁启超所说:"今日列强之通患,莫甚于资本过度,而无道以求厚赢,欲救此敝,惟有别趋一土地广,人民众而母财涸竭之地,以为第二之尾闾。"② 二者之间有求又有应,岂不两全其美。为更好地吸引外资,借债国应该对投资者采取优惠政策,制定相应法律,保障外资涉及者的利益,他积极主张国家应制定相关法律,改善投资环境,以维护外来投资者的合法权益。

梁启超认为借外债是危险的,但是不能绝对否定。必须要有个先决条件:要有一个完善的国家、国会、统一的责任内阁、政府能够得人。他认为政府借外债是可以的,但是现政府借外债是不可以的。其次他还认为借外债要看如何使用,若不用于生产发展,危害很严重,若用于生产发展,那么利处也多。

宣统二年,清朝政府向美国借1亿元外债。对此,梁启超写了《评一万万元之新外债》、《论政府违法借债之罪》等文章加以揭露抨击。他说这

---

① 梁启超:"外资输入问题",《饮冰室文集》第16卷,上海人民出版社,1984年版。

② 梁启超:"外债评议",《饮冰室文集》第22卷,上海人民出版社,1984年版。

次借外债,供何种用途和用处得当与否,是政治问题,借外债没有经过资政院决议是违法的,而求助美国,会导致美国要求机会均等。总之,政府不得人,外债是不可借的。

辛亥革命以后,据统计,1912~1914年,北洋军阀政府先后借外债达4亿元,对此梁启超评论不多。总之他反对随便借外债,坚持要从改革国内财政入手,去挽救财政危机。他倡导依靠自己努力去解决国内的财政问题,不要依赖外国,否则很危险。在外债问题上梁启超的观点总的来说是正确的,有些论述还很精辟。他抓住政府是否得人,外债是否该借,外债的使用是否得当等问题进行分析,入木三分。

梁启超用大量近代经济分析方法改造中国古代传统财政经济政策文献。19世纪末的《史记·货殖列传今释》和20世纪初的《管子评传》、《王荆公评传》、《中国古代币材考》等一系列著述,都是其运用现代逻辑形式、分析方法、词汇术语改造传统财政理论的创造性努力,这与我国传统的财政论述判然有别。梁启超行文流畅优美,语言通俗易懂。既没有沿用中国旧的财经术语,又没有像严复的译文那样深奥难解,他大量使用现代财经词汇,令人易于理解接受,耳目一新,这也是其思想广泛传播、深入人心的重要因素之一。"1902~1915年,梁启超对经济问题极其关注,发表了大量论著,无论在数量上还是在质量上,都超越了同时代的学者,他以他那通俗易懂的文笔,介绍了大量的经济理论,内容涉及生产、流通、分配和消费等各个领域,尽管其中也存在一些错误或不完全正确的内容,但总的看来,正确的或者比较正确的内容还是占多数,这在当时也是比较难能可贵的。"①

第四节 民国经济学说的传播和经济的发展

一、民国经济学说的传播

辛亥革命到五四运动期间,有近20本经济学著作出版,其中中国人自编的著作约占2/3,多属财政金融类,这说明经济学当时在中国的普及速度是比较快的。译本则绝大多数来自日文著作。在1902年以前的译本大都用文言文意译而成,对原书内容多有省略,使人难于理解原著的真正含义。从1902年以后,这类情况有所改进。中文的经济学专业术语也大量采用日文

---

① 陈鹏鸣:《梁启超学说思想评传》,北京图书馆出版社,1999年版,第220页。

译法,中文经济学概念体系开始建立。当然,从整体上看,这一时期中国的经济学仍然处于引进阶段,没有什么创新。

1928~1936年是我国资本主义经济发展的所谓"黄金时期",开始出现工业的初步迹象,加上抗日战争对国防经济建设的需要,当时的国民党政府也在经济发展方面做出了一定的努力,"实业救国"一时蔚然成风,经济学当然就有了传播和发展的土壤。经济学译著以30年代最多,其中1930年一年出版了63本译著。从国别构成看,到30年代为止,由日文翻译而来的经济学著作虽然在数量上仍比以前有较大增加,但是已经不能像20世纪前10年那样高度垄断,其相对的重要性则已经大大下降,相反,西文原著翻译过来的已经大大超过了日文。

20世纪三四十年代经济学的繁荣还体现在专门性的经济学刊物的创办上。据胡寄窗先生估计,除了统计期刊外,1919年到1949年各类经济期刊约为112种,其中20年代有10种,30年代48种,40年代53种。不过,这些刊物创刊后一年内就停刊的在半数以上,能维持一两年之久就很难得了。这说明我国经济学研究队伍仍然很弱小,社会对经济学的关注和支持仍然是很有限的。在为数不多能够长期支撑下来的经济期刊中,属于一般经济理论探讨方面的,以在上海的中国经济学社1930年创刊的《经济学季刊》成绩最为显著,一直维持到抗战前夕,是当时全国多数经济学家支持、认可的经济刊物。①

1928~1937年期间,国民政府在工业化方面的政策稍见成效。抗战爆发后,忧国忧民的知识分子为了国家的富强,奋力探索实现国家工业化的途径。张培刚教授的著作《农业与工业化》在全面探讨了工业化的定义、工业发展与农业改革的关系、工业和农业的平衡以及农业国和工业国的关系问题之后,就中国工业化面临的急迫问题进行了分析。马寅初的《中国经济改造》、吴景超的著作《中国经济建设之路》、何廉、方显廷的《中国工业化程度及其影响》等,都是很有见地和影响的著作。著名经济学家马寅初1914年获哥伦比亚大学经济学博士学位,1915年回国执教于北京大学。1923年马寅初和刘大钧一道发起成立"中国经济学社",并长期担任社长。他撰写了许多经济学著作,其《经济学概论》是解放前流行的经济学原理著作。1933年陈翰笙发起成立了有500多名会员的"中国农村经济研

---

① 林毅夫,胡书东:"中国经济学的百年回顾",学术批评网(http://www.acriticism.com),2005-06-22。

会",为新中国培养了一批优秀的经济学家,比如后来名噪一时的孙冶方、薛暮桥、钱俊瑞、许涤新等。南开大学的何廉、方显廷等人也对中国农村经济问题的研究做出了开拓性贡献,何廉还被誉为中国最早重视农业的经济学家,著有《中国农村之经济建设》。巫宝三的著作《中国国民所得》,是中国现代意义上 GNP 核算方面的开山之作;陈达的《人口问题》就人口理论、人口数量、质量、人口与国际关系等进行了分析之后,给出了其人口政策主张。沈志远的《新经济学大纲》自 1934 年北平经济学社初版起至 1947 年共发行了 11 版,在马克思主义政治经济学著作中是销行最广的一部。王亚南是这一时期马克思主义经济学家中著作最丰富的一位,《中国经济原论》是其代表作。

二、民国经济的发展

1. 民初实现宪政的阶段(1911~1915)

清朝末年中国的商人是中国立宪运动最强大的推动力。在推动立宪过程中,各级商会形成网络,并逐渐学会英国式商会的自治和民主管理。在预备立宪公会等组织中,商人占明显优势。商人们认识到,"今日中国之政治现象,则与股份公司之性质最不相容者也。而股份公司非在完全法治国之下未由发达,故振兴实业之关键在于通过立宪确立法治,限制政权,保障民权来改良政治环境与政治组织"。商人们深刻地认识到,民富与国强皆赖于工商业的自由发展。"商兴则民富,民富则国强,富强之基础,我商人宜肩其责。①胡绳先生在《从鸦片战争到五四运动》一书中也引张謇之言为证,清朝当局"但有征商之政,而无护商之法","商之视官,苛政猛于虎"。②当时这种绝对君主专制,根本不受法律的制约,只有法制,没有法治。君主"超然于权限之外","官员游行于利禄之中"。

商人在推动清末的制度改革中,不但对新的制度的出现起了重要作用,而且对其实行起着关键作用。清朝宣布预备立宪后,商人在各省咨议局中进一步推动宪政的发展,使咨议局成为独立于政府的真正议会雏形。全国资政院的议事细则已与现代议会制度类似,首届资政院提出了速开国会案、弹劾

---

① 侯宜杰:《二十世纪初中国政治改革风潮:清末立宪运动史》,人民出版社,1993 年版,第 109 页。

② 胡绳:《从鸦片战争到五四运动》(简本),红旗出版社,1982 年版,第 352 页。

第六章 经济新闻评论的源流

军机大臣案、赦免国事犯（相当于当今的危害国家安全犯）案。它于1911年迫使政府放弃其独立财权，将财政预算核减掉7790万两白银。在各地的咨议局中，商人们还提出了他们对外交事务权利的要求，反对支付不经咨议机构同意的各项外国债务。这种发展形同提出了类似欧美的"没有代议制，就不交税"的原则。

商人还对民国初孙中山、黄兴等人不经议会同意私自借贷外债提出反对，也对革命军的扰商行为要求制止。清末民初宪政的发展使中国的经济发展曙光初露，从辛亥革命直到第一次世界大战结束，中国民族资本得到了较大的发展。从1914年到1919年，中国民族工业的工厂数量从698个发展到1759个，增加了157.7%；资本从3.3亿元增加到5亿元，提高了54.5%。新增加的资本额超过辛亥革命前四五十年投资的总额。①

2. 军阀混战时期（1916~1927）

军阀混战对经济的负面影响是所有历史学家公认的，军阀混战时期，不同军阀在其占领某地时期重复收税，并预收未来的税，操纵实物与货币的换算率，增加苛捐杂税、战时捐税，并进行强制粮食征购，使经济不堪重负。由于连年战乱，农业的商业化趋势被逆转，农业生产力和产量下降，城乡之间的贸易被中断。

清末民初，中国的政治人物并没有形成这种共识，因此宪政并没有坚实的道德共识的基础，宪法规则并不是中国政治家的行为准则。例如孙中山在自己军事实力强大时（护法战争后），就支持中央集权制和武力统一，而在自己军力弱小时（1915年旧国会复会时），就支持联省自治。孙中山在野时反对专制，一旦军事实力大了，就开始讲军政、训政（专制的另一种说法）。袁世凯更是典型的机会主义者，在他向清朝争权时就反对君主立宪，逼清帝退位，而他一旦大权在手，就鼓吹君主立宪，而当他看到自己发展的政党在议会可能败给国民党时，就开始想办法迫害国民党，取消新闻自由。袁世凯如能像华盛顿那样自动退位，则前文提到的合法的可用来保护财产的暴力与此暴力倾向于侵犯人民权利的两难就可解决。而袁世凯及其他军阀都以自己的利益为选择游戏规则的标准，而不知道这样选择的游戏规则是不可能生存下去的。华盛顿选择自己下台的行为就可能成为万世游戏规则，执政党选择限制政府权力的行为也有机会变成万世游戏规则生存下去，而一切以

---

① 林毅夫，胡书东："中国经济学的百年回顾"，学术批评网（http：//www.acriticism.com），2005-06-22。

私利为目标选择的游戏规则是不可能被参加游戏各方都接受。而只有各方都同意的游戏规则才可能变成宪政游戏规则而流传下去。

3. 经济发展的黄金时期（1928~1938）

（1）民国的农村经济

民国时代的土地制度由于1930年土地法的颁布而较清末更为成熟。但由于缺乏长子继承权，战乱连绵，制度化的土地市场仍不发达，20世纪30年代，50%的农业人口与租佃制有关，30%的佃农耕作的土地完全是租佃的，20%以上的佃农耕种自己的土地同时租佃部分耕地。长江流域细密的水路运输网被用来形成区域性粮食市场，因此此区域的分工专业化、城市化、原始资本主义自宋朝以来都是中国最发达的区域。这里专业性的租佃经纪人出现了（类似现代资本主义社会中的专业房地产经纪人）。佃农并不一定非常贫穷，有的佃农大户反而比小自耕农富有，他们已形成资本主义式租佃，雇工商业化农业经营的萌芽。

（2）民国商业、交通运输业、金融业

民国时期的农村虽然基本是自给自足的，但专业商人在商业发达的城市和沿海地区比一般落后国家要发达，这被称为商业资本主义或原始资本主义。这种商业资本主义不但导致商业分工的加深，不同的专业商人处理贸易的不同环节，专业货栈的出现，专门协调、规制商业活动的行会和商会的出现，而且产生了相当发达的中国自己的金融网。山西票号就是这样一个适应商业发达后所需金融服务的网络，它发行发挥货币功能的票据及信贷。各种钱庄和当铺也在沿海和发达地区形成网络。各种习惯法和私法（类似英国普通法）也发达起来，以调节发达的商业和金融活动中分工和相关交易以提高交易效率。

长江流域的丝织业中已有相当发达的商人与手工业者之间的计件外包制，类似欧洲工厂制度的前身 putting-out 制度。与清末不同的是，现代金融和贸易制度在民国时代发展起来。政府于1929~1930年摆脱了固定的关税额必须偿付战争赔款的束缚，完全获得关税自主权，增加了关税率。30年代政府也收回一些租界，但收回租界的经济效果是负面的。1930年进口税从银本位改为金本位，1928年盐税统一于全国财政系统，各种苛捐杂税统一成中央政府的税收及地方政府的土地税，1933年统一货币，几乎停止使用银两，1935年政府用外汇储备为支持建立起现代化纸币制度，银两完全被禁止用作货币。官方的中国中央银行、中国银行、交通银行，正式发行了纸币，政府开始试行年度预算，税收和财政报告制度都大大改进。现代政府债券制度也于1931~1932年发展起来。债券主要由国家政府银行及上海私人银行购买。

1928~1937年中央控制的财政收入70%用于统一战争,而中央对地方财政的控制在1929年只到达浙江、江苏、安徽、江西和河南五省。而中央和地方政府的支出于1931~1936年间只占国民收入的3.2%~6%,大大低于美国政府1929年的8.2%。民国时代交通条件也表现了二元经济的特征。大部分货物仍是由落后的传统运输方式运输,1933年传统手工、木船、兽力运输方式对国民收入的贡献是现代运输方式的三倍。1915年日本在东北生产的焦煤5.74元一吨,运到汉阳是24.54元一吨,交易费用是生产成本的3.27倍。这主要是因为政治不安定,铁路建设迟缓造成。

4. 抗战和国共内战时期(1938~1949)

抗战期间,全国工业发展最为迅速的是东北工业区。这是由于东北在日本的占领下,日本出于攫取我国资源的罪恶目的,非常重视对东北的投资,不但将其本土的先进生产技术、机器移植于东北,而且日本对东北的投资资金是逐年增加。日本人在东北的高投资率客观上也刺激了中国私人企业的发展。抗战胜利后,日本人的资本大量被国民政府没收,并转化为了官僚资本,但在接收过程中因政府内部贪污和各部门争资产而受损,以后成为官商不分、制度化国家机会主义的工具。于是,官僚资本已经垄断了全国各个重要生产领域,中小的私人企业严重地被扼制,甚至破产。

内战时期,蒋介石为了得到美国的援助,大肆出卖国家主权,与美签订《中美友好通商航海条约》,美从中攫取了中国政治、经济、军事等各方面特权。由于美国加紧对华的经济侵略,以及国民政府的野蛮掠夺和战争的巨大消耗,造成金融财政体系的崩溃。因此,纸币成为政府抢劫人民财产的方式,纸币发行过多造成的通货膨胀率高达200%。于是,人民纷纷放弃纸币,而返回到物物交换的方式上,使纸币改进交易效率的功能不能发挥,因而分工水平大大下降,大量工商业倒闭,失业人员剧增,生产力也随之崩溃。这也是国民政府迅速倒台的原因之一。①

---

① 杨小凯:《百年中国经济史笔记》,《开放时代》,2005年11月24日。

经济新闻评论:理论与写作

第七章 1949年后的经济新闻评论

第一节 新中国成立后17年的经济建设与经济新闻评论

自1953年第一个五年计划开始，实行重工业优先发展战略，中国经济体制就开始全面向计划经济转轨。自从中国共产党提出过渡时期总路线以后，除了继续翻译出版和普及马克思主义经济学说，围绕总路线开展的社会主义改造和计划经济下的工业化成为经济理论界研究的核心内容。从中国实际出发，探索一条快速实现从落后的农业国变成先进的工业国的社会主义道路，成为国家领导人优先考虑的对象，也自然成为经济学界的中心工作。在计划经济时代，整个社会生活泛政治化，特别强调高度集中统一，经济学研究与经济政策宣传均围绕这一中心工作展开。

新中国成立以来，党中央对经济宣传包括经济评论日益重视，但是在计划经济时代，经济宣传多半停留在年年月月周而复始的所谓指导生产、催促完成计划产量和产值上面，引不起众多读者的兴趣。在计划经济时代，生产的过程被人为简化，从生产、销售到分配以及扩大再生产，都是在既定的轨道上进行，因而经济报道的新闻性很弱。这是因为在这种生产模式下，从生产者到消费者都不需要额外的信息，一切都是按计划进行。1950年，中央人民政府新闻总署颁布的《关于改进报纸工作的决定》就曾指出："适应全国逐步转入以生产建设为中心的任务的情况，全国报纸应当用首要的篇幅来报道人民生产劳动的状况，宣传生产工作和经济财政管理工作成功的经验和错误的教训，讨论解决这些工作中所遇到的各项困难的办法。"1954年7月，中共中央关于报纸工作的决议进一步明确规定："经济宣传所占的篇幅，不应少于报纸版面的40％。"这就是说，中央对经济新闻一贯是十分重视的。但到了"文革"时期，国民经济处于崩溃的边缘，经济新闻也陷于"崩溃"的状态。据《人民日报》一位记者的抽样统计，1974年，《人民日报》的经济新闻，仅占全部新闻的13％，比之100年前的《申报》还少一

个百分点。

一、中国社会主义经济制度最终确立的"十年"（1947～1956）

1947年，中国人民解放军在军事上开始大规模推进，由此引导了自1927年以来一直局限于局部地区的新民主主义经济形态的全面拓展，1949年人民政权的建立标志着这一经济形态在全国的确立。到1952年，中国出现了比较完备的新民主主义经济形态。这突出表现在，全国出现了"公私兼顾、劳资两利"各种经济成分共同发展，互相促进的格局。1953年，党在过渡时期的总路线提出之后，对农业、手工业和资本主义工商业的改造随即开始，到1956年，社会主义改造完成，至此，中国社会主义经济制度最终确立。

新中国成立头三年，国民经济奇迹般地迅速恢复，在接下来的四年中提前完成一五计划，这充分说明，在中国新民主主义这种经济形态对生产力具有巨大的推动作用，应该充分地发挥这种推动力。而1956年社会主义改造高潮出现的情况是：一方面，生产力水平与生产社会化程度十分低下，另一方面，作为社会主义经济制度基本特征的公有制、计划经济、按劳分配等不完备，不充分，这些也是我国社会主义初级阶段形成的历史原因。这十年定下了接下来中国社会主义经济发展史的总基调。一方面，中国的社会主义经济制度不完善，给中国人民提出了探索的历史任务，另一方面，对社会主义认识上的严重失误，蕴含着后来中国社会主义经济建设中严重失误的隐患。

二、中国社会主义经济建设道路探索起步的"十年"（1956～1965）

新中国成立后，经济新闻在三年经济恢复时期，在社会主义改造运动中，基本上与社会发展相同步，并逐步形成自己的特色。翻开当时的报纸，许多经济新闻都写得具体，生动而质朴，充满了新生共和国特有的朝气。1953年，第一个五年计划开始，对156项国家重点工程的宣传很有声势，鞍钢、宝成铁路、青藏公路、武汉长江大桥、一汽、拖拉机制造厂、第一个飞机制造厂等重点建设工程，几乎是家喻户晓。爱厂如家的孟泰，走在时间前面的人王崇伦、新纺织工作法的发明者郝建秀、革新能手马学礼等一大批英雄模范人物星光灿烂，成了全国人民精神的楷模。1956年4月，毛泽东题为《论十大关系》报告的发表，标志着社会主义道路探索的开始。这一阶段探索的内容与成就表现在三个方面。其一，在经济建设指导思想上，党的八大明确提出了既反保守又反冒进，在综合平衡中稳步前进的指导思想。

经济新闻评论：理论与写作

其二，在经济体制方面，毛泽东提出了下放经济权力、改变中央过多集权体制的总原则，陈云提出了"三主"、"三补"的经济体制构想，邓小平提出建立党委领导下的职工代表大会制的工业经济微观管理体制的主张，邓子恢提出建立严格的农业生产责任制的农村集体经济体制思想。其三，在经济发展道路方面，在理论上认识到必须正确处理农业、轻工业和重工业之间，发展生产与增加消费之间等关系。1957年，根据这些认识调整了国民经济发展速度和比例关系，使当年成为中国经济发展最好的年份之一。

1958～1960年，出现严重错误和挫折，在指导思想上，建设速度和生产关系变革方面的"左"的错误上升为主体错误。在经济体制方面，一方面，将本来是为了纠正原有体制弊病的权力下放措施纳入"大跃进"的轨道，导致经济运行与经济秩序的混乱，另一方面，在农村进行了一次建设纯粹社会主义经济体制并向共产主义经济体制过渡的错误探索。在经济发展道路方面，进行了一次所谓"大跃进"的错误实践，包括企图实现经济的跳跃式增长，企图用个别部门的超前增长带动整个经济的增长，试图依靠群体动员方式，用大规模的群众运动，将过剩劳动力向资本转化；等等。1958年，在"大跃进"的狂热中，经济新闻同样忘记了科学，忘记了经济规律和经济效益，对"浮夸风"、"共产风"推波助澜，结果把"壮歌"唱成了"悲歌"，国家遇到了严重的困难。经过总结调整和重新提倡调查研究，社会继续进步，经济新闻也走出了新的步伐，出现了《西行纪谈》（载1960年9月～10月《南方日报》）这样一些实事求是文风清新自然的新闻作品。20世纪60年代中期，面对国际封锁与国内暂时的困难，党中央号召全国人民自力更生、艰苦奋斗，渡过难关。记者们写出了《大庆精神大庆人》（1964年4月20日《人民日报》）这样的好通讯，文中表现出的发奋图强和爱国主义、英雄主义的气概，给人以强烈的震撼。后来发表的报道领导干部带领群众战胜灾荒的《县委书记的榜样——焦裕禄》（1966年2月7日新华社），既是大家学习的榜样，又成了时代精神的生动记录。

1961～1965年，是逐渐回到原有轨道从而开始取得新的成就的时期。"调整、巩固、充实、提高"八字方针的提出，标志着经济建设指导思想逐渐回到实事求是，循序渐进的轨道上来，它的实施则使经济发展开始走上比例较协调、结构较合理、效益较好的道路。在经济体制方面，一方面继续进行"大跃进"以前开始的改革，如改革企业管理体制、下放经济管理权限；另一方面进行了新的改革探索，例如试办托拉斯、改革物资管理体制等。

第七章　1949年后的经济新闻评论

三、中国社会主义经济建设道路探索倒退和逆转的"十年"(1966～1976)

在这十年中,社会主义经济建设道路探索在动乱的政治、社会环境中进行,"左"的错误支配着探索的指导思想。因而,这是一次根本错误的探索过程;是对第二个"十年"中正确路线的逆转。这十年间,一系列正确的理论观点与措施遭到批判,错误观点逐渐上升为占统治地位的指导思想。例如,农村的自留地,家庭副业,集市贸易,生产责任制等被批判为"复辟资本主义",工业中的企业经济责任制等微观经济体制改革被批为"修正主义管、卡、压",把整个国民经济运行中尊重价值规律、讲求经济核算批判为"利润挂帅"、"唯利是图"等等。同时,"大跃进"时期,企图建立纯而又纯的社会主义经济体制的思想发展为占统治地位的指导思想,这突出表现在毛泽东在"文革"初期的"五七指示"和"文革"后期的"关于理论问题的指示"上。在这两个指示中,毛泽东在理论上设计了一整套企图废除商品经济、货币关系、按劳分配等社会主义初级阶段不可避免的经济特征的社会主义经济体制模式。另一方面,在实践中,试图建立一个由若干互相分割、相对独立的"大而全","小而全"的经济体系拼凑起来的宏观经济体制。例如,在整个国民经济层次片面强调自力更生,在地区经济层次强调各大协作区,省乃至市、县建立独立的、完整的经济体系,在工业经济内部,要求各部门形成完整的经济体系,而对市场的限制则客观上使企业趋向于变成"大而全"、"小而全"的"万能工厂"。由此形成的经济体制具有浓厚的自然经济性质,阻碍商品经济发展以及专业化协作水平的提高。这标志着中国社会主义经济体制的倒退。

以报纸、杂志为例。改革开放以前,新闻评论以报纸评论,尤其是党的机关报新闻评论为主。作为主流意识形态话语下的意见教导者,党报的新闻评论以单向灌输为主,强调新闻评论的权威性,强调其代表编辑部和同级党组织发言的职责。评论员在这种不署名的评论模式下写作,隐抑个性,传达训导式意见,缺乏与受众的交流。

第二节 改革开放后的经济新闻评论

1976年10月,历时十年的"文化大革命"宣告结束,新闻界也掀起了拨乱反正的热潮。《人民日报》、《光明日报》、新华社等媒体,运用编者按、社论、述评等各种形式的评论文章,积极引导舆论,使新闻评论又迎来了一

经济新闻评论:理论与写作

个言论复苏的时代。1976年11月，《人民日报》发表文章《打倒"帮八股"》，并配发《说老实话》；《解放军报》发表评论员文章《禁绝一切空话》等。特别是1978年5月11日《光明日报》发表的评论员文章《实践是检验真理的惟一标准》后，一场关于真理问题的大讨论由此掀起，邓小平等国家领导人对此给予了充分的肯定和支持。这篇评论的发表，对于当时澄清人们思想中尚有的模糊认识，真正重视实践、肯定实践起到了不可估量的作用，到5月底，全国有包括《人民日报》在内的30家报纸转载，引起了强烈反响。在历时半年的讨论中，中央及各省市报刊上发表的有关文章达600篇以上，这为党在十一届三中全会恢复事实求是的思想路线打下理论和舆论基础。

1978年12月25日，《人民日报》发表的社论《把党的工作重点转移到现代化建设中来》，以及后来发表的一系列评论文章，如《举国上下同心同德搞四化》（2月9日）、《党的领导是实现四化的根本保证》（4月7日）、《实现四化是最大的政治》（4月11日）等文章，有效地为社会主义现代化建设营造了舆论环境。

1978年后中国社会主义经济体制开始了根本性"蜕变"。一方面，传统体制中企业缺乏活力、市场及价值规律功能范围狭小等弊病开始得到治理。另一方面，具有活力的经济体制开始孕育，突出表现在，经济单位的主体性逐渐发育，市场发挥着日益增强的资源配置与利益调节作用。

中国经济发展道路也开始发生根本性变化。经济发展开始呈现一种新的总体格局。与前相比，在经济增长动因方面，出现了侧重靠科技进步和宏观、微观经济管理改善等集约因素的特征；在总量增长的动态轨迹上，出现了相对较为稳定的态势，在经济总体结构方面，长期对峙、僵滞的二元经济结构开始出现向现代经济转化的趋势。

随着党的十一届三中全会的召开，从"以阶级斗争为纲"转移到以经济建设为中心，新闻评论内容也相应有所转移。从此，各新闻媒体开始从自己的实际情况出发，围绕着经济建设发表各种评论，引导人民群众积极参与和配合社会主义现代化建设。新闻媒介的经济宣传日益显得重要而日趋繁荣。市场经济社会中对信息的需求被放大，没有信息就无法按市场要求开展生产和销售，无法合理消费，因此在发展之初对信息量的需求有特别的要求。在市场经济体制下，每一企业都将在经济运行中自行决策、自担风险、自我发展。这就要求企业经营者根据市场上所出现的价格信号、利率信号、汇率信号、供求信号等，独立地作出判断。然而，这些经济信息是瞬息万变

的。每一企业的现状和遇到的环境条件都有不同,即使同一企业,今天的现状和遇到的环境条件,也可能与明天不同。市场经济不允许他们墨守成规,不允许他们照抄照搬。没有创新意识和创新能力,他们就将在市场经济的汪洋大海中被淹没。我国市场经济发展到今天,各方面都不断完善,并与国际市场逐步接轨,成为国际市场的一个有机组成部分,当全球经济日益一体化的时候,经济新闻报道要更加趋向专业化、知识化和国际化。仍以《人民日报》的抽样统计为例,经济新闻所占比重1979年就达到了42%,恢复到了中央规定的不少于40%的水平,以后又逐年攀升,1989年到了57.6%,1994年,更到了65%,真正体现了"以经济建设为中心"这一历史发展,把中央政府于1950年希望的"首要篇幅"扎扎实实地落到了实处。随着经济新闻的兴盛,经济类报纸也火爆起来,1978年只有5家,到了1992年,全国竟猛增到800多家。①

  实现社会主义市场经济体制,就意味着要确立一种开放性机制。实行开放,就是要在展开与外界的广泛交往中,不断打破自身的封闭体系,不断实现自我更新;实行开放,就是要在新与旧、现代与传统、先进与落后等等方面的经常性冲突和撞击中,促进思想观念的不断变革;实行开放,就是要在以不同参照系为标准的多方比较中,在纵向比较与横向比较的结合中,不断发现自身的不足,获取进一步发展的动力;实行开放,就是要高度重视来自外界的多方面信息,通过对信息的迅速有效的综合加工,开创出新的发展局面。总之,实行开放,就是要打破僵化,实现变动;破除守旧,追求革新;冲破封闭,积极开拓。为了实现这一切,就需要一切在社会主义市场经济体制下活动的人们,努力培养自己的创新意识和创新能力,否则,人们在开放性机制下不仅将无法适应,甚至会成为时代前进的障碍。

  中国的经济建设日新月异,经过近30年的努力,在经济不断发展的同时,报刊的新闻评论开始逐步恢复实事求是的优良传统,新闻评论形成了新的繁荣局面,主要表现在:实事求是的传统恢复了;注重从实际工作和社会生活选题;评论品种增加,个人署名评论有了长足发展;经济评论引起普遍重视等等,这对我国的经济工作起到了具体的指导作用。应该说,这种趋势冲击着以往较长时期内存在的指令性较强的单一灌输模式,从而促进言论多样化、平等化,打破媒体言论由编辑部少数专业人员垄断的冷清氛围,使评论呈现出题材多样、生机勃勃的局面,评论文风也更易于平易近人。《中国

---

  ① 樊凡,时统宇:《经济新闻范文评析》,新华出版社,2001年版,第33页。

青年报》、《青年话题》在《冰点时评》之中特设的《不同观点》,往往同时刊载读者与《冰点时评》相左的意见,置《冰点时评》于多种观点的交锋中,使之成为意见交流的平台,意见的冲突和平衡体现得较为明显。

"当前,我国正处在建立社会主义市场经济的历史新阶段,处在从传统的计划经济体制向社会主义市场经济体制转变、经济增长方式从粗放型向集约型转变的关键时刻。在新旧体制的此消彼长中,各种社会问题与经济问题互相交织,充满了矛盾冲突,现实的需求正是经济评论包括经济漫谈专栏评论日趋兴旺发达的基础。为此,经济评论日益受到人们的重视,尤其是诸多新闻媒介的各种经济漫谈专栏纷纷登台亮相。例如近20年来尤其是进入20世纪90年代以来,中央级报纸如《人民日报》不断开设各种经济漫谈专栏'市场随笔'、'经济茶座'、'经济札记'、'经济漫笔'、'视点'、'农村杂谈'等;《经济日报》开设了'星期话题'、'王府井随笔'、'每周经济观察'、'国际经济''随笔'、'快论'、'市说新语'、'商贸时评'、'股市周评'等;《光明日报》开设了"经济漫笔"等,出现了群言型和专家型的经济漫谈专栏同时并举的议论风生的喜人局面。"①

在人们生活节奏加快的时代特色的呼吁下,强调新闻的信息功能和短小精悍,与以经济建设为中心的形势相适应。随着各报的经济信息量不断加大,许多报纸开辟了"经济信息"、"信息流"之类的专栏,还有一些专门的信息类报纸产生,它们刊登的内容包括国内外的基本情况、生产信息、需求、销售和技术信息。同时,从以往的报道以经济数字为依据,单纯报告成绩,宣传大好形势的政治宣传逐渐转变为以发现预测问题和为群众解惑为主,一些成就报道也转为对于先进人物先进经验的有关报道。从重视精神作用,忽略经济效益到从经济领域出发来让人们去学习借鉴,报道面不断拓宽。报道内容比以前更为丰富。各报刊登大量的服务性新闻,从生产领域走入流通、分配等消费领域。比如《经济日报》曾在头条刊登了一条新闻《熙熙王府井何故农民多》,反映了消费领域的新变化,日益深入到人民经济生活的各个层面。

经济新闻在改革开放早期,更多的是报道经济成就,发布国家经济政策和反映经济现象,以及引起人们思考和关注经济形势。在20世纪90年代以后,经济新闻开始了具体的监督和揭露报道,如《法制日报》:"肯德基为

---

① 胡文龙:《中国新闻评论发展研究》,中国人民大学出版社,2002年版,第331页。

何越来越小》、《武汉晚报》:"围剿非法传销系列报道"。尤其是最近两年财经类报纸的激烈竞争,争夺市场,出现了一些独家报道,它不是通常的经济事实报道,也不是一般的深度报道,是出乎人们预期的影响重大的独家新闻,具有很强的揭露性,比如《财经》杂志登载的《基金黑幕》。报纸类的《21世纪经济报道》也有不少这样的独家新闻。这些独家报道通常都是记者掌握了很多的独家内幕消息,所以能够深入到事件的内部,其来龙去脉报道得很透彻,因此能够起到真正的舆论监督作用。

新闻评论的主体主要由职业新闻评论工作者和广大受众组成。以目前的影响力来说,前者依然占主导地位,是本书讨论的主要对象。但在"受众为中心"的信息时代,职业新闻评论主体也由以前唯我独尊、高高在上的意见主导者,逐渐转向意见主导、交流、引导并存的格局。改革开放后,报刊评论主体的角色定位发生了变化。一方面,它仍然保留主流意见传播者的地位,但形式更为灵活;另一方面,它成为一个议题设置者,开始搭建各种意见交流的平台。首先是评论员文章日益增多,逐渐取代社论的部分职能成为报刊的主导型评论。它比社论运用起来更为灵活。署名评论大量涌现,代表作者的个人观点,个性色彩浓厚,自由度较大。个性化成为新闻评论的发展趋势之一,给了评论员"个性"解放的可能。其次,报刊媒体呈现出专业评论者与受众结合、注意吸引受众参与评说的趋向。专栏言论、专版言论的兴起就是一个明证。在这里,新闻评论工作者更多地像一个议程设置者、策划者,他们组织一定的专栏或议题供受众发表观点,自己则成为公众意见的选择者,把五花八门的言论筛选入"意见容器"里。他们不一定是自己站出来说话的评论员,更准确地说,是言论编辑,他们的角色由台前转向了幕后。这对评论工作者组织调度能力提出了更高的要求。

经济新闻报道总体上是不断发展进步的,缺乏理性思考是经济报道发展初期的最大问题。比如:不研究经济规律和经济政策,不讲求经济新闻的经济本色,猎奇起哄;在市场经济发展的初期,有很多犯有"市场经济幼稚病"的报道:教授卖馅饼、作家下海、机关办公司、点子大王、一包就灵等,这些都曾被当作"时代精神"来宣扬,作为"新观念"来提倡,再加上许多宣扬投机取巧迅速发财,斗富争胜,超前消费的报道,现出草率和无知,误导民众。

当然,经济新闻报道在发展历程中也产生了一些很有影响的名作名篇,也出现了一些著名的经济新闻记者,为改革开放和社会进步作出了很大的贡献。经济新闻对经济生活的舆论监督作用在加强,舆论监督不仅是批评和揭

经济新闻评论:理论与写作

露，在经济生活中还有纠正不良倾向和对经济问题认识的点拨，特别是用经济规律和方法来看待社会生活中的经济问题。

今天市场上的三大强势财经类报纸，《中国经营报》、《21世纪经济报道》、《经济观察报》，从其内容，定位到报纸的价格都明显与"平民化""群众化"相区别，不断走向少部分的"分众"，其专业程度是相当高的。探索性的报道得以加强，特别是经济形势的预测分析，许多经济报道都借助了经济专家的头脑，让他们在报道中点评经济现象，或让经济学专家开办专栏直接撰文，使经济新闻具有较强的专业性和科学性。

在全球市场趋向一体化的背景下，金融成为国家宏观经济调控的最有力的杠杆，筹集资金的主要渠道。现代金融活动正不断渗透到人们的生活中，越来越多地涉及到他们的切身利益，因而也越来越多地关乎社会的稳定和安宁。因此，以证券、金融、房地产等经济和社会生活热点为核心的财经报道是经济报道的主体，尤其是金融报道，已经成为经济新闻的核心。

像中国这样大规模经济体——金融市场从封闭型转换成开放型，国际上尚无先例，适合快速发展的发展中国家的财政、货币、金融、外资、外贸、产业发展的宏观经济理论体系还有待重新构建。如何确保转型平稳推进的同时确保经济持续增长、社会基本稳定，让改革力度、发展速度和社会承受度保持统一，是对发展智慧的重大挑战。我们确立建立现代金融制度、以市场化方式配置金融资源的发展目标，边走边唱。这种大背景决定了转型时期的金融政策具有实验性、试探性和多变性。此外，银行市场、股票市场、外汇市场、期货市场以及金融衍生品市场等金融市场发育与市场监管不完善，一个偶然事件甚至一次不恰当表态都可能让市场波澜骤起。所以报道和评论金融新闻，不单单是简单的报道，还要对其内容进行一定的核实和思考，使人们在浩如烟海的经济信息流中获取自己需要的东西。

第七章　1949年后的经济新闻评论

第八章　经济新闻评论的选题和立意

第一节　经济新闻评论选题的原则和路径

新闻评论的选题，简单地说就是对于新闻评论所要评论的事物或问题进行评价，是新闻评论所要论述的对象和范围。因此，新闻评论的选题也是确定论题的过程，是写好新闻评论的第一步。经济新闻评论的选题就是针对纷繁复杂的经济事实或现状问题进行分析和评述。

我国的市场经济确切地说是从20世纪90年代开始建立。从20世纪70年代末实行的"以经济工作为中心"的改革开放一直"摸着石头过河"，"姓资"还是"姓社"成为经济学界长期争论的焦点。经济学理论的阐释、社会主义市场经济的价值规律、国企的改制与转轨、民营经济的创立与发展、外资企业的优惠政策等等进入大众的视野，急需媒体的解答和释疑。经济新闻评论需要关注我国改革开放以来的经济理论、经济现象以及未来经济发展的趋势和走向，为经济改革"鼓"与"呼"，坚定经济改革开放政策不动摇。为大众普及经济学常识，提高大众对于经济改革的信心和热情，鼓励大众投身改革开放的勇气和干劲；为经济界实业界提供经济发展的预测和走势，提高业内人士的风险管理能力；为国家政策制定者的上情下达提供桥梁，为经济政策的调整和完善出谋划策。张旭东所写的《从郑百文到银广夏》（新华网，2001-09-29）直指上市公司造假事件："近一个月来，证监会已查处近40余起上市公司证券违规案件，'张家界'、'美尔雅'、'三九医药'、'麦科特'等一系列证券违规事件得到曝光和处罚，这种力度和频度在我国证券史上都是很罕见的。这也充分表明了证监会从快从严打击证券市场违法违规行为的鲜明态度和坚定立场。""郑百文"，号称"全国商业批发行业龙头老大"、"国企改革一面红旗"的先进典型，却在光鲜的外表下疯狂地弄虚作假。"郑百文"巨额虚假亏空事件，刚刚有了结果，又一个造假巨无霸"银广夏"接踵而来。那么，与郑百文一样，等待着"银广夏"造假涉嫌人员的也将是司法的严厉审判。这充分说明相关的法律法规的健全和执行是建立一个理性规范的证券市场的必须，也是保护广大投资者利益的根本保证。

一、新闻评论选题的原则

怎样确定一篇评论的主题，根据什么来确定新闻评论的内容呢？

（1）新。因为新闻评论的新闻性特点要求，决定新闻评论一定要以现实生活中的新人物、新事件、新风尚、新思想等为主要评述对象。要能够做到为进步的新事物、新思想等讴歌，对落后腐朽的事物、思想予以批判。要坚定正确的政治方向，激浊扬清，弘扬正气，惩前毖后，防患于未然。要把握时代的脉搏，见微知著，给人以思想的启迪。与直接反映新闻事实原生状态的新闻报道相比较，新闻评论提供的是与新闻事实相对应的观念形态信息。新闻报道客观反映社会现实，新闻评论则是在新闻事实的基础上做出深刻的分析，为人们解难释疑，提供有助于正确认识和对待相关事务的见解，同时鲜明亮出传播者的观点、态度。从这个意义上讲，新闻评论是对新闻信息的一种再解读，解析新闻背后的真相，从而增加信息量。

（2）快。新闻评论的选题讲究时效和时机。讲究时效，把握时机，这对评论写作是至关重要的。强烈的时效性，决定了它一定要以现实生活中的新人物、新事物、新风尚、新思想、新动向作为主要评述对象，力求做到：在新事物正在萌芽的时候，就要满腔热情地为它的成长摇鼓助威、鸣锣开道；同样，当错误思想、错误倾向起于青萍之末的时候，就要主动进行劝导，扶正祛邪，以防患于未然。这种快速反应、及时发言的评论，往往富有新意，给人以新的启迪。因此，评论作者要经常研究客观形势的变化，国家政策的调整，了解当前存在的问题，分析下一步可能发生的情况，掌握评论工作的主动权。

（3）准。如何做到准而有力？对选题的这个要求有两层含义：一是要求选题要有共性和个性相结合的特征。也就是说，选题在言之有物的情况下，力求具有普遍的指导意义，要求评论者在选取选题时，要善于撷取一定社会环境下一定时期出现的具有典型性、代表性的人物、事件、思想等，在调查研究的基础上，分析与综合，写出好的新闻评论来。二是评论依据的事实要准确并且符合客观事物发展的规律与趋势。与一般记者相同的是，写新闻评论的同志也必须有很强的新闻敏感。不同的是，记者捕捉到的是一个个具有新闻价值的事件，告诉人们发生了什么；而评论员关注的是这个或几个

第八章　经济新闻评论的选题和立意

新闻事件所具有的典型意义，做由此及彼、由表及里的文章，告诉人们"为什么"、"将要发生什么"以及应该"怎么办"。这个特征决定了评论要依据最近发生的典型事件做文章，而不是随心所欲、漫无边际。

二、经济新闻评论选题的路径

根据新闻评论选题的一般原则，经济新闻评论的选题就应该紧紧围绕经济工作展开，所以需要到现实生活中去寻找，特别是与老百姓密切相关的经济情况须重点选择，关注民生、考察民情、体谅民意。

1. 理论释疑，触及现实

如何进一步提高新闻评论的总体水平和影响力，进而提高传媒的核心竞争力？这是传媒的管理者和写作者必须面对的问题。其关键一点是要坚持理论联系实际，既不能脱离中国的现实和发展过程而空谈理论，也不能因为改革中的瑕疵而否定一切，脱离实际情况来高谈大道理。中国的现实情况比较复杂，面临的问题不少，改革中的成就有目共睹但其中存在的问题也伴随着改革的成本开始显山露水，并越来越成为前进中的障碍。对经济新闻评论写作者而言，应该眼观全局，对微观变化、中观发展及其在全局中的意义要有所感觉、发现和判断；要在事情繁、时间紧、问题多的情形下，多角度、多层次、多侧面地处理新闻评论的选题；要在大是大非问题面前坚持原则，准确把握新闻的正确舆论导向和对社会舆论的影响力。

案例 8-1

当初我们为什么要改革开放？

回顾最近关于改革的大讨论，我们可以发现怀疑市场经济改革取向的主要有两种人。一种人的思想仍然显露出"计划经济"的痕迹。另一种人，是在不合理的改革方案或被扭曲的"改革"过程中感觉利益严重受损的人，更有一些没有计划经济时代生活经验的人，他们表达自己利益诉求的话语是"怀念"计划经济时代的社会福利制度。两种人的相似特征是"怀旧"，共同指向则是怀疑乃至反对市场化取向的改革开放。

因此，我们很有必要正视和回答这个问题：当初，我们为什么要改革开放？

说起来应该很简单，如果当初按既定的方向和道路走得好好的，我们为什么偏要改弦易辙，"摸着石头过河"？必定是认清了"此路不通"，才痛下

经济新闻评论：理论与写作

决心，另谋出路。

事实也正是这样。对于当时的普通老百姓来说，他们吃不饱、穿不暖，连肥皂、火柴、灯油都要凭票限量供应，所谓"国民经济到了崩溃的边缘"不是丑化和恫吓，而是一种无日无之的生存体验和沉重压力；而对于具有国际视野的邓小平等中央领导人，更有与周边国家发展速度相比较而产生的紧迫感。正是这种内外因素，促成了真理标准大讨论，达成了"不改革开放，只能是死路一条"的基本共识，最终促使我们在实现现代化的路径上选择了市场取向。

我想，对于我这样在旧体制中长大的或过来的人，只要良知未泯，没有谁会真心留恋那个时代。今日的农民虽说仍然生活在最底层，毕竟摆脱了粮票和"介绍信"的羁绊，可以出门谋生了；虽说收入很低，毕竟绝大多数人不用挨饿，不用天天起早摸黑"出工"穷折腾。我深信，即使中国不走工业化、城市化的发展道路，中国农民也没人真乐意回到"生产队"去。

今年3月，政论作家马立诚推出了他的纪实新著《大突破：新中国私营经济风云录》。这本书与其说在讲1949年以来中国私营经济发展史，还不如说是讲改革开放以来我们是怎样确立市场经济观念的。恰如经济学家樊纲在本书的序言中所说，"私营经济的优点，是在与国有经济比较中体现出来的，是在人类对国有经济的试验过程中（在有的国家可以说是悲壮的试验），被人们再认识的"；20多年来，"私营经济推动了中国混合经济制度的形成，推动了市场经济体制的发展"。

《大突破》一书中第四章《十一届三中全会：春潮初起》前面几节值得特别关注。它描述了这样一个真实的历史过程：上世纪70年代末80年代初中国发展个体和私营经济，打开了市场经济的闸门，那并非某人一时心血来潮拍脑袋或关在密室"理性"设计出来的，而是被1700万知青大返城"逼"出来的——计划经济体制根本无力安置这么多人就业，涉及众多家庭的"待业青年"走投无路直接影响政治稳定，造成了严重的社会危机，于是，才有了"目前在有限范围内继续存在的城乡劳动者的个体经济，是社会主义公有制经济的附属和补充"的政策，才有了"十二大的关键词：必要的、有益的补充——个体经济入宪"，进而有"十三大的关键词：多种经济成分共同发展——市场经济入宪"……换言之，中国的改革开放和市场经济取向，是一步步走到今天的，怎么可能退回去？

今天的问题有今天的生成原因，也只能拿出适合今天现实的解决办法，岂能以"古"非今向后看？以建立健全社会公共福利制度来说吧，我们可

第八章　经济新闻评论的选题和立意

以讲出许多理由,比如国家经济实力已提供了可能,比如解除民众后顾之忧才能刺激国内的有效需求,比如实现社会公平和基本人权;而最缺少说服力的就是讲过去如何如何好。我忘不了,所谓的"赤脚医生"制度不过是短暂的花架子,那个时候我作为农家子女,得了急性腮腺炎高烧数天只能在家里听天由命地挺着;我也见过,直到20世纪80年代,城里的工人、市民,大多数是几代同堂,搭暗楼搁板和睡地铺的男女不在少数……是什么问题就说什么问题好了,扯什么过去的"好日子"不仅令人生厌也太没出息。

　　为什么有些缺乏历史经验的年轻人倒成了"九斤老太"?因为他们不知道中国是怎样走到今天的,缺乏历史感,容易轻信,容易产生幻觉。因此,我们很有必要多讲一讲当初我们为什么要搞改革开放,给年轻人补点历史课,同时也让出于人性弱点容易怀旧的过来人保持清醒,总之使大家明白,改革开放并非某个领导人凭个人意志为所欲为的产物,而是顺应民心、顺应经济发展规律和世界潮流的选择,发展社会主义市场经济最符合中华民族的利益。

　　今天,也有人试图利用民众对权钱勾结鲸吞国有资产等腐败现象的道德义愤,否定改革开放的市场取向,吁求打压民营经济,走计划经济的回头路。倘若我们对半个世纪以来中国的现代化历史有基本的认识,相信就不会在迷迷糊糊中被引入歧途重犯"左"的错误,就能够坚持改革开放的正确方向,百折不回地向前进。

(资料来源:鄢烈山:《当初我们为什么要改革开放?》,《东方早报》,2006-04-05)

　　案例8-1中,作者开篇就指出本文写作缘由是"回顾最近关于改革的大讨论,我们可以发现怀疑市场经济改革取向的主要有两种人。一种人的思想仍然显露出'计划经济'的痕迹。另一种人,是在不合理的改革方案或被扭曲的'改革'过程中感觉利益严重受损的人,更有一些没有计划经济时代生活经验的人,他们表达自己利益诉求的话语是'怀念'计划经济时代的社会福利制度。两种人的相似特征是'怀旧',共同指向则是怀疑乃至反对市场化取向的改革开放"。站在历史纵深角度并用亲身经历的前后对比分析了中国为什么必须要坚持改革开放及走向市场经济的路径选择,引用《大突破:新中国私营经济风云录》的历史实录回答人们面临的现实难题,要坚持改革开放的正确方向,百折不回地向前进。

　　2. 现象渗透,攻克难点

　　我国的社会主义改革是一项前无先例的实验,在改革过程中"摸着石头过河"，许多问题纷至沓来，面对改革的一个又一个攻坚战，需要我们评论工作者密切关注经济政策和宏观调控等经济方面的变化所带来的影响。经济活动是纷繁复杂的。一般的经济活动参与者和消费者需要新闻媒介传递各种信息，更需要媒介提供可信度高、有效性强又通俗易懂，并有利于大众认识、判断和行动的分析和引导。经济政策是随着经济形势的变化而变化的。对于评论工作者来说，要盯准宏观调控政策取向的变化，从比较多地注意一个个企业，转向更多地从全局出发关注不同产业和产业的协调运行，进而站在全局高度关注具体企业的改革和发展；从单一型经济转向综合考察经济转型和社会进步、与环境保护、与可持续发展、与关注人的发展结合起来；从比较多地关注国民经济转向经济的全球化以及知识经济带来的一系列的全新的视角和变化。要求新闻评论工作者及时地更新观念、更新知识，能跟上时代的步伐及顺应社会变化而带来的挑战。

案例 8-2

抖开包袱看看

厂长们叹息：国营大中型企业负担过重。

理论界呼吁：减轻国营大中型企业的负担。

企业负担重在什么地方？只是笼统地谈论企业负担过重，无助于问题的解决。

企业负担是指企业的各项支出在其销售收入中所占的比重。支出包括上交财政、社会负担及自身的负担。

先看上交财政的支出。据财政部最近对京沪辽陕等九省市 115 户国营大中型企业的调查，1985 年 115 户企业上交财政的各种税、利、费和"两金"（能源交通重点建设资金、预算调节基金）共计 76.42 亿元，1990 年为 82.79 亿元，年递增率 1.6%，大大低于同期企业销售收入平均增长 13% 的幅度。企业上交财政的收入占其销售收入比重 1985 年是 30%，1990 年降为 17.6%，五年下降 12.4 个百分点。企业的财政负担下降，主要是企业上交利润下降和流转税减轻引起的。企业上交利润占销售收入的比重由 1985 年的 13.2% 下降为 1990 年的 3.6%，而流转税从 1985 年占销售收入的 13.62% 降为 1990 年的 10.9%。这表明近几年国营大中型企业的财政负担呈减轻的趋势。

再看来自社会和企业自身的负担。

财政部的调查表明,各部门向企业征收的基金和费用增加。据不完全统计,115户企业1990年向有关部门交纳的各类基金和费用有10多项,计9.99亿元,比1985年的1.72亿元增加8.27亿元,平均年增长42.2%。各项基金和费用占企业销售收入的比重从1985年的0.7%上升到1990年的2.1%,上升了1.4个百分点。1.4个百分点本身数字藐藐,但如果全国预算内工业企业上交基金、费用占其销售收入比重平均上升1.4个百分点,一年就是100多亿元。

社会上收费、摊派按大的归类有八项,计1.46亿元,竟比1985年增长11倍。据今年上半年津沪闽等11省市的统计,清理出各种罚款项目1.3万多项,其中乱罚款1200多项。

企业成本上升,自身负担加重。近年来,由于主要原材料价格上涨,国民收入分配向职工个人倾斜,企业管理松弛等,导致企业成本急剧上升。115户企业1985年成本支出为162.49亿元,1990年为357.40亿元,年递增17.1%。成本支出占销售收入的比重从1985年的63.8%上升到1990年的76%,提高12.2个百分点。据财政部统计,1990年全国预算内工业企业车间经费和企业管理费高达1867亿元,比1985年增长151%。

国民收入分配向职工个人倾斜近年程度加剧。1990年全国预算内工业企业职工工资占其净产值的比重达23.9%,人均货币工资发放数年均递增15.3%,大大超过效益增长。甚至亏损严重的企业,奖金也年年见涨,正所谓"年年难过年年过,年年过得都不错"。

不难看出,国营大中型企业负担并不主要重在上交财政,而是重在来自自身和社会的负担。

如何解决国营大中型企业负担过重问题?有关专家提出几点建议:

首先,不能把减轻企业负担寄托在减税让利上。应把企业的合理负担同不合理负担区别开来;把国家有明文规定的征缴同部门和地方自行规定的征缴区别开来;把企业自愿交纳的费用(如保险费)同强行向企业摊派的费用区别开来。

第二,应该看到,现在全国工业企业的平均销售利润率只有2%多一点,各级政府部门在向企业收取各种基金和费用时,应考虑企业的承受能力,要严格遵守国家有关政策规定,杜绝层层加码、过多过滥。

第三,要坚决制止社会上的乱摊派、乱收费、乱罚款。对于那些既不合理又不合法的收费和摊派,必须下大力气清理整顿,为搞好国营大中型企业

创造一个良好的外部环境。

（资料来源：王迎晖：《抖开包袱看看》，《经济参考报》，1991-11-22）

这篇由财政部和中华全国新闻工作者协会联合举办的首届全国财政好新闻评选活动中荣获一等奖的经济述评《抖开包袱看看》，抓住企业负担过重并不是上缴财政过多这一本质，捕捉国企改革的热点难点，挖掘深层次问题。对社会各界和人民群众普遍关心、急于了解而又与财政有关的问题作出了回答。比如，为什么经济发展、财政困难，财政收入增长而国家财政年年出赤字，财政职能弱化和宏观调控乏力等。此篇评论的写作背景：党的十四大确定了建立社会主义市场经济体制的改革目标，八届全国人大一次会议做出深化改革与加快发展的具体部署，全国上下出现了解放思想、实事求是、深化改革、加快经济发展的热潮。在这样的新形势下，写作经济新闻评论，一定要具有高度的灵敏性和现实感。一方面，要及时发现、总结和推广各地在深化改革、理顺机制、加强管理、协调发展方面的经验和做法；另一方面，要在新情况和新问题出现的时候，及时借助舆论工具，宣传党中央、国务院的经济方针、政策。通过积极主动的经济宣传，达到强化政府地位、职能与作用的目的。此文为解决企业的"上交财政、社会负担及自身的负担"减负，为搞好国营大中型企业创造一个良好的外部环境而呼吁。

3. 行业治理，聚焦热点

全面推进国有企业的改革和发展，是我国经济改革过程中一个绕不过去的话题。推进国有企业的改革和发展，必须坚持建立社会主义市场经济的改革目标，适应国内外经济、科技和市场的发展变化，进一步深化改革，扩大开放，不断增强企业的市场竞争能力、科技创新能力和抵御风险能力。这些因素随着世界范围的科技进步和产业结构调整的加速，影响着人们的对策选择和实施的效果。国有企业改革的成败，关系到我国整个经济体制改革的成败。新闻评论工作者应当充分认识到搞好国有企业改革和发展的重大经济意义和重大政治意义，切实担负起应负的责任，伴随国企改革一起攻坚，为进一步深化国企改革创造良好的舆论环境。衣食住行、生老病死与我国的经济水平和经济制度密切相关，我们应义不容辞地为老百姓的利益和权利鼓与呼，为打破垄断，建立纯净的市场经济环境扫清障碍。

第八章 经济新闻评论的选题和立意

案例 8-3

改善医疗收费结构是大势所趋

近日，有关部门公布了广东省医疗服务项目改革方案，拟降低 CT 等大型设备检查、一次性医用材料等 222 项医疗服务收费，提高诊疗金、护理费、手术费等 127 项技术性医疗收费（《信息时报》2006 年 5 月 31 日）。对此，不少人认为涨价的大多是常规项目，而降价的多为非常规项目，因此抨击这是"名降暗升"。笔者以为，不能如此理解。

首先，常规医疗服务项目收费不合理，医务人员技术性劳动的价值得不到体现，这是一个毋庸置疑的问题。比如说，现行的一级护理价格是每日 8 元，改革后每日也才 15 元，内容包括护士每 15～20 分钟巡视一次（24 小时不间断），观察病情变化、测量生命体征、进行护理评估，进行一般生活护理和卫生宣传指导。而患者聘请护工进行生活护理的费用是每日 40 元以上。如此看来，享受专业医疗护理支付的价格仅仅是非专业的生活护理的五分之一，这合理吗？

其次，医生的诊疗费在目前的医院收入中仅占极小的比例，而器械检查与治疗（包括常用的和不常用的）的费用在医疗收费中却占有不小的比例。伽马刀（治疗癌症的手段之一）的治疗费用从一个疗程 16420 元调整到 10000 元，下降 6420 元，而主任医师的诊金从 6 元调整到 8 元，仅提高 2 元，意味着一个伽马刀疗程下降的费用，需要看 3210 个门诊病人才能得到补偿。这样一来，虽然诊金提升但医院的收入却可能下降，正因如此，医院的怨气也很大哩！

第三，医疗收费价格改革的目的，并不仅仅是降低看病的费用，更重要的是调整医疗收费结构——看小病的费用上升，看大病的费用下降！这是因为，能够对一个人或者一个家庭的经济基础产生影响的疾病，绝对不是感冒发烧这样的小病，而是像癌症等动辄花费上万的大病。小病费用上升仅仅数十或数百元，但大病费用的下降却是数千或数万元，两相比较，这种调整对民众生活影响是显而易见的。

至于民众担心的非法诊所可能泛滥的问题，并不是仅仅调整医疗收费就能够解决的。公立医疗机构承担着提供公共医疗服务的义务，但这种服务不是免费服务——要想通过调整收费来解决外来人口上黑诊所的问题，除非医院和医生搞义务劳动，提供免费服务。解决这个问题，要靠真正建立三级医

经济新闻评论：理论与写作

疗体制，划分病种治疗范围，同时建立救济性质的廉价门诊和完全免费的慈善医院，并对非法行医进行彻底的打击。

在一个利益共同体中，绝大多数的调整都是使部分人受益部分人受损，基本不存在人人受益的情况。而这种调整能否得到认同或执行，在于利益各方能否达成可以接受的新的平衡。笔者认为，改善医疗收费结构是大势所趋。

（资料来源：梁剑芳：《改善医疗收费结构是大势所趋》，《中国青年报》，2005-06-02）

看病难，看病贵，成为民众心目中的痛。价高质次，"宰你没商量"，天价医药费，医疗事故在媒体上屡屡报道，医患关系紧张，医疗制度的改革一时成为众矢之的。上述案例作者从改善医疗收费结构入手，撩开了医疗行业改革的面纱一角。医疗行业牵涉到百姓的公共福利，怎样设计改革的思路和方向是一个难点也是一个热点，现在乃至将来都是我们不能回避的一个课题，也是评论工作者的选题之一。此文理性分析，认为"在一个利益共同体中，绝大多数的调整都是使部分人受益部分人受损，基本不存在人人受益的情况。"所以，医疗改革并不是一味地降价，而是要区别对待不同的患者，改善医疗收费结构。

4. 小处着手，服务大众

新闻媒介如何真正在总体把握上体现人本关怀，如何在版面和时段安排上防止偏重于官员和精英，如何关注社会弱势群体，反映他们的心声和体恤他们的要求，是新闻报道和评论在构建和谐社会中体现舆论氛围的关键所在。城市贫民、进城务工者居于城市的边缘地带，住房、学费、医疗等社会福利与他们无关，不解决好他们的问题，也谈不上现代化系统工程的完善实施。尤其是广大农村，农民在我们国家城乡两元经济中一直居于弱者地位，不提高农村人口的生活水平和综合素质，也就奢谈中国走向现代化这一宏伟目标。农业经济一直是国民经济的命脉，"粮食足则天下安"，在总体把握上，给予农业、农村、农民足够相称的地位，在总体关注中给予足够的分量。向农说话、为农服务，这是新闻媒介为农村走向现代化，促进城乡协作、共同富裕的重要任务。因此，从理论与实践的结合上，特别是从实际效果上，促使广大新闻工作者树立并强化为弱势群体服务意识，是迫切需要解决的重大课题。

案例 8-4

话说两毛六洗个够

在北京到澡堂子（北京人对公共浴池的俗称）洗澡，有个说法："两毛六洗个够"，对此，我有些体会，也有所感触。真有"洗个够"的，也有"真够受的"。特别是在星期天这类的假日或节日。

我住家附近的澡堂子，每天早上八点半开门，但你最少得提前半小时到门口去排队。冬天在冷风中站立半小时，先把你冻得够呛。门一开，忽啦一阵，床位抢占一空。浴室里更是拥挤不堪。温热三池，池池"满员"，我是不敢涉足的，只能淋浴。可是供淋浴用的十几个莲蓬头下也挤满了人，那真是摩肩接踵，站无虚地。当你冲洗干净，挤出来时，别人身上的肥皂沫又蹭你一身。

你还得挤进去，再冲洗一遍。你喘息之后，仔细看看，除我这样洗的人之外，还真有"洗个够"的。尽管池塘里挤成人粥，有些人依然在热水里"烫着"，直到满身通红、由里到外感到舒坦时，高嗽几声，或来两口二簧，领略那缭绕在蒸腾热气中的韵味儿。然后坐在池边用磨脚石细细地磨脚。再看浴室外几大排床上的一些人，更有个悠闲劲儿。老头儿凑在一起品着茶，并慢条斯理地聊起家常，老辈子的事儿，现在儿女们的表现，从古至今，都是话题，年轻小伙子们别有一番情趣：摩托、彩电、收录机；恋爱、结婚，以至跟老婆吵架，海阔天空，无所不谈。这一聊不知要多长时间。有的人不参与这种热闹，盖上浴巾，毫无牵挂地睡上一觉。这可苦了后来者。他们得把衣服脱在别人床底下的大抽屉里。当大抽屉也占满时，只能站在一旁"候补"了。

有些人没有这种闲情逸致。有的洗完澡匆匆而去，忙着干别的事情去了。有的利用假日搀扶着手脚不灵的老人去洗澡，还要给老人捶腿擦背。有的带着小孩，忙着给孩子擦身子、理衣服，看那忙乎劲儿，真有点顾此失彼。这些上有老下有小的汉子，事情真多，只能抽个空儿，在乱哄哄中料理洗澡这部分家务。

我对以上说的几种人毫无贬意。相反，倒有些羡慕或同情。只是觉得每人都花两角六分钱，而从澡堂子享用到的却相差悬殊。用水、耗用热能多，洗澡、占用床位时间长，都对澡堂营业不利，澡堂职工对此不无怨言，但也无可奈何。这不也是一种"大锅饭"吗？更确切地说，是同洗"大锅汤"。

"大锅饭"要打破,"大锅汤"问题也到解决的时候了。洗澡收费也应拉开档次,按质论价。先在时间上有个限制,计时收费,容易办到吧!你洗的时间长,就要多收费,短则少收费,这是完全合理的。据报道,北京有个澡堂已试行计时收费办法,这是值得欢迎的。

除计时收费外,按洗澡的方式不同,享用的设备不同,也应分别计价,拉开档次。现在北京洗澡收费档次太少,而且相差无几。50年代、60年代,我在陕西临潼华清池洗过温泉澡。那里两三个人的浴池要比大澡堂贵,时间也有限制。而设备讲究的"贵妃池"更贵。至于只供天然温泉水的简易大浴池,就完全免费了。今天,可以进一步按照各种不同顾客的需要,多拉开几个档次。如"老北京"爱洗热水澡,可设"热烫"雅座。对于带着老人小孩洗澡的人,无妨设家庭浴室,让扶老携幼的人有个方便的活动场所。这些当然要"按质论价"。至于对那些一冲了事的人,可设简易的淋浴,一切从简,收费从低。在广州有不少小冲凉室,当你在大街上走得满头大汗时,花不多的钱,进去冲一冲,再喝上一杯凉茶,来个透心凉,真够惬意的。北京似乎也可仿效一下。这样分门别类,再加上计时收费,起码可以减少澡堂中的挤劲儿和乱劲儿,方便顾客,且有利于澡堂营业。利国利民,何乐而不为!

(资料来源:董松泉:《话说两毛六洗个够》,《经济日报》,1985-8-16)

阅读《话说两毛六洗个够》,读者能够感到作者董松泉在采访与写作时怀有的一份真诚,确实用"心"——用感情写成,字里行间透露出对百姓的关爱和同情。改革之初,中国老百姓生活水平不高,举事维艰,如"坐车难"、"住房难"等。该文切入普通百姓的痛痒,话题由群众中来,并提出了解决"洗澡难"的对策:转变经营观念,切实从百姓的利益出发,"按质论价","计时论价",让服务上档次,让百姓心甘情愿地掏钱买服务。随着经济的发展和生活水平的提高,百姓对于第三产业改革的呼声愈来愈高,作为新闻媒介顺应这一趋势,提供服务性的报道是新闻工作者的当务之急。

服务性报道即指实用性报道,它是一种具有直接可用价值的报道。自20世纪60年代以来,西方一些国家的报纸纷纷增加服务性报道的品种和数量,以改变报纸的冷面孔,吸引读者。读者可以根据服务性报道所提供的具体可用的信息、方法决定是否做某种事情,或者如何做某种事情。服务性报道具有以下几个特征:实用性、新闻性、读者立场。我国的新闻报刊在改革开放之后,也渐渐地摆脱宣传、教育、舆论等硬性外表,增加了广告、娱

乐、实用等诸多栏目，开始大量刊载生活信息，促进了报纸服务性报道的发展。《经济日报》星期话题栏目的创设，便是报纸面向读者的尝试之举，《话说两毛六洗个够》一文便是该专栏体现服务读者主旨的一个极好例证，选题"不足挂齿"，却赢得了读者。

以上所列的四个经济新闻评论选题的途径，孰重孰轻？无一定律，只能说在具体的情形下具体分析。但是，常态下我们要以服务大众生活为宗旨。谈及写作选材于身边小事的文章，经济学专家郑友林感受颇深，他认为"因为经济学就在我们的身边，经济学首先存在于人们的经济活动之中，而不是存在于书本之中。我们每天都能找到经济学的影子，经济学无处不在，无时不有。经济学是为大众服务的，而不是用来吓唬人的，更不是少数人用来兑换钱币和荣誉的工具。经济学必须回归本质，必须无条件地服务于社会大众。经济学只有关注人类本身才具有存在的价值；经济学家只有面对现实才能有所作为。"① 由此来看，生活，只有活色生香的社会生活才是我们经济学新闻评论选材的第一课堂。

三、选题的技巧

新华社高级记者闵凡路总结自己写作评论的经验时，认为评论题目主要来自四个方面：

（1）中央在抓什么，想什么，提出什么重要的思想和决策，这是我们写评论时首先要考虑的问题，我们就是要根据中央新的指示精神、新的部署来撰写评论。如中央要求对群众进行爱国主义教育，我们就撰写《爱祖国与爱社会主义》、《人人为国争光祖国必定富强》、《爱国主义教育——思想教育的重要主题》。中央要求做好改革，我写了《历史潮头》、《开放、搞活、改革、致富》、《九年改革看振兴》。中央强调解放思想，我写了《一个个禁区的突破》、《同志，你大胆地往前走》。这样的评论，主要是阐述中央的方针政策，让读者更好地领会、贯彻中央的指示精神。

（2）根据当前正在发生的重大事件（包括重要会议），发表言论，表明态度，说明自己的观点。如召开十四大，我们写了述评《迈向新世纪的伟大旗帜》，召开八届人大一次会议，又写了《抓住机遇，中华民族的历史性选择》。在黑龙江发生大兴安岭森林大火之际，我写了《森林大火的警告》，在11亿人口日时，我写了《同心合力共守人口大堤》，江淮发生特大洪水

---

① 郑友林：《感受身边的经济现象》，价值中国网，2006-02-26。

经济新闻评论：理论与写作

时,我写了《筑起我们新的长城》,在纪念抗日战争胜利40周年之际,我写了《世界人民需要和平》的评论。

这种评论根据中央精神阐明对重大事件的看法,要求读者如何迎接、对待这些事件。评论尽量不要写成应景文章,要努力写得好,论得深,有可读性,起到良好的宣传效果。读者读了,知道如何对待这些事件。

（3）根据群众的思想实际撰写评论。如十二大前有些群众对于共产主义的认识模糊,缺乏信心,出现"共产主义渺茫论"。我们连写三篇《破除共产主义渺茫论》,指明方向；80年代初期有些人批评不得,一批评就说打棍子,我写了《批评与棍子不得混同》；针对有些人对于改革的种种疑虑,写了《知难而进 破旧创新》；针对团结还没有成为各级领导班子中压倒一切的指导思想,写了《人和事业兴》；针对商品质量低劣,假货充斥,人们怨声载道,写了《刹风杜患,国泰民安》。这些评论是有感而发,有的放矢,释除读者疑云,指明前进方向,读者是比较欢迎的。

（4）根据日常生活中发生的具体事件定评论题目,这类题目很多,可以就婚事新办、五好家庭活动、计划生育工作做得好发评论,也可以就毁坏山林、盗窃国家资材、搞封建迷信活动等发议论；借题发挥,由此及彼,举一反三。我曾就现实生活中发生的一些不良现象,写过一组三篇评论"社会情态录"：《后门,到底有没有治》、《礼,一个难堪的重负》、《令人不安的贬值外延》。我也曾针对社会上一时盛行的匿名诬告问题写了两篇评论：《匿名诬告信是一大社会公害》、《再谈匿名诬告信》。

定题目不要太泛,要具体些,越具体越好。在党的十二大开过,胡耀邦同志的报告发表以后我们还能写点什么评论呢?我在学习中感到他提出的四句话十六个字很重要。他说："振奋精神,开拓前进,坚毅不拔,奋斗不息,这是马克思主义者对待困难的正确态度,是共产党人在斗争中创造新局面的革命风格。"我想,要开创新局面,首先要有一个好的精神状态,这四句话十六个字,包含着什么含义,值得论述一下。于是我写了《振奋精神,开拓前进》的评论,专门解释这四句话,内容比较集中,写来比较顺手,题材也比较新。发表后,许多报纸都予以转载。①

---

① 闵凡路:《怎样写评论》,《闵凡路评论集》,新华出版社,1996年版,第363～365页。

第二节 经济新闻评论的立意

选题完成，就如同找到了靶子，然后瞄准靶心，好比确立中心。选题确定写什么，立意是对"写什么"的提炼和评述，是对事物的认识和看法。大千世界，无奇不有，这是客观存在的世界；五花八门，世说纷纭，这是主观存在的世界。大众对于客观世界的认识基于学识、教养、志趣和品位等个体因素，对于同一个事物，人们的见解往往差异很大。如何提高认识事物的水平和能力，是大众培养独立思考的前提。在写作中，人们也要深思熟虑，不要轻易下笔。

古人云："凡作文发意，第一番来者，陈言也，扫去不用；第二番来者，正言也，停止也可不用；第三番来者，精语也，方可用之"。唐代文学家王昌龄认为："意高则格高。"立意成为测量文章品格高下的一个标杆。

一、什么是立意？

立意是作者对所评说的事物或问题，提出自己的看法，表示自己的见解，换言之，就是确立评论的主要思想，以构成文章的中心思想。立意的原则：不人云亦云，能够在文章中提出新观点、新见解，把准时代的脉搏，与时俱进。

（1）变。"记者不断地克服自己思想上的思维定式的影响，不仅具有新闻业务的意义，而且有社会的、政治的、思想的意义。因为记者总是站在生活第一线的，他是生活的哨兵。如果他的思维被许多思维定式束缚着，他就不可能及时发现新的东西，也不可能在真正的意义上完成他应该完成的任务。当然，记者在写作的形式和方法上更要不断地创新。有一位老记者说得好：'记者应该这样要求自己——我写的东西，不仅应该和别人写的不一样，而且我写的这一篇还应该和我写的上一篇不一样。'这其实也就是要不断打破定式的要求。'让思想冲破牢笼！'这句政治的和思想上的名言，也应该成为我们新闻记者工作的格言。"① 经济新闻评论写作量多质优的老报人艾丰所谈及的写作经验不仅针对记者，也对其他评论写作者具有启迪意义。

（2）实。不虚伪、不做作，真情实意、真心实话。"在特定时间内被媒

---

① 艾丰：《经济述评自析集》，人民日报出版社，1995年版，第94页。

介界定为经济上的重要事实,如果涉及公众的利益,那么记者关于要发生什么的感觉、他们在讨论中的评价(包括访问各类专家),一般情况下也会对公众产生强烈的影响。经济新闻对公众的影响实际上会超出'反映真实的经济状况'这一层次。在传播的积累中,大众媒介已经成为每个人或其家庭经济生活经验以外的'大经济'的认识来源。"① 因此,经济新闻评论作者要慎用自己手中的笔,出言必信。经济新闻评论中提出的见解,要经过理性的思考和深入实践,从良心从道义,力求提供比较科学和可靠、可信的信息和评价,不能人云亦云,更不能成为某一利益集团的代言人而违背民众的利益。

(3)高。高格调、高品位,弘扬社会正气,体现一定的责任感和使命感。经济新闻评论作者要使评论中的意见流露出对国家、社会的关爱和"天下兴亡匹夫有责"的担当,就必须做到《羊城晚报·财富周刊》发刊词中所要求的,"保持对中国经济的人文关怀,对中国经济的热忱和激情,以一种负责的态度,赞扬或批判,坚持或舍弃。它不仅仅是不动声色的观察,它要融入中国经济的喜怒哀乐;它不仅仅是追随经济的起伏涨落,它要保持一种实验的无所畏惧。"只有这样,经济新闻评论才能实实在在地为中国经济的发展和百姓生活的改善出点力尽点心。

(4)远。"远"就是具有前瞻性和预见性。经济新闻评论不能做"马后炮"、"事后诸葛亮",其论点要有前瞻性,把大众的切身利益放在首位。商场如战场,激烈的竞争使决策者必须迅速甚至提前做出预测。因此,媒体经济新闻评论作者不仅要把刚刚发生的经济新闻事件作为评论的对象,"第一时间"发表经济评论,而且在对经济形势进行准确评估的基础上,要对经济运行与市场变化形式及时做出分析预测,以指导经济活动实践。也就是说,以今日的经济事态,核对昨日的经济背景,从而预测明日的经济趋势。只有这样,经济新闻评论才能发挥"引导"作用,为读者提供有益的投资咨询、消费忠告和参考。

二、立意的方法

1. 反向立意,逆位思考

即采用逆向思维,从相反、相对的角度来确定文章中心。如人们都熟知

---

① 陈力丹:"关于经济新闻的几个问题——读尼尔·加文主编〈经济、媒体与公众知识〉一书",《新闻大学》,2000年夏季刊。

"近墨者黑"、"知足常乐"、"高不可攀",如果从反向着笔,就是"近墨者未必黑"、"不知足者常乐"、"无高不可攀"。

案例8-5

秀水假名牌案敲响侵权式繁荣警钟

北京市高级人民法院日前对路易威登等5家世界著名品牌公司联手状告北京秀水街市场的假名牌一案终审维持原判,判令秀水街败诉。而不久前,一名中国游客赴欧洲旅行时,背着的一只假冒"阿迪达斯"运动包在法国机场被"品牌检查员"拦截,假冒运动包当场被没收。

可以说,接连发生的两起事件都在向我们发出明确信号:通过侵害知识产权创造的所谓经济繁荣,正在受到来自政府、法律和国际环境的严厉打击,也预示着那些妄图通过假冒和侵权侥幸获得利益的投机者们的末日就要到了。

昔日的秀水街式的繁荣实际上是一种侵权式的繁荣。但随着中国融入世界经济步伐的加快,作为一个负责任的大国,中国理应承担起保护国内和国外品牌知识产权的重任。而那些在地方保护屏障下苟且偷生的侵权式繁荣,必将会面临灭顶之灾。随着对侵权经济的打击力度加强,这些曾经通过侵权获得发展机遇的产业和区域经济,必然面临转型和变身。

温州鞋业实际上就是转型变身的典型。过去温州鞋业曾经因为假冒产品而声名扫地,但经过转型发展,如今的温州鞋已经走进了欧洲市场,并且打出了一片天地。如果说秀水街能够像温州鞋业一样,利用目前形成的品牌需求群体和完整的产业链,打出自己的品牌,或者是真正成为世界顶级品牌的中国集散地,那么这样的及时转型就是成功的;而如果说仍然对侵权式繁荣"睁一只眼闭一只眼",心怀侥幸心理妄图蒙混过关的话,那么,秀水街给人们的记忆最终只会停留在一个假冒名牌的恶劣名声上,也就不可能像温州鞋那样实现飞跃。

好在政府已经深刻意识到这种"侵权式繁荣"只可能是短暂的繁荣、虚假的繁荣,正着力创造一个良好的市场秩序环境,并进一步完善知识产权保护的法律体系。只有通过法律手段和政府的严格监管,通过企业创造自主品牌和消费者自觉打假拒假,才能从真正意义上铲除滋生"侵权式繁荣"的温床。

(资料来源:朱冰尧:《秀水假名牌案敲响侵权式繁荣警钟》,《市场报》,2006-04-26)

经济新闻评论:理论与写作

市场繁荣应该说是一件好事，尤其是为城市的税收做出了贡献，但是如果这种繁荣建立在假冒伪劣和侵害他人权利之上，那么即使赢利再大，也不能不管不问。20世纪80年代武汉的汉正街、上海的襄阳路、北京的秀水街一度繁华似锦，国人、老外纷纷去掏便宜货，很多假冒名牌堂而皇之地公开叫卖，工商部门没有加以有力地监管，这些街被民众俗称为假货一条街，大大损害了正规厂家的利益。经济的繁荣要落实到企业的技术研发和自主创新，地方政府长期以来为了GDP数字的飞涨，不惜对于企业的造假和侵权睁只眼闭只眼，在假货流通领域也都是畅行无阻。这种"侵权式繁荣"的反面是虚假的繁荣，其必然带来民族工业的短期自杀性行为，这种不利于世界经济格局的侵权行为必将遭到知识产权保护方的起诉和赔偿要求。

2. 多向思维、发散思考

发掘多个写作角度，从多方面观察，分析问题，努力寻找新的见解，写出有新意的文章，力求做到与众不同。新闻评论工作者一定要有理性，看见常人无法看见的事件背后的本质。中国在崛起，但远未到国民富裕、国家强大的地步，面对海外的溢美之辞，不能飘飘欲仙，而要究其实质。比如，针对2006年7月以来，德意志银行、摩根斯坦利、花旗银行等纷纷将中国银行定为"卖出"评级，《金融时报》发表了《国际银行大佬为何唱衰中国银行股？》的分析文章，旗帜鲜明地提出，我们"不希望中国银行业改革被国际投行玩弄于股掌之间，以至应对策略的迟钝演变成纵容"。同时提醒管理层，"我们不会忘记2004年年中的时候，国际投行集体唱衰中国A股，而就在唱衰后，QFII开始大举入市，抄了中国A股大底的惨痛教训。媒体应当在金融报道中，以敏锐的目光、冷静的分析和深刻的洞察，为管理层及时提示各种金融风险隐患，揭露海外舆论的陷阱与阴谋，帮助管理层寻求应对之策。

案例 8-6

中国应该如何对待全球性"恭维"？

最近，来自海外的一些恭维话，似乎让我们颇为"受用"。一是美国财政部长保尔森称，中国和美国都是当今的"世界经济领袖"；二是全球股市"黑色星期二"之后，许多媒体和投资机构认为中国股市引领了世界股市；三是香港一位经济学家的观点再次被人提起，他认为，"中国正在浮现的制度，是人类历史上我所知道的最好的制度"。沐浴在这些"甜言蜜语"当

中，我们难免有些飘飘然。"暖风熏得游人醉"，几乎要"直把杭州作加州"了。

当然，经济领域不乏清醒者，李连仲就是一位。这位中央政策研究室经济局的局长认为，中国远未达到"世界经济领袖"的水平，因为中美经济差距仍然很大，中国GDP的总额只有美国的13.6%。尚福林也是一位。这位中国股市的最高监管者说，中国股市规模小，国际化程度不高，现在不可能也不会影响到全球股市。另外，秋风先生也可以算一位。这位思维缜密的学者认为，市场不是一切，经济增长也不能代替社会发展；比经济增长更高一个层面的东西，就是宪制的架构。

从这些清醒者的回应中，不难看出这些恭维话都是不值一哂的。那么，为什么会有人说这种话？其目的又是什么？

保尔森的话，恐怕缘于一种策略。笔者一直认为，美国对华经济政策突然变得温和、变得注重对话与沟通，是别有深意的。出身银行业、曾频繁进出中国的保尔森，深谙中国人"不战而屈人之兵"的心理攻略，也非常懂得中国兵法上的"迂回"战术，想必，对诸如"吃软不吃硬"、"不打笑面人"这些国人性格也颇有体会。所以他上台之后针对中国所说的话，不乏恭维，也不乏含蓄，但目的始终昭然若揭：不是希望中国开放资本市场，就是建议人民币升值。早些年，美国逼迫日元升值，最终把日本经济拖入了几十年停滞的泥潭。现在，保尔森实际上也在逼迫人民币升值，只不过是以中国人所擅长的方式来对付中国人罢了。作为一个商人，在维护美国利益、华尔街利益的问题上，他确实比一般政客更具灵活性、务实性和前瞻性。

中国股市与全球股市虽然有关联，但达到一方感冒一方就打喷嚏的程度恐怕是过于夸张了。至于说到"引领"，其实就是想提醒中国应该在更多领域负起更大的责任，或者多牺牲一些自身的利益，如在《京都议定书》的承诺义务上，如在世界贸易组织的双边贸易过程中。这种恭维，实际上与"军事威胁论"、"能源威胁论"、"环境威胁论"和"股市威胁论"等说法都是一脉相承的，与反倾销等制裁手段的目的也是一样的。说其"口蜜腹剑"，应该不为过。

至于香港某位经济学家的判断，那就更不值得一驳了。经济学可以成为一门"显学"，但绝不可能成为一门"全学"；经济是一个国家、一个社会的生存基础，但绝不可能成为全体国民物质生活和精神生活的全部。

其实，以我们目前的现状，我们也完全担不起这样的恭维。我们的市场体系远没有完善起来，全民医保框架没有完全搭建，教育公平离发达国家甚

经济新闻评论：理论与写作

远,经济增长的内在质量和可持续性也尚不牢固。在相当长一段时间内,中国经济始终会处于"在路上"的状态。

所以,我们有必要重温一下邓小平同志的这两句话:

"我们将长期处在社会主义的初级阶段";"即便我们发展了,也永远不当头"。

(资料来源:叶建平:《中国应该如何对待全球性"恭维"?》,《经济参考报》,2007-03-12)

如何对待全球性"恭维"?这是值得现今国人深思的问题。中国的强大是中国人自近代以来一直追求的梦想。但是,在实现梦想的途中,一些不和谐的噪音始终伴随而来,那就是"中国威胁论",尤其是美国、日本等经济发达国家,它们对中国的政策有两手,一手是戒备,一手是合作。戒备这手的理论根据就是"中国威胁论"。"我个人觉得,一方面,有些人的确认为中国的兴起对美国来讲是个威胁。历史上有许多这样的事例:新的大国的崛起,很容易和旧的大国发生冲突,往往会引起战争,重新瓜分利益范围。所以他们认为中国这样的新兴大国,将来也有可能要用武力来同原有的大国争夺,对这一点要有所准备。另一个原因,就是中国经济发展太快了,实力是相当强大的。军事和经济的实力发展很快,容易使人望而生畏。中国威胁论不完全是国外捏造的,有些人心里面的确是有点害怕。我们说,美国老鼓吹中国威胁论,是有意地要吓唬中国的邻国。实际上,中国威胁论是一把双刃剑,一方面可能使周围的邻国害怕中国,向美国靠拢;但另外还有一种可能,就是这些国家看到中国强大,反而向中国靠拢,不敢同中国搞得太僵。"①

薛谋洪对于"中国威胁论"的理性解剖,客观地分析了中国经济发展所带来的国际影响,同时也正在改变世界格局。但是中国现在是否强大到威胁全球的地步?我们一些国人在一片恭维声中飘飘然起来,做起"小富即安"的美梦。案例8-6针对以下三个事例:一是中国和美国都是当今的"世界经济领袖";二是中国股市引领了世界股市;三是中国正在浮现的制度,是人类历史上我所知道的最好的制度。然后逐条驳斥,认为中国目前担不起这样的恭维,在相当长一段时间内,中国经济始终会处于"在路上"的现

---

① 韩福东:《外交家薛谋洪:"中国威胁论是一把双刃剑"》,《南方都市报》,2007-02-15。

状。视点高,眼界广,全文用理性质疑的口吻谆谆告诫中国人应清醒地认识自己,现阶段不能骄傲自满。

3. 大题小做、细致思考

就是人们常说的"以小见大",即选取一些细小的事物表现深刻的主旨,于细节之处见成败,这样最容易写好评论。近年来,我国经济高速发展,但是,同时也出现了收入分配差距偏大的经济现象,导致宏观经济失调。解决这个问题已成为我国政府当前和长期的一项战略任务,为此必须进行一系列相应的经济体制改革。国家发改委经济体制综合改革司发布《对中国城市居民收入分配结构现状的总体判断》,称当前我国城市居民收入分配的差距已比较大,城市居民收入差距的基尼系数已达到合理值的上限0.4左右,并认为这种分配差距在相当大程度上是不合理的(2007年2月7日《新京报》)。收入差距过大主要表现为:城乡差距过大;地区差距过大;行业差距过大;居民差距过大。从统计指标来看,主要有6个方面的指标不正常:一是按照国际贫困线标准,贫困人口过多,比例过大。根据2005年世界银行发展报告,2001年我国高度贫困人口2.1亿,占总人口的16.6%;中度贫困人口5.9亿,占总人口的46.7%。二是反映收入分配公平程度的基尼系数偏大。目前全社会基尼系数为0.46,显著超过0.4的警戒线。三是工资占增加值和劳动者报酬占GDP的比例偏低。2002年为50.9%,而发达国家在52%~60%之间。四是城乡居民收入差距过大。目前相对差距为3.2∶1,实际可比差距估计为5∶1甚至6∶1。五是行业平均工资差距过大。2003年,主要行业之间平均工资最大差距为4.6倍。六是城镇居民收入差距过大。2003年,全国20%最高收入和20%最低收入之间的差距为5.3倍(《中国青年报》,2007-02-06)。

案例8-7

贫富差距:《纽约时报》评论员的视角

我最近看到《世界是平的》的作者、《纽约时报》的评论员弗里德曼的一个对话,其中的一个观点颇有启发性。采访者问他"全球化的一个结果是拉大了贫富差距",他如何看?他的回答就有一个和我们的一般的想法不同的角度。他点明:

"有两件事情同时发生,而中国可以反映这两个潮流。底层人群生活水平的提升比以前任何时代都快,中国和印度在过去30年中以历史上前所未有的速度脱贫。底层在上升，而最底层和最顶层的距离也被拉大了。两件事情都在发生，你只看重了贫富差距被拉大的现象，没错，这的确是不好的事情，但是底层得到提升呢？比如那些每天只挣1美元的人现在能挣5美元、6美元甚至更多，也就是说你和比尔·盖茨的收入差距是史无前例的，而你和你父母那一代的收入差距可能也超过任何时候，你和你父母的生活方式已经完全不一样了。"

这里的思考就有让人石破天惊的感觉。我们不少人常常觉得我们30年的发展带来了一个贫富差距拉大的社会，所以感到非常不平。这种感觉当然有其自己的依据，也需要大家认真对待和努力加以改变。贫富差距过大当然是不合理的现象，这不会有人怀疑，也不应该对此视而不见。

但我们却可能忘了我们是从一个大家都贫困的社会中走出来的，而中国人民告别贫困的努力其实取得了前所未有的成果。30年的光阴没有白白过去，中国的人民告别贫困的道路其实从来没有今天这样宽广。中国加入和参与全球化的进程，其实没有给这个国家和它的人民带来可怕的灾难，而是历史的机遇。弗里德曼告诉我们，我们在和比尔·盖茨比较贫富的时候，还需要和自己的父母一代作比较。他所说的两个"史无前例"，一个是我们和比尔·盖茨之间史无前例的差距，一个却是我们和自己的父母的生活之间的同样是史无前例的差距。我们如果只记得一个"史无前例"，忘记了另外一个"史无前例"，我们就会被偏见所左右，我们就会堕入一种焦虑和愤怒中失掉真正的现实感。如果大家还记得当年我们大家一起贫困的时代，我们在匮乏中面临的那种艰难，我们就可能对于今天有另外的一个视角。我还能记起30年前，我还是一个少年的时候，为了买一块豆腐排队排了三个小时，为的是中午父母和我可以用一个用豆腐炒的菜来招待我的舅舅。那是一个寒风凛冽的上午，我还记得在那家豆腐店的门前和我在一起排队的人们在风里瑟缩的形象和充满企盼的面孔。而这企盼仅仅是一块豆腐而已。那一幕里面的一切不需要我再多说。

正是由于我们渴望改变这样的现实，我们才走到了今天。我们从一个大家都贫穷的社会里走了出来，正是由于千千万万中国人告别贫困，30年来我们胼手"胝"足地奋斗和打拼，中国才有了今天的发展。毫无疑问，这种发展也带来了问题和挑战，我们在得到人民的生活普遍改善的同时，也得到了现实存在的贫富差距。有些人发展得快一些，有些人慢一些；有些人确实实现了梦想，有些人的生活还不如人意，当然也会有人为富不仁和投机取巧，这当然应该受到谴责和追问。但正视这种贫富差距，看到差距带来的困

第八章 经济新闻评论的选题和立意

扰当然是我们必须面对的。但如果由此否定了我们自己的奋斗的精神和向上的动力，否定了我们大家共同奋斗的 30 年的历史和记忆，却也不是公正的态度。中国 30 年来的财富的积累和发展不可能仅仅由于投机取巧或者为富不仁，而是大家勇敢地加入全球化的进程，追逐一个灿烂的"中国梦"的必然的结果。我们还能用这样的精神激励还处在困难中的人们，在热情帮助的同时，用进取精神和面对未来的勇气激励更多的人告别贫困。弗里德曼的说法让我们获得了实实在在的启示。

（资料来源：张颐武：《贫富差距：〈纽约时报〉评论员的视角》，《北京日报》，2007-03-18）

老百姓的收入不是小问题，它关乎着"小民"的衣食住行和柴米油盐。贫富差距拉得过大，也就是基尼系数报警时，就更不是小事一桩了。2006 年底互联网上"晒工资"的迅速流行，则是大众对于收入或满意或不满意的情绪流露。2007 年初，"城市规划网"开展"贫富差异悬殊，社会怎和谐？"其中"媒体时评"收录了以下评论文章："别总拿基尼系数说事，收入差距拉大还需要炒作吗？"（《中华工商时报》2007-02-06），"收入差距究竟多可怕，精英眼中的'劫富'从何而来"（《上海证券报》2007-02-06），"民患寡亦患不均，'共富时代'中国寻求艰难平衡"（《中国新闻网》2007-02-06），"谁来校正贫富悬殊的天平"（《中国青年报》2007-02-06），"收入不是硬指标，谁是中国'新中间阶层'？"（《经济参考报》2007-02-06），这些文章均体现了公平、公正、合理的原则，主旨都是要缩小差距，倾斜穷人，消灭贫困，建立和谐社会。但是，有人借此向改革说事，一些人"端起碗来吃肉，放下碗来骂娘"就大错特错了。针对人们心中的疑惑，媒体除了一如既往地为穷人争取权益外，还要换一个思维角度，想一想贫富差距的相对值和绝对值。"也就是说你和比尔·盖茨的收入差距是史无前例的，而你和你父母那一代的收入差距可能也超过任何时候，你和你父母的生活方式已经完全不一样了"，这种思考告诉我们世界的进步是绝对的，差异则是相对的，但我们也不能无视差异，评论认为："正视这种贫富差距，看到差距带来的困扰当然是我们必须面对的。但如果由此否定了我们自己的奋斗的精神和向上的动力，否定了我们大家共同奋斗的 30 年的历史和记忆，却也不是公正的态度"，这个角度提供了一种新的视点，全面客观地认识改革的成本代价以及伴随而来急需解决的问题。

经济新闻评论：理论与写作

第九章　经济新闻评论的谋篇结构

第一节　经济新闻标题的艺术

标题是指报刊上新闻和文章的题目，通常特指新闻的题目(《辞海》)。俗话说：题好一半文。正如安岗所说："标题是什么？当一个记者从事采访活动，他看到一些问题、现象和事实，在写作中把事实概括起来，就形成了标题。实际上，标题就是一篇文章的主题，它是文章主题的最简明、最有力、最好的体现。"①

评论的标题是中心论点精练而又概括的文字体现。好的标题能够迅速吸引受众的眼球，在海量信息中凸显出来，富有传神而又提纲挈领的功用。《实践是检验真理的惟一标准》在发表前，标题经过了反复斟酌，先是《实践是检验真理的标准》（胡福明，时任南京大学政治系教师），后改成《实践是检验一切真理的标准》（马沛文），最后改成《实践是检验真理的惟一标准》（张义德，时任《光明日报》理论部哲学组编辑），标题的改动过程也正是当时对于左倾思潮的清算过程，也是人们思想冲破各种樊篱探求何为真理的时候。强调标准的惟一性正是针对当时的"两个'凡是'"的思想束缚，该文的发表引发了一场轰轰烈烈的关于真理标准问题的大讨论，拉开了新时期第一次思想解放的序幕，冲破了"两个'凡是'"的思想禁锢，其中包括冲破了对社会主义理解上的禁锢，开辟了中国改革开放的历史新纪元。②

作为《经济日报·每周经济观察》专栏的主笔阎卡林谈到评论的标题时说道："言论的标题怎么做？我看好的标题应该七八个字，不超过十个

---

①　彭朝丞著：《新闻标题学》，人民日报出版社，1996年版，第10页。
②　陈宝成：《用实践检验改革方向》，《新京报》，第A23版"时事访谈"第71期，2006-06-21。

字,而且不是虚题,一下子就能抓住人而又击中要害。我写言论常常是为标题费脑子,有时上厕所、坐车都在想;有时想出七八个题目来选一个;有时恳请同事帮助想。比如,近年来我写的专栏文章就有《国货兴衰匹夫有责》、《商界孕育重大变革》、《破产,早破早主动》、《"市场饭"到底怎样吃》、《放开搞活小企业》、《兼并力度还要加大》、《微观改革要突破什么》、《国内市场虚热缠身》、《流动资金何以不流动》、《推进房改正当时》、《重新估量旅游业》、《投资方式亟待更新》等等。"①

一、新闻评论的标题与新闻报道标题的区别

(1) 新闻标题以事实为根据,内容要具体或虚实结合;评论标题自由一些,以观点、态度为依据。

(2) 新闻标题一般有主题、又有辅题,结构较复杂;新闻评论的标题结构比较简单。

(3) 新闻标题的语法要求比较严格;新闻评论标题语法上没有严格要求。

二、经济新闻评论标题的特色

1. 经济学术语

"房地产业要有看得见的手"(《人民日报》2006-05-08)、"算一算GDP的代价"(《宁波日报》2004-12-15),前者用了经济学的一句术语"看得见的手",反映了政府作为市场的监管者应该起到监管的作用,用政府这只"看得见的手"规范房地产业的房价虚高不下和无序开发的混乱局面;后者用了"GDP",它指的是"国内生产总值",一个国家、一个政府在考察一年的经济收入,喜欢用"GDP",算算同比增长了多少,"GDP"一直是我国经济的第一指标,是政府官员的最高追求。但是"GDP"增长的代价如果建立在高消耗低效率上和污染物的高额排放上,那就得不偿失了,算一算GDP的代价,能使我们看到GDP的另一面,在高增长中保持清醒的头脑。

2. 数据说话

《慢了半拍》借北京博士伦停售进口的"润明护理液"为事由,批评了中国管理体制的法律条款的制定和修改与市场管理规范性的滞后性。北京博

---

① 阎卡林:《一点思索和思考》,《每周经济观察精粹》,中国人民大学出版社,1998年版,第26页。

士伦停售进口的"润明护理液"比新加坡、香港晚了近两个月。由此类推，苏丹红、孔雀石绿、转基因豆奶等，那些在境外已经闹得沸沸扬扬的食品安全事件，在中国，似乎都慢了半拍。在中国，这种"超前性"往往不容易看到，倒是"滞后性"随处可见。如《环保法》是1987年的，已经过了快20年了；《节能法》是1997年的，也将近10年光景——这些关系到经济发展大局的法律，终于在最近开始了修订的步调。而修改一些过时标准的日程，据说也已经"安排"了五六年。比较他国每隔几年就要"与时俱进"修改这些指标的速度，可能就不止慢了半拍。文章列举中国许多事件滞后的数据，说明监管部门的缺位才是最主要的原因。

案例 9-1

慢了半拍

4月12日，北京博士伦终于宣布，它将停售进口的"润明护理液"。这种用于隐形眼镜护理的药水，据说有可能导致真菌感染角膜炎。这一决定比它在新加坡、香港晚了近两个月。早在2月20日，新加坡卫生部就决定，暂停使用这一护理液，"直到调查结果正式公布为止"。

根据公开报道，到4月12日，在国家药监局相关负责人"再次约见北京博士伦公司总经理"，并"对此事的处理提出了要求"之后，北京博士伦终于作出了"停售"决定。

角膜炎有多么可怕，除了相关的专家和患者，可能很少有人说得清楚。"百度"一查能吓你一跳：真菌性角膜炎是一种致盲率较高、治疗较为棘手的感染性眼病。可能致盲，想来事件严重。

但北京博士伦的行动，比起新加坡和香港，甚至比已经慢了半拍的马来西亚（3月15日决定"禁售"）还要慢。你还可以想，如果没有相关负责人的"再次约见"、"提出要求"，是不是这一产品还会在中国继续销售？虽然中国的"润明护理液"只有2%来自进口。

慢了半拍的不止这些。如果你仔细想想在过去这一两年时间里发生的类似事件：苏丹红、孔雀石绿、转基因豆奶等等，那些在境外已经闹得沸沸扬扬的食品安全事件，在中国，似乎都慢了半拍。一方面，中国的相关部门"密切关注"；另一方面，相关公司言之凿凿，大发"声明"，生意却还照做——除非到了实在做不下去的时候。

商人们的"慢步"是可以理解的，谁希望把做得好好的生意停下来？

第九章 经济新闻评论的谋篇结构

但是作为管理者，尤其是那些负有监管责任的管理者，如果他们也"反应迟钝"，就有些说不过去了。你拿了民众给你的薪水，就应该对民众负责。

按理说，制度建设（包括法律建设）的"滞后"可以理解：时事异己，原有的制度（法律）不能"与时俱进"了，然后相应做出调整，这是常理。也因此，才要求制度建设需要具备一定的超前性，为未来"时事"的变化预留空间。

但是在中国，这种"超前性"往往不容易看到，倒是"滞后性"随处可见。《环保法》是1987年的，已经过了快20年了；《节能法》是1997年的，也将近10年光景——这些关系到经济发展大局的法律，终于在最近开始了修订的步调。

另外一些，虽然可能已经不止20年，却还在拿着老"皇历"看新"运程"。比如中国的自来水标准，那是上个世纪80年代初制定的，却沿用至今。可笑的是，早已经被国家明令禁止生产的"六六六"、"滴滴涕"等农药，居然在那仅有的30多个指标的体系中赫然在列。

而相关部门修改这一标准的日程，据说也已经"安排"了五六年。比较他国每隔几年就要"与时俱进"修改这些指标的速度，可能就不止慢了半拍。

我们每天都要喝水，但这个水的标准却迟迟未出。让人难过的是，并不是修改这些指标技术上有多大难度，也不是中国缺乏相应的专家、机构，而是相关的"主管者"这些年来更多在争论：到底谁有资格、有权力主导这一标准的制定。

想起来，这是比有关部门的"反应迟钝"更加严重的事情。

（资料来源：彩石："慢了半拍"，《财经时报》总第659期，2006-04-15）

第二节　经济新闻评论的开头

一、破题的方法

经济新闻评论要吸引眼球，除了好的标题，就是文章一开篇就能语出不凡，有个人的真知灼见，具有阅读的价值。

1. 议论话题，辨别是非

"一段时间来，我国不少专家或官员都爱讲"不少西方国家的高福利制度已引发很大的社会问题"这句话。对于数周来因法国政府出台《首次雇用合同》而引发的青年人抗议浪潮，有作者撰文认为，一个不可忽视的原因就是高福利体制的制约。35小时工作制、法定长假、免费医疗以及住房补贴等等，这种高成本的"养懒人"制度越来越令国家和企业不堪重负。法国政府不得不压缩公共赤字，调整税收，削减福利。然而，要让人们放弃既得利益并非易事。(见4月3日《国际在线》或3月31日《人民日报》)在我看来，西方发达国家和我们虽然都面临福利问题的困扰，但在根源和追求的目标上却是风马牛不相及，不问时代和背景、"三言两语下结论"的思维方式，不管是否有故意影响我国福利改革走向的动机，都不是慎重的，都会在我国引起误解。"

(资料来源：岳建国："专家学者拿欧洲福利说事很无知"，《东方早报》，2006-04-04)

该篇评论以"法国政府出台《首次雇用合同》而引发的青年人抗议浪潮，就有国内作者撰文认为，一个不可忽视的原因就是高福利体制的制约"作为开头，"认为西方发达国家和我们虽然都面临福利问题的困扰，但在根源和追求的目标上却是风马牛不相及"，指出"不问时代和背景"、"三言两语下结论"的思维方式，不管是否有故意影响我国福利改革走向的动机，都不是慎重的，都会在我国引起误解。欧洲等高福利国家，高福利带来了一系列弊端；而我国却是广大农民没有福利待遇的二等公民现状。作者清醒地指出不能因为"不少西方国家的高福利制度已引发很大的社会问题"而无视我国福利制度的建立和改善。

2. 新闻事件，体现时效

阎卡林谈到：言论的开头怎样写？除了开门见山提出问题外，我还主张言论的开头能单拉出来发消息。就是说，所评的事本身就是新闻，就能吸引人。这样，就更加能引人往下看了。譬如1995年2月22日见报的《怎样看待恢复票证》一文，就是这样开头的：

最近一段时间，全国先后有二十多个城市相继恢复了粮本、粮票、油票及肉票等票证。在合肥，政府已重新启用粮本，对市民的口粮实行定量限坐

供应。上海市民年初则普遍领取了油票,凭此票每人每月可购买500克含有政府补贴的低价食油。在江西及四川的一些城市,消失数年的"鸡蛋换粮票"的吆喝声,近来又在街头巷尾响起。

现在看起来,这篇文章的开头部分就完全可以单拉出来发本报讯。所评的事本身就有较强的新闻性,这样,稿子的可读性就更强了。①

哈尔滨市民吴先生,真是倒了霉:因误读火车票上印着的"三日内有效",推延乘车日期,竟将800多元车票钱白白扔进了水里。(2005-11-1《黑龙江晨报》)其实,吃这种亏的,吴先生并非全国第一个。有兴趣在网上查一查,这类抱怨和质疑帖子着实不少。早前也有媒体披露,春运期间,北京每天竟有200多人遭此不幸。

(资料来源:《新京报》,2005-11-03)

针对"火车票'三日到达有效'"该如何表达与理解,作者分别从约定俗成和铁路两方面,给双方一个平台,来表明各自的立场。接着,用那位明朝才子的故事,来暗喻铁路方面失职,断句不清,没有将自己的意思充分表达出来,并没有为群众考虑周到。最后,寥寥几句,却道尽了铁路方面若这样下去的危害,言有尽而意无穷。措辞绵里藏针,谈笑间将问题轻松解决,自己的观点也表达清楚。此篇取材与群众的生活密切相关,立论客观、公允,为民代言,真正代表群众的利益;而且,语言通俗易懂,简洁明白,尤其采用说故事的方法,更加符合群众的特点,贴近群众生活,为百姓所喜闻乐见。本篇评论切中时弊,说的虽然是小问题,却管中窥豹,表明若不及时解决这些"小问题",铁路方面最终将在竞争中失败。

3. 开门见山,吸引读者

《南方周末》发表的经济时评"北京移动降价幅度低于预期"一文,针对信息产业部中国移动北京地区手机资费下调方案,进行了分析评点,指出中国移动降价是迫于消费者和社会舆论的压力和信息产业部的监管。

周一下午,信息产业部公布了中国移动北京地区手机资费下调方案,这

---

① 阎卡林:《一点思索和思考》,《每周经济观察精粹》,中国人民大学出版社,1998年版,第27页。

是北京手机话费在一年之内的第二次较大幅度的降价。

首先看全球通本地套餐下降的幅度。

与全球通标准资费（双向收费主被叫各0.40元，月租费50元）相比，月基本费80元的全球通本地套餐80，比原来的全球通标准资费下降了接近40%；月租费加通话费，由原来的0.65元/分钟，下降到0.40元/分钟。月基本费更高的套餐资费水平下降幅度更多，全球通本地套餐220，比原来的标准资费下降了55%，实际资费水平下降为0.2元/分钟。

但消费者真正享受到的降价可能没有上述幅度大，因为消费者不可能正好打到规定的分钟数，如果达不到，实际水平就会比上述说的高。

相比之下，此次公布的被叫套餐资费下降的幅度要小很多。被叫套餐规定，月基本费10元含500分钟或20元含1000分钟本地通话，1分钟被叫通话2分钱，基本等于是在原来标准资费上实行单向收费。但是，考虑到月租费50元和主叫时的0.40元/分钟，如果接收和打出的电话同样多，200分钟通话，需要95元左右，这比全球通本地套餐80的费用要高。但如果打出的电话较少而接收的电话较多，被叫套餐就可能比本地套餐便宜。

（资料来源：王学庆："北京移动降价幅度低于预期"，《南方周末》观点c19，2006-05-11）

这篇评论写的是消费者比较关心的手机资费问题，总的来说，比较全面客观地分析了北京地区移动手机资费下调的原因和相关因素，文章开篇是人们关心的话题——手机资费降价，触及现实，富有新意，具有时效性，易于吸引读者注目。文中针对北京地区手机资费降价进行了具体分析论证，运用具体的数字和上海、山西进行对比分析，点明"为什么接近八成的北京消费者对下调后的手机资费水平仍不满意"、"促使中国移动下调北京地区资费的力量"等原因，较全面地论述了手机资费调整的前因后果及仍旧低于预期的现状。全篇评论叙议结合，情理交融，变化有致，辞达理举。

4. 选取事例，树立样榜

年终了，大家都在盘点一年的收成。工人农民在算一年的收入，工厂商店在算今年的利润，各级政府看重的，当然是GDP（国内生产总值）了，看看同比增长了多少，是一位数还是两位数，较其他同类地区高了还是低了。

然而，浙江省政府今年的盘点，却不一般。前不久，省统计局出具了一

第九章 经济新闻评论的谋篇结构

份《浙江 GDP 增长过程中的代价分析》，把浙江经济高增长所带来的负效应，和盘托出，并通过新华社公诸于众。改革开放 25 年来，浙江 GDP 年均增长 13.1%，人均从 1978 年的 331 元，增加到 2003 年的 2440 元，2004 年全省实现 GDP 预计可达 1 万亿元，经济总量已居全国第四。与此同时，浙江的耕地面积也减少了 726 万亩，相当于去年末实有耕地的 30.4%；能源消耗水平是世界平均值的 1.6 倍，高收入国家的 2.5 倍；2003 年，废水、废气和固体废物的产生量，分别比 1990 年增长 84.8%、3 倍和 1.3 倍……

（资料来源：张登贵："算一算 GDP 的代价"，《宁波日报》，2004-12-15）

触及现实，是新闻评论的生命力之所在。而能否讲究时效，把握时机，又与评论带来的影响力的大小至关重要。"年终了，大家都在盘点一年的收成。"在"年终"人们都各自盘算收入的时候，将各地政府最看重的 GDP 拿出来"算一算"。无疑与当时的客观形势有着紧密的联系，将时间与时机很好的利用起来。同时，GDP 的问题，涉及经济领域的核心，是最重要的、最具代表性的问题，以此作为论题，必将受到广泛的关注。命题的引导性体现在：无论是政府还是人民，对于付出代价的重视程度往往大于对自身收益的关注。以"算算代价"作为命题，令其从众多的报道、评论中脱颖而出，成为最受瞩目的一篇。

一开头，作者便交待了"年终"这一特定的时间。无论是工人还是商人，都在算着自己的收入。因此，很有必要将各级政府最关心的 GDP 也来"算一算"。紧接着"然而"突出了今年的与以往不同之处。不再仅仅测算"GDP（国内生产总值），看看同比增长了多少，是一位数还是两位数，较其他同类地区高了还是低了"。而是"把浙江经济高增长所带来的负效应，和盘托出，并通过新华社公诸于众"。评论中通过对比的手法论证了，GDP 的增长虽然可观，但同时带来的耕地面积减少、能源消耗增长以及更为严重的三废排放，无一不引发读者的思考。

5. 设问开始，挑开问题

"特急"！——一份由五部委联合会签，旨在规范各类打捆贷款的文件悄然发至各大银行。在该文件抬头的表述中，人们看到的是宏观调控决策部门的焦虑。该文件出台之日为 2006 年 4 月 25 日，距离国家统计局公布一季度运行数据不过数日。

银行给地方政府控制的企业或项目贷款或可称之为"红顶贷款"。这种贷款用好了其实无可厚非。如一些市政项目的建设，有一定公共品的属性，经营得好可以有比较稳定的收益。如果地方财政一时囊中羞涩，借力银行信贷造福一方，本可皆大欢喜。但是这种联姻不能过于宽泛，不应该享有特权，特别是同样应该以商业规则为准绳。

（资料来源：李学宾：《"红顶贷款"为何屡禁不绝？》，《中国经营报》，2006-05-12）

本篇评论就国家五部委联合发"特急令"叫停政府信贷这一事件展开评论。标题提出自己的疑问"'红顶贷款'为何屡禁不绝？"，该标题采用提问形式本身就容易引起读者的思考与注意，而且标题中"红顶贷款"一词很有新意，而且给读者留下悬念。开头"特急！"短促有力营造出一种紧张庄重的气氛，吸引读者，进而挑开话题。最后将症结归到更深层次的政府改革以及政府职能上，一点点解析出"红顶贷款"屡禁不绝的原因。

二、案例分析：闵凡路评论"开头"的写作体会

在"怎样写评论"一文中，闵凡路谈到评论的写作过程，开头要注意的问题：

1. 开门见山

具体讲起，尽快点题。评论开头，不该有套话、空话。评论总是有事可评，有感而发，那就首先要把事讲出来，就事论理。《半月谈》为全国妇代会表彰五好家庭撰写的一篇评论《愿亿万家庭都"五好"》，我改写了这样一个开头："妇代大会上，近万户五好家庭受到表彰。这万朵红花，闪耀着社会主义精神文明的光辉，引人注目。"两句话，从五好家庭受表彰说起，点出建设社会主义精神文明的主题。

评论《爱国主义——思想教育的重要主题》，是我为《半月谈》发表一系列关于爱国主义的宣传员讲话而写的评论。文章开头是："爱国主义，这是召唤中国各族人民为祖国的统一、繁荣、强大而献身的一面伟大旗帜。在党的各项思想教育工作中，都应当把这面旗帜高高地举起来，这是思想教育的一个重要主题。"然后讲本刊从本期起将发表宣传员讲话材料。开头把主题点了出来。

2. 含蓄

评论的开头，也可以写得含蓄些，不直接点出所评之事，但能引导读者读下去。如我写了一篇评廖承志致蒋经国信的文章《千秋功业耿耿心》。文章开头是这样写的："一封从北京发出的函件，随着电波，飞越海峡，发往

第九章　经济新闻评论的谋篇结构

台北,举世瞩目。"第二段再讲廖信讲了什么。这样写比较简洁、生动。

3. "连环锁"

为了使开头更生动、更吸引人,我采用过"连环锁"式的开头。在评论张兴让的满负荷精神的《改革就得这样干》一文中,我这样开头:"石家庄出了个张兴让,张兴让创造了'满负荷','满负荷'震动了企业界,岂止企业界!"一环套一环,开章明义地点出了主题。

4. 运用修辞手法

评论开头也可以有点形象的比喻,增加感染力。在《一个个禁区的突破——八年来中国思想解放进程一瞥》中,我用了这样的开头:"登山者常常有这样的感触:一步一步地攀登,步履艰难,汗流浃背;但经过一段跋涉,停下脚步,回首俯瞰,不禁惊叹自己走过的路程,而这时峰巅已经在望了。"紧接着第二段讲:"改革何尝不是如此……"这种开头可加深读者对评论主题的理解。①

第三节 经济新闻评论的结构

一、主体结构

主体,也叫正文,是新闻评论展开部分,是分析说理的建构主体,主要体现为层次与层次、段落与段落之间的逻辑联系,也就是常说的各个分论点与中心论点之间存在的内在关系,即古人常讲的"起、承、转、合"。"文似看山不喜平",结构力求变化有致,曲折起伏,按照文章内在的逻辑规律,一般有五种段落结构安排:

1. 归纳论证结构

归纳论证也叫事实论证。这是一种从材料到观点,从个别到一般的论证方法,是从对许多个别事物的分析和研究中归纳出一个共同结论的推理形式。使用这种方法,一般是先分论后结论,即开门见山提出论题,然后围绕论题逐层运用材料证明论点,最后归纳出结论。这种结构的方法,比较符合人们的思维认识规律。运用事实论证进行论证时列举的事实可以有两种形式,即概括总体性事实和枚举个别事实。概括总体性事实的说服力在于事实所体现的普遍性,它是对事实的总体或全局的全面性统计或概括。采用枚举

---

① 冈凡路:《冈凡路评论集》,新华出版社,1996年版,第363~365页。

个别事例的论证方式，不要求全面周到，只需枚举几个事例即可。枚举事例要求有一定的典型性，同时也要考虑到经济原则，尽可能不要同类重复。

在"能否算一算垄断率"文章中写道："有必要统计一下当今中国的'垄断率'。例如一个家庭，需要购买的家用电器、粮油蛋菜、被褥服装等商品一般已处于充分市场竞争和交易公平的状态，而水、电、气、交通、通讯、金融服务等产品则处于垄断和不公平交易状态；医疗、教育、住房是当今最大的家庭开支，其价格之所以居高不下乃至成为压在人们头上的"三座大山"，根源当然是垄断"。文章从水、电、气、交通、通讯、金融服务等产品，再到医疗、教育、住房，其价格之所以居高不下的典型论据出发，归纳推理出四点结论："垄断率"首先它是一个"公平指数"，垄断率越高，公平指数越低；其次它是一个经济运行的"健康指数"，垄断率高，说明市场秩序混乱，法治不力，这样的经济既不可能实现高效率，也不可能持续健康发展；再次，它是一个商业文明程度指标，垄断率越高，对垄断行为的道德约束越乏力，试图通过垄断获取不合理利润的人越多；最后，它是一个政治指标，垄断率之所以高，要么是行政权力被滥用，要么是充当着公平和秩序维护者的政府未尽到责任。①

2. 并列论证结构

在论证思路中，或是把分论点并列起来，或是把论据并列起来，这样就是并列式。并列式结构模式一：引论（提出论点）；论据①＋分析论证；本论（证明论点）论据②＋分析论证；并列论据③＋分析论证；结论（照应全文）。

对于2007年的中国金融市场的展望，易宪容作了五大难点预测分析：首先，正在开放中的中国金融市场将面临国际金融市场动荡不安的考验，各种国际金融大鳄会通过各种方式加大对中国金融市场的渗透，国内金融机构也会借助于这种渗透将国际金融震荡与波动传导到中国金融市场中来。其次，鉴于2006年是国内经济快速增长，也是固定资产投资过快和信贷增长飚升的一年，加上物价指数趋于上升，预计2007年央行将会采取信贷偏紧的政策。第三，目前国内市场的资金过剩，只能是相对过剩，是政府管制下低利率的结果。第四，随着大量的商业银行涌向证券市场，商业银行的流动性会越来越多，预计2007年商业银行的信贷扩张可能会快于2006年。第五，2007年国内股市的亢奋还会继续，但监管者必须理性，必须保持清醒

---

① 刘以宾：《能否算一算垄断率》，《中国商报》"观察/聚焦"栏目，2006-06-13。

头脑,引导国内证券市场更为健康地发展,保护投资者及真正确立投资者的信心。五个难点并列,从国际金融市场到国内经济的快速增长;从国内金融市场资金的相对过剩到商业银行涌向证券市场;最后指出,监管者必须理性,必须保持清醒头脑,引导国内证券市场更为健康地发展。在《雨大风急 每周经济看版》(《财经时报》,2005-07-25)一文中,作者老猫把一周的经济现象一一列举:人民币的浮动额制;欧盟宣布将给中国"临时市场经济地位";皇家马德里俱乐部与北京国安合股;城市反复挖修道路的浪费现象,交通部拨钱整治交通能否落实到实处;中油不攻自破的谎言;对垄断企业查处是否真的能够加大力度;海尔宣布退出美泰的收购;中海油买尤尼科;不达标的冰箱和小孩爱吃的果冻被清退出市场。最后指出:在雨大风高浪急的世界上,没有人能隔岸观火。看着别人想自己,什么都是未雨绸缪的好。

3. 递进论证结构

递进式结构即文章各层次之间层层深入、步步推进的关系,各层的前后顺序有严格要求,不能随意改动。这是议论文经常使用的一种结构方式。递进式的文章一般有三种格式:一是将中心论点进行分解,分成几个分论点,这些分论点之间的关系是由浅入深、由简单到复杂。层间可用诸如"不仅……而且……"、"……况且"等关联词语过渡,同时又以此反映层次间递进的关系。二是按照"提出问题,分析问题,解决问题"的思路安排论证结构,即围绕中心论点回答:①是什么,②为什么,③怎么办。三是针对某些不好的现象,分析其危害,挖掘其产生根源,指出解决问题的办法。即"摆现象、析危害、挖根源、指办法"的格式。

如"算一算 GDP 的代价"全文有三个分论点:一是算一算 GDP 的代价,能使我们看到 GDP 的另一面,在高增长中保持清醒的头脑,从而指出 GDP 高速增长的危害;二是算一算 GDP 的代价,经济发展较快的地方,能增强危机感和紧迫感,加快经济增长方式的转变;经济发展相对滞后的地方,能避免重入先进地区的"误区"(浙江省领导语),使今后的发展科学合理,文章分析 GDP 增长带来的负面影响;三是算一算 GDP 的代价,有利于贯彻以人为本的理念,坚持明智的、理性的、以人为中心的发展,从而"创造我们的幸福生活"(党的十六大报告结束语),最后指出 GDP 不应是考察的唯一指标,应坚持明智的、理性的、以人为中心的发展观。

4. 比较论证结构

比较论证是一种由个别到个别的论证方法。通常将它分为两类:一类是类比法,另一类是对比法。运用比较方法,重要的是在表面上差异极大的对象中识"同",或在表面上相同或相似的对象中辨"异"。正如黑格尔所说:"假如一个人能看出当前即显而易见的差别,譬如,能区别一支笔和一头骆驼,我们不会说这人有了不起的聪明。同样,另一方面,一个人能比较两个近似的东西,如橡树和槐树,或寺院与教堂,而知其相似,我们也不能说他有很高的比较能力。我们所要求的,是要能看出异中之同和同中之异。"①

(1)类比论证。类比论证是根据两个对象在某些属性上的相同或相似,推论两者在其他属性上也有相同或相似。类比论证属于或然性推理,是一种从特殊到特殊、从个别到个别的推理方式,其结论不一定为真,只有一定程度上的可靠性。在某些情况下,有时无法获得更确切的论据。运用类比论证,有时是有效的。

运用类比论证需注意以下几点:第一,要使用同类对象进行类比。世界上具有某些相同属性或相似属性的事物是无穷多的,有的根本是风马牛不相及的,对它们进行类比,就缺乏说服力。第二,避免单独运用类比论证一种论证方式。最好是与其他的论证方式结合使用,使之起一种补充和丰富的作用。第三,要注意结论的可靠程度。除非个别很有把握的情况,否则结论一般只是一种可能性。在表述上要把握住分寸,不可绝对化。

(2)对比论证。对比论证则是一种求异的思维方式,它侧重于从事物的相反或相异的属性的比较中来揭示需要论证的论点的本质。

对比论证方式的运用范围很广,因为可以进行比较的事物很多,中与外、古与今、大与小、强与弱等,都适合于进行比较,在比较中分析和阐明了两者的差异,对立之后,是非昭然,自然就能够确立论点了。对比可以是两个对象之间的比较,也可以是同一对象自身前后不同阶段之间的比较,前者称为横向比较,后者称为纵向比较。运用纵向对比的论证方式,不能停留在形式逻辑的静态判断的层面上,否则,有时会显得说服力不够。运用对比论证要注意几个问题:第一,比较的双方要具备可比性。第二,要建立合理的参照系。要进行比较,就必须具有合理的共同参照系,没有共同的参照系,两者就无法进行比较。所谓参照系指的是用来衡量和确定双方优劣长短的标准,这样的标准必须具有客观性,否则比较的结论不一定可靠。

如易宪容在分析2006年中国股市火爆的原因时,与以往的国内证券市场作了对比:"从总体上来看,目前国内证券市场与几年前相比有三大根本

---

① 黑格尔:《小逻辑》,商务印书馆,1995年版,第253页。

性变化：一是股权分置改革的基本完成，改变了以往证券市场的制度性掠夺状况；二是随着以工行、中行为主导的大蓝筹股上市，改变了国内证券市场上市公司之质量与结构；三是A股市场形成了一个完全以机构投资者为主导的市场，必然也会改变以往的证券运作方式、生态与环境。"通过中国股市前后对比，指出2007年国内股市的亢奋还会继续，但监管者必须理性，必须保持清醒头脑，引导国内证券市场更为健康地发展，保护投资者及真正确立投资者的信心。

5. 正反论证结构

对比论证，就是通过正反两个方面的比较来论证观点的方法。

易宪容在分析2007年国际金融市场带给国内金融市场的冲击时认为："强势的国际金融机构与金融组织会通过正式或非正式方式进入中国，千方百计地分享中国经济成长成果，甚至会借助于中国金融市场开放或不开放的时差，轻易地从中国金融市场获利。同时，弱势的国内居民所持有的金融资产却很难分享国际金融市场的成果。"

案例9-2

今年中国金融市场面临五大难点 如何面对飙升股市？

历史又翻过了一页，2006年中国金融市场走过了难得繁荣的一年，无论是银行、股市，还是保险业都是如此。可以说，在对WTO的全面承诺下，随着中国经济快速增长及金融业全面开放，2007年中国金融业将持续繁荣，但也会面临新的问题。2007年中国金融市场发展趋势将具有以下五大难点。

首先，正在开放中的中国金融市场将面临国际金融市场动荡不安的考验，各种国际金融大鳄会通过各种方式加大对中国金融市场的渗透，国内金融机构也会借助于这种渗透将国际金融震荡与波动传导到中国金融市场中来。尽管目前中国金融市场是一个开放受限制而自成体系的市场，但在全球金融一体化的今天，依然会受到来自国际金融市场的影响。在这样的情况下，强势的国际金融机构与金融组织会通过正式或非正式方式进入中国，千方百计地分享中国经济成长成果，甚至于会借助于中国金融市场开放或不开放的时差，轻易地从中国金融市场获利。同时，弱势的国内居民所持有的金融资产却很难分享国际金融市场的成果。目前，国际舆论界制造一个"虚幻的世界经济失衡"的概念，目的就是想更为便利地打开中国金融市场大

经济新闻评论：理论与写作

门,并借其优势来操纵中国及国际金融市场。

其次,鉴于2006年是国内经济快速增长,也是固定资产投资过快和信贷增长飚升的一年,加上物价指数趋于上升,预计2007年央行将会采取信贷偏紧的政策。国内宏观调控多年,只要一进行宏观调控,央行都会采取信贷偏紧的政策,但这些政策为什么成效不大?为什么每年宏观调控而每年都会经济过热?这根本上是央行及相关部门政策本身与商业银行目标的冲突。我们可以看到,中央一宏观调控,银行信贷紧缩是必然,无论是从量上还是价格上都是如此,但是央行持续地采取存贷款利差扩张及低利率的政策,又是激励商业银行信贷规模扩张的根本。在这种情况下,国内商业银行信贷必然会扩张。因此,2007年国内商业银行将在突破央行信贷紧缩政策中前行。

第三,目前国内市场的资金过剩,只能是相对过剩,是政府管制下低利率的结果。严格管制下的低利率政策是导致目前国内市场中许多要素价格扭曲的根本所在,如果这个方面不改革,国内流动性过剩的问题难以解决。目前市场上流行着一种说法,随着国内外汇储备的快速增长、国内居民个人储蓄的成倍增长及资本将继续呈现资金过剩格局,2007年国内金融市场将是由资金短缺转向资金过剩。从近几个月央行采取的货币政策来看,收回银行体系的流动性,或遏制流动性快速增加成为央行的首要任务。

就目前市场的主流意见来看,国内金融市场的流动性过剩基本上是外汇占款增长过快及居民储蓄过高的结果。不过,这种局面似乎在短期内难以改变,实际上也没有看到问题的关键所在。可以说,目前国内银行体系流动性过高,央行所取的政策往往只及表而不达里,仅仅是看到外汇占款的问题,仅仅看到商业银行手中的钱太多,但实际上最为根本的原因就是政府管制下的低利率政策结果。当大量的流动性在市场流窜时,各种资产价格就会快速上涨。

第四,随着大量的商业银行涌向证券市场,商业银行的流动性会越来越多,预计2007年商业银行的信贷扩张可能会快于2006年。借三大国有银行上市成功之风,2007年将出现国内银行及其他金融机构涌入国内外证券市场上市之大潮。国内金融机构大量进入证券市场,当然是一个好事,它不仅会促使国内金融机构的体质改善,也会给国内中小投资者带来更多分享国内经济增长成果的机会。但是,无论是国内商业银行还是其他的金融机构,上市仅是其走向市场化及商业化的第一步,要真正成为现代商业金融机构还得长期努力,还得从根本上来改变中国金融机构的企业文化与价值观。同时,过多的资金或是迅速扩张银行信贷规模,或是通过其他方式又回到证券市

场。在这种情况下，肯定会增加国内金融市场的不确定性与风险。

第五，2007年国内股市的亢奋还会继续，但监管者必须理性，必须保持清醒头脑，引导国内证券市场更为健康地发展，保护投资者及真正确立投资者的信心。对于2006年股市，我们无需用非理性亢奋、股市过热、股市泡沫等观念对它给出多少评论。2007年如何面对迅速攀升的股市？这是监管部门、投资者及上市公司都必须面对的一个大问题。

从总体上来看，目前国内证券市场与几年前相比有三大根本性变化：一是股权分置改革的基本完成，改变了以往证券市场的制度性掠夺状况；二是随着以工行、中行为主导的大蓝筹股上市，改变了国内证券市场上市公司之质量与结构；三是A股市场形成了一个完全以机构投资者为主导的市场，必然也会改变以往的证券运作方式、生态与环境。

总之，2007年将是国内金融市场风起云涌的一年，既有不少发展的机会，也面临了许多风险，投资者需时刻密切关注这种风云变幻，寻找机会，并规避与分散风险。

（资料来源：易宪容：《今年中国金融市场面临五大难点：如何面对飙升股市？》，《上海证券报》，2007-01-05）

第四节　经济新闻评论的结尾

一、止于当止

文章言尽而意止，就可以戛然而收束，没有必要另写一段结束语，否则就成为蛇足了。有些评论需要有结束语，那就应当重笔撰写，否则也可能成为虎头蛇尾。评论结尾部分的基本要求是简短有力，不落俗套。首先是简短有力，干净利落，不拖泥带水；其次是避免空话、套话，不落俗套，尽量写得生动一些，能给读者以启发。例如：

毛泽东1949年8月为新华社写的评论《别了，司徒雷登》的结尾：

司徒雷登走了，白皮书来了，很好，很好。这两件事都是值得庆祝的。

这个结尾别出心裁，言有尽而意无穷，很有特色、令人难忘。章无定句，文无定法。文章的结尾各种各样，但总的原则为了突出中心，生动

经济新闻评论：理论与写作

有力。

毛泽东在《新民主主义论》一文中用这样三句话结尾：

新中国站在每个人民的面前，我们应该迎接它。
新中国的航船的桅顶已经冒出地平线了，我们应该拍掌欢迎它。
举起你的双手吧，新中国是我们的。

这三句话生动形象，满怀激情，铿锵有力，激动人心，是一个很好的结尾。

在《批评与棍子》评论中，在结尾中也并排写下三句话来扣住中心：

打人的棍子必须放下！
反对批评的棍子必须扔掉！
团结、教育人民的批评武器万万不可丢！

这三句类似口号的话，既是全篇文章的结论，也是一种号召，与全篇文字比较协调，再一次重申了主旨。①

二、结尾的方式

1. 概括式结尾

好在政府已经深刻意识到这种"侵权式繁荣"只可能是短暂的繁荣、虚假的繁荣，正着力创造一个良好的市场秩序环境，并进一步完善知识产权保护的法律体系。只有通过法律手段和政府的严格监管，通过企业创造自主品牌和消费者自觉打假拒假，才能从真正意义上铲除滋生"侵权式繁荣"的温床。

（资料来源：朱冰尧：《秀水假名牌案敲响侵权式繁荣警钟》，《市场报》，2006-04-26）

点明主旨，经济的繁荣要落实到企业的研发技术和自主创新上来，造假卖假，这种虚假的繁荣必然带来民族工业的短期自杀性行为，铲除这种滋生

---

① 闵凡路：《闵凡路评论集》，新华出版社，1996年版，第380～381页。

"侵权式繁荣"的温床,必须依靠法律手段和政府的严格监管。

2. 褒抑式结尾

尽管浙江省统计局对GDP代价的分析,还是初步的。由于技术上的原因,有些"代价"目前还无法核算,GDP的实际负面效应,比上述"分析"还会大些。但是,这丝毫不影响它的示范意义和导向作用。笔者相信,浙江省政府的做法,一定会得到各地各级政府的积极响应,从而推动科学发展观落到实处。

(资料来源:张登贵:《算一算GDP的代价》,《宁波日报》,2004-12-15)

"算一算GDP的代价"作者对于浙江省政府的做法,给予了肯定和赞扬,并希望推广到全国得到各地各级政府的积极响应,从而推动科学发展观落到实处。在褒抑中突出了文章的中心思想:算一算GDP的代价,能使我们在高增长中保持清醒的头脑;算一算GDP的代价,使今后的发展科学合理;算一算GDP的代价,有利于贯彻以人为本的理念,坚持明智的、理性的、以人为中心的发展,从而"创造我们的幸福生活"(党的十六大报告结束语)。

3. 点睛式结尾

"在一个利益共同体中,绝大多数的调整都是使部分人受益部分人受损,基本不存在人人受益的情况。而这种调整能否得到认同或执行,在于利益各方能否达成可以接受的新的平衡。笔者认为,改善医疗收费结构是大势所趋。"

(资料来源:梁剑芳:《改善医疗收费结构是大势所趋》,《中国青年报》,2005-06-02)

"改善医疗收费结构是大势所趋"一文,针对有关部门公布了广东省医疗服务项目改革方案,拟降低CT等大型设备检查、一次性医用材料等222项医疗服务收费,提高诊疗金、护理费、手术费等127项技术性医疗收费(《信息时报》2006-05-31)。不少人认为涨价的大多是常规项目,而降价的多为非常规项目,因此抨击这是"名降暗升"。笔者做出了不同的分析,指出医疗收费价格改革的目的,并不仅仅是降低看病的费用,更重要的是调整医疗收费结构——看小病的费用上升,看大病的费用下降。结尾重申其中心

论点:任何消费结构的调整都不是满足人人的愿望,但改善医疗收费结构是大势所趋。

4. 含蓄式结尾

"西方记者报道:中国正一步步谨慎地却是坚定地踏进充满竞争的商品社会。

风来了,浪来了,扬起风帆吧。小舟驶入汪洋,就不必企盼和眷恋平静的港湾。我们别无选择。"

(资料来源:詹国枢:《话说不稳定感》,《经济日报》,1988-02-26)

"话说不稳定感"的文章结尾,詹国枢饱含激情呼唤:"风来了,浪来了,扬起风帆吧。小舟驶入汪洋,就不必企盼和眷恋平静的港湾。"这种号角般的预言揭示了谁要做生活中的强者,谁就不能再躺在安乐窝里坐等时机,"不稳定"正是生活提供给我们奋发的契机。作者情动于中而发之于外,经济述评的写作风格,不等于干巴巴毫无生气,也可以激扬文字,展现个人特色,抒发一己情怀。余音袅袅,呼唤中国改革的到来不以任何个人的意志为转移。

第九章 经济新闻评论的谋篇结构

第十章 报刊经济新闻评论（一）

第一节 报刊经济新闻评论

报刊经济新闻评论是发表在纸质媒体上的、就当前具有普遍意义的经济事件和重大经济问题、突出的经济现象发议论、讲道理，有着鲜明的针对性和指导性的文章。

一、报刊经济新闻评论的特点

1. 观点鲜明，思想深刻

在一篇报刊经济新闻评论中，赞成什么，反对什么，同情什么，反感什么，要旗帜鲜明，一目了然。要是让读者满文章去找你的观点，他们恐怕没这个耐心，报刊的可保存性，使他们很轻易地跳到其他更感兴趣的内容。

只有深刻的东西才能打动人，文章里总要有一段或几段精彩的、能切中时弊的、中肯的分析，依靠理论和逻辑的力量达到评论的效果。

2. 切合实际，恰如其分

报刊经济评论贵在说理，以理服人。道理说得越透，文章就越有力量去劝服读者，让读者心悦诚服地接受你的观点。而这力量来源于事物本身的逻辑。因此，说理一定要切合客观的经济实际，符合事物的发展规律，分析要恰如其分。新闻评论是报刊的号角。经济新闻评论要做到明理达意，指导人们的经济生活，任何夸大和缩小，都会误导民众。

3. 针对性强，有的放矢

一篇经济新闻评论，或者透视一种经济现象，让读者拨开云雾见明月，认识其本质；或者解决一个经济问题，澄清思想；或者通过经济报道引出一些经济常识，提高读者的认识水平，增强他们的经济理论素养……每一篇评论作者都有他明确的写作目标，都是缘事而发，并非空穴来风。读者主要是通过文字了解作者要表达的内容，阅读的过程是不断深入探求思想、寻找意

经济新闻评论：理论与写作

义的过程,是读者视野和作者视野不断融合的过程,从而产生新视野的过程,也是与作者不断进行思想碰撞的过程,同者赞赏,异者质疑。作者靠文字的力量去征服读者,就必须字斟句酌,分析透辟,滴水不漏,能够自圆其说,以理性的力量取胜,否则,只能是自说自话,瞎耽误功夫。

4. 分析透辟,论证严密

由于报刊的可保存性,它所负载的信息不是一闪而过的,不像广播和电视,由于声音和画面稍纵即逝,不可保存。读者阅读报刊一般比较专注,有时可以反复阅读,必须盯着文字看,细细地品味,认真地揣摩,看不明白的地方,可以停下来好好研究一番,甚至可以向专家学者咨询请教。这就对报刊经济评论提出了更高的要求。作者要发挥语言文字的魅力,驰骋想象,纵横文笔,借助语言文字的形象性与抽象性,进行深入思考,展开论证,以严密的逻辑,准确的语言,证明自己的观点。

二、经济新闻评论的写作要点

1. 经济学专家、学者的专业新闻评论

媒体作用之一就是意见的整合。经济政策的制定颁布,党和政府除了听取系统内部意见外,还要听取民间的声音。而民间的声音一部分来源于学者、专家,他们在该领域内的知识积累和研究素养也是他人难以企及的,这种权威性让他们写就的经济新闻评论更有说服性。媒体通过邀请专家建言,达到意见的表达;专家通过媒体使自己的见解广为传播。

社会生活越来越复杂,社会分工更加细化,人们对社会的依赖程度加深,对于知识的渴求不再只是简单的价值判断,人们需要更加深入的分析。近年来,专家、学者越来越多地参与到专业新闻评论的写作中来,一些专业类报纸还专门为学者、专家开设了专栏,电视、广播媒体也经常让学者、专家坐上评论席。以往即使有专家作评论也不会轻易暴露身份,往往换个笔名,或者不署名,从现在的情况来看,专家学者的责任更加重大,因为他们以真实署名发表评论,如果出现重大差错,那么专家不仅要遭到读者批评,在自己的领域内也要受到质疑。

经济新闻评论作为专业型评论不能缺少专家的参与,经济学学者、专家如何写好新闻评论,不仅仅取决于学术声望,面对读者,再知名的专家、学者同样会遭到批评和指责,丰富的知识积累,深入的理论研究素养,不一定可以写出优秀的经济新闻评论,毕竟经济新闻评论不是经济学理论文章。

(1) 专业理论,通俗表达

人们常常说经济新闻评论有"三难",即难写、难懂和难以留下印象。这固然与经济新闻专业性强、术语多、数字多不无关系,但症结还在写作上。如果记者把经济新闻评论写得通俗些,贴近生活一些,生动一些,那么读者怎么会难懂和难以留下印象呢?《华尔街日报》的一位主编曾说过,二流的记者能把事情向专家说清楚,而一流的记者则能把事情向一个中学生说清楚。可是现在有的经济报道和评论则是"内行不愿看,外行看不懂"。"大凡写经济金融类分析文章的作者都有一个体会,写作面向专业人士的分析文章比较省事,而写面向非专业人士的普及类文章难度较大,难就难在如何用大家都明白的语言把一件事情叙述清楚。我在写作的过程中也遇到了这个问题,为了把一件事说明白,我要在不同的字句中进行反复比较挑选,但是,我不知道,我是否真正把这些问题说清楚了,这只能由广大读者去评价了。"①

经济学专家最不缺的就是理论知识,经济学理论在他们手里可以信手拈来。但是对于读者,尤其是非专业读者,过多的理论只会增加他们的疏离感。一个好的经济新闻评论写作者首先要处理好理论写作与通俗表达之间的关系。但经济新闻评论也不可能完全不要理论,理论是分析的依据和基础。在《21世纪经济报道》(2001-03-19)连载的《张维迎教授关于管制与放松管制系列谈话录》中,张维迎在开篇从经济学角度解释了"政府"这一词:"政府是具有暴力权力的垄断组织,它可以强制性征税,其他组织谁也没有这个权力。你到饭馆吃饭,有菜谱,但是没有价格。你问菜价多少,老板说,吃完再说,那你准会跑了,选择另一家饭馆吃饭。谁能够将价格写清楚,谁的服务好,你就吃谁的。但政府不是这样,它是惟一的一家饭馆,你饿了必须去吃饭,就算它价格不合理,服务质量差,你也得吃,因为你没有别的选择。这是政府与一般社会组织非常不同的一点。"形象的比喻让人们对政府概念又有了全新的认识,如果只有第一句话,那么将会有多少种不同的解读和误解。

经济学本身就包含一些专业知识,比如公司、证券,写作者不可能每一个概念都作详细解释或举例说明。问题的关键在于写作对象是谁,也就是读者是谁。比如《经济观察报》的读者大多是商界人士和政府官员、经济学者等,所以《经济观察报》的语言可以专业化;再比如《经济日报》,理论性的探讨可以相对多一些。但是无论读者的专业水准有多高,新闻评论毕竟

---

① 郑友林:《感受身边的经济现象》,价值中国网,2006-02-26。

经济新闻评论:理论与写作

不是学术论文，读者花时间看报刊却如同读学术论文，那么大众报刊的传播范围就大打折扣了。

王国维在文学创作中曾标榜这样的创作思路："入乎其内，出乎其外"，意思是要有好的创作，首先要深入到创作内容本身，不断地研究、发掘，做到资料翔实，感情真挚，但是如果只做到了这一步，作品往往显得狭隘；第二步就是要"出乎其外"，跳出创作本身从一个新的高度重新审视第一步的成果，对第一步进行反刍。写作经济新闻评论同样如此，好的经济新闻评论写作专家除了自身深厚的经济学底蕴外，也需要跳出经济学，用一个常人的角度去思考经济学，此时的经济学家不再是专家、学者，而是一位普通的老百姓。经济新闻评论不是对已有知识的炫耀，重要的是能给读者带来启迪和指导。

（2）关注民情，体恤民生

谁能对现在的经济趋势做到100%，或者90%准确的预测？尤其是在中国改革进一步深化，社会变革加剧的今天，在全球化成为世界各国共同面临的问题时，没有人每次都能够准确预测中国乃至世界的经济形势的变化趋势。尤其写作经济新闻评论的专家、学者，他们的责任重大，稍有不慎就会给社会带来负面影响。既然没人能够准确预测，经济学家又将如何写作呢？经济学专家不能够准确预测，但他们可以告诉读者事态发展的方向，可以用实例论证他们的结论，更可以在他们的评论中充分体现出人文关怀。也许他们的评论在几年，甚至几个月之后不攻自破，但他们在评论中所体现的实事求是的精神和民本主义的情怀，就足以让读者原谅他们的判断失误。2004年7月的郎咸平、顾雏军之争，最后发展到对国内经济学专家人品的质疑。而郎咸平实事求是的精神和他一贯对弱视经济群体的关怀，即使他关于国有股减持的言论被历史所否定，也不会打消他在读者心中是一个好的经济学者的印象。经济学专家、学者的生活多局限于象牙塔内，他们对社会的体察不能说不深刻，但他们的评论较容易脱离底层社会，缺少一定的人文关怀，经济学专家和学者们应该有所警惕，力图避免形而上的夸夸其谈。

案例 10-1

腐败、消除贫困和亚洲发展

为什么在二战后日本、中国香港、韩国、新加坡和中国台湾的情况并不比其他发展中国家强，他们却能够取得可以同西方国家比肩的发展成就？

第十章　报刊经济新闻评论（一）

东亚奇迹对于经济学家来讲是一个很有挑战性的问题和令人困惑的现象。许多经济学家相信政府干预和管制,包括普遍的腐败、投资者保护不力,以及严峻的社会冲突妨碍了亚洲其他地区的发展,但也有另一种不同的解释。

发展中国家通常拥有大量劳动力,但资本供给却严重缺乏。但在民族崛起理想的驱使下,这些国家的领导人力图在最短的时间内建立起资本密集型产业和采用同大多数发达国家类似的先进技术。

这一战略导致了在选择重点发展的产业和技术的过程中忽视了现有的比较优势,由此发展起来的企业在开放和竞争性市场上缺乏生存能力。所以政府不得不通过大量的政策支持,比如像税收减免、关税保护和合法垄断等干预措施,来对这些企业进行保护。

这些保护行为在许多发展中国家导致了寻租活动和腐败。由于受到保护,这些企业的劳动生产率和效率都比较低下,并且因为需要给予他们金融支持,整个国家的金融系统都变得效率低下。政府确定的重点发展领域的准入机会也变成了一种特权,通常只会给到当权者的密友和支持者,由此导致了所谓的裙带资本主义。

在所有这些因素的共同作用下,许多亚洲发展中国家的经济表现不佳。

要赶上发达国家并且赢得消除贫困这场战争的胜利,必须要寻找一种新的发展战略。发展战略涉及到鼓励企业进入那些国家具备比较优势的行业,并采取能够保证企业生存和发展的生产技术。发展中国家具有"后发优势",也就是说,他们可以从发达国家借鉴低成本、低风险的技术和产业,而发达国家却需要从事高成本和高风险的发明来获得技术信息。因此,发展中国家可以获得更高的资本回报和资本积累率,实现产业升级,在把劳动力和其他资源从低附加值的行业转移到高附加值行业方面也将得到更大的空间。

因此,发展中国家能够实现的经济增长率应当高于发达国家,并且能够最终赶上发达国家,要实现这种"后发优势",发展中国家需要采取恰当的发展战略,在其借鉴发达国家技术和产业知识的过程,发挥引导作用。

属于一国拥有比较优势的行业中的所有企业都具备生存和发展的条件。因此这些企业没有理由要求政府给予补贴和保护。这将减少寻租的可能性,并降低由于这种补贴和保护需要动用重点发展部门中不具备存活条件的企业所需的资源从而导致金融衰退的危险。

并且,在取消政府补贴和保护之后,企业会被迫提高其竞争力,国民经

济将因此实现更多的盈余,积累更多的资本,创造更多的工作机会,以及实现更好的收入分配。由于经济蓬勃发展和资本积累加快,劳动力将变得稀缺,工资收入将因此增加,从而实现理想的均衡增长局面。

在这一遵循比较优势的战略中,政府的角色是消除任何可能妨碍自由、开放和竞争性市场运作的障碍。比如,政府可以搜集有关新产业、市场和技术的相关信息,并将这些信息以产业政策的形式提供给所有企业。由于技术和产业升级都具有风险,政府可以向首先响应政府产业政策的企业提供某些形式的、规模较小且具有时限的补贴,以补偿其因此耗费的成本。在政府、人民和国际社会的共同努力下,亚洲发展中国家会迎来一个新的全面增长时代。

(资料来源:林毅夫:《腐败、消除贫困和亚洲发展》,《中国青年报》,2004-10-13)

这是一篇关于政府管制的评论,原文是林毅夫在亚洲开发银行总部的演讲。关于政府管制问题许多经济学家都发表过自己的见解,张维迎近3万字对话体评论《关于管制与放松管制系列谈话录》在《21世纪经济报道》连载后在国内引起了很大反响。"腐败、消除贫困和亚洲发展"虽然没有那么大的篇幅,但论证同样透彻、精辟。作者通过亚洲四小龙的例子,点出怎样在减少政府管制的基础上又能够获得经济活力,该文的独特之处就在于提出了切实可行的办法如取消政府补贴和保护及实现产业升级等,文章一经刊出同样产生了较大影响。

2. 媒体评论员评论

媒体评论员在写作经济新闻评论时与专家学者最大的区别就在于,他们并不都是经济学方面的专家、学者,所以媒体评论员在写作经济新闻评论时又会有不同的写作方法和步骤。

(1) 学习专业的经济学知识

从事经济新闻写作的媒体人员必须要具备一定的经济学知识,即使不是学习经济学专业,也应该自学一些有关经济学方面的知识。经济新闻与其他新闻相比,报道和评论的内容较为抽象,即使通过图表、曲线、比喻、举例等方式来说明,仍然不如普通新闻形象、逼真。好的经济新闻记者往往能用最简练形象的语言让读者明白深奥的经济学知识。所以要让读者读懂,写作者自己首先就应该先弄明白。如果作者自己都没能弄清经济学概念,又如何向读者做浅显易懂的解释?对于涉及象征性资产(货币、股票、期货)等的流通、专业性的预测和风险评估等的新闻,就需要更加专业的知识储备。

"体现国际竞争力的主要指标中,'金融体系'和'国民素质'这两项,我国在世界上的排名均很靠后,鉴于这种较为落后的状况,我国的金融新闻不仅本身要提高档次和开阔视野,还要担负帮助完善金融体系、提高国民素质的艰巨任务。因为当今传媒报道的金融新闻不仅是公众的重要信息来源,而且提供了理解经济、金融问题的动力"①。

经济新闻具有长期性和关联性,一个经济事件或者一个经济变量很可能在一段时间之后产生较大的影响,或者几个看似不相干的事件、变量会在将来形成合力。所以经济新闻写作者学习经济学知识时更需要知其所以然,不能孤立地学习某一方面的经济学知识。学习了经济学不能说就一定能够写出优秀的文章,但扎实、深厚的经济学知识是写好文章的保证。一些优秀的经济新闻记者和评论员并不是经济学专业毕业,但他们在日后的工作中善于学习和积累,最后成为了经济学方面的专家。

(2)写好经济新闻评论的基本步骤

《经济日报》"每周经济观察"栏目的主笔阎卡林曾总结过经济新闻评论的写作步骤,把其称为"了解情况、研究问题、精于表达的三部曲"。② 笔者在此基础上也总结了几个基本步骤。

第一,搜集信息。经济事件具有长期性和关联性,一些看似无关或者无用的信息或许将来演变成为经济事件的主角。所以在搜集信息时要做好长远打算,把一些暂时不用的信息保存起来,经常查看,也许在不经意间有了惊人的发现。网络上流传甚广的《新闻人自学手册》的作者也提到,20年前活跃在经济政治领域内的知名人物,在20年后仍可能成为公众关注的焦点,所以对他们的关注应该是持续的,而不是阶段性的。

搜集信息并不是简单的搜集,信息的处理往往决定了经济新闻评论写作的好坏。一些看似不相关的信息在未来很容易就产生因果联系。所以把收集到的信息归类,并试图找出他们内在的联系同样重要。另外,经济往往和国情及政治紧密相联,所以搜集信息时不能挑食,自己感兴趣的就留心,不感兴趣的就放到一边,这样会错过许多的好机会,除了搜集与经济直接相关的信息,如公司重组、金融信息等,中央文件、政策和动态同样需要积极关注。

第二,联系实际。用心的信息搜集者往往在信息的搜集过程中就已经有

---

① 陈力丹:《闲话经济新闻记者的知识结构》,《新闻与写作》,2005年第8期。
② 阎卡林:《一点思索和思考》,《每周经济观察精粹》,中国人民大学出版社,1998年版,第21页。

了灵感,已经发现了新的角度或者独到的见解。因为在信息的搜集过程中不断进行分析,哪些信息有用,哪些信息和以往的信息有联系,而不是被动地接收信息,所以当要落笔时自然不愁无处着手。信息搜集的过程本身也是一个思考的过程,无处着手是因为思考得还不够。

但是有想法不等于立马能够落到纸上。这时需要联系实际,更应考虑评论刊出后的后果,有时独特的视角会掩盖住事实的本质。怎样才能把思考准确、恰当地表达出来,那就是实事求是和考虑社会责任。有的评论家写作评论只顾创新,一味标新立异,写出的文章虽然一时能够吸引读者,产生一定影响,但却不能发挥评论的作用。经济新闻评论更应该结合实际,关注民生。

第三,准确表达。经济理论多种多样,许多理论并没有定论。经济现象更是纷纭复杂,一些经济新闻评论者善于在各种理论中进行嫁接,创造出各种新颖独特的解释,但对读者是否有指导作用,也许连作者自己也不清楚。虽然经济新闻评论不是文学作品,但流畅、贴切的语言表达仍不可缺。目前,许多媒体人员写作经济新闻评论时喜欢模仿外国著名评论文章的风格,但是作者不能忘记文章所针对的对象,要用通俗的语言表达中国老百姓的意愿,最终形成自己的风格。

第二节 社 论

一、社论的写作特色

《人民日报》是我国第一大报,是党中央的机关报。其新闻评论和理论性文章是《人民日报》的一大优势和特点,在共和国的历史上曾起过重要作用。1949~1998年50年间《人民日报》头版头条精选本中的重要社论就有多篇,这些社论无不打上时代和历史的烙印,反映了共和国50年的风雨历程。虽然其中许多文章今天读来已经过时或是完全不可取,仅剩下史料价值,历史的教训应该汲取。但是《人民日报》社论的影响力以及独特的党的机关报的高度,至今没有其他报刊可以代替。① 社论是媒体中的重量级言论,它代表编辑部(党报是同级党委)集体对于重大事件发表的意见。

---

① 人民日报新闻信息中心:《人民日报头版头条》后记,中国言实出版社,1999年版,第1049页。

社论是党报的旗帜和灵魂。进入20世纪90年代任仲平文章以其特有的形式和风格延续并发扬了这一优势,解读这些文章对于我们认识和借鉴《人民日报》评论具有重要意义。"任仲平"是"人民日报重要评论"简称的谐音。自1993年12月22日发表《从十一届三中全会到十四届三中全会》至今,《人民日报》已经发表了29篇"任仲平"的署名长篇评论。近几年,更是形成了每年发表4~6篇、每篇6000字左右的稳定形式。这些评论文章都是在我国经济社会发展的重要时期和关键时刻发表,产生了很大的影响。

任仲平文章的定位与《人民日报》的性质紧密相连。《人民日报》作为党中央机关报,以邓小平理论和"三个代表"重要思想统领新闻宣传工作,着眼于巩固马克思主义在我国意识形态领域的指导地位,着眼于服务经济建设这个中心和全党全国工作大局,着眼于促进社会全面进步和人的全面发展。把握导向,服务大局,始终是《人民日报》第一位的要求,导向是《人民日报》的生命。综观近几年的文章主题,基本上遵循了这一规律。如《新世纪伟大进军的根本思想武器——论坚持解放思想实事求是》(2000-10-30 第1版),《先进性:加强和改进党的建设的主题》(2001-09-20 第1版),《论奉献》(2003-04-15 第1版),《全面建设小康社会实践的升华——论发展观、政绩观、人才观、群众观》(2004-01-12 第1版)等。这些评论在"上"与"下"、宏观与微观之间寻找评论的切入点和发力点,既可以引导产生正确的思想认识,又可以帮助提高实践能力。志高则言洁,志大则辞宏,志远则旨永。《创造更加灿烂的先进文化》(2004-04-16 第1版)运用马克思主义的分析和论证方法,从古到今,旁征博引,结合实际,说理透彻,是一篇关于凝聚民族精神和精神文明建设的力作。《再干一个二十年!——论我国改革发展的关键时期》(2004-07-12 第1版)就是在我国人均国内生产总值突破1000美元而亟待深化发展的关口,从历史的、经济的、社会的、外交的角度科学地分析和论证了关键时期发展的种种因素,对于进一步确立正确的发展观、大局观和加强党的建设意义重大。

1. 选题精当、思想明确

社论在评论中的地位最高,有人说社论是定期出版物中最重要的言论。社论代表的是媒体编辑部对当前时事和重大问题所作的解释、评判和主张等,目的在于指导广大受众。所以社论的发表都要经过党委、编辑部的慎重考虑。丁法章认为:"社论是代表报社、刊物或通讯社编辑部(政党机关报代表同级党委)就当前国内外重大事件、事变或问题表明立场的指导性言论。"①

由此社论的写作就要更加审慎、严谨。社论不同于学术论文,它既要指导广大受众,又要传达党的思想精神,所发意见不能离开党的基本原则,也不能脱离人民群众。

社论要从实际出发,主题鲜明。从老百姓最关心的问题出发,联系实际。只有这样才能为老百姓所接受,才能使社论的功能发挥到最大。同时,社论的写作者也要善于体会党的方针政策,在吃透上头精神的同时,着眼于当前实际。社论是表达报社、通讯社或新闻社立场观点的论文。写作上应当观点明确,论据充分,论述透彻;肯定,简练,明了,讲究权威厚重;语言一般要求平稳,不宜太花哨。

2. 说理明晰、道理透彻

社论写作要让受众心悦诚服,就必须在说理、分析上下功夫。就好比和某个人讲道理,如果只是抽象的说理,或者高高在上的训责,那么听者往往采取的是抵制态度,要让一个道理、一种见解说透彻了、说明白了就需要严密的论证、需要抓住问题的关键点层层深入、循循善诱。在严密论证的同时,还要设身处地为受众考虑,做到真正让受众口服心服。

3. 短小精悍、言简意赅

新中国建立初期,国内各家报纸都在模仿苏联模式,每天一篇社论,而且都非常庞大。结果导致社论质量明显下降,没事可说就只有讲道理、道理讲完了就只有空洞的口号。20 世纪 80 年代之后,新闻评论开始向短小精悍型发展。原来的社论动辄数千、上万字,现在有的社论甚至只有短短的五六百字。

只有大题小做、精简论证、论据,社论才能写得短小精悍。而且单一、集中的论题,会使文章论述更加有力。在分析问题时最好做到单刀直入,不拐弯抹角,说理透彻,受众也更容易接受。

社论在我国人民的政治经济生活中曾经起过重要作用并具有重要意义。随着经济建设中心的转移和人们生活水平的提高,社论关注的焦点并不仅仅只是重大的政治和思想问题,也开始关注人们的衣食住行及休闲娱乐等文化生活。

---

① 丁法章:《新闻评论教程》,复旦大学出版社,2002 年版,第 228 页。

案例 10-2

黄金周：休闲也是生产力

"五一"黄金周即将结束。七天长假。见证了中国人不仅在物质生活上有了前所未有的进步，在精神生活上也有了极大的提升。应该说，这种"双重进步"，同样见证了中国人从工作走向生活、从生活走向休闲的"生活革新"。应该承认，尽管在设施、安全、应急等诸多细节尚存漏洞，但经历了七个黄金周后，中国的黄金周休闲文化的确在渐趋理性。

按国家法定，"双休日"加上春节、"五一"、"十一"、元旦放假，全年节假日有110多天。理论上每个中国人一年有三分之一的休息时间。如有学者指出，"中国的黄金周正从旅游经济形态走向休闲经济形态，人们对休闲的选择更加多元化。"进一步说，中国人已经或正在告别"无钱无闲"的时代，而度假开始成为人们平常生活的一部分。越来越多的人意识到，"黄金周"既不是为了"黄金"，也不只是为了"周（游）"，而是为了更好地休息与休闲、享受人生。

必须承认，休闲同样是一种生产力。作为一种经济现象，从1995年5月实施"双休日"、1999年10月实行"黄金周"直到今天，休闲经济为中国的经济建设做出了巨大贡献。国家旅游局提供的统计数字表明，2000年"十一"至2005年"十一"的黄金周期间，全国出游人数达到11.8亿人次，旅游收入4755亿元。2006年的春节黄金周，国内旅游继续保持快速发展势头。全国共接待游客7832万人次，比上年春节黄金周增长13.5%；实现旅游收入368亿元，比上年增长17.6%。

当然，休闲的作用并不止于经济层面，它同样有益于中国文化的重建与超拔。当人们摆脱沉重或冗杂的工作，"自己的日子自己做主"，有更多可以自由支配的时间，便意味着他们可以做更多自己想做而未能做的事情。大而言之，假日为自己实现其他的人生抱负提供良机；小而言之，可以通过悠闲的方式创造自己的生活，让自己的精神世界更加富庶饱满。更可赞美的还有：当人们可以"忙里偷闲"停下来思考，事实上也为我们的社会注入更多理性因素。

黄金周与休闲文化的社会功用同样彰显。交通便利、传播发达更为这种休闲生活锦上添花。一方面，黄金周使中国人拥有更多时间体味亲情的温暖；另一方面，可以增进人们对不同地区的文化与地理的了解，促进人与自然的和解。从这方面说，正在成长中的休闲文化不仅有益于中国人的私人生活的重建，同样有益于公共生活与社群融合。

"休闲——改变人类生活方式"，这是 2006 年世界休闲博览会这一主题。我们相信，黄金周及其休闲文化之于中国的最大贡献，就在于它正在改变中国人的生活方式。如有媒体指出，在社会文化层面，黄金周的长假不再是"连续睡懒觉的日子"，也不单单是疲于奔命的走马观花的同义词，它更多的是关乎闲情逸致与人文情怀的展示，关乎"国民为一生操劳，理应好好休息"。

不可否认的是，自改革开放以来，正是在"解放生产力"和"解放休息日"的双重努力下，休闲文化在中国已经成为一种大众文化。尽管我们在休闲观念、休闲文化与产业等方面仍有待培育与提高，可喜的是，休闲文化已经在中国落地生根，飞入寻常百姓家。和世界上许多国家一样，休闲不是"少数人的特权"，正是在这种平等观念的感召下，我们相信，假以时日，每个充满劳绩的中国人都可以并且可能诗意地栖居于大地之上。

（资料来源：《黄金周：休闲也是生产力》，《新京报》，社论/来论 A02，2006-05-07）

中国改革开放的 20 多年来，社会财富积累到一定程度，人们生活水平的提高，福利的改善，尤其是闲暇时光的增多，人们对于文化活动的需求量越来越大，为满足人们文化娱乐活动方面的需求，文化休闲成为一个产业进行规模生产提上日程。人们的物资生活水平和精神面貌有了极大的提高和改善，进入 90 年代以后，恩格尔系数降到了 50% 以下，我国居民从总体上告别了温饱，开始进入小康。其中城镇居民的恩格尔系数到 90 年代末降至 40% 以下，开始走进了较富裕时代。像上海这样的城市，居民的人均收入甚至超过了 4000 美元，开始达到中等发达国家的水平。双休日的实行、黄金周的推出，中国人开始享受生活，中国特色的休闲经济也应运而生。"休闲也是生产力"主旨的揭示从经济层面、文化层面双重性地肯定了中国人生活方式改变的意义：休闲成为大众的普遍的精神需要，同时也促进了社会的物质生产，文化产业成为新兴产业，带动了整个国民经济的发展。

从这篇社论可以看出，新世纪以来，社论改变了以往重大主题、宏大叙事视角等传统模式。社论由"短而精"逐步走向时评化。这种变化使社论更有新闻性；它使长期以来社论在党报体制之内的崇高地位有所下降；它使社论走下高高在上的"神坛"，有了人间气息；它使社论的文风轻松自然，一改板起面孔说教的学究气。

二、经济社论在经济生活中的地位和作用

1. 影响宏观经济走势

1994年，年轻的中国股市面临开市以来最大的一次生存危机，上海股市在冲高1500点之后一路下跌，至7月底竟然跌至333点，跌幅之大创沪市历史之最。如何救股市于危难，成了一大难题。1994年7月30日，各大证券媒体刊登了新华社通稿《中国证监会与国务院有关部门就稳定与发展股市的决策》，主要内容为：1.今年（1994年）内暂停新股发行与上市；2.严格控制上市公司配股规模；3.采取措施扩大入市资金范围。这就是著名的"三大政策"。"三大政策"起到了立竿见影的效果，1994年8月1日开始，中国股市爆发了一轮狂飙的牛市行情，一个多月，上证综指上涨了两倍多。从此，用政策调控股指走势似乎成了沪深股市的特色，有关部门经常在关键时刻出台一些政策。

1996年底，面对股市连续上扬，管理层多次降温未果，最终以人民日报社论："正确认识当前股票市场"将股指强行压了下来。而在1999年面对股市的萧条又是一篇《人民日报》社论"坚定信心规范发展"将"5·19"行情引向深入，从而拉开了中国股市的牛市序幕，而在2002年7月，一剂国有股减持的强行针使中国股市踏上了漫漫熊途，2001年10月22日又一剂关于停止执行有关国有股减持的规定的强心针，曾使沪市两天暴涨100多点。2002年"6·24"井喷行情也是一剂关于宣布停止国有股减持的重大政策的利好刺激，造成短短三个交易日沪市股指上涨230多点。2004年初出台的国九条同样也是故伎重演，把沪市送上了1780点的高位。股市是市场经济的晴雨表，中国股市由于历史较短，市场发育先天不足，以致中国股市是政策市，牛也政策，熊也政策，我们应该看到无数政策的强心针不仅没有挽救股市，反而使股市走进了一个恶性循环的怪圈，其实政策的不稳定，加重了市场不稳定。作为《人民日报》社论，尤其是党报社论，是党的喉舌，具有权威性。它代表媒体并不代表个人，由于长期在人们经济生活中占据着重要地位，其言论具有举足轻重的作用，面对宏观经济，应遵循市场经济规律，用金融杠杆调整股市，而不是单纯凭借政策的变化或重大言论托市或压市。

案例 10-3

正确认识当前股票市场

今年4月以来，股票市场逐步回升，10月以后出现暴涨。从4月1日到12月9日，上证综合指数涨幅达120%，深证成分指数涨幅达340%。这在国际证券市场上是罕见的。当前，炒股已成社会热门话题，各界人士争相入市，证券交易所几个月来新增投资者开户数800多万，总数超过2100万，股民已占城市人口相当大的比例。股票市场快步上升为我国金融市场的一个重要组成部分。对我国股票市场目前的状况，我们应有一个清醒的认识。

股市因何出现暴涨

中国股市今年快速上涨，有其合理的经济根据，即全球股市普遍上扬和国内经济形势明显好转。但是，最近一个时期的暴涨则是不正常的和非理性的。第一，从市盈率的国际比较看。以12月9日为例，上海市场平均市盈率达44倍，深圳市场达55倍。而国际股市绝大多数都在20倍左右，例如纽约市场为19倍，伦敦市场为17倍，德国市场为29倍，香港市场为18倍，新加坡市场为21倍。中国股市明显处于过高状态。第二，从上市公司的经营业绩看。去年上市公司平均每股税后利润0.25元，今年上半年为0.14元，也就是说，目前上市公司的经营业绩不可能长期支持这么高的股价。第三，从违规活动与股价指数及成交额的联系看。今年以来，市场违规活动呈递增趋势，二季度末以后明显增加，与此对照，股指飞速上升，成交额急剧增加，速度之快，异乎寻常。从个股看，股价全面上扬，经常全线"飘红"。10月以后，少数亏损企业的"垃圾股"也被炒到七八元钱甚至还高，被称为"鸡犬升天"，令人不可思议。从成交额看，沪深两个证券交易所日均成交额，今年9月份为87亿元，12月后达200亿元以上，12月5日这一天竟达到350亿元，约相当于香港股市最高日成交额的三倍，而我国股市可流通股总市值只相当于香港股市的1/10，这就意味着股票交易过度投机明显。

当前股市超常暴涨的原因主要有以下几个方面：

第一，机构大户操纵市场一些资金大户利用股市飚升和散户跟风，频频坐庄，轮番炒作。这些大户多属国有企业，凭借其地位、关系、呼风唤雨，牟取暴利。

他们一掷亿金，不计风险，成则腰缠万贯，败则贻害国家。这可以说是

第十章 报刊经济新闻评论（一）

国有企业机制转变时期中国股票市场的一种特有现象。

第二，银行违规资金入市，例如工商银行合肥分行和中信银行济南分行在安徽古井贡酒和济南柴油机两家公司发行股票期间，分别拆借资金117.59亿元和48亿元给非银行金融机构炒买股票。大量银行资金流入股市，推动了股价的上扬。

第三，证券机构违规透支，例如广东发展银行江门分行、海南港澳国际信托投资有限公司等证券经营机构在江苏索普和青海明胶两公司发行股票期间，违规透支16.5亿元买股票。

第四，新闻媒介推波助澜，一部分报刊、电台、电视台、声讯台的股评节目和证券咨询机构极少进行风险告诫，而是一味鼓噪，有的甚至传播谣言，误导股民。

一些非法出版物信口开河，发布"大牛市赚大钱"一类毫不负责的言论，以此招徕读者，牟取利益。

第五，误导误信股民跟风，实际上股票市场没有永远的多头，总是有涨有落，暴涨必暴落，各国股市无一例外。由于相当多的投资者在股票上升时期新入市，没有摔过跤，缺乏风险意识，轻信舆论误导，误认股市必能不跌。

还有一个心理因素不可忽视。由于今年抑制通货膨胀成绩显著，银行对新增储蓄取消保值贴补，又两次降低存、贷款利率，不少市民认为储蓄存款收益率低了，不如炒股，风险不大，获利更多。这是一种误解。实际上，去年定期储蓄存款利息为10.98%（一年期），但去年零售物价上涨幅度为14.8%，存款实际利率为负3.82%，也就是说存款贬值了。今年调整后的存款利率为7.47%（一年期），但零售物价指数只上涨6.2%，实际存款利率为正1.27%，储户得到的实利比去年多。银行储蓄仍然是收益稳定、最安全可靠的投资方式。

目前中国股市的过热情况，使我们联想到美国1929年的股灾。当时，美国股市也是一片涨声，在纽约，连出租车司机和街头擦皮鞋的都加入了股民大军。不管什么阶层的人，见面几乎都是议论股票，没有人认为股市会跌。这就是所谓的"羊群效应"。在这种气氛下，股指一路狂涨，到9月达452点。但好景不长，终于发生震惊世界的大崩溃，从10月开始一路狂跌，一直跌到1932年的58点，使很多银行、公司和个人都倾家荡产。中国的股民，应从全球多次股灾中汲取教训。

股市有涨必有落

考察各国股票市场发展的历史，可以看出，没有只涨不跌的股市，缓涨可能缓跌，暴涨必然暴跌，这是各国股市的一条共同规律。八十年代，日本证券市场高度泡沫化，日经指数从1988年初的21564点一路上涨，到1989年底涨幅达80%，但从1990年初的38921点开始一路下跌，到1992年8月跌到14194点，跌幅达63%，之后长期低迷，始终在15000点到20000多点之间徘徊。

我国证券市场在过去短短几年中，股票指数出现了三次大起大落。以上海为例，第一次从1992年5月的1422点跌到1992年11月的394点，第二次从1993年2月的1537点跌到1994年7月的334点，第三次从1994年9月的1033点跌到1996年初的537点。在这三次大的波动中，大量机构和个人投资者被套牢，或者被迫"断臂割肉"，蒙受很大损失，严重打击了投资者信心，使证券市场长期处于低迷状况。

暴涨所以会导致暴跌，是客观经济规律决定的。价格决定于价值，价格严重背离价值的情况只会是暂时的、短期的和有条件的，而不可能是长期的、永久的和绝对的。在一般情况下，股票价格主要是由上市公司业绩决定的。就某一个上市公司而言，经营业绩可能会因某种特殊的商业机会或发明创造而在一定时期内高速增长。但绝大多数公司的经营业绩是与国民经济的整体发展状况相联系的。上市公司即使比一般公司经营业绩好一些，也是有限度的。因此，作为体现上市公司群体股票价格水平的指数，无论是综合指数，还是成分指数，都是与国民经济发展的整体水平密切相关的，是国民经济发展状况的反映。正是由于这一内在规律的作用，一些国家股市在进入相对成熟的阶段后虽必有涨落，但一般不会在短期内出现超常的大起大落，而是处于相对稳定的状态。一旦出现大的起伏，也是其国民经济状况出现异常的一种必然反映。但在中国，由于上市公司的数量少，规模小，在国民经济中所占份额不大，股指的暴涨暴跌并不反映国民经济的整体状况，而主要是反映了市场的投机程度。换句话说，在市场发展初期，股市暴涨暴跌的主要原因是市场参与者的过度投机。

股市出现暴涨暴跌，无论对投资者，还是对社会，后果都是相当严重的。例如1987年10月"黑色星期一"，美国道·琼斯指数一天内下跌23%，一周内累计跌幅达31%，市值损失1万亿美元，不少公司遭受严重损失。1994年底，墨西哥发生了震动全球的金融危机，一个月之内，股市狂跌，墨西哥比索贬值1/3以上。不仅几乎导致墨西哥经济的瘫痪，而且影响整个美洲金融市场，对世界也有不同程度的影响。

对于股市暴涨必然带来暴跌，不少机构和个人投资者都不以为然，他们众口一词，说明年香港要回归，十五大要召开，政府一定要把经济搞好，绝对不会让股市掉下来。这一种对股市的估计是十分糊涂的看法。政府要把经济搞好是真，但绝对不会在股市暴跌时去托市，也托不起市。投资者对此不能抱有任何幻想。投资股市，风险自负，赚钱自得，损失自担，这在任何国家都一样。目前的股市已到了很不正常的状况，孕育的市场风险越来越大，需要引起投资者足够的重视。道·琼斯指数今年涨了27%，12月5日美国联邦储备委员会主席格林斯潘就出来提醒公众，股市存在非理性的过热因素。这难道还不足以使我们引以为戒，恢复理智吗？

坚持"八字方针"规范证券市场

我国证券市场还处在不成熟的成长阶段。证券市场从不成熟到成熟的转变，需要具备比较完善的法律制度，集中统一的监管体系，行之有效的行业自律机制，富有经验的监管力量，具有投资理念的投资者队伍，以及比较完善的金融制度、公司制度和财会制度。这些条件相辅相成，构筑了证券市场规范发展的基础。没有这种基础，证券市场的健康发展是不可能的。"欲速则不达"，不顾客观条件搞泡沫经济，到头来是搬起石头砸自己的脚，延缓市场发展的进程。这是国际证券界的共识。

正是在总结国内外经验教训的基础上，国务院去年提出了关于证券市场发展的"法制、监管、自律、规范"八字方针。这个方针完全符合我国证券市场的实际情况。根据"八字方针"，证券监管部门把制定法规，加强监管，规范市场，保护投资者利益，促进证券市场健康发展作为主要任务。1992年底以来，国家颁布了《公司法》、《股票发行与交易管理暂行条例》和《禁止证券欺诈行为暂行办法》等一系列法律、法规。依照这些法律、法规，在国务院领导下，证券监管部门在规范和培育市场方面做了大量工作，使证券市场在规模和质量上都上了一个台阶。上市公司从1992年的53家发展到今年11月底的501家，为国有企业筹集资金和转换机制发挥了积极作用。债券市场也获得较大发展，为深化财政和金融改革创造了一定条件。同时在加强市场监管，打击违规行为，维护市场秩序方面，也取得了重要经验。

今年4月以来，证券市场逐步走出前两年的低迷状态，出现了快速上升的势头。面对市场出现的各种违规行为，证券监管部门采取了一系列措施，加大了监管力度：

经济新闻评论：理论与写作

第一，自7月24日以来，先后发布了《关于规范上市公司行为若干问题的通知》、《证券交易所管理办法》、《关于坚决制止股票发行中透支等行为的通知》、《关于防范运作风险、保障经营安全的通知》、《关于严禁信用交易的通知》、《证券经营机构证券自营业务管理办法》、《关于进一步加强市场监管的通知》、《关于严禁操纵市场行为的通知》、《关于加强证券市场稽查工作，严厉打击证券违法违规行为的通知》等一系列规定。还专门下发了《关于加强风险管理和教育工作的通知》，要求市场各方面注意防范风险，加强风险宣传，告诫投资者，买卖股票的风险只能是自己承担。

第二，处罚了一批违规案件。现已对违规拆借资金的工商银行合肥分行和中信银行济南分行的负责人进行严肃处理。同时国务院已明确规定，今后凡利用银行拆借资金炒作股票的，主办行长一律撤职并调离银行工作。对在股票申购中违规的华银国际信托投资公司、华夏证券有限公司、广东发展银行江门分行、公司等44家机构处以警告并罚款。对违规给客户透支的深圳发展银行和海通证券公司等处以警告并罚款。对不及时刊登《人民日报》重要社论的《证券时报》和《上海证券报》处以停止上市公司信息披露指定报刊资格一个月，两名副总编被停职检查。对两个证券交易所的违规行为也予以通报批评。

进一步抑制过度投机

对于目前证券市场的严重过度投机和可能造成的风险，我们要予以高度警惕。

证券市场的风险往往是系统风险，关系经济的全局和社会的稳定。各方面都要认真贯彻中央经济工作会议精神，特别注意维护证券市场的健康发展，保证不出大的问题。几年以来，特别是近期股市反映的问题，进一步印证了一个道理：规范是证券市场健康发展的前提，是证券市场健康发展的生命线。过度投机是市场不成熟的反映。在我国证券市场从不成熟走向成熟的过程中，抑制过度投机、保护投资者的利益是一项长期任务。要想抑制过度投机，防范市场风险，维护市场稳定发展，就必须坚定不移地贯彻"法制、监管、自律、规范"八字方针，抓紧抓好市场基础设施建设，进一步完善法规，理顺体制，并切实加强和抓好市场监管工作。针对目前情况，要本着加强监管，增加供给，正确引导，保持稳定的原则，做好以下工作：

第一，进一步加强监管。近期内在全国范围内组织一次对证券经营活动中违法违规情况的普查。先由各地人民银行分行、审计厅、证管办等单位组织本地公司进行自查，在此基础上由人民银行总行、国家审计署和中国证监

会等有关单位组成若干联合检查组,对重点地区、重点大企业进行检查,发现问题严肃处理。要彻底切断银行资金流入股市炒作,银行不能贷款给企业炒股票,企业也不能用银行贷款炒股票。要坚决打击各类机构和大户操纵市场的活动。要严格禁止证券经营机构向客户透支和超比例自营。要从严处罚上市公司的内幕交易以及买卖或配合他人买卖本公司股票的行为。证券交易所要彻底改变重发展轻监管的倾向,切实把工作重点转移到监管上来,首先要做到严格守法,同时要切实履行一线监管职责。

第二,继续公开处理违规案件。有关部门已决定,对动用发行股票集资所得炒作股票获利的湖南张家界旅游开发股份有限公司没收全部非法所得,并进行罚款,对有关责任人给予行政处分。对其他违规的证券经营机构和上市公司也要尽快处理。

第三,实行涨跌停板制度和完善市场信息公开制度。上海、深圳证券交易所已制定办法,实行涨跌停板制度,要切实做好这项工作。同时要选择每天涨幅最大的前几名股票,将占这些股票成交额比重较大的证券经营机构向社会公布,增加市场透明度。

第四,建立证券行业禁入制度。对证券行业各类机构的高级管理人员及从事证券交易的机构和个人,凡违法违规者,除按现行法规予以处罚外,还要视情节轻重,暂时或永久禁止他们在证券行业各类机构任职或者从事证券交易,将扰乱市场秩序的"害群之马"清除出证券市场。

第五,加强风险管理。证券交易所、证券结算登记公司和证券经营机构要在各自职责范围内,采取措施,防范风险,保证交易、清算、登记系统不出大的问题,维护市场安全运行。

第六,增加供给。根据目前市场需求旺盛的情况,近期将公布2006年度新股发行总规模,陆续选择一批效益好的国有大中型企业发行股票上市,满足广大投资者的需要。

第七,做好舆论导向工作。要整顿证券舆论宣传阵地,坚决取缔各种非法刊物。有关新闻媒介要组织力量,系统介绍国内外证券市场的风险案例,对投资者进行风险教育。股市报道和股评文章绝对不能制造或传播虚假信息,鼓励投机,误导股民。要尽快颁布《证券咨询机构管理办法》,对咨询机构及股评人士实行资格管理。

第八,实行集中统一的管理体制。各地方、各部门不能自行其事,干预股市,要与中央保持一致,自觉维护全国集中统一的证券市场管理体制,贯彻执行国家关于证券市场的方针政策,维护好本地的市场秩序和社会稳定。

道路是曲折的，前途是光明的。中国证券市场从不成熟走向成熟，从不规范走向规范，任重而道远。尽管当前证券市场存在着种种弊端，我们的工作面临重重困难，但只要我们遵循邓小平建设有中国特色的社会主义理论，坚决贯彻执行党中央、国务院的方针、政策，不断总结经验教训，群策群力，坚持不懈，就一定能把我国证券市场逐步建设成一个规范化的、健康发展的市场，为发展社会主义市场经济作出贡献。

（资料来源：《正确认识当前股票市场》，《人民日报》社论，1996-12-15）

这篇"提示股市风险"的社论甫一发表，股市连日暴跌，股民欲哭无泪，一个由社论引发的漫漫熊途由此开始。股市的健康持续需要一个良好的投资环境，一个良好的投资环境应该符合以下三个方面：一是政策的一致性、连贯性。中国股市管理政策习惯于政出多门，一个部门的声明，一位领导的讲话都能影响股市的走势，缺少一个完善的规范股市发展的稳定政策，从而使投资者对政策失去信心。二是要有一个诚信的市场。目前市场信用危机四伏，使投资者特别是中小投资者在一定程度上成为市场制度缺失的最大也是最无辜的受害者，由于行政权力过于强大，市场力量抵御不过行政的力量，从而使得股市的市场化特征弱化，人为操作的痕迹明显，造就了一个个机构，券商，上市公司的黑幕。三是要坚持真正的公平、公正与公开的"三公"原则。中国股市设置的初衷就是为了强化融资功能，管理层一开始就对于严重的股权分裂现象置若罔闻，随着新股的不断发行，市场的顽症（非流通股）在整个市场上越积越多，股权分裂问题越来越难以解决，造就了广大股民在证券市场中的弱势地位，"三公"原则无从谈起。

"政策"是一柄双刃剑。有的"政策"只治标不治本，反而养成了市场对政策的依赖，尤其是股市低迷时，股民都在期待利好政策的出台，却忽略了解决市场中存在的问题，不去研究真正产生问题的根源，治本之策往往就会被搁置。事实上，政策虽然可以刺激股市行情，但往往都是短期的，当股市下跌时，所谓的"政策底"大都是无效的，沪市到目前为止，除了"三大政策"出台时的333点没有被跌破过，其他的所谓"政策底"后来全部被跌破过。由此可见，真正的利好从来不是针对市场走势的短期行为，而是对于市场长期环境的框架建设。中国股市长期存在的市场制度缺陷以及上市公司质量不高的问题，一直阻碍着股市的发展，正是这些深层次的矛盾没有解决，从2001年7月开始，沪深股市进入了一轮长期调整，十多年后，中国股市又一次到了需要破解危局的时候。这几年里是证券市场各种规章制度出台最多的年月。

　　这说明政策已经由注重短期涨跌转为加强市场环境的建设,从一系列信息披露制度日益严格,到"九条意见"出台,都在透露这样的意图。虽然从2001年开始的国有股减持到目前提出解决股权分置,历经波折,但却是解决市场制度缺陷上的一次尝试,证券市场的治本之策正在逐渐实施。为提高上市公司质量,解决许多历史遗留问题,包括整体上市以及解决大股东占款的"以股抵债"等金融创新,得到了管理层的鼓励。随着上市公司质量的提高,证券市场深层次矛盾的解决,我们将会迎来一个真正的大牛市。

　　2. 发挥重要和正确的导向功能

案例 10-4

坚定信心规范发展

　　5月19日以来,调整两年之久的中国股市开始出现了较大的上升行情。6月11日,深沪两市综合指数收于1370点和407点,分别比年初上涨了22%和21%。18个交易日共成交4595亿元,日均成交255亿。股票市场的企稳回升,恢复了市场人气,扩展了发展空间,也给投资者和市场各方带来了欣喜和期盼。然而,此番股票市场的上升行情,究竟是在利好消息刺激下的短期反弹,还是股市长期发展的良好开端呢?正确认识这一问题,对于进一步增强投资者信心,稳定和发展证券市场,推进改革和发展具有重要意义。

　　一、近期股市反映了宏观经济发展的实际状况和市场运行的内在要求,是正常的恢复性上升。

　　从宏观形势来看,近期股市反映了经济发展的实际状况。随着去年以来国家以增加投资、扩大内需为主要内容的各项政策措施逐步发挥效应,今年经济发展继续保持了良好势头,经济增长结构出现了积极变化。特别是在国际局势动荡不安的环境下,我国仍然保持了社会政治经济稳定的良好局面,发展经济、壮大实力,已经成为各方面的共识。近期的股票市场走势,反映了广大群众对形势发展的良好预期。从市场走势来看,客观上存在反弹要求。我国股市已经经历了长达两年的盘整行情,整体上一直处于下滑状态,至今年5月18日,深沪两市综合指数已分别跌至1059点和310点,当日成交金额仅为41亿元。在股市的持续下跌过程中,众多上市股票的市盈率大幅下降,投资价值日益显现,使股票市场积蓄了较大的反弹能量。从市场指标来看,近期市场运行基本正常。首先是股价指数基本正常。

5月19日以来,沪深两市综合指数有5天升幅在2%以上,有4天回落,其他时间小幅上升;日均涨幅前7个交易日分别为2.77%和2.61%,后11个交易日分别为0.66%和0.82%。其间,单日涨幅最高值不到5%,远低于股市过热时近10%的水平。其次是日均成交量基本正常。今年年初到6月11日,沪深两市日均成交量为104亿元,而1997年同期为180亿元,1998年同期为124亿元,近期成交量增加只是对前期成交量不足的补偿性增长。5月19日以来,日均成交量达到255亿元,主要是资金来源增加。5月19日至6月4日,沪深两市新增开户数达17万户,客户保证金大幅上升,10只基金持股数量明显增加,成为市场新增资金的重要来源。特别是自1997年以来,我国上市公司增加了261家,流通股增加了1倍,流通市值增加了2000多亿元,随着市场规模的扩大,日交易量出现较大增长也是正常的。从市场投资热点来看,与以往股市过热时明显不同。近期股市资金流向主要集中在高新技术股和绩优股,上证30指数和深圳成分指数分别上涨了24%和32%,而因财务状况差受到特别处理的51家ST股票平均涨幅远低于绩优股。这种理性投资的特征,与以往市场出现过度投机时"鸡犬升天"、"全线飘红"的不正常现象有显著的区别。

二、证券市场具备了长期稳定发展的基础,对推动国有企业改革和现代化建设至关重要。

江泽民总书记在《证券知识读本》一书的批语中指出:"实行社会主义市场经济,必然会有证券市场。建立发展健康、秩序良好、运行安全的证券市场,对我国优化资源配置,调整经济结构,筹集更多的社会资金,促进国民经济的发展具有重要的作用。"这是对我国证券市场8年多实践的科学总结,也是对今后证券市场发展的明确要求。在过去的8年多时间里,我们以邓小平理论为指导,积极探索中国证券市场的发展道路,在促进国有企业改革和经济发展方面发挥了重要作用。一是拓展了国有企业融资渠道,改善了上市企业财务状况。8年来,证券市场为国有企业筹集了3640多亿元发展资金,使工业类上市公司的资产负债率降到了46%,比国有工业企业65%的平均水平低19个百分点;二是国有企业通过改制上市,按照现代企业制度的要求,转换经营机制,建立法人治理结构,逐步使决策科学化,经营市场化监督社会化,促进了经济效益的提高;三是有利于优化社会资源配置,促进经济结构调整和国有经济的战略性重组。仅1998年,就有277家国有企业通过证券市场实施了收购、兼并和资产重组;四是通过支持高新技术企业上市,促进了高新技术产业化发展和技术进步。

1998年,经国家有关部门认定的高新技术上市公司达135家,占全部上市公司的16.2%。实践证明,证券市场已经成为社会主义市场经济体系中不可缺少的重要组成部分。当前,我国宏观经济继续保持了持续健康发展,证券市场具有长期稳定发展的良好基础。1998年,我国金融机构新增各项贷款11000多亿元,同期股市筹资只有840亿元,仅相当于贷款总额的7.6%。而在发达国家,直接融资比例一般在50%左右,我国发展证券市场的潜力还相当大。另一方面,近年我国总储蓄率高40%左右,今年1至5月,全国城乡居民储蓄新增5599亿元,到5月底,累计余额已达58968亿元,居民手持现金近万亿元,在银行利率下调的情况下,为居民投资多元化创造了条件。尤其重要的是,1996年以来,为了规范证券市场发展,有关部门先后采取一系列有效措施,依法查处违法违规行为,规范市场运行秩序,积极防范和化解市场风险。特别是1997年全国金融工作会议以后,证券法律法规不断完善,证券监管体制进行了重大改革,证券市场清理整顿取得了重要进展,市场运行的规范化程度进一步提高。以上情况表明,只要我们坚持解放思想、实事求是的思想路线,进一步提高对发展证券市场的认识,积极稳妥地加快市场建设,完全有可能使证券市场在国有企业改革和发展中发挥更为重要的作用。

三、证券市场的良好局面来之不易,各方面都要倍加珍惜。

历史的经验证明,要保持证券市场的持续稳定发展,更好地发挥证券市场的功能,就必须坚持"法制、监管、自律、规范"的八字方针,坚持在规范的基础上求发展,切实保护投资者利益,防范市场风险。当前,更要倍加珍惜来之不易的良好局面,坚持依法治市、规范运作。要按照《证券法》的要求,进一步加强证券市场的规范化建设,切实提高市场监管水平。同时,要从中国证券市场发展的现实情况出发,积极采取必要的政策措施,促进证券市场发育。证券监管部门要努力维护市场"三公"原则,切实提高监管工作的规范化水平。

改革股票发行上市制度,公开核准程序,提高监管工作透明度;依法查处违法违规行为,切实保护投资者利益。上市公司要依法履行信息披露义务,严格募集资金使用的管理,并按照现代企业制度的要求,完善法人治理结构,切实转换经营机制,努力增强市场竞争力,以更好的经营业绩回报投资者。证券公司要严格自律,守法经营,逐步实行"分业经营、分业管理",建立健全内控机制。有关部门要密切配合,抓紧实施有关券商融资的

经济新闻评论:理论与写作

各项政策，允许证券公司进入银行间同业拆借市场，进行不超过7天的同业拆借；允许证券公司在银行同业市场上进行国债回购业务；允许符合条件的证券公司以自营证券作抵押向商业银行申请抵押贷款；允许符合条件的证券公司发行债券。支持规范经营的证券公司增资扩股，发展壮大。会计师事务所、律师事务所等市场中介组织要诚实信用，勤勉尽责，认真履行执业规范，不断提高执业水准。要继续扩大证券投资基金试点，加快培育机构投资者的步伐。基金管理机构要改善经营管理，提高投资收益。广大投资者要进一步增强风险意识，树立正确的投资理念和风险自担的观念。证券咨询机构和新闻媒体要本着高度负责的精神，发挥正确的舆论导向和监督作用，维护证券市场的稳定运行。

世纪之交，中国证券市场正面临难得的发展机遇。证券市场的规范发展，不仅有利于改革和发展的大局，也关系到证券市场各方参与者的切身利益。让我们统一认识，坚定信心，共同努力，把一个规范的、充满生机与活力的证券市场带入21世纪。

（资料来源：《坚定信心规范发展》，《人民日报》社论，1999-06-15）

1999年5月9日发生美军"误炸"我国驻南使馆事件，上证股指跳空下行逼近千点。为了配合宏观经济政策，政府大规模干预股市，"5·19"行情启动。在股市短线飙升400余点之后，1999年6月15日《人民日报》发表社论"坚定信心规范发展"，鼓励投资者入市，并为这次行情起了一个称呼：恢复性行情，"5·19"行情随之进入高潮。从此，"5·19"行情将中国股市引向深入发展，从而拉开了中国股市的牛市序幕。

"5·19"行情之后，股市再次低迷下挫，《人民日报》当年10月份重新刊发6月15日的社论，并在题要中明确提出"帮助广大读者高屋建瓴，用历史的眼光审视这场持续了2年多的大行情发生的背景、性质、起因、过程"。"5·19"行情的一个重要原因是，国有企业尤其是国有大中型企业越来越紧迫和越来越庞大的融资需求。在"5·19"前后，国有企业对资金的需求与日俱增，政策的出台主要也是为国有企业脱困服务的。在中国银行业巨大经营风险压力之下，国有大中型企业为了摆脱困境转向证券市场，其资金需求也转向股市融资，这迫切需要一个良好的融资环境。"5·19"行情的另一个原因是出于充实社会保障基金的压力。社论重申"实行社会主义市场经济，必然会有证券市场。建立发展健康、秩序良好、运行安全的证券市场，对我国优化资源配置，调整经济结构，筹集更多的社会资金，促进国民经济的发展具有重要的作用"的重要意义,对于维护证券市场的稳定运行,发挥正确的舆论导向和监督作用,告诫证券咨询机构和新闻媒体要本着高度负责的精神,广大投资者要进一步增强风险意识,树立正确的投资理念和风险自担的观念等方面,社论发挥了重要和正确的导向功能。但是,由于党报社论的至尊地位,也使得针对经济工作的社论写作要慎之又慎,更不能匆忙定论,以免干扰市场。

第三节 评论员文章

一、评论员文章及例文分析

评论员文章是一种介于社论和短评之间的中型评论,一般在1000字左右,通常不去全面地论述某一重大问题或重大决策,而是就某一问题或选择一个重要的侧面发表意见,作更深层的分析。它与社论之间没有严格的界限,必要时可以升格为社论。它不像社论那样直接代表报社或同级党委等组织的意见,但它反映的观点和倾向,也具有某些权威性。

评论员文章有署名和不署名两种形式。编辑部决定采用评论或评论员文章的形式发表,往往是由论述问题的重要和发表的郑重程度决定的。评论员文章发表的郑重程度仅次于社论,直接代表编辑部集体的意见,反映编辑部的观点和倾向。以"本报评论员"署名的评论,形式上虽不直接代表编辑部集体的意见,只表明它是编辑部一个评论员写的文章,但在通常情况下,都是得到编辑部同意的。评论员文章既有一定的"官方色彩",又要有个人的风格。它的选题面更广一些,不必像社论那样持重、严肃,可以写得自由、活泼。

评论员文章常常与其相关的新闻报道同时发表,并根据党的路线、方针、政策的原则精神,提炼和概括现实生活的丰富内涵,高屋建瓴地揭示其底蕴,起着总结推广典型、指导一般的作用。它针对现实生活和实际工作中的某一方面问题,作政策性、方针性的指导和评价;或在党和政府的各项方针、政策的贯彻过程中,及时地揭示出一个时期的具体方向或重点问题;或及时地灵活地针对某种社会思潮和一个时期的思想倾向,生动切实地宣传党的路线、方针、政策;或联系媒体上发表的正反典型进行评论,兴利除弊,

经济新闻评论:理论与写作

扶正祛邪，等等。①

2006年下半年股市从1800点到2200点，2245点历史高位已近在咫尺，市场投资热情高涨，众多蓝筹股蓄势待发，一种投资、融资双向扩容的大好局面得到巩固。散户集合起来委托机构来投资，蓝筹股代替中小股成为市场中坚，中国股市快速转型，迅速壮大，从而有可能形成一次更加稳固的大牛市。

在这种情形下，对于股市的客观判断以及风险防范意识等，媒体必须加以适当的引导和提醒。

新华社记者谢登科发表了一篇署名评论员文章《如何看待当前股指涨跌 股市是否"过热"?》，文章虽短，但内容丰富而且深刻，该文主要说了以下几点内容：一是一个国家的经济增长时快时慢，作为宏观经济风向标的股市运行也必然出现牛市熊市的交替，中国现在的牛市符合我国当前的经济发展速度，也就是说股市涨得快一点也是正常的。二是必须要保持清醒的头脑，中国股市深处存在的矛盾和问题不可能在指数的一夜暴涨下完全消失。比如：非流通股对于二级市场的实质性压力却尚未开始体现。三是上市公司的整体业绩和赢利能力并没有得到根本性改观；中国经济发展的趋势不会一下子慢下来，但宏观调控的作用终将显现。四是中国股市在价值估值体系上发生深刻的变化，蓝筹股成为左右股指的决定性力量。在这样的背景下，股指的上涨不能等同于股市行情的上涨，"龙头"企业的业绩并不能代表其他上市公司的业绩，投资者对这些"龙头"企业前景的看好并不能代表对所有上市公司前景的看好。五是中国股市的规模发展壮大，抗风险能力相应增强，股指期货即将诞生，机构投资者的影响力空前壮大，中国股市将进入一个新的发展阶段。六是当前的中国资本市场正处在一个重要的发展转折期，有关部门正在加强市场基础性建设，推进资本市场的改革开放和稳定发展。作为一个成熟的管理者，不必过分地关注于一时一处的涨跌，要放眼长远，胸怀全局。七是市场经济就是这样，只要存在市场竞争，就会有优胜劣汰；只要股市开门交易，就会有股指涨跌；只要投资者进行投资，就必然面临投资风险。在这样的市场条件下，企业和投资者都在不停地筛选着、淘汰着，这既是市场的魅力所在，也是市场的主要功能之一。

---

① 李法宝：《新闻评论：发现与表现》，中国传媒大学出版社、中山大学出版社，2005年版，第234页。

案例 10-5

如何看待当前股指涨跌，股市是否"过热"？

最近以来，沪深股市在指数的表现上呈现出扶摇直上的态势，特别是沪综指突破 2000 点以后的持续上行，使人们对股市的高歌猛进充满期待。与此同时，对于股市是否"过热"，指数是否"虚高"等话题的议论和担心也渐渐多了起来。在这样的背景下，正确认识中国股市的现状，理性把握中国股市的发展显得尤为必要。

世界经验表明，没有任何一个国家的经济增长可以稳定在一个固定的速度之上，而是能快就快，该慢则慢。作为宏观经济的风向标，股市的运行显然不会违背这一规律。

在多种因素的作用下，股市的起伏波动是必然现象。世界上任何一个国家的股市都是在动态平衡中发展，只有振幅的高低不同，而绝不会只涨不跌，只跌不涨。

但是，相对年轻的中国股市而言，在市场深处存在的矛盾和问题不可能在指数的一夜暴涨下完全消失。

随着股权分置改革的接近尾声，困扰市场发展的制度性障碍正在逐步得到消除，但是，非流通股对于二级市场的实质性压力却尚未开始体现，这些压力的真正到来之时才是对中国股市发展的真正考验。

随着市场基础制度建设的完善以及政府对其战略地位认识的提高，投资者的乐观情绪在市场上弥漫，但是，相对于一个成熟的、健康的市场而言，中国的股市还有很远的路要走。特别是上市公司的整体业绩和赢利能力并没有得到根本性改观，有的还呈现出持续下降的趋势。

经济发展具有一定的惯性，国家政策和其它因素的影响总要有一个贯彻和作用的过程，其运行的趋势不会一下子得到改变。股指飞涨之间透出的数字变化，映衬出中国资本市场发展的活力，但并不能必然地说明资本市场的内在质量已取得了根本性提升。

股指上涨的背后蕴藏着中国股市在价值估值体系上发生的变化。今年以来，随着工商银行、中国银行等一批对宏观经济发展具有较强代表意义的企业在国内上市，股票指数在权重上也发生了根本性变化，这些"庞然大物"的入市，成为左右股指的决定性力量，它们每涨跌一分钱，就会影响到股指上下浮动几个点。在这样的背景下，股指的上涨显然不能等同于股市行情的

经济新闻评论：理论与写作

上涨，因为这些"龙头"企业的业绩并不能代表其它上市公司的业绩，投资者对这些"龙头"企业前景的看好并不能代表对所有上市公司前景的看好。

随着规模的发展壮大，中国股市的抗风险能力也相应增强，沪深股市的总市值已突破7万亿元人民币，仅今年以来的市场融资总额就超过了2000亿元。股指期货即将诞生，意味着中国的股市将进入一个新的发展阶段，但同时也会为监管层和市场带来新的考验。在一个操纵和投机得不到有力遏制的市场里，对于一些机构来说，让股指疯涨到多少点都不是没有可能的。

当前的中国资本市场正处在一个重要的发展转折期，有关部门正在按照"标本兼治、内外并重、远近结合"的思路，不断深化改革，强化监管，加强市场基础性建设，着力解决影响市场长期发展的结构性和机制性问题，推进资本市场的改革开放和稳定发展，这是中国股市的希望所在。作为一个成熟的管理者，对股市发展运行的把握不能只看一时一处的涨跌而得意忘形或惊慌失措，那样势必导致矫枉过正的局面，只有放眼长远，胸怀全局，才能做出准确的判断。

只要存在市场竞争，就会有优胜劣汰。市场经济条件下，企业根据市场发展和竞争的需要进行投资，必须承担投资风险；只要股市开门交易，就会发生股指涨跌。投资者根据对公司发展前景和效益风险的评估，决定购买哪一家公司的股票，同样也需要自担风险。从这个意义上看，股指的涨涨跌跌倒在其次，能否以清醒冷静头脑和科学理性的心态参与市场，对投资者来说才是最大的考验。

（资料来源：谢登科：《如何看待当前股指涨跌，股市是否"过热"？》，中证网，2006-12-07）

中国股市呈现繁荣，而许多代表中国宏观经济发展方向的大型国企准备上市并彻底改造中国股市的时候，著名学者易宪容不失时机地警告说，中国股市的繁荣也存在许多弊端，比如概念股狂炒，散户投资者跟风，一旦牛市结束，这些盲目跟风的投资者势必亏损并责备中国证监会、管理层有义务对他们进行教育。作者对蓝筹股引领的牛市上涨是肯定的，而对于概念股的狂炒表示担忧。作者认为，现在的调整只是短期的调整，是教育投资者的调整，是对上涨速度的调整，是机构资金为了调仓和建仓主动展开的调整。

案例10-5中谢登科的文章核心是，中国经济迅速增长，反映这一增长的牛市有其合理性。同时要保持清醒的头脑，高估的企业将受到非流通股上市的冲击；大多数中小型上市公司的整体业绩和赢利能力并没有得到改善等等。其结论是："股指的上涨不能等同于股市行情的上涨，龙头企业的业绩并不能代表其它上市公司的业绩，投资者对这些龙头企业前景的看好并不能代表对所有上市公司前景的看好。"最后文章提醒投资者："投资者根据对公司发展前景和效益风险的评估，决定购买哪一家公司的股票，同样也需要自担风险。"

二、写作评论员文章的几种情形

1. 针对实际生活中的某一问题进行倡导和评价

《经济日报》评论员文章"自主创新，大有可为"（2005-10-14），以柳州搞自主创新的实践活动肯定欠发达地区自主创新同样能够大有可为。文章指出：柳州的实践告诉我们，在经济发展面临的能源、资源和环境压力较大的情况下，自主创新是推进经济结构调整和转变经济增长方式的中心环节。通过在引进、消化和吸收基础上的再创新，通过运用科技创新成果对老企业及其产品进行更新改造，掌握一批具有自主知识产权的产品和技术，形成适应市场需求变化而不断升级换代的能力，是一个城市经济发展具有强大后劲和生命力的体现。

文章指出其意义可以带动其他地区的创新活动，说明柳州在自主创新上的成绩是经济欠发达地区的样榜。经济欠发达地区不要等到经济发展了再搞自主创新，而是在自主创新中实现经济发展。西部地区要实现全面、协调和可持续发展，要不断地缩小东西部差距，必须从现在开始就不遗余力地推进自主创新。只要从实际情况出发，勇于开拓进取，经济欠发达地区就能在若干领域实现突破，并由此带动全局的发展。虽然和东部沿海经济发达地区比较起来，柳州在自主创新上所取得的成绩并不很显著，但是，柳州这一份执着的精神，这一种豪迈的勇气，值得我们学习。全文态度鲜明，大力鼓动自主创新，概括性强。

2. 在国家政策执行中的某一时期的具体方向和重点任务

《人民日报》评论员文章"为消除贫困不懈努力"（2005-02-17），是为10月17日"世界消除贫困日"的纪念日而配发的评论。文章肯定了我国在消除贫困人口方面的成绩"经过20多年的艰苦奋斗，全国农村有2.2亿贫困人口解决了温饱问题，贫困人口占农村总人口的比重从1978年的30.7%降为2003年的3%以下。"但也指出"中国是一个发展中国家，消除贫困任重道远。基本解决农村贫困人口的温饱问题只是完成这一历史任务的阶段性

经济新闻评论：理论与写作

成果。在此基础上使贫困地区的人民生活实现小康，进而过上比较宽裕的生活，还需要一个长期的奋斗过程"。

未来使贫困地区的人民生活实现小康，进而过上比较宽裕的生活，还需要一个长期的奋斗过程。"我国的综合国力显著增强，可以投入更多的力量促进贫困地区开发建设。在顺利实现八七扶贫攻坚计划之后，党中央、国务院一如既往高度重视扶贫开发工作，中央财政用于扶贫的投入仍保持逐年增加的势头。"这篇文章把消除贫困作为长期不辍、坚持不懈地努力的一个重要任务，对于党和政府制定下一个经济发展战略具有一定的参考价值。

3. 针对某种错误思潮或某种思想倾向，提倡正气弘扬精神

中国远未富到浪费的地步，但有些人却患上了奢侈症，公款消费，吃喝成风，公车私用，浪费惊人。《湖南日报》发表本报评论员文章"努力建设一个节约型社会"（2005-07-15 湖南在线）指出建设节约型社会，是一个事关经济社会发展全局的重大战略问题。它关乎国家发展的长远大计，关乎人民群众的根本利益，是我们加快发展、推进现代化进程面临的紧迫而艰巨的任务。提倡节约是因为：一方面我们的资源短缺，一方面我们的资源利用率又很低，我们不仅要节约资源，而且要千方百计地提高资源的利用效率。这是建设节约型社会的当务之急。湖南既面临着加快经济社会发展的挑战，又面临着越来越大的资源和环境的多重压力。加快建设节约型社会，形势逼人，刻不容缓。它既是现实发展需要，又具有深远而重大的意义。

文章把节约当成自古以来的美德来赞誉。勤俭节约是中华民族的传统美德。"克勤于邦，克俭于家"，古来有之。我们要向"节约冷漠症"发起挑战，旗帜鲜明地反对浪费。节约是一种修养，是一种境界，更是一种社会责任。如何节约，文章对于细节作了说明：建设节约型社会是一个涉及生产、流通、分配和消费领域的系统工程。当前，要强化措施，明确任务，大力节约能源，大力节约用水，大力节约原材料，大力节约和集约利用土地，大力推进资源综合利用，大力发展循环经济。创新是民族的灵魂，是发展的动力，也是推进节约型社会建设的力量之源。"泰山不让土壤故能成其大，河海不择细流故能就其深。"在建设节约型社会中，我们要叫响一句话：节约每一度电，节约每一滴水，节约每一张纸，节约每一粒粮。全文纵横捭阖，为节约叫好，倡导了社会正气，为树立良好的风尚打下了舆论基础。

第四节 经济时评

经济时评着眼于"时",对最新的经济现象、问题进行评论。经济新闻的勃兴,催生了经济时评。随着社会主义市场经济体制的确立与完善,随着世界经济全球化步伐的加快,我国经济活动呈现出前所未有的活跃,经济新闻也日益成为媒介报道的重中之重,在推动社会变革,促进社会转型,干预经济生活方面发挥了十分积极的作用。经济活动纷繁复杂,读者迫切需要了解经济新闻各种数字背后渗透的法制观念与市场理性。对报道者而言,经济题材的丰富性以及经济题材背后牵涉面之广、经济活动自身的规律性,都使解释经济新闻、诠释经济行为的意义变得越来越重要,报纸越来越多地对经济活动中出现的新现象、新问题予以解读,经济时评应运而生。

从内容而言,经济时评是对"时评"文体的拓展,它大大拓宽了时评的评论领域,推动了这一文体的发展。经济活动的多样性与多元化,给经济时评提供了广阔的评论天地;经济活动的普遍性以及具有的自身规律性,则为经济时评提供了更为自由的评论空间。经济时评反过来又促使经济报道采用新的视角,对经济活动进行深层次的挖掘。

一、经济时评的特点和内涵

1. "时"与"评"

时评的生命力正在应时而评,与时事结合紧密。经济时评最大的魅力就在于它能紧紧抓住经济活动中为人注目的敏感话题进行评论,把握变化,切中要害,引导舆论,体现了表现问题的时效性。经济时评应做到评"时"论"事",以锋利的议论取胜。《中国经济时报》的经济时评,就很有时效性。

案例 10-6

"三峡电"不直供的垄断根源

"三峡"全线建成的时候,有不少人对作为工程副产品的电力的适用范围存在疑问。坝区经济能否获得第一手补助?三峡电与直供电还有多大的距离?随着三峡电力的初始运转,这些问题开始受到越来越多的关注。

大坝建成,最先受益的当是坝区经济,因为就近的大坝派生资源可以直

经济新闻评论:理论与写作

接作用于当地农田灌溉、工业用电、居民用电等领域，三峡电力的综合效应可以得到很好的发挥。但从实际情况来看，并不如此。三峡大坝所在地湖北宜昌坐享丰富的电力资源，却仍然要准备修建大型的火电厂，以解决电力资源的不足。守着世界上最大的无污染电厂，却还从其他地方调用电力资源。真可谓一大怪事。

电厂服务于所在地，往往涉及经济学领域的一个问题，即电力商品直供。打破目前电力领域的垄断格局，让市场在配置电力资源中发挥基础作用，既是电力直供的目的，也是瓶颈。每一个需要改革的领域都存在一个难以突破的问题层面，利益集团常常是延缓改革步伐的最大阻碍。电力是高度垄断行业，甚至这种垄断比通信行业会招致更多不满，因为它是一种民生资源和基础工业资源，国家、地方政府和电力公司不让市场参与其中，消费者的情绪会翻起波澜。

目前，一些大型的发电站，无论污染与否，都是采取电网公司包销的营运方式，三峡电也不例外。电网公司对于三峡电的销售范围规定的很明确，70%的电量输往华东、广东电网，30%送到华中电网。对于三峡坝区所在地用电问题，他们提出建议，"从其他地方给宜昌解决部分优惠电价，不使用三峡电"，而三峡电的平均上网电价也才0.25元/千瓦时。这一个平均价远销外地，就可以从电力商品差价中赚取巨额利润，这明显是为自己的利益服务，绝非什么惠民举措。

国电动力经济研究中心总经济师胡兆光为三峡电不直供作出如下辩解。如果把电力看作是一种商品，那么偏远地方的群众和城市居民，就可能用不上电，这是不行的。首先，他以"如果把电力看作是一种商品"为假设前提就已经错了，电力不是商品还能是什么。再者，他把无论电力是否直供，国家和政府都有保障居民和偏远地区的用电的义务视作非必然性了，也就是说电力被垄断控制，居民用电就不会出现问题，电力一进入市场，就要出现问题。这无疑是为垄断商品的逐利本性辩护的荒谬逻辑。

从国电门户网站上得知，2005年，国电售电量14646亿千瓦时，主营业务收入7214亿元，利税604亿元，利润总额144亿元。公司2004年收入位列2005年《财富》杂志公布的全球企业500强第40位。作为一家国有控股企业，如果没有电力销售的巨额利润，恐怕难以跻身全球企业500强。三峡电力建成，无疑又会增加国电收入，提升其名次。由此看来，宜昌地方政府和企业为享用直供电进行了5年的不懈努力，而至今扑朔迷离就毫不奇怪了。

第十章　报刊经济新闻评论（一）

三峡电厂相关人员指出,"十一五"时期,我们对三峡电能的消纳是放心的,在国家发改委组织下,目前3600亿度电量已经"预订"了。更有甚者,三峡公司特别指出,三峡工程首先是一项水利工程,起到防洪等方面的作用,然后才是发电。如果这是以正视听,那就太小看民众的智力了。

(资料来源:肖擎:《"三峡电"不直供的垄断根源》,《中国经济时报》,2006-06-13)

2006年5月20日,世界上最大的大坝——三峡大坝全线建成。在人们欢欣鼓舞的激动心情还没退去,作者就头脑冷静,独具慧眼,发现了问题。大坝建成,坝区经济并没有像人们想象得那样理所当然地最先受益,三峡大坝的所在地湖北宜昌却还要建立火电站来供电,或者依靠其他地区的电力援助,以解决电力资源不足。这等咄咄怪事,作者挖其根源,是电力行业的高度垄断。政府和电力公司不让电力作为商品进入市场,其实质是为了维护自身的经济利益。违背了市场经济规律,必然遭到惩罚,承担后果的却是老百姓,他们并没有得到真正的方便与实惠。评论对刚建成的大坝迅速作出反映,察人所未察,目光锐利,逻辑严密,一针见血,具有无可辩驳的力量。

2. "虚"与"实"

在目前的经济报道中,因循反复、缺乏独立见解的现象非常普遍,这与报道角度单一、记者没有深入研究经济规律和经济政策、缺乏理性思维有关。单纯的"反映式"报道模式索然无味,已远远不能满足受众需求,经济时评凭借自身独特的优势成为一座架在读者与专家之间的桥梁,通过对经济新闻的诠释,把精深的经济理论与复杂的经济规律以简单实在的方式表达出来,让读者理解经济新闻背后的意义,同时也提高了受众的经济知识水平。一般说来,经济理论知识专业性强、可读性差,要做到通俗易懂、深入浅出,殊非易事。经济新闻在进行经济报道和评论时,还要向读者宣传经济方针政策、经济理论、经济常识等这些"虚"的东西。

另外,由于经济新闻的特殊性,除了要有"就实论虚"的本领,还要能"导虚入实",把抽象的经济政策、经济理论与具体的市场行为联系起来,不仅让读者明其理,还要导其行,充分发挥评论的引导作用。由此可见,经济时评一般由"实"入"虚",最后又以"虚"导"实",在一入一出中将社会经济现象置于市场规律中探讨,抽象的经济理论通过具体事例印证,使时评有深度,又有说服力。"实"是由头,"虚"是分析现象、引导经济行为,是评论文章目的所在。

经济新闻评论:理论与写作

案例 10-7

能否算一算"垄断率"

（新闻周报 2006 年 6 月 13 日报道）新华网日前报道：在我国市场经济的发展过程中，垄断行为的存在严重干扰了自由、公平的市场竞争秩序。据国家工商总局统计，1995 年至 2005 年，全国共查处垄断案件 6548 件。国家工商总局公平交易局有关负责人介绍，从查处的限制竞争案件的行为来看，经营者滥用市场优势地位、通过垄断协议限制竞争以及行政性垄断限制竞争是市场垄断的主要表现形式。

被查处 6548 件，实际发生但未被查处的又是多少件呢？其实，件数也许并不说明问题。例如，行业垄断是当前垄断的一大特点，既然是行业垄断，就不是一时一事、一笔具体买卖以及针对少数特定消费者的垄断，而是长期的、持续的、大面积的、事关亿万消费者的垄断。这样的垄断，其"件"数也许很小，但危害却大得惊人。

看来，更有必要统计一下当今中国的"垄断率"。例如一个家庭，需要购买的家用电器、粮油蛋菜、被褥服装等商品一般已处于充分市场竞争和交易公平的状态，而通讯、金融服务等产品则处于垄断和不公平交易状态；医疗、教育、住房是当今最大的家庭开支，其价格之所以居高不下乃至成为压在人们头上的"三座大山"，根源当然是垄断。家庭消费虽然各有偏好，但被垄断的部分恰恰是所有家庭最共性的部分。只要算出一个家庭消费的被垄断率，整个消费品市场现状便能"一叶知秋"。再例如，无论是全国的、还是一个地区的 GDP、"社会商品零售总额"，都有一个相当高的比例是通过垄断方式形成的，其垄断率当然也是可计算的。

不知宏观经济学中是否有"垄断率"这样的概念，但它绝对是一个十分重要的宏观指标。首先它是一个"公平指数"，垄断率越高，公平指数越低；其次它是一个经济运行的"健康指数"，垄断率高，说明市场秩序混乱，法治不力，这样的经济既不可能实现高效率，也不可能持续健康发展；再次，它是一个商业文明程度指标，垄断率越高，对垄断行为的道德约束越乏力，试图通过垄断获取不合理利润的人越多；最后，它是一个政治指标，垄断率之所以高，要么是行政权力被滥用，要么是充当着公平和秩序维护者的政府未尽到责任。

也许垄断始终会伴随着市场经济的发展，否则全世界第一部反垄断法

《谢尔曼法》不会早在1890年就在美国出现。据说,这个"第一"并非偶然:美国是一个移民国家,早期移民信奉每个人应当通过自己的努力积攒财富以答谢神灵,因而不能容忍任何阻碍人们发家致富的行为的新教教义。在人们可以自由创业和自由择业的现实环境的熏陶下,大多数美国人培养出自由竞争的意识。当南北战争结束后,经济中出现垄断趋势时,信奉这一主流意识以及身受垄断之害而愤恨不平的公众,必然与垄断现象发生较量。看来,第一部反垄断法的出现不少于两个基本条件:其一,这里是真正的法治国家;其二,这里的人民反垄断的意识很强。

我国自上世纪80年代即已开始着手反垄断立法工作。虽然陆续出台的一些行政法规,但由于它是简单的、零散的,缺乏应有的规范性、系统性、权威性和可操作性,在实践中执行乏力、成效不大。19世纪美国出现垄断趋势时,其"垄断率"达到了多高,当然无从查考。不过,笔者凭主观臆测,现今中国的"垄断率"一定大大超过一百多年前的美国。如果有一条"垄断率达到多高必然出现反垄断"这样的通用定律,中国的《反垄断法》早就应堂堂正正走向它应有的"席位"。然而,它被酝酿了十多年之久却为何迟迟不能出台呢?这只能说明缺乏把《反垄断法》推到前台的社会基础。社会转型和法治建设需要一个历史过程自不待言,更重要的一个欠缺也许是:在我们的民族意识中,向来就对垄断尤其是依托权力形成的分配不公表现着极度的"理解"与"宽容",以及由这种理解和宽容导致的麻木和习以为常。近些年,虽然民主意识、公平意识的萌发促使部分人群对垄断表示出一定的敏感和愤怒,但还不足以成为社会意识形态的主流,不足以形成推动《反垄断法》出台的巨大的社会力量。

假如"垄断率"真的被客观、精确地计算出来,说不定能成为世界之最。尽管西方经济学十分丰富、成熟,未必能解释这种中国特色,而亟待经济学家们去创建中国的经济学。更重要的也许是:把降低垄断率作为衡量执政能力和官员政绩的指标之一,作为建设和谐社会的标志之一,作为经济和政治改革的目标之一,作为公民"幸福指数"的依据之一。当然,它更应作为《反垄断法》亟待出台的理由之一。

(资料来源:刘以宾:《能否算一算"垄断率"》,《中国商报》,"观察/聚焦"栏目,2006-06-13)

"垄断率"是一个抽象的经济学名词,看不见摸不着,但是作者用家用电器、粮油蛋菜、被褥服装等商品和通讯、金融服务、医疗、教育、住房等

不同消费模式进行对比，指出垄断行为的存在严重干扰了自由、公平的市场竞争秩序。接着进一步指出其危害：首先它是一个"公平指数"，垄断率越高，公平指数越低；其次它是一个经济运行的"健康指数"，垄断率高，说明市场秩序混乱，法治不力，这样的经济既不可能实现高效率，也不可能持续健康发展；再次，它是一个商业文明程度指标，垄断率越高，对垄断行为的道德约束越乏力，试图通过垄断获取不合理利润的人越多；最后，它是一个政治指标，垄断率之所以高，要么是行政权力被滥用，要么是充当着公平和秩序维护者的政府未尽到责任。最后得出结论：尽快出台《反垄断法》，把垄断率降下来。由"虚"的"垄断率"导入"实"的商品消费；又由"虚"的"垄断率"，导入"实"的危害，自然而然地导出结论，让受众自然而然地接受其结论。

3. "经济"与"人文关怀"

经济时评的重要作用，就在于写出经济新闻背后的意义，挖掘出它的价值。经济时评要将经济软化和新闻人文化，把冷冰冰的数字和抽象枯燥的经济理论转化为充满人情味的温情关怀。相对经济新闻而言，经济时评更注重一种观念的表达，以传递多种观点，是一种意见性的信息。如今，越来越多的经济时评出自社会大众之手，他们当中既有经济学的专家、学者，也有来自社会其他行业和阶层的作者，不管出自谁之手，经济时评始终要关注底层及弱势群体的利益，体现社会良心和人文关怀。

案例 10-8

服务费想收就收，客户想撑就撑？

6月1日上午，一名以捡破烂为生的残疾男子前往建设银行长沙市远大路支行，欲将自己存下来的上千张角票和硬币换成整钱，不料却被保安拒之门外。银行的一个女职员解释说，"像他们这种人来我们这里办理业务，影响了银行的形象"。(《中国青年报》2006-06-08)

说起咱们中国银行业的整体服务意识、服务水平和质量，相信每一个到银行办理过业务的客户都会"痛说革命家史"。换零钱、兑残币、取百八十块的小钱屡遭银行白眼的"鸡零狗碎"就不说了，仅是这么些年都没能让客户整明白的存进银行的是真钞，取款时却隔三差五现假钞，银行竟愣不承认的怪事就够令人挠头的。

按说，从专业银行到商业银行，从股份制改造到包装上市，从早年的

"望天收（存款）"到如今的四下出击哭着喊着争夺高中端目标客户群体，再到把洋味十足的"上帝"喊得震天价响，照这么说，银行总该脱胎换骨了吧？可谁成想，银行服务投诉却依然没完没了，客户也鲜有贵为"上帝"的感觉。至于因客户被银行忽悠得怒发冲冠，或端坐银行柜台叫板，或是拍出百多元人民币开户、销户"以毒攻毒"的极端个例现象也不老少。平心而论，长沙这家建行如此对待一名捡破烂的残疾男子或许只是一个个案，但由此引发的如今一些银行对服务费不由分说想收就收，对客户想撵就撵的十足霸道作派，恐怕用人神共愤来形容也不过分。

说真格儿的，尽管普通老百姓对银行嫌贫爱富、不待见存取毛票的小客户怨怨不平，对二八定律、VIP服务、层出不穷的银行收费国际惯例以及《巴塞尔协议》啥的也说不出个子丑寅卯，但归了包堆地说，银行至少在眼下还属于跟包子铺饭馆酒楼同门同宗的服务业吧？既是服务业，老祖宗的"顾客乃衣食父母"等古训总该略知一二吧？怎么银行的企业形象、服务理念、服务品种和服务工具等硬件是三天一升级，五天一换代，为什么做买卖"童叟无欺"以及"三分生意七分做人"的这些古老服务业法则却被一些银行忘得一干二净了呢？

早在2001年3月，《中国青年报》就曾经报道过这样一则消息：美国大通曼哈顿银行一高级主管认为，在中国家喻户晓的"全心全意为人民服务"很能体现一家银行为客户服务的职业精神和服务理念。在一次会议上，他特意让一名中国籍职员向大家解释"全心全意为人民服务"的来历。

同样耐人寻味的是，曾经在赫赫有名的大通曼哈顿银行、摩根士丹利公司先后效力十年并晋升为高级主管，身家高达数千万美元的中国籍汪先生的经历也充分验证了一个不容争辩的事实：美国之所以能够建成当今世界上最发达、最完整的金融体系，除了精深的金融专业技术之外，金融业十分注重服务质量，全心全意为客户服务并以最大限度地满足客户的需求为己任的高度敬业精神，才最终奠定和形成了华尔街的精髓。

想来真令人慨叹良多，华尔街银行精英把原汁原味的"全心全意为人民服务"移植到了世界上最发达的金融服务之中，而我们一些人整天价一边高喊"与世界接轨"，一边又想收费就收，想撵人就撵，而其银行资产状况、经营业绩、赢利水平和服务质量非但无法与华尔街比肩，至今却依然差强人意，屡受公众诟病。这其间的霄壤之别恐怕决不仅仅只是国情、文化的差异所能诠释得了的吧？

（资料来源：李甘林：《服务费想收就收，客户想撵就撵？》，《中国经济时报》，2006-06-09）

经济新闻评论：理论与写作

建设银行长沙市远大路支行对捡破烂残疾男子的歧视，说明中国银行的设施与国际接轨，但服务态度却天壤之别。此案例的作者将中国银行与美国银行作了对比。"全心全意为人民服务"，本是我们国家职业道德的核心所在，中国银行却只把它当作一种口号，实际行动却大相径庭；而美国人却捡回去当宝，严格遵守，把它真正落实为一种职业精神和服务理念，所以人家的服务赢得了客户的称道，我们的服务却依然差强人意，屡受公众诟病。

相对于其他评论，时评这种文体更为轻灵、自然，没有说教的弊端，一事一理，发他人所未发，言他人所未言，立意求新。但经济时评关注的不只是经济行为本身，更把目光投向其主体——人，对制度健全的探求，对困难者利益保护的呼吁，无不渗透人文关怀，而这也正是经济时评树立自己灵魂的地方。经济时评的再次勃兴，印证了报刊从给读者提供"新闻"的同时，还提供"观点"这一说法。作为时评一支，经济时评越来越多地出现在各报重要位置，其在报章的地位可以概括为12个字："小文章，大天地；小天地，大文章。"之所以说是"小文章，大天地"，是因为经济时评秉承了时评的一贯特色：短小精悍，文章篇幅大多不长，一事一议。但经济时评的对象是各种经济现象，层出不穷，日新月异，作为生活中最常见、最普遍的现象，已经成为重要的评论对象。"小天地，大文章"则指经济时评在报刊所占版面不多，但能从实际出发，通过全球视野中的经济动态，阐述经济理论，或上升到制度层面评点各种经济现象，经济时评能将大题材具体化，又能由事入理，文体灵活，兼具报道与评论的优势。

随着社会的经济联系越来越广泛，领域不断扩张，经济报道必须向深度与广度发展，读者对经济行为意义的了解也越来越迫切，各个利益群体（尤其是困难群众）都需要有自己的发言空间，经济时评专栏将成为观点交锋的论坛，读者也将从多维视角中获得启示，其在报纸文体中的作用将越来越重要。

第十一章 报刊经济新闻评论（二）

第一节 专栏经济新闻评论

一、专栏评论

专栏评论是一种署名言论，一般发表在要闻版的具有固定名称的栏目里，国内许多报纸办出了有自己特色、在全国颇有影响的评论专栏。1978年1月《哈尔滨日报》创办的《大家谈》是较早出现的专栏之一；1978年7月《解放日报》创办的"解放论坛"及随后的"新世说"；1980年1月《人民日报》创办的"今日谈"及后来的"人民论坛"；《文汇报》的"虚实谈"；《经济日报》的"议论风生"；《新民晚报》的"今日论语"；《新华日报》的"细流集"等；还有的报纸专为一些名人开辟评论专栏。如《新民晚报》的"未晚谈"，由林放（赵超构）担当主笔；《羊城晚报》的"街谈巷议"，由吴鲁（吴有恒）、微音（许实）主持笔政。在西方，专栏评论一般具有一定的专业性。如简·布洛蒂是《纽约时报》上一名非常有影响的个人健康专栏评论家；罗伯特·坎普贝尔是《波士顿环球报》建筑方面的专栏评论家，曾因有见识的评论而获得普利策奖。①

根据专栏评论的思想容量的多少、篇幅长短、理论色彩的情况以及专栏名称与位置的不同，专栏评论一般分为两大类。一类是小言论专栏评论，简称小言论。小言论专栏一般设在报纸的第一版，字数在300～500之间，小的甚至可以是百字左右，是一种版面空间最小而地位显要的群众化新闻评论，很受读者欢迎。随着《人民日报》创办《今日谈》小言论专栏，全国各地报刊纷纷效仿，出现了各式各样的小言论专栏。它们一般长则500～600字，短则200～300字。除了新闻性、思想性小言论外，经济类的专栏

---

① 薛中军：《新闻评论》，上海大学出版社，2003年版，第248页。

经济新闻评论：理论与写作

小言论也日渐兴旺。诸如随感、漫笔、杂谈、点评等小型化言论,也都逐步兴起,日益受到读者的青睐。进入新世纪,小言论更是受到前所未有的重视。如《南方都市报》的《来论》的小言论专栏,专门刊登群众来论,每期4~5篇500字左右的评论。这些小言论,题材广泛,贴近群众生活,以小见大,有的放矢,短小精悍,受到读者欢迎。小言论在报纸版面上不过是"豆腐块"、"火柴盒",微型评论故此得名。微型评论究竟靠什么才受到读者如此广泛的欢迎呢?《人民日报》评论部的同志总结微型评论赢得读者的七条原因:①数量多;②论题广;③时效快;④形式活;⑤内容新;⑥尖锐泼辣;⑦群众性强。而最根本的原因是最后一条,80%以上来自基层。专栏评论多数是公共专栏,对外开放,自由投稿,择优录取。像《人民日报》的《今日谈》的作者,有中央领导同志,也有基层一般干部;有学者名流,也有工人战士;有八旬老翁,也有莘莘学子,每天稿近百篇,确实有广泛的群众性。这是开放型专栏的一大特色。① 另一类是论坛式专栏评论,简称论坛评论。论坛评论一般在要闻版,但不一定都在头版,如《人民日报》的《人民论坛》为方便登载就放置在第四版。总体而言,论坛式评论专栏多数都冠以"论坛"二字。如《人民论坛》、《新华论坛》、《文汇论坛》、《星期论坛》、《解放论坛》等。论坛评论属于篇幅适中、思想容量较大的一种群众性专栏评论。20世纪80年代兴盛于各报刊。《人民日报》于1985年2月在第一版要闻版上开设《每周论坛》,1989年初改名为《人民论坛》,并且不再受每周只发一篇文章的限制。论坛评论是介于评论员文章与小言论之间的一种评论形式,它的篇幅、容量、思想性甚至超过署名短评。由于它以个人身份发言,所以不同于以编辑部名义发表的评论员文章;同时,它也有别于一事一议、事理融合、篇幅短小的小言论,比小言论更为持重。在写作上,它比小言论更显得大气回旋、议论风生。论坛评论的字数比小言论要长,一般在1000字左右,以说理见长,政论性很强。

1995年中宣部组织的首届名专栏评选中,中央主要新闻单位名专栏(节目)评选活动当选栏目(节目)名单分别为《人民日报》的《人民论坛》、《今日谈》;《光明日报》的《今日话题》;《经济日报》的《每周经济

---

① 李法宝:《新闻评论:发现与表现》,中国传媒大学出版社、中山大学出版社,2005年版,第246页。

第十一章　报刊经济新闻评论(二)

观察》;《工人日报》的《职工明星谱》;《中国青年报》的《求实篇》。①报刊专栏评论经过一段时间的繁荣,精品不断涌现。21世纪初,第二届中国新闻名专栏奖评选出38个新闻专栏中,报刊评论专栏占到11个,约为总数的1/3,分别为《人民日报》的《今日谈》和《人民论坛》;《光明日报》的《光明论坛》;《解放军报》的《长城论坛》;《中国青年报》的《冰点时评》;《人民政协报》的《今日时评》;《今晚报》的《今晚谈》;《新民晚报》的《岂有此理,竟有此事》;《湖北日报》的《三楚放谈》;《湖南日报》的《双休漫笔》;《甘肃日报》的《兰山论语》。中国新闻名专栏奖是由中国记协主办的全国性优秀新闻专栏最高奖,每两年评选一次,其目的是为了鼓励新闻媒体努力促进新闻报道创新,提高新闻宣传质量。中国新闻评论名专栏所集纳的专栏,都曾获得过中国新闻名专栏奖,且以评论为主。展示言论精品,汇集各方精华,形成主流媒体舆论强势,这便是中国新闻评论名专栏主旨所在。②

在专栏评论品牌化经营方面,《人民日报》的《人民论坛》的特点是:选取社会生活中一些带有全局性、代表性、倾向性的事件、问题和现象,及时准确地加以剖析、阐释、引导,既讲明道理,又发表议论,解疑释惑,情真意切,针砭时弊,激浊扬清,体现出一股生气、正气、锐气,涌动着一种社会舆论的正面力量。因此,它往往比一般的思想评论、杂文产生出更加强烈的社会效果。

《中国青年报》在专栏品牌化经营方面卓有成效,努力进行栏目个性化实践。除名专栏《冰点时评》外,目前法治、教育、经济、国际和体育五个当日分类新闻版面,每个新闻版都有新闻时评专栏。该报努力结合版面定位,逐渐形成个性化、差异化的评论栏目风格,使专栏品牌化特征更加突出。如法治版从2000年8月起创建了《法眼》栏目。该栏目培养和成就了一批有影响力的评论作者,自身也成为报刊界的名牌栏目,并于2004年获得了"全国法制好新闻"栏目一等奖。体育版的《就事论事》也是2004年新创的一个新闻时评栏目。其新闻性强、可读性强、冲击力强,注重将体育新闻独有的意味、趣味、文化味淋漓尽致地表达出来,成为网络上体育新闻

---

① 谢宏:《人民论坛精粹》(中国新闻媒介名专栏丛书),中国人民大学出版社,1998年版。

② 中国新闻评论名专栏,人民网,http://opinion.people.com.cn/GB/8213/49276/。

时评转载最高的栏目之一。①

地方媒体新闻改革的步伐迈得更快，尤其注重评论的写作。2002年8月6日，《南方日报》改版，特地成立了《南方日报》评论委员会，并在一版显著位置推出重头署名栏目《南方观察》。《南方观察》有如下特色：

第一，认识到位，行动到位。自总编辑至评论员、编辑、记者，均有打造本报名牌评论栏目的强烈意识，除成立专门的评论委员会外，每周还定期由总编辑主持召开评论工作碰头会，对有关信息进行汇集分析，确定选题，分工负责，真正做到了群策群力、精心经营。同时，在版面安排上大胆打破观念束缚，大标题，不转版，用一版显著位置刊载。题材重大、写得漂亮的甚至就做了一版头条。编排气势上先声夺人，为打造名牌栏目提供了必要平台。如2003年2月初，《南方观察》以系列评论《城镇化是个大战略》打响了第一炮。文章一推出即在全省各界引起了强烈的反响。

第二，紧扣"热点"，反应迅捷。《南方观察》非常强调评论的新闻性和时效性，强调对重大新闻题材、"热点"问题的快速反应，其选题大多瞄准省委、省政府最新的重大动作或老百姓非常关注的"热点"问题。如城镇化建设、大力发展民营经济等事关人民群众切身利益的焦点问题，具有重大的新闻价值和现实意义。《南方观察》敏锐地抓住了这些鲜活的重大题材，找准理论和实际的结合点，从不同的角度对这些问题进行了深入阐述和分析，有理有据，既及时传递了党和政府的声音，读者看了也如雪中送炭。

第三，定位准确，风格鲜明。《南方观察》从开始就自觉地扮演了本报新闻评论改革试验田的角色，评论体裁既有别于社论、本报评论员文章，也有别于嬉笑怒骂、宣泄情感式的杂文或随笔，它是重大新闻的深度延伸和理论升华，同时追求和倡导鲜明的个人风格；它力图熔思辨、激情于一炉，既追求思想、逻辑的严谨，同时追求亲和力、感染力和可读性。《南方观察》均为作者署名文章，实际上为评论的多元化、个性化和创造性留出了足够的空间，为创名栏目、名评论员的成长提供了宽阔的空间。

《南方观察》的经验证明，个性化和品牌意识不仅不会削弱党报评论的严肃性、权威性，反而只会进一步提高党报新闻评论的品位，赢得更多的读者。②

---

① 朱文慧：《新世纪新闻评论的创新之举》，http://www.cjr.com.cn/。
② 杨兴峰：《高度决定影响力》，南方日报出版社，2004年版，第164~166页。

第十一章 报刊经济新闻评论（二）

二、专栏经济评论分类

经济专栏评论是在报纸相对固定的版面位置开辟的经济评论栏目。它具有相对的稳定性,如栏目的持续性,版面位置和登载周期的稳定性,及风格上的一惯性,经常成为报纸的特色栏目。

1. 专栏经济评论

专栏经济评论,有的以评论的对象专一成为专栏,如《中国经济时报》的《产经评论》专门评论产经新闻;有的因为栏目主持人的固定成为专栏,这类专栏又可分为两类:记者主持的经济评论和经济专家学者主持的经济评论栏目。前者是本报记者就某个经济话题,发表自己的见解,选题贴近百姓生活,选取的也是时新的经济话题,时代感强,入切口小,以小见大,形式生动活泼,轻松简易,具有鲜明的个性色彩,为广大读者所喜欢,如《工商时报》的《刘杉评论》。后者则不同,主持人是经济方面的专家、学者、权威人士,他们往往针对国家新近颁布的重大经济政策、对国家社会生活有重大影响的经济事件、经济现象、经济问题等进行专业性的阐述,文风庄重严谨,一丝不苟,行文是专业的术语、经济理论,逻辑严密,篇幅较长。故它的目标受众定位于社会的精英人士、主流人士。除此以外,还有一般的专栏经济评论,并没有规定是哪方面的内容,只要是与经济有关的,都可以拿来谈,也没有固定的正式主持人。

2. 专栏经济论坛

经济论坛是就国家颁布的重大经济政策,新近发生的重大经济事件、经济现象、问题,邀请有关方面的专家进行商讨,话题一般都很大,文章篇幅较长,内容深广,纵横捭阖,专业性很强,对国家的经济生活有重大的影响,对经济决策有较高的参考价值。众多的专家学者为国家的经济发展和繁荣出谋划策,体现了精英分子对国家经济生活的参与与关注,透着很强的主人翁责任感。

2006年3月27日,胡锦涛总书记在研究中部崛起会议时明确提出:促进中部崛起,是党中央、国务院继做出鼓励东部地区率先发展、实施西部大开发、振兴东北地区等老工业基地战略后又一重大决策,是落实区域协调发展总体战略的重大任务。中部地区的经济发展关系到全国经济的发展,关系到各民族的安定团结和社会的长治久安,关系到共同富裕的伟大目标的实现。那么,如何去规划中部的发展?怎样去实现中部崛起?如何真正地发挥

经济新闻评论:理论与写作

中部的区位、资源、产业、人才等综合优势？《经济时报》从2006年6月12~18日第666期开始，开设《中部发展论坛》专版，就中部发展方方面面的问题，对话国内外著名专家、政府官员、学者和企业界人士，反映他们对中部经济发展的重大问题的真知灼见，如第1期《寻找中部崛起的金钥匙》，就是采访武汉理工大学管理学院的胡树华教授。《金融时报》也开辟有《行长论坛》、《局长论坛》，对金融业方面的问题进行评论分析。

三、经济专栏的写作特色

1. 直面经济热点，提出独到见解

《经济日报·每周经济观察》专栏，是1988年1月创办的。该专栏固定在二版右上方，每周刊出一次。主要针对经济运行和经济生活中的突出问题，发表有针对性、有权威性、有说服力、文风又比较朴实的经济评论。一些中央部委负责人和著名专家学者等都曾为专栏撰稿，设置《每周经济观察》专栏的目的是：创"名牌"，培养"名人"和专栏作家，并体现《经济日报》的深度特色和权威性，更好地发挥舆论导向作用。

经过多年经营，《每周经济观察》专栏形成了独特的风格和一定的权威性，受到了中央领导同志的赞赏、各级经济管理部门的重视和广大读者的欢迎，已成为《经济日报》的一个"拳头产品"和"名牌"栏目。

《每周经济观察》专栏的文章大体分为以下四类：一是对经济运行与市场变化形势及时做出分析预测；二是对经济生活中一些倾向性问题给予剖析；三是对经济生活中的热点进行评议；四是及时提出有关经济政策的背景分析和建议。许多文章都产生了不同程度的影响。如1994年深圳推出转变政府职能、实现政企职责分开的改革举措，《每周经济观察》很快刊出评论，予以肯定。1989年市场发生一些新变化，《每周经济观察》又及时刊发《市场不是六月的天》的短评，对市场的变化规律做出了及时的评述，而1990年有关如何把蛋糕做大的评论，则引起中央领导同志与新闻界理论界的重视。自《每周经济观察》开栏以来，已有十多篇文章受到中央、国务院领导部门和负责同志的重视和批示，这是对专栏的肯定。①

---

① 冯井，阎卡林：《每周经济观察精粹》，中国人民大学出版社，1998年版，第5页。

案例 11-1

怎样把"蛋糕"做大?

一位高层领导人最近谈及财政问题时出了个题:怎样把"蛋糕"做大?这个题目不能不使人联想到理论界在企业改革如何深化问题上存在的分歧。如果大家都换个思路想问题,把立足点首先放在怎样把"蛋糕"做大,而不是局限于"蛋糕"如何分法上,不同意见或许就容易一致起来。

从1987年开始,我国企业普遍实行了承包制。三年多的实践证明,承包制不仅符合我国国情,而且取得了显著效果。但是也确实出现了一些问题,有的问题甚至是"先天性"的。为此,就企业改革如何深化,理论界近几年大体形成三种意见:第一种是继续推行和完善承包制;第二种是将承包制过渡到股份制;第三种意见是实行税利分流,即在统一企业所得税并降低其税率的同时,改税前还贷为税后还贷,实行所得税后承包。

三种意见各有各的道理。其中,实行税利分流的呼声较高,也受到了各方面的重视。不过,由于近期经济政策以保持稳定性和连续性为主要取向,所以大家都赞同在"八五"的前两年仍然坚持搞承包制。但1992年以后企业改革怎么搞?理论界最近在研究"八五"计划和"九五"设想时,又展开了进一步的讨论。况且,因普遍推行股份制在三五年内尚不具备条件,所以在讨论中对峙的,主要是坚持承包制和实行税利分流两种意见。

主张搞税利分流的一方认为,分流的办法区分了国家两种职能和收入,规范了国家与企业之间的分配关系,有利于保证财政收入的增长,有利于企业投资行为合理化,有利于体现"公平税负、平等竞争"的原则,可说既是国家与企业分配关系上的一次改革,又是对承包制的完善。

反对实行税利分流的一方提出,企业对税利分流的承受能力不强,按试点办法征收35%所得税算,大概只有三分之一的预算内工业企业税后有利可包;税利分流缺乏像承包制那样的激励机制,企业和职工的积极性将受到很大影响;税后还贷在大部分企业中也难以负担。他们认为,不应以完善承包制为名,行保财政之实,今后仍应坚持搞好承包制。

承包制和税利分流都是企业改革的大动作,都关系到改革和发展全局,不能不慎重。现在看,推行税利分流也确实有几个难点。首先,原设想税利分流可通过税后承包,既吸收税收有利于稳定财政收入的特点,又吸收承包制能激励企业多创的长处,实现利改税与承包制的两优结合,可是实际上由

经济新闻评论:理论与写作

于大部分企业税后无利润可包，也就等于取消了承包制。眼下预算内工业企业有30%处于亏损状态，还有30%是微利的，这些企业无利可包。另有一些搞行业包干的企业，国家已确定其政策保持不变。这样算下来，企业中可以搞税利分流的只是少数。

其次，税利分流拟可通过税后还贷强化企业投资责任，但分流后给企业带来"一增"（上交增加）、"一减"（留利减少）、"一弱"（还贷能力减弱）、"一拖"（还贷期限拖长）的问题，却使搞活企业更加困难，企业反而不愿意再承担投资责任，被人斥责的"短期行为"更为明显。湖南益阳市税利分流试点企业的专项贷款，1988年比1987年下降33%，1989年又比1988年下降70%；河南省反映，南阳市税利分流后，试点企业要求增加新建项目，申请专项贷款的"几乎没有了"。企业投资行为走到了另一个极端。何况，去年末预算内工业企业贷款余额已达2 157亿元，按前些年年均还贷额268亿元的水平计算，光还本不付息也得8年才能还完。这么长的还贷年限，足以把企业拖垮。企业在老贷还不清、新贷不敢贷和自有资金不足的困难逼迫下，只能放弃技术改造及基本建设。由此，又怎样去提高效益、增加财政收入，把"蛋糕"做大呢？

企业改革不能只考虑分配合理——"蛋糕"的切法问题。当年实行第二步利改税把"蛋糕"绝大部分切给国家，确实使财政收入增加了，但由于企业失去了生产积极性和技术改造的动力，"蛋糕"再也做不大了，以至出现企业利润连续22个月滑坡的状况，这是前车之鉴。

企业改革也不能不考虑合理分配问题。在国家财政有困难的情况下，税利分流能够保财政这一条应该肯定。然而，我国的情况与西方国家不同，企业的动力机制也不一样。西方国家税利是分流的，但它们有私有制和破产机制交臂。不管国家收多少税、怎么收，企业在竞争和破产压力下，不得不拼命挣扎。不干就垮台，工人就失业。可是我们国家却不能主要地靠破产、失业去驱迫企业，只能主要依靠物质利益的牵动力，激励企业和职工。承包制的功能优势即在于此。如果我们照搬西方模式，搞税利分流而丢掉承包制，就会形成前无牵动力、后无压力的状况。

总之，企业改革要切合实际，符合我国国情，尤其是必须从增强企业活力、激励企业去把"蛋糕"做大这一目标出发。同时，从承包制过渡到税利分流，是一项重大政策的调整，必然会引起很大的震动，这不能不慎之又慎。

（资料来源：阎卡林：《怎样把"蛋糕"做大？》，《经济日报》，1990-10-31）

1990年，针对"八五"计划期间企业是继续实行承包制，还是改为利税分流的问题，国内经济理论界存在较大的分歧。当时，财政部及国务院有关方面已初步确定，"八五"期间企业不再搞承包制，改为利税分流，并且已经进行了几年的试点。阎卡林在这篇述评中，从做"蛋糕"这个形象的比喻入手，探讨了在社会主义制度下，生财、聚财和用财的关系问题。文章的观点非常鲜明：只有把"蛋糕"做大了，才有可能进一步做切"蛋糕"和吃"蛋糕"的文章，即认为，"八五"期间企业仍要继续搞承包制，反对利税分流的改革方案。这篇述评发表后，次日就被《人民日报》头版转载，接着经济界以此为题展开了大讨论，以至对中央决策产生了重要影响，并获得了首届"中国新闻奖"。

这篇文章的突出特点，首先是题材重大且观点鲜明。一个记者在面对国家重大的经济决策的关键之时，勇于站出来，据理力争，大声发言，不吞吞吐吐，不似是而非。这首先说明，我们国家有一个比较宽松的舆论环境，可以对重大经济决策提出建议、评价甚至反对意见。另外还可以说明，一批富于历史责任感又具备深厚专业基础功底的新闻工作者正在成长起来，他们在改革大潮中正在显示着独立思考的精神和参与舆论、引导舆论的力量。

记者最善于用事实"发言"，在这篇述评中，作者据"事"力争：先是分析了经济理论界关于"切蛋糕"和"做大蛋糕"的分歧，这使作者取得了高人一等的立足点，紧接着，作者围绕自己的主张，迅速地展开了事实的攻势：从对全国企业的总体剖析，到对湖南省益阳市和河南省南阳市实行利税分流后出现窘况的典型事例分析；从实行第二次利改税后企业利润连续22个月滑坡的前车之鉴，到对企业丢掉承包制后可能出现的"前无牵动力，后无压力"的前景预测……除了进行历史性的纵向比较外，作者还列举了中国与实行利税分流制的西方企业在动力机制方面的横向比较的事实。在这里，人们可以感到作者占有事实材料的充分和权威，以及论证思路的清晰明朗。事实叙述完了，道理讲到位了，最后结论"增强企业活力，激励企业去把'蛋糕'做大"，便是不言而喻的了。

2. 综合经济现象，深入细致分析

《财经时报》创办于1999年6月，是中国第一份财经类报纸。2005年5月16日，《财经时报》进行最新改版。改版后的报刊本着"以人为本"的精神，力求使专业财经新闻更加通俗易懂，引起了市场的高度认同。经过近5个月的努力，《财经时报》零售量已经远远超过国内同类媒体，并且正在逐渐成为一份关注中国经济发展及海内外金融经济人士首选的周报。报道包

经济新闻评论：理论与写作

括综合新闻、金融资本、商界谋略、市场、前沿生活五个方面的内容。较之其他媒体《财经时报》版式极具活力,更能适应市场的需求,是金融、保险、IT、通讯、地产、汽车、家电、旅游酒店、教育、商业服务等诸多领域理想的广告平台。媒体价值:提供精准而生动的经济新闻;读者定位:推动市场变革和创新的主流人群,他们一般通过自己特有的行业渠道进行商业决策,而通过阅读《财经时报》发现感兴趣的经济趋势,获知机会与风险;媒体特点:客观公正、可信度高;角度新颖、资讯独家;文章转载率高;内容丰富、信息量大;版面清晰、设计美观。①

《财经时报》追求的媒体价值是"让经济简单明了"。

"我们是中国人关注全国性经济话题的首选周报。利率、失业、公司、薪酬、健康、艺术,经济社会的冲突与变迁与每一个人的生存状态密切相关。枯燥、繁琐与虚伪并不是财经新闻与生俱来的特色,因为经济活动充满了活力、情感、行动和各种争论。《财经时报》在海内外华人圈首创一种新颖、紧凑、多元素报道的财经出版物新形象。我们的报纸力求'真实,扎实,平实,明快,易读'。我们向中高级经理人特别是年轻的职业人士提供重要的经济分析和服务性资讯。"②

案例 11-2

雨大风疾　每周经济看板

台风"海棠"从太平洋上升起,携狂风巨浪,直扑台湾,直扑东南沿海。所过之处,雨大风疾,河湖泛滥,泥沙俱下。它到底造成了多大损失,现在还无法统计,只知道,风高时逢坚必摧,人不仅站不稳,还有性命之虞。

在风口浪尖上的人民币,于周四突然宣布扩大汇率的浮动额度。其实说突然也不突然,对于人民币汇率的变化,这一两年一直议论纷纷。这一天终于来了,除了时间上感觉突兀外,其他感觉还算自然。有的媒介,干脆痛快地称这是"人民币升值"。"升值"会给世界经济带来什么?会给周边经济带来什么?会给企业带来什么?会给一个正在还房贷的老百姓带来什么?这

---

① 新浪财经,http://finance.sina.com.cn,2005-11-14。
② 《财经时报》,http://www.chinabusinesspost.net/zhaopin.php,2005-11-23。

第十一章　报刊经济新闻评论(二)

一系列的问题,恐怕还要在未来的日子里慢慢品味。

与此相呼应的,是欧盟宣布将给中国"临时市场经济地位"。这个地位是什么?外行还真说不清楚。但看上去这是好事,"临时"比没有要好,欧盟总算看见,中国有个正常的市场。

其实这几天对中国市场理解最深的欧洲人,应该是皇家马德里俱乐部的官员们。他们带着那支大腕云集的球队来到中国,掀起的是"皇马飓风"。每次来都能赚上一笔,这次来还带着与北京国安合股的方案,这不是真真切切的市场么?放着市场不赚银子,那就是脑子进水,如果还光顾着斗气耽误生意,那恐怕是逆流而动了吧。

"海棠"席卷东南,审计风暴来到北京。北京审计局拿出了一份报告,其中最吸引人眼球的,是工商局无依据收取查询费1 300余万元,是三环路等道路绿地重复施工浪费了500余万元。这一回,人们对"拉链路"有了更加具体的认识,绿地铺了挖,挖了铺,有人不心疼钱,就有人不怕麻烦。挖坑的和花钱的,可能都"忘"了这钱是从何而来。

说到路,就要说到交通。北京交通不畅,据说很大程度上是因为缺钱。交通部已经决定,给北京交通输血60亿元。钱还没有到位,怎么用已经开始筹划:换出租车、鼓励电话叫车、疏通若干堵点、取消月票……不知道这钱是否真能给城市交通带来脱胎换骨般的改变。只希望钱别花得太糙,采取的措施能真正有效。

大声宣布自己赚钱的是"中石油"。他们一边强调国内成品油与国际市场价格倒挂,一边告诉大家上半年他们收了3 350亿元,利润总额同比增加了192亿元。倒挂还赚了,不由得使人对中石油的运营"赞叹有加"。

人们对"垄断"企业的非议已经有好多年了。不过,"垄断者"无忧无虑的日子似乎走到头了。国家工商总局发出了通知,要在下半年进一步加大对供电、供水、供气、交通、邮政等垄断性行业强制交易、强制服务等违法行为的查处力度。这件事做到什么地步先不说,只是这样的通知,就有些让人一吐胸中块垒的痛快。山雨欲来风满楼,打破"垄断"的力量正在加强。

风浪之前,有时候退也是一种选择。退一步,海阔天空。海尔就退了,在竞争达到白热化的时候,海尔却冷静起来,宣布退出对美泰的收购。当然有人会把这理解成一种挫折,但也可以理解成一种成熟。海尔在这个过程中,已经在风浪中把宣传做足,让全美国都知道了中国企业的力量,这似乎也是竞购的目的。现在发现了对方是个烫手的山芋,退又有什么不合理呢?

另一宗收购即中海油买尤尼科让人更加关注。中海油终于做出了强硬的

经济新闻评论:理论与写作

姿态，拒绝再加价钱。皮球踢回了对方的董事会，如果要退，似乎也顺理成章。

主动的退是从容的，被动的退可就有些张惶了。生产空调冰箱的企业要注意了，耗能大制冷差达不到新标准的，马上就要被清退出市场。长沙已经行动起来，一家商场就准备退掉1 000套空调；生产果冻的企业也要注意了，如果果冻做得不够大个，容易卡住孩子的喉咙，那么也会被清出市场。

树欲静而风不止，船欲行而浪不停。恐怖分子算是盯上伦敦了，隔了两星期，炸弹继续炸，炸得英国人人心惶惶，炸得欧洲股市狂跌不已。

在雨大风高浪疾的世界上，没有人能隔岸观火。看着别人想自己，什么都是未雨绸缪的好。

（资料来源：老猫：《雨大风疾　每周经济看板》，《财经时报》，总第623期，2005-07-25）

这篇评论，好似一篇洋洋洒洒的散文，文章列举了很多经济事件和现象，都是当时很典型的例子。经济领域，风云变幻，作者把这种现象比喻为风大雨疾。人民币的浮动额制、欧盟宣布将给中国"临时市场经济地位"、皇家马德里俱乐部与北京国安合股、城市反复挖修道路的浪费现象、交通部拨钱整治交通能否落实到实处、中石油不攻自破的谎言、对垄断企业查处是否真的能够加大力度、海尔宣布退出美泰的收购、中海油买尤尼科、不达标的冰箱和小孩爱吃的果冻被清退出市场，像餐桌上摆出的一道道菜肴，作者信手拈来，逐一点评。语言很活，完全口语化，符合大众的理解水平和接受能力。此文与该栏目的宣言相吻合"让复杂事情变简单，让刻板的面孔富有表情，提供顶级商业智慧，轻松把握经济脉搏"。该栏目所登文章抓住了经济时评的特点，从而赢得观众的青睐。

3. 体现专业水准，关注国情民生

近年来，经济学家们积极参与中国的经济改革，献计献策，为经济报刊的经济专题栏目写出了兼具专业知识和理性分析的文章。如陶冬（瑞士信贷第一波士顿（CSFB）亚洲区首席经济学家）认为：

"这些年经济学在国内成为显学，经济学家们也很神气，论坛上发言自然少不了，对大大小小的问题居然都有自己的看法，不过学术上长进不大，心也浮了。笔者便是这类经济学家中的一位。经济学毕竟不是科学，许多问题的真伪要若干年后才能知分晓，有些也许根本不存在对错，这就纵容了经济学家信口开河的坏毛病。

笔者从来没有想过做大经济学家，也没有能力发明什么了不起的经济学理论，只想认真地做点本分的事，多走，多看，勤思考，勤动笔，对得起读者。平时的日程总排得满满的，写作也以英文为主。报刊、网站上的中文稿，几乎全是在飞机上写的，畅想于飞机起落架收起和放落之间的顷刻宁静，驰骋在飞机小桌板上的一片方圆。于是，文章往往只有千把字，题材则五花八门。观点是否正确留给读者判断、时间检验，不过在踏出机门的一刻自己颇有一些成就感。笔者写作秉承两个宗旨，一是良心，一是前瞻。写昧良心的话，那是害人。缺少前瞻性、模棱两可，是在浪费读者的时间。"①

陶冬在2005年8月23日写的"内地香港台湾十年后只有一个股市"，8月24日的"对冲基金早晚会出事"，8月24日的"打击热钱从土地基金开始"，全面论述了中国资本市场的诸多问题，本着经济学家的良心和道德分析经济现象，大胆假设，小心求证，如在"内地香港台湾十年后只有一个股市"文前，陶冬作序：

"提起A股，十个股民九个赔钱，长达五年的熊市令人泄气。但是中国的资本市场在十几年中走过了世界主流资本市场上百年的道路。

股权分置是一个历史遗留下来的结构性问题。这个问题不解决，中国的资本市场很难上正轨。政府和监管部门下了很大的决心，来彻底消除这个痼疾。这个过程一定是痛苦的，也会触及各方面的利益，但却是必要的。

从潜质而言，中国股市早晚会进入世界前五名。中国有十三万亿元居民储蓄，九万亿企业储蓄，而且储蓄率高达40%。中国有种类齐全的各式企业，不少有在资本市场集资的需要。这是中国资本市场不会久为吴下阿蒙的重要条件。笔者甚至认为，十年内两岸三地的股市全会被A股吸过来。

不过那是以后的事，路还要一步步走。解决结构性问题，很难一蹴而就。"

文中结尾大胆预言：

"10年后，A股可能也只有一个市场。由于地理限制或俱乐部制，不少国家历史上都曾出现过"一国多市"的现象，但随着通讯、交通的发展，合并成为趋势。一些拒绝合并的，如日本的大证，则被边缘化。惟一例外的是美国的NASDAQ，但这既有历史原因，也有美国科技公司的集群优势。沪深两个A股市场相比，上海占有一定的优势，但所有上市公司中也不过六成在上海。今后五、六年，新上市的巨无霸们花落谁手，才是决定A股市

---

① 新浪财经，http://business.sina.com.cn，2005-08-02。

场最终定居地的关键。

资本市场的集群效应极为明显。如果投资银行全在纽约,证券市场绝不会开在旧金山。因为信息速度、资金流向些微的差异随时构成上亿美元的盈利或亏损。而人才的流动对以人为本的证券界来讲至关重要。随着 IT 革命和证券交易的无纸化,证券交易所的地理位置可能会变得不那么重要,但是投资银行、上市公司、资金、信息的集群性不会改变。

再过 10 年,中国内地 A、B 股、香港、台湾合一后中国股市的市值应介乎 3.5 万亿~4.5 万亿美元之间,超过日本的 3 万亿美元,名列全球第二。(为作者个人观点)①

《财经时报》在 2006 年 6 月 12 日《陶冬财评》专栏刊登了《施压人民币,美国光叫不咬》的长篇评论,占了半个版面。文章指出中国用 20 多年的时间走过了西方发达国家上百年的路。以购买力评价来计算,中国的 GDP 实际上已经名列世界第二,中国需求已经成为世界经济的一个重要的火车头。接着分析了中国经济崛起的四个因素:工资优势、资本成本低、基础设施的改善和以 GDP 为中心的政治文化;再者,预测中国经济未来三大趋势:农村的发展、资产升级在中国将进入一个全新阶段、金融改革进入一个全面公关的阶段;文章最后剖析了美国光叫不咬的原因:美国今天的生产成本和中国的生产成本相差太大,人民币升值只能把美国对中国的定单推向墨西哥、马来西亚及其他国家,却未必能帮到美国就业。而布什是行政当局首脑,他必须维护美国的利益,他一定要叫,而且一定要被选民看到他在叫,却不敢咬,因为人民币升值会导致中国商品在美国市场的价格上涨,遭殃的是美国消费者。这样洋洋洒洒的长篇大论,只有具有广博的经济专业知识,并对国际经济形势有专门的研究才可下笔。而读者只有相当的水平,才可阅读。

案例 11-3

坊间耳闻的经济解释

人们的耳闻目睹往往大同小异,但观点与角度却五花八门。这个专栏开张了,将由其仁与我轮流操刀。我们约好,打算就人们大同小异的耳闻目睹,向读者提供一种特别解释,即我们所学到的经济解释。

---

① 陶冬:《新财富》,http://finance.sina.com.cn,2005-08-23。

经济解释与其他解释，如出自文学、哲学、道德、或社会习俗上的，常有天渊之别。这差别是近两百多年来，随着经济学传统形成而产生的。以经济来解释世事，结论有时趣味横生，有时令人瞠目，有时令人气愤。我们可不在乎这些。我们在乎的是，事情的因果关系究竟是怎样的。

举些例子吧。深圳的餐厅服务好，客人叫结账后，服务员拿来账单，也同时拿来了预备找赎的零钱。不管客人手头有的是大票还是小票，账单都能一次结清。但一河之隔的香港，餐厅里却永远见不到这样的现象。为什么？可以有很多解释，但一个有说服力的经济解释是：并非服务态度不同、或劳动力成本不同、或礼俗不同，而是因为港币面值不限于100元止。

捐款行善是美德。然而，经济学家同时认为，捐款人仍是以私心为归依的。证据是，捐款人总会把款项捐给特定的人或组织，甚至指明特定的用途或目的。给甲而不给乙，用于这而不用于那，必有偏心（discrimination）在其中。假如一个毫不偏心、不想出名的人决意要把一笔善款捐给全社会，经济学家会告诉他，合理而有效的做法是把那笔钞票偷偷烧掉。

很多人认为，是美国的格林斯潘（Alan Greenspan）负责调节美元的利率，而这利率的厘定，也间接主导了全球利率的升跌。但根据费雪（Irving Fisher）奠定的利息理论，其中的因果关系很应该颠倒过来看：是全球资金市场的走势，共同决定了美元利率的高低；格林斯潘只是率先宣布了利率的变动，而不是造成了利率的变动。这个经济解释的一个重要含义，是调高利率不能抑制通胀，而只是预告或确认了通胀而已。

中国目前的教育开支急剧上升，相对幅度以农村家庭为甚。因为要读书、要升学、要择校，家庭不仅增加了一份沉重负担，有时甚至会走入财政绝境。这是人人都耳闻目睹的现象。一般舆论倡议的对策，是让政府来负担教育开支，搞免费义务教育。但经济学家指出，教育除了让孩子看书认字外，更重要的功能是给孩子打上标签，好让雇主在信息不对称的劳动力市场把他们识别出来。若是如此，免费义务教育不可能解决问题。要解决问题，得在降低"劳动力的识别费用"角度入手。

再拿炙手可热的人民币升值问题来说。人民币兑美元的汇率被低估是事实，美国政府逼中国升值也是事实，那么中国政府就范，岂不是中国吃了亏、美国得了益？骤眼看，答案似乎是肯定的；但从经济的角度看却不然。人民币被持续低估，结果只有一个，就是中国的劳动力和实物资源被持续贱卖。得益的是美国全体，受损的是中国全体和美国个别厂商。人民币升值，实质是阻止贱卖，那究竟谁是赢家、谁是输家？

经济新闻评论：理论与写作

从耳闻目睹到经济解释，就是这样奇妙的旅程。经济学家艾智仁（Armen. A. Alchian）在他《大学经济学》（University Economics）的前言，特意加了段幽默的"免责声明（disclaimer）"。声明指出，读者在运用书中传授的经济原理时，不管产生了财物损失还是造成了观念转变，作者概不负责；若读者坚持，那么他就要为经济学给他带来的享受先向作者付费。

这段声明也适用于本专栏。此外，其仁和我诚意欢迎朋友们加入！

（资料来源：薛兆丰：《坊间耳闻的经济解释》，英国《金融时报》，2005-08-05）

近年来，经济学家纷纷走出象牙塔，致力于研究纷纭变幻的社会现实，为中国百姓提供专业知识，并普及经济学常识。英国《金融时报》中文网站开设的新专栏《日常的经济学》，就是一档既专业又通俗的经济专栏，它由近年来人气指数颇高的中国经济学家周其仁与薛兆丰两位合写，由薛兆丰作首篇。近年来，他们致力于研究对中国与国人生活有真实意义的经济现象，倡导对公民的经济与市场启蒙。一些经济现象在经济学家的眼中，其解释与我们常人的看法迥异，不失为给我们读者提供一个认识问题的全新视角，同时也给读者带来思考的空间。

第二节 经济述评

一、什么是新闻述评

新闻述评又叫记者述评，顾名思义，就是一种边述边评、夹叙夹议的文体，是一种以事实为基础的评论，以评论为核心的新闻。新闻述评的优点在于，它不仅报道新闻事实的来龙去脉，并提供新闻事实相关的背景资料，而且作者对事实的意义做出解释和说明，作出自己的评判。

"述评主要由报刊记者采写，一般都是抓住当前形势和工作发展中某一重要的或转折的时刻，或针对某个具有普遍意义的亟待解决的问题，借助具有新闻价值的事实，用有述有评、评述结合的方式，从理论和实践的结合上及时分析形势，揭示事物本质，指明前进方向，给读者以启迪和引导，现实性和指导性都很强。虽然它要引述事实，报道事实，带有某种新闻的色彩，但分析事实，评价事实，却是它的最终目的，也就是说它带有更多的评论色彩，因此人们把它归入评论的范畴。①

"新闻述评又称记者述评，是把'述'和'评'相结合的文体，即记者在深入调查和认真研究社会问题的基础上，对某些典型而有价值的事实所发表的意见和观点。虽然不同于个人署名文章，但它代表记者。它夹叙夹议、边述边评，常常在叙述新闻事实的同时，由作者直接发表一些必要的议论，鲜明地表示作者的观点，帮助读者理解新闻本身的意义。"②

新闻述评的产生有其特定的社会背景。据陶菊隐先生回忆，1916年，他在《湖南民报》工作时，因为该报缺少资金，派不出特派记者，没有专电，就每天选录各地报纸的主要内容，综合起来写一篇述评，夹叙夹议，登在头版头条上，不料很受欢迎。这在当时是国内首创。③

新闻述评的迅速发展和读者的需求是分不开的。读者对社会的了解不再满足于表面事实报道，他们需要有人引导他们看清现实，更需要有人能够道出本质。新闻述评正好满足了读者的需要，通过事实透析本质。从事件动态走向新闻述评，大大拓展了新闻的内涵，提高了新闻写作的质量，满足了现代人高层次的知情权和探求欲。这是新闻写作发展的新趋势。难怪有一些细心的读者发现，现在在不少新闻中，议论性、评述性语言多起来了，这并不是记者对"客观报道"原则的误用，这恰恰是事物发展的一种趋势，是社会需求、读者对信息深加工需求的产物，也是新闻报道在新形势下深化新闻体裁写作的具体表现。

经济往往给人以高深、变化莫测的感觉，读者更需要述评形式的经济评论加以引导。目前国内新出版的各种财经类专业杂志更是抓住述评这一形式施展才华，以吸引读者，提高自身品位。

把述评两字拆开也就是新闻述评主要构成部分，即叙述和评论。评论以一定的报道为基础，要有新闻事件作支撑，不同于普通新闻评论。而述评按其对象的不同可分为，形势述评、事件述评、工作述评、经济述评和思想述评。述评在评论时需要采用大量事实做依据，所以用好新闻背景能使述评增色不少。对不同的新闻背景资料能够统筹运用，使个别孤立的事件具有了一种普遍的性质，在叙述的同时不忘阐述观点，引导受众，熔叙、议于一炉，

---

① 丁发章：《新闻评论教程》，复旦大学出版社，2002年版，第263页。
② 李法宝：《新闻评论：发现与表现》，中国传媒大学出版社，中山大学出版社，2005年版，第241页。
③ 陶菊隐：《记者生活三十年》，《新闻研究资料》，1980年第2期。

事、理于一体。由于述评在形式上有较大的写作空间，所以写作者可以运用各种表现手法，更好地烘托观点，使述评更具有阅读价值。

二、经济新闻述评写作与编排要点

1. 综观整体，把握全面

新闻评论不是单纯地主观表达自己的意见，而是有根有据地阐述观点。要有根有据，叙述就必不可少，用事例来完成论证。新闻述评中观点的提出应该是一个由事实到观点的分析推理过程，如果事实叙述的缺失或不到位，观点无法与新闻事件发生联系，道理也就变成了空谈。

许多述评写作甚至让观点在戏剧化事件的冲突中展现，这已成为时下流行的述评写作方式。

案例 11-4

金融宏观调控箭在弦上

2月10日召开的全国银行、证券、保险工作会议向人们发出了一个明确信号：中国经济已到进行宏观调控的关键时刻，金融业人士表示要积极贯彻中央决策——

"现在是需要积极发挥金融这一宏观经济调控杠杆作用的时候了"，刚刚参加完全国银行、证券、保险工作会议的金融业高层管理者发出了这样的呼吁。

2月10日下午，国家开发银行迅速召开党委会和全系统电视电话会议，认真传达学习温家宝总理在全国银行、证券、保险工作会议上的重要讲话。国家开发银行党委书记、行长陈元强调，温总理的讲话十分重要，对于认清当前金融形势，进一步做好金融工作具有重要的指导意义。作为政府的开发性金融机构，开发行要增强责任感和使命感，坚决贯彻执行国家宏观政策，以融资促进宏观经济中突出矛盾的解决，积极发挥促进金融改革发展和金融安全、金融稳定的作用。

种种迹象表明，此次金融工作会议不仅对金融业产生重要影响，也会对今年我国经济的健康发展起到积极的作用。

清醒看待经济形势

2003年的中国经济无疑是全球经济的一个亮点，但是经济运行中出现的一些新问题也令人担忧。国际舆论对此作出了各种评判，美国《纽约时报》最近有这样的语句:"从疯狂的厂房建设、推测性的现金流入到迅猛增加的银行贷款——都表明中国可能出现泡沫,特别是在投资方面。"

外国记者的观察也许有些片面,但的确在一定程度上说明了中国经济存在的某种隐患。在许多地方都不断有上规模的投资项目上马,一些行业的盲目投资不仅带来了产品大量过剩,而且加剧了电、煤等能源的紧张。一些经济学家认为,中国经济强劲的经济增长数字背后可能是生产能力的过剩。更有人担心,在这种发展趋势下,会形成新的一轮通货膨胀。

中国经济再次走到了一个关口。令人欣慰的是,高层决策者已经清醒认识到了经济发展所面临的问题,并及时作出了正确的对策。

金融调控正是时候

在这个经济发展的关键时刻,作为国家经济核心的金融,无疑应当扮演好宏观调控杠杆的作用。

毫无疑问,在推动中国经济快速发展的诸多力量中,银行贷款的作用是不可低估的,去年银行贷款的超速发放就说明了这一点。因此,应加强货币信贷的管理和调控,严格控制对部分过度投资行业的贷款,加大对经济发展重点领域的信贷支持,是当前金融工作的当务之急。

但是金融业人士也强调,金融宏观调控必须讲求手段运用的技巧,防止经济出现大起大落,保护好各地发展经济的积极性。特别是在调控过程中,要加强信贷政策、产业政策和财税政策的协调,对那些已经出现低水平重复建设的行业要实施严格的市场准入制度,对土地征用进行严格管理,同时对贷款进行严格限制,防止通货膨胀的出现。

中国金融业已经在多次宏观调控中有着上佳表现,在此次宏观调控中必然也会从国家大局出发,为保持国民经济的平稳、较快发展作出应有的贡献。

金融机构大有可为

银行业如何配合好国家的宏观调控政策?开发银行行长陈元在电视电话会议上表示,要充分发挥开发行在推进金融改革发展中的作用,有效配合国家宏观调控政策,防范长期信贷风险,进一步发挥政策性银行的资金导向作用,促进融资体制改革。作为一家政策性银行,陈元强调开发银行要认真贯彻落实国家宏观调控政策,支持经济发展。根据中央提出的"五个统筹"要求,运用开发性金融,对"两基一支"领域内的西部大开发、东北老工业基地振兴、县域经济、中小企业、"三农"等难点、热点问题积极探索,为全面建设小康社会打通新的融资"瓶颈"。对重复建设和国家限制的领

经济新闻评论:理论与写作

域，坚决不介入。

他还特别提醒各级分行，要按照中央要求，在贷款过程中要注意以下方面：高度关注土地占用和农民安置问题，使之得到妥善解决；注意各地财政的承受能力和信用建设，引入国际评级公司对各地进行评级；注重规划和平台建设，制定符合国情和切合当地实际的发展目标。

正在致力于全面改革的中国金融业，将承担起经济宏观调控的重大职责，这是历史所赋予的使命。

（资料来源：王智：《金融宏观调控箭在弦上》，《经济日报》，2004-02-11）

上篇述评在论证的同时选取了大量的事实作为背景资料。开篇作者就选取了两个事例点明主题：中国政府已经认识到金融宏观调控的重要性。在随后的文章中作者采用了提出问题—分析问题—解决问题的论证模式。首先说明政府必须对金融进行宏观调控，然后分析为何现在对金融宏观调控"正是时候"，最后通过"大有可为"解决如何宏观调控这一问题。该文事例的运用和理论相得益彰，通过大量的事例和背景资料达到论证的目的。读后让读者信服，同时该文运用了不同的表现手法：举例、引用、反问等等来增强文章的可读性。

每当宏观经济形势发生变化，需要舆论引导公众对形势作出正确认识的时候，《经济日报》就会发表述评来进行解释。这样的事例在《经济日报》20多年的办报实践中不胜枚举。最近的一个成功范例是关于部分行业投资过热的报道。2003年下半年以来，钢铁、水泥、电解铝等部分行业投资过热引起人们的关注，出现了经济是否过热的争论。究竟应该怎么认识经济形势，编辑部根据社会舆论的实际，及时策划了《直面当前经济热点》系列述评，对部分行业投资过热的情况进行了分析。接着，《经济日报》组织了《辩证认识当前经济形势》系列述评，从银行贷款、部分行业投资过热、物价变动等几个方面进行分析，对当前经济形势发展变化的方方面面进行剖析，引导受众对形势作出正确的判断。报道发表后，不但得到宣传主管部门的表扬，而且受到读者的欢迎。中宣部有关材料认为，《经济日报》对当前宏观经济调控报道的思路和方法符合中央精神，是正确的，其言论和典型，具有现实的指导意义。

2. 入切口小，注重客观描写

2001年11月，为迎接我国加入WTO，《经济日报》推出"直面WTO行业述评"，其中第一篇是关于金融行业的《金融改革之路不再漫长》。这

篇述评的开头是这样写的:"11月11日,星期天。中国人民银行大楼里却没有以往周末的宁静。就在多哈会议通过中国加入世贸组织的当天,央行新闻发言人迅速做出反应,不仅及时向外界披露了中国加入WTO中国银行业开放的承诺与步骤,同时也提出金融业应对挑战的六大措施。很多媒体注意到,这一举动不同于央行一贯沉稳的做法,当然敏感的记者们也会由此想到,从这个非同寻常的周末开始,这座大楼和中国的银行业都将面临更深远的变革。"如果没有到中国人民银行去采访,如果没有仔细观察,记者就很难找到这样一个独特的细节,很难通过这样一个细小的角度来切入银行改革的大题目。

案例 11-5

地方政府在楼市调控中要坚持"四不"原则

新华网北京8月9日电(记者 杜宇)在新一轮房地产市场宏观调控中,地方政府被推到了"风口浪尖",承担的责任更加明晰。要想在楼市调控中学会经营管理城市,而非被动地套上"紧箍咒",地方政府要坚持"四不"原则。

原则一:不当城市发展的"近视眼"

作为杭州西湖区的支柱产业,房地产占2004年全区地方财政收入的份额高达54%,构成"半壁江山"。

这只是房地产在地方经济中的一个缩影。由于地方政府通过收取土地出让金能够获得极大收益,不少地方政府在房地产市场上热衷于扮演"垄断商人"的角色,享受着城市发展带来的短期利益。

而地方政府日益依赖于把征用的土地作为抵押物获得银行巨额贷款,结果却埋藏着巨大的金融风险。一旦房地产泡沫破灭,将面临无法归还贷款的风险,地方经济将遭到重创。

数据显示,在中国房地产金融在金融总量中所占的比例越来越高,2005年底房地产贷款达到3.07万亿元,占金融机构人民币各项贷款余额的14.84%。

中国人民银行副行长吴晓灵表示,房地产金融的健康稳定对金融系统的健康稳定至关重要。房地产泡沫对经济金融与民众生活带来的巨大影响,尤其是泡沫破灭后的负面影响,令各经济体中央银行不得不提高警惕,密切关注它。

经济新闻评论:理论与写作

因此，在新一轮楼市调控中，地方政府不能当"近视眼"，要学会正确处理城市发展短期利益与长期可持续发展的关系。

原则二：楼市发展不能只盯"房"不看人

一边是栉比鳞次的高楼大厦，一边却是望房兴叹的普通百姓，这样的尴尬境况并不少见。

江苏北部一个县级市政府负责人谈到城市建设时，把房价4年上涨3倍作为政绩津津乐道。这个城市的平均房价已达3 000元/平方米，而城市居民的月工资收入大多在800元到1 500元左右，很多市民担心将来买不起住房。

众多急需改善住房的家庭，在繁荣的房地产市场中很难找到适合自己的房子。这样的一个市场，不能满足群众的居住需求，它的繁荣令人反思。

建设部有关负责人表示，当前房地产市场调控的重点之一就是，重点发展满足当地普通居民自住需求的中低价位、中小套型普通商品住房。

因此，正确处理发展房地产市场和改善群众住房条件的关系成为摆在地方政府面前的一道新课题。

原则三：不能只建商品房而忘廉租房

来自建设部的资料显示，13个省区没有将廉租住房制度建设纳入省级人民政府对市、区、县人民政府工作的目标责任制管理，70个地级以上城市没有建立廉租住房制度；122个地级以上城市没有建立严格的申请审批程序。

来自统计局的数据显示，上半年全国商品住宅完成投资5 318亿元，同比增长28.2%。其中，经济适用房完成投资217亿元，增长6.1%。

与快速发展的商品房市场相比，我国住房保障体系建设的滞后令人唏嘘。

据国务院发展研究中心的一位专家分析，廉租房与市场房价呈负相关关系，廉租房的供给每增加5%，就会迫使房价下降3%～4%。而房价的下降会带来两个后果：一是地价下降，直接导致政府收入减少；二是拖累经济增长、GDP下降，从而使官员在考核中处于不利的地位。

房产新政策中明确提出，有步骤地解决城镇低收入家庭的住房困难，其中之一是加快廉租住房制度建设。明确时限，尚未建立廉租住房制度的城市，必须在2006年年底前建立。

因此，正确处理经济增长与社会和谐的关系，更多地关注、维护和保障低收入群体的住房权益,是地方政府不容回避的责任。

(资料来源:杜宇:《地方政府在楼市调控中要坚持"四不"原则》,新华网,2006-08-10)

经济记者每天要和企业、企业家和政府官员打交道,和他们搞好关系才能为以后的报道增添砝码。试想一个经济事件每一家媒体都在报道,而只要获得内部人士或者知情者透露一点额外的消息,就可以写出独家新闻。但是企业、政府很少愿意对媒体记者揭露自己的短处,经济记者就需要有一个清醒的头脑。与采访对象保持一定的距离,不要让私人关系影响记者对问题的思考和判断,尤其在采访企业和企业界人士时,不要被一些表面现象所迷惑。在多数情况下,企业和企业家总是不愿意媒体报道对他们不利的新闻,有时甚至会利用媒体去传播一些为他们的特定利益服务的"新闻"。曾列世界500强前10强的美国安然公司的财务问题被揭露出来之前,还曾被媒体称为最具创新精神的企业。因此,经济记者在采访中更需要多想几个为什么,从多个角度去思考,多请教专家和业内人士,而不是偏听一面之词。

写国内经济述评同样不能为宣传而宣传。不能先有观点再去选取事例,这样很容易就写出"软广告",而应在大量事实的基础上发现评论的立足点。不能因为目前形势喜人就可以大吹大擂。述评讲求事实,但不是有了事实,就可以据此得出自己的观点。写作国内经济述评时,往往容易受周围人的观点和采访对象的引诱。"不识庐山真面目,只缘身在此山中。"生活在国内,容易形成当局者迷的情况,所以保持一个清醒的头脑是国内经济述评作者所要重视的问题。写作者首先要站得高,看得远,视野开阔,从全面观察、全局出发来提出问题和分析问题。

3. "述"、"评"分离,引用背景资料

"述"与"评"分离延伸,对述评报道编辑手段进行新的探索。所以,如果从内容上分析,一篇好的新闻述评一定包括新闻事实和评论两个部分。有时候,往往是事实淹没在评论里,或者反之,精辟的评论被冗长的事实叙述所遮挡,难以吸引读者的眼球。

编辑手段对述评报道的加工,大致可以概括为"述"与"评"的分离延伸。就是说,在版面编排形式上,常常以资料、图表、相关链接、编辑提示等手段,把述评的基本资料和背景凸显出来,这样既方便了读者阅读,也美化了版面,而且丰富了述评的报道主题。2003年11月15日是我国加入WTO两周年的日子,《经济日报》策划了一组回眸两年的报道。这组报道的本身是新闻述评,但在版面的安排上,每篇报道都配发了背景资料和相关链接。如在"政府职能转变"这个专版上,以述评为主体,同时安排了两栏介绍我国政府职能转变历程的背景资料,其中摘录了党的十二大以来的重要文件中关于政府职能转变的论述,使读者对这个问题有了一个宏观而总括的认识。而述评本身则省去了对职能转变过程的描述,这样,既使报道篇幅有所收缩,又使版面丰富多彩。在近年的实践中,《经济日报》的述评报道在版面编辑手段上,还运用图片和图表来介绍述评中涉及的数据和新闻事实,都取得了好的效果。

案例 11-6

中国原油如何攀上 2 亿吨高峰

油气资源前景光明

一个盘子被一个巨人用力地摔在地上,然后再踏上一只脚,用力踩碾,转瞬间,那个完整的盘子化作碎片甚至粉末。

有人告诉我,这就是中国石油资源的现状。我曾拿这个比喻向不少油田高层求证,他们称,中国的石油资源大体分为构造性油层和岩性油层两种,前者为拳头状的山包,储量不大,后者为地壳运动时形成的断层,储量较大。这个比喻是一个极端的描述,也许在极小的区域内存在,但绝不能反映中国油气资源的全貌,更不会成为我国油气的储备或接替资源。

业内人士认为,虽然经过了近半个世纪的快速稳定发展,中国油气生产的前景依然充满光明。截至2003年底,全国已发现油田576个,气田201个,2003年全国石油产量16 818万吨,天然气产量254.7亿立方米。"九五"以来,随着我国地质认识和地质理论得到了深化和升华,油气勘探领域不断拓宽,特别是海域勘探方兴未艾,再加上主导勘探开发技术日趋成熟,油气田开发水平不断提高,我国石油新增储量保持了高基值的持续有效发展,天然气勘探进入持续快速有效发展的阶段,油气产量稳步增长。

目前,我国处于总体勘探水平不高、勘探前景、勘探领域广阔阶段,特别是海域勘探程度还很低,岩性地层油藏及天然气勘探的潜力仍然很大,剩余资源依然较为丰富。我国第三次油气资源评价结果显示,我国远景石油资源量1 041亿吨,截至2003年底,累计探明石油地质储量234亿吨,探明率只有22%,剩余资源量十分丰富。除了石油,还有丰富的天然气。第三次油气资源评价结果显示,我国远景天然气资源量47万亿方,截至2003年

第十一章 报刊经济新闻评论(二)

底全国累计探明天然气地质储量3.87万亿方，探明程度仅为8%。

作为中国最大的油气生产商和供应商，经过四十余年的开采，中国石油的剩余资源仍十分可观——远景石油资源量为574亿吨，其中累计探明的石油地质储量为151亿吨，探明程度为26%，资源空间仍然很大。"十五"以来，中国石油的油气勘探工作不断取得突破，先后发现了陆梁、哈得逊、新疆霍尔果斯等9个亿吨级规模的油田和区块，新增探明石油地质储量13亿多吨，探明石油可采储量3亿吨；发现了克拉2、苏里格等一批大型整装气田，新增探明天然气地质储量1万多亿立方米，探明可采储量1 285亿立方米。

因而，无论从资源潜力、勘探开发进步还是近期发展趋势看，我国油气勘探开发生产都有许多持续发展的有利条件。

勘探开发技术是支撑

勘探开发技术进步使人类逐步增强了获取石油的本领。从甩掉"贫油国"帽子到发现一个又一个大型油气田，大庆油田连续27年稳产5 000万吨到小于1平方公里的小断块油藏的有效开发，中国石油工业每前进一步，同样深深地打上了勘探开发技术进步的烙印。

主导勘探新技术的推广和应用，开辟了油气勘探领域，促进了油气资源的发现，特别是地震、井筒技术的进步，使得我国中西部等复杂地区的勘探不断取得突破，东部老区也不断发现新的储量；海上配套工程技术的发展，极大地推动了海域油气勘探工作。

成熟开发技术的应用和新技术的试验和研发，提高了低渗透油气藏、稠油、剩余油等的开发水平；提高采收率技术的应用，则使得已开发油田在一个较长时期内增加可观的采储量。据测算，如果采收率提高一个百分点，中国石油就可以增加可采储量1.17亿吨。

据中国石油介绍，各油田在提高采收率方面都还有较大潜力。比如，在大庆，大型砂岩油田注水驱油、注聚合物驱油的开发和配套技术已经成熟，多元复合驱、多元泡沫驱、微生物驱等接替技术正在试验。据中国石油大庆油田责任公司副总经理隋军介绍，使用注入聚合物驱油技术可提高采收率10个百分点，使用多元复合驱、多元泡沫驱、微生物驱等技术可提高采收率20个百分点。随着这些先进技术的应用，大庆油田的采收率已闯过了50%的大关，并有望达到60%。而世界同类油田的采收率一般在30%左右，国内其他油田最高也仅为33%。

大庆已成为世界最大的三次采油基地

业内人士告诉记者，一次采油为自喷，二次采油为注水驱油，三次采油

经济新闻评论：理论与写作

是注入聚合物等驱油。注水驱油技术已在世界范围内广泛采用，而聚驱采油技术只在大庆油田得到大面积应用。据悉，2003年大庆油田聚合物驱油的产量已达到1000万吨。专家提出，三次采油的操作成本高于常规注水开发成本，国家对这类尾矿开采应予政策支持。

盐层是新疆塔里木油田在勘探中遇到了最大难题。1988年该油田在南喀1井实施钻井时，第一次遭遇复合盐层，如今他们已攻克了复合盐层的钻井难题。据了解，塔里木油田已在80余口深井、超深井中钻到复合盐层，已能够做到事故率基本为零。

为了破解老油区持续开发和产能建设这个难题，辽河油田开始探索侧钻井技术。自1992年到2003年，该油田共完成侧钻井1805口，累计增产原油768万吨。据辽河油田公司介绍，钻一口1500米以内的侧钻井，工作费用只有新井的一半。按平均深度900米计算，自1992年以来，因应用侧钻井技术，辽河油田共节约工程费用18亿元。

正是由于有了勘探开发技术进步作支撑，中国石油的油气勘探开发保持了良好态势。重组5年来，中国石油累计探明石油和天然气地质储量22.5亿吨和1.69万亿方，年均分别达到4.5亿吨和3383亿方；原油产量从2001年的10 336万吨上升到2004年的预计10 430万吨，连续三年保持产量箭头向上。

油气生产面临四大挑战

在坚信未来中国油气勘探开发潜力的同时，也应清楚地看到，随着勘探开发程度的增加，我国油气生产难度越来越大，困难和挑战越来越多。业内人士称，在未来的日子里，我国油气勘探开发生产至少面临四大挑战。

第一个挑战是资源接替矛盾依然较为突出。储采平衡系数是反映石油资源后劲的一个重要指标，这个系数大于1时，说明新发现的储量不仅弥补了已开采的资源量，且有剩余，整个国家或者公司的储量处于增势；小于1时，说明新发现的储量不足以填补已开采的资源量，整个国家或者公司的储量处于降势。

据悉，至2003年底，中国石油原油储采平衡系数已由"八五"的1.07下降到"九五"的0.96，"十五"前三年储采状况有所好转，但各油区间差异较大，资源接替矛盾仍十分突出。雪上加霜的是，由于资源品位变差，中国石油每亿吨储量建产能力已由2000年的208.6万吨降低到2003年的170万吨，三年间，油气开发成本上了37%。

第二个挑战是老油田已进入高含水、高开采的"双高"阶段，上产难

第十一章 报刊经济新闻评论（二）

度较大。高含水是中国大部分老油田稳产的一大克星。经历过初期开采后,中国不少已开发油田都不能自喷采油,注水驱油是一种常用的采油方法。刚使用水驱时,多数油田采出的液体中油多水少,经过几十年的开采,现在不少油田采出的液体都是水多油少。据记者了解,截至2003年底,中国石油已开发油田的平均含水量达83.6%,其中大庆油田的综合含水量高达88.72%。高含水,无论是对降低成本还是对高新技术应用都提出了新的要求。

采出程度高是老油田稳产的另一大克星。所谓采出程度,指的是某一区域内拥有的探明可采储量已被开采的比例,采出程度越高,资源剩余量越少。据了解,中国石油部分已开发油田的采出程度已高达72.3%。

已开发油田进入高含水和高采出程度的"双高"阶段后,稳产难度较大,油田产量递减是必然规律。目前,中国石油老油井产量递减率已达11.45%,按2003年产量10 430万吨计算,2004年中国石油老油井原油产量将自然递减近1 200万吨,相当于国内第三大油田辽河油田的年产量。如果把中国石油集团内那些产量正在上升的油田考虑进来,全集团油井综合递减率仍为5.5%,按去年产量10 430万吨计算,全集团原油产量将自然递减近600万吨。

为了在弥补老油田产量递减的同时实现增产,中国石油不断加大勘探开发力度,每年都要新建原油生产能力1 000多万吨。

第三个挑战是勘探开发对象越来越复杂。目前,地面地下条件及油气藏类型比较简单的大型油气藏基本找到,未来油气勘探工作的对象——油气藏类型和地面地下地质条件将越来越复杂,油气资源的品质将逐渐变差,勘探难度加大,工程技术要求提高。同时,油田开发对象也越来越复杂。一是新投入油田油藏类型复杂。近年,勘探发展的储量低渗透和复杂地区的资源所占比例越来越高,开发难度增大;二是处于中含水开发阶段的注水开发油田地下情况比较复杂,改善开发难度很大。

第四个挑战是勘探开发对技术的要求越来越高。如今,面对中国日益快速增长的油气需求,勘探开发技术的进步是加速开采国内资源的必由保障。随着勘探开发的进程加快,中国油气勘探开发的目标已经从浅层走向深层,由陆地走向海洋,要在这些油层或油区日趋复杂的地带获得油气发现,就必须在勘探开发技术上实现重大突破。只有这样,中国油气生产才能跃上一个新的起点。专家预测,中国将要迎来的不仅仅是油气勘探技术上的进步,而是一场勘探技术革命。

经济新闻评论:理论与写作

专家认为，中国石油已掌握了勘探开发的主体技术，但关键技术还有差距。比如，水平井是提高单井产量、开采薄油层和底水油藏的最好办法，中国石油股份公司已累计完成水平井350多口，平均单井产量达到直井的3倍，而美国一年就能打水平井300多口。比如，地质导向技术，这是一项可有效提高石油产量的技术，在美国，由于地质导向技术高超，钻头可在极薄的油层里走，薄油层的钻油率一般都超过70%，甚至高达100%，与其相比，我国尚有差距。

为了在勘探开发技术上实现突破，目前中国石油召开了有史以来的首次勘探开发工程技术工作会议，并制定了《中国石油天然气集团公司勘探开发工程技术服务业务发展的指导意见》。按照中国石油的目标，每年要新增探明石油地质储量5亿吨以上、天然气储量1500亿~2000亿立方米；在今后一个时期内把老油田的采收率提高8个百分点；到2010年，全集团原油产量将达1.33亿吨。

业内人士称，在这场勘探技术革命中，中国石油企业如果能占得先机，我国原油产量攀上2亿吨将指日可待。

（资料来源：何振红：《中国原油如何攀上2亿吨高峰》，《经济日报》，2004-12-07）

这是一篇典型的国内经济述评，首先提出问题：中国石油现状到底如何。文章开头并没有立即指出中国石油现状如何如何好，而是巧妙地先引用了一些人的观点，说明他们对中国石油状况的不信任和担忧，作者还使用了碎盘子的比喻："一个盘子被一个巨人用力地摔在地上，然后再踏上一只脚，用力踩碾，转瞬间，那个完整的盘子化作碎片甚至粉末。有人告诉我，这就是中国石油资源的现状。"随后作者通过石油管理高层、业内人士和供应商共同来证明中国石油存在的希望，驳倒了文章开头的疑虑："这个比喻是一个极端的描述，也许在极小的区域内存在，但绝不能反映中国油气资源的全貌，更不会成为我国油气的储备或接替资源"，继而作者开始具体而全面地分析问题，通过大量的事例说明中国石油到底如何，并说明了勘探技术的重要性。文章并没有因此结尾，而是又对中国石油提出了一些隐忧，说出了四点不足：第一个挑战是资源接替矛盾依然较为突出。第二个挑战是老油田已进入高含水、高开采的"双高"阶段，上产难度较大。第三个挑战是勘探开发对象越来越复杂。第四个挑战是勘探开发对技术的要求越来越高。在语言上，作者也尽量写得生动一些，在开篇就提到碎盘子的比喻。作者的观点和评价并不是凭空而来，而是不断地用事例加以补充和证明，事和理、虚和实处理得也较为恰当。

4. 突出评论重点，强化事理交融

述评报道往往在篇幅上比较长。长篇幅可以把事情说明白，但在生活节奏日益加快的今天，人们不想花长时间去读完。《经济日报》在述评报道中尝试以篇版联动的形式来进行。所谓篇版联动，就是把述评报道放到后面的版面上，以较长篇幅分析和报道，而在头版以消息的形式把述评的精髓内容介绍出来。发在头版上的消息，一般只有五六百字，概要地介绍述评内容。这样的编排，大大方便了读者阅读。如果没有时间阅读述评全文，读者只要把头版"消息体"的述评内容看看，也能大致知道述评要说的话题。而时间充裕的读者，则可以仔细阅读后面的述评以及相关的背景资料等。

"消息体"的述评与真正的新闻述评在内容上要有所"分工"。在迎接党的十六大的报道中，《经济日报》推出"走进小康——跨世纪的新变迁"系列述评，第一篇报道是《用的变迁》。在头版配合这篇述评发表的是一则《用的消费出现重大飞跃》的报道。发在头版的这则报道介绍了专家的观点，而且以统计数据说明了人们在电脑、手机等方面的情况，以恩格尔系数的变化来说明消费支出的变化。而在第五版的述评报道中，则以《从千元级到万元级》、《从实物消费到服务消费》、《从追求产品拥有到追求心理享受》这样几个小标题，以生动的事例来说明，过去13年来人们在"用"上所发生的巨变。这些具体的分析与头版报道中的数据和观点交相呼应，互为补充。这样，克服了述评篇幅长、阅读不易的缺点，同时，在头版"露脸"也增强了述评的评论效果，引起读者关注。①

国内一些财经类专业报刊在经济报道上都在模仿国外优秀经济报刊的写作方式，比如《华尔街日报》、《经济学家》等，一些经济报道在写作风格上可以说是国外报纸的中文翻译版。在写作中，国内记者模仿最多的还是国外经济报道事件、事例的叙述方式。

对许多人来说，各种财经数据和专用术语是枯燥而费解的，因此财经报道往往失于死板和乏味。但从整体上看，《华尔街日报》很少给人这样的感觉。除了那些以表格的形式公布的各种行情之外，该报记者采写的报道往往具有较强的可读性。一是注意将容易让人望而生畏的数字有机地融合到整篇报道里，而不是简单地堆砌；二是注意描写市场中的人的活动，而不是只见

---

① 丁士、魏永刚："提高报道时效　创新报道形式——《经济日报》改进新闻述评报道"，《新闻战线》，2004年第6期。

数字不见人；三是注意使用轻松活泼的引语，而不是通篇都是平铺直叙。①也就是说他们的报道故事讲得好，国内经济新闻记者也开始有意无意地模仿这种讲故事的方法，好处自然是读者受益。

有的专业财经报刊在讲故事上下足了功夫，有人甚至调侃道："每个记者都是天才的小说家，能够添油加醋把故事讲得跌宕起伏、绘声绘色，让众多读者看得眉飞色舞，意犹未尽。"不可否认增强经济新闻报道的故事性是利大于弊。对于国内经济述评来说，写作者们也应该在"故事"上下功夫，不是说都要写得像故事，但要给读者一种在听讲述的感觉。

吴晓灵在任国家外汇管理局局长时曾就有关人民币贬值问题答记者问，国内某媒体的报道为：吴晓灵强调，人民币不贬值不是政治承诺，是中国的基本经济层面所决定的。当前，我国国内经济增长，物价稳定，国际收支双顺差，此外还有1 400多亿美元的外汇储备；另一方面，人民币贬值弊大于利。贬值或许对出口有利，但会恶化一国的贸易条件，使进口工业品和技术变得昂贵。贬值还会动摇人们对经济和货币的信心。中国人口众多，国内市场广阔，这是中国经济增长的基础。因此，不能靠贬值扩大外需，带动经济发展。

再来看看法新社的报道：在招待会简短的开场白上，吴女士在重申人民币不贬值的承诺的同时，也指出在这个问题上人们有一些"评论和心理压力"。她指出，中国有1 400亿美元的外汇储备，外加中国人个人手中的800亿美元，"我们为什么要贬值呢？"但她也承认，"谁也无法预言一种货币会不会贬值"。

两则报道放在一起不难看出第二则的故事性较为强烈些，读起来也更顺口，更易于理解。写作经济述评也要有一种讲故事的感觉，写出的文章普通读者读得懂，专业读者也不会厌烦。述评的事与理的安排形成了评论结构。怎样安排事例？又怎样安排事例与评论之间的逻辑因果关系？由于作者掌握的面的材料和点的材料、现实材料和背景材料、正面材料和反面材料非常丰富，涉及的事情、问题比较多，如果不跳出材料作概括、抓住典型举例子，则很可能写得冗长庞杂，不得要领。许多材料没有恰如其分的概述，就很难体现述评的普遍意义和适用范围；没有典型的实例和数据，则很难深入地进行述评，很难避免空泛、一般化而达不到令人信服的目的。所以事实的充分与典型和议论的精要与恰当，要求都很严格。文章的力度在选题、时机和事

---

① http://www.xici.net/b244699/d34002953.htm, 2006-01-17.

实逻辑之中,记者切忌在述评新闻中作过多的主观发挥和自我表现。

第三节 经济随笔

一、什么是经济随笔

随笔是文学体裁中散文的一种,它不拘一格,形式多样自由,短小活泼。经济随笔即随笔式的经济评论。从一种经济问题、现象引发,娓娓而谈,把抽象、复杂、高深的经济理论演绎成生活化的语言,轻松、随意、幽默,给读者如沐春风之感,启迪智慧。

经济随笔如今是很时兴的文章,频频见于报端。因为读者爱看,报刊愿登,写来洒脱随意,加上稿费从优,于是很有一些经济学家在研究、授课之余乐于写一些随笔。写作经济随笔,必须对经济有深透的研究,并且对经济理论了然于胸,文字功底深厚、行文老到,有意也有暇去评点时局、启蒙大众。因此,善于此道者大多是一些大学或研究院的教授、学者,也有一些资深的记者。

随笔在写作样式上没有什么固定的限制,常见的有借事说理,夹叙夹议等形式。借事说理:作者要着力描写一个事件,不用太多的语言去发议论,做点评,把一件事情写清楚,文章的结尾有个简单的点题就可以了。读者通过作者叙述的这件事,就能受到触动,明白一些道理,道理喻于故事之中。夹叙夹议:作者在叙述一个事件的同时,发表自己的见解,一边叙述一边评论;也可以是把事件先叙述完,再做评论。如高鸿业在《人民日报》(2001-05-26 第6版)发表的学术随笔"应用西方经济学须符合国情",全文开篇亮明观点:"西方经济学是外来的事物,外来的事物能否用之于我国,决取于它是否适合我国的国情。在它适合我国国情之处加以应用,必然能使我国得益。如果生搬硬套,则不但于事无补,有时反而会带来害处。"接着分析中国的国情与西方经济学的关系:西方经济学,概括起来主要有两个方面的内容:一个是西方的意识形态,另一个是西方市场经济运行的经验总结。前者不符合我国国情,我们当然要加以摒弃,西方经济学市场经济运行的经验总结含有不少对我国有用的东西,我们应借鉴。文章提醒:即使以西方经济学中作为西方市场经济运行的经验总结的这部分内容而论,在运用中也必须考虑到我国的国情差异。以"价格来平衡供求的西方经济学原理",主要是对发达国家的市场运行经验的总结。而我国作为一个市场体系

经济新闻评论:理论与写作

尚不健全、市场经济体制还不完善的发展中国家的具体适用条件，在外汇的资本市场上，至今尚未使用人民币汇率自由浮动来保持外汇供求平衡的政策，而是采用外汇管制的政策。正是由于这一政策的执行，我国在很大程度上才避免了不久前结束的亚洲金融危机所造成的不良后果。文章叙事说理，用"我国目前实行的宏观调控政策"和"外汇管制的政策"两个事例夹叙夹议，论证西方经济学的应用原则应是以是否符合中国国情为先决条件。

二、经济随笔近年兴盛的原因

1. 近年来，经济学家时兴写随笔，读者也爱读随笔。在相当长的历史时期和计划经济条件下，经济学对人们的经济和社会生活，并未产生多大作用和影响，因而对绝大多数人而言也就不需要经济学与经济学家。只有市场经济，才需要经济学与经济学家，去解开经济如何靠一只"看不见的手"运作之谜，去帮助无数的个人进行经济决策。中国市场经济的改革20多年来，经济学也随之逐渐兴旺起来，成为显学。于是，面对"市场经济"以及"经济学是显学"，每个个体的人都必须适应这样的体制，了解其游戏规则，才能维护其交易者正常的利益，不至于成为体制的"边缘人"。用中国人的古话讲，就是"入乡随俗"。因此，经济学知识成为大众对于体制适应性需求的一个重要方面。

2. 需求创造供给。大众迫切需求大白话的经济学知识，就形成了一个潜在的很大的市场。既然有市场需求，又有海外学者率先在中国将深奥的经济学理论通俗化、随笔化，著书出版大发其财，中国经济学家们也就发现了"商机"，也为了体现他们的社会责任，于是，用随笔这种方法介绍经济学知识的形式在中国逐渐流行起来，并形成规模。最初是一家出版社出版的一套"著名经济学家随笔"，行情看涨、市场火爆，"写随笔"的经济学家也多了起来。普通大众也的确因这些随笔而受益。于是，形成了一种良性的循环，使经济学随笔近年来长销不衰。如《经济学家茶座》第一辑里詹小洪细说"京城十类经济学人"，梁小民则分析经济学家和致富的内在关系，常明晶则笑谈经济圈人士"走穴"忙，如此这般的"学界万象"分明是呈现经济学家作为平常人的一面，更凸显出《经济学家茶座》看待经济学、经济学家的平常眼光。

3. 经济媒体的助推。中国经济媒体的快速成长，需要大量的经济学通俗文章。而经济学家无疑是这类通俗经济学作品提供商的不二人选。有一本近年来位列畅销书排行榜首位的经济随笔杂志《经济学家茶座》，把经济学家请进茶座,是为了让经济学真正走向大众、走向生活。随着中国经济的发展,经济学也成了"显学",但经济学离百姓究竟是远的,闲时到"茶座"一坐,品一盏清茗,谈论一下平常日子里的经济话题,少了深奥、严肃,多了几分轻松、休闲,这经济学自然是老百姓读得懂也愿意读的经济学。经济学家作为随笔的供应商,成了"媒体经济学家"。媒体的推波助澜,其结果是越来越多的经济学家加入了写随笔的行列。2000年7月,《经济学家茶座》第一辑问世。对于为何取名"茶座",山东人民出版社社长金明善有他的解释:"中国人钟情于'茶',不仅是因其关乎民生,而更有精于此道者,把它看作是精神文明,是艺术享受,并由此而演绎出具有民族特色的茶道、茶文化、茶馆文化。重视民生、植根于传统,同时更为了满足时代的、大众的消费需求。"

三、经济随笔的特点

1. 经济学文章的"轻骑兵"。经济随笔(经济散文)目前呈流行趋势,应该说,好的经济随笔是文学形式与经济学内容的有机结合,是深入浅出的;但是不好的经济随笔,则往往是浅入浅出、浅入深出、乱入乱出,随笔变成了随意。① 经济随笔其特色就在一个"随"字——随便,随时,随手,随心等。随笔中涉及的往往是一些稍纵即逝的思想火花,所以要养成随手、随时写作的习惯。随便:随笔没有什么格式的要求,文字也可长可短。随心:写作时必须有自己的独到之处,有一双善于发现的眼睛,有一个善于思考的大脑。选题必须紧跟改革开放的形势,敏捷地反映作者对改革热点问题的思考,紧扣时代脉搏。经济学家写给报刊的随笔,篇幅不可能太长,文章虽小,却道理深刻。"小"文章的写作也是作者写作学术专著、从事一些大的问题研究的一种方法,构成了大文章的必要准备和积累。

2. "平民化"的平台。许多经济随笔贴近和关注百姓生活的家长里短,把普通读者和我们的经济学大师拉到了一起。经济学既然是"致用"之学,理所当然地应当去唤起民众,应当回答大众关心、疑惑的种种问题。一个经济学家如果真正能够回答老百姓关心的一些问题,向大众介绍有关的经济学知识,就无愧于经济学家的头衔。通过这样一个"平民化"的平台,作者和读者都有不菲的收获。如《经济学家茶座》一直和中国经济一起成长,始终对中国经济进程中的点滴给予关注。"城乡分治"、西部开发、"加入世

---

① 顾海兵:《经济随笔不可太随意》,《中国图书评论》,2003年第7期。

贸组织"、"网络经济"、"大学生就业"、"用人制度改革"、"国企改革",通过这些关注的问题,就可以看到近年来中国经济的发展轨迹,浸透其中的思考和观察,更显出了这本书对发展中的中国经济的深切关注。①

3. 随笔注重文采或曰可读性。经济随笔的文字一般都通俗流畅,读来有兴味,视角独特、观点新颖、并且能够启智娱人。其中,最主要的还是要基于经济学的理论和知识,察人所未见,言人所未言,以经济学的智慧启迪读者。经济学智慧是经济随笔的"核心"。重视文章的可读性及尽可能精美的文采,为写作者所崇尚。这里所讲的文采,并非是一系列形容词的堆砌,而是指文字的准确,语言的凝炼、通俗,善于讲故事,用形象生动的语言揭示深刻的道理。经济随笔让经济学真正走向了生活,让经济学家走向了普通大众,"轻松、高雅、休闲"的散文风格让枯燥的经济学走出书斋,变得灵动,让普通读者体验到经济学并不遥远,就在我们身边。以经济学家的眼光看平常事,以平常文字写经济事,这是经济学随笔的文体风格。

案例 11-7

循环经济学(随笔):我们不是地球最后一代

经济学的道理通常有两种讲授方式。一种是在大学教室里,老师用规范的术语和严谨的推理来给学生们演绎,另一种则是用通俗易懂的语言和身边鲜活的事例,把经济学道理融在故事里讲给你听。

曾获"中国最活跃的青年经济学家"称号的赵晓君讲过一个市场有万能魔力的故事:1980年,有一位生态学家和一位经济学家打赌。前者坚信自然资源只会越用越少,其价格必然逐步上扬。而后者则认为市场会创造一切,资源短缺现象不会发生。生态学家用1000美元购买了5种金属产品,并与经济学家签订了一个10年之约。按照约定,如果10年之后,这5种金属产品升值(按剔除通货膨胀之后的真实价格计算)了,经济学家就必须将升值部分的数额寄一张支票给生态学家。如果相反,生态学家就须按贬值幅度把支票寄给经济学家。结果是,经济学家赢了。他在1990年收到了对方寄来的一张价值576.07美元的支票。

当然,我们现在都知道,市场并非无所不能,也并不会自动创造出一切。事实上,如果生态学家和经济学家在10年前再赌一次的话,结局就会

---

① 刘国卫:《"茶座"催长经济学随笔》,《中华读书报》,2004-09-15。

完全相反。赢家就会是生态学家了,而且他获得的收益即使在弥补了上次的损失之后依然会相当可观。

传统经济学之所以认为从长期看资源短缺不会发生,理由在于:短缺一旦发生,价格就会上涨,人们就有足够的兴趣去开发节约资源的技术和寻找新的替代资源,市场将会在新的水平上重新达到平衡,而且历史上也有多个事例可以验证这一点。但是,生态经济学、环境经济学,以及后来建立在生态学、环境学基础上的循环经济学却认为,地球就一个,物质总量是有限的,但人们的欲望和开发能力却是无限的,所以资源短缺总有一天会来到,而且他们同样可以举出许多事例来说明。

一个典型的事例便是复活节岛的兴衰故事。复活节岛是太平洋中的一个岛屿,距离陆地的最近距离也有3 000多公里,即使离最近有人居住的岛屿也有2000公里之遥。岛上作物品种不多,主要是白薯和鸡,但由于土地肥沃,产量较高,人们一度过着悠闲的生活。然而,随着生产效率的不断提高,空闲时间相应增多,岛上的人们开始兴建一个叫阿库的祭祀中心。这是由大石头建成的平台,旁边还建有巨大的石像。在这里,人们举行各种宗教活动,并以此作为自我炫耀和相互攀比的手段。为了找石材,植被被破坏了。为了运输石像,大树也砍光了。渐渐地,这个原本富饶的岛屿变得日趋荒芜。为了争夺有限的资源,人们的争斗也不断升级,人口数量不断地减少。1877年,智利宣布岛上居民全部成为他们的奴隶时,岛上人口已从最高峰的7 000人锐减为110人。再后来,居民只剩下几个人了,复活节岛也被一家英国公司改造为一个养羊的牧场。很显然,如果没有外界力量介入,这最后的几个人注定将成为复活节岛的最后一代。

地球其实就是一个放大的复活节岛。而且更糟的是,如果真到了无法继续承载人类生存的一天,地球上的最后一代已经没有了复活节岛居民那样的"幸运",还能够得到来自外界的救援。所以,别让复活节岛的昨天变成地球的明天的呼吁并非耸人听闻。

历史上曾经有过许多警世预言,其中绝大多数都没有应验。但是,这并不能证明这些预言没有道理。相反,往往是这些预言包含了非常深刻的道理,指出真正危险所在,从而引起了人们的警觉,并提前采取了对应措施,才使得危险被防患于未然。所以,盛世危言并不可怕。可怕的是,危言说出以后,却没有得到足够的关注。今天,由于过度地受到"市场可以创造一切"或者"科技可以创造一切"等观念的支配,绝大多数人对于"地球也可能成为复活节岛"这样一个惊世预警都不屑一顾——这才是真正的危险

经济新闻评论:理论与写作

所在!

现实中,在许多人的潜意识中,地球是可以随便地糟蹋的,以至于人类的"生态足迹"(用以表示人们生产和生活总量的一个指标)已经超过了地球承载能力的20%。中国有一句古话:"父债子还,天经地义"。今天留下的生态债务,未来我们的后代一个也赖不了!除非你认为自己是地球上的最后一代,不需要去为后代而担心。

当然,治理污染是件非常困难的事情。国内最著名的例子是淮河治污,各级政府为此先后投入资金600亿元,却都打了水漂。而且从目前情况看,即使再投入10倍的资金,也没有可能把它治理好。但是,如果人们能够转变观念,从源头开始注意防治,保护好生态环境却并不一定是件困难的事。在工业生产领域,企业一般只要增加3%~5%的成本,基本上就能达到发展循环经济的要求。

不幸的是,现实中大量的企业都把3%-5%环保费用当成是额外的支出,而千方百计地把它节省掉,这才带来了成百上千倍的治理代价。淮河治污事件经过媒体的多次报道,已经家喻户晓。但却很少人知道,作为污染淮河的大户,淮河两岸的造纸企业历史上创造的工业总产值总共还不到100亿。假如当年这些企业能投入3亿至5亿元用于环保,今天我们也许就不会背上这永远也还不清的负债!

淮河现象并非个案。一个证据就是,近几年来我国因为环境污染和资源破坏而造成的损失甚至高达GDP的15%以上。换句话说,我们今天每多赚1块钱,就要让后代将来背上1.5元以上的负债。如果再听任这种趋势持续下去,过不了多少年,复活节岛悲剧就会重现于我们眼前。

(资料来源:高辉清:《我们不是地球最后一代》,《上海证券报》,2006-04-27)

案例11-7中,开篇讲了一个"市场有万能魔力"的故事,以此证明市场无所不能。然而,作者认为如果再赌一次,结果就会全然相反。作者接着又讲了一个"复活节岛的兴衰故事",说明资源不是无穷无尽的,破坏环境,掠夺资源,最终会受到大自然的惩罚。循环经济学认为,地球就一个,物质总量是有限的,但人们的欲望和开发能力却是无限的,所以资源短缺总有一天会来到,地球其实就是一个放大的复活节岛。全文生动活泼、通俗易懂,将一个可持续性发展的环保节能问题写得妙趣横生、兴味盎然。

第十一章 报刊经济新闻评论(二)

案例 11-8

借记卡咂摸"螃蟹"滋味

在我国各家银行中,农行是首家正式确定要在全国对金穗借记卡实施 10 元年费制的。人们戏称,金穗借记卡是第一个吃收费"螃蟹"者。收费规定一出,一石激起千层浪,社会各界议论纷纷,批评者有之,赞同者有之。而吃惯了多年"免费午餐"的消费者却对此多有微辞,更有甚者,有湖南律师已于这两天将农行、工行在当地的支行告上了法庭。

不管法律最后如何裁决,此番波及全国、各阶层人士积极参与的借记卡收费大讨论都是极有意义的,收费和收费讨论所带来的"螃蟹效应"正在显山露水。

"螃蟹效应"一,向公众普及了金融知识。经过大讨论,许多老百姓这才搞懂:银行发的卡不都是信用卡,什么是贷记卡,什么是借记卡;什么卡可以透支,什么卡不能透支;贷记卡一直要交年费,借记卡白使的"花样年华"可能要结束了。

"螃蟹效应"二,增强了消费者的市场经济观念。经过大讨论,越来越多的人开始理解:在现代市场经济社会里,服务也是商品,银行服务并不例外;银行提供的借记卡是有成本的,因而也应该是有偿的;银行有收费或不收费的权利,客户有用卡或不用卡、到底用哪家银行所发卡的自由;银行收费应提前周知,收费标准最好能开个价格听证会来决定。

"螃蟹效应"三,推动我国银行卡市场重新洗牌。近段时间,各地不断有消费者退卡的消息传来,这一方面可以看作是银行客户的流失,但从另一方面看,这不正是银行希望达到的清理"睡眠卡"的效果吗?没退卡的客户,才是银行真正需要的有效客户。同时,据报道,一些中小银行正磨拳擦掌,欲以不收费为"幌子"来招揽新的持卡人。由此看来,银行卡市场难免又将进入新的一轮"春秋战国"时代。

"螃蟹效应"四,促使银行完善服务举措提升服务水平。近日,有外资银行里的"海归"人士告诉媒体,银行借记卡收费并非国际惯例,各国银行有的收有的不收,但总体讲收费已是大势所趋。如此来看,国内银行对借记卡收费不仅可以压缩成本、提高收入,也是"髦得合时"之举,大家慢慢都会适应的。然而,说收费合理不等于有关银行就没有该反思、该改进的地方。比如,最引起争议的一点就是,某银行借记卡章程中一直就规定其借

经济新闻评论:理论与写作

记卡不收费用，而按其新规，对新卡老卡是"格杀勿论"——全得交费，这种"通吃"做法明显不合情理，有法律专家认为这违反了合同法，中消协将其定性为"霸王条款"不无道理。理不辩不明，随着讨论的深入，相信该银行会进一步完善其借记卡收费办法。

"螃蟹"味道很美，吃"螃蟹"需要勇气，吃"螃蟹"更需要技术，你不能猴急，更不能乱来。当前，我国诸银行正走在建立现代金融企业制度的路上，但愿有更多的银行能以"两手抓"的办法去品尝更多更鲜的"螃蟹"——一手是勇气，一手是技术，千万别一手硬一手软。

（资料来源：周建初：《借记卡咂摸"螃蟹"滋味》，《金融时报》"时报随笔"，2004-04-04）

农行首家正式确定要在全国对金穗借记卡实施10元年费制——这是广大群众经济生活中的一个小小的事件，作者用了一个巧妙的比喻，将农行的这项举措比喻为敢吃螃蟹，并从中引发了四个"螃蟹效应"：向公众普及了金融知识、增强了消费者的市场经济观念、推动我国银行卡市场重新洗牌、促使银行完善服务举措提升服务水平，即作者从这件事情中得出的四点感悟。语言生动，充满了拟人化的色彩，如"借记卡白使的"花样年华"可能要结束了"、"一些中小银行正磨拳擦掌，欲以不收费为"幌子"来招揽新的持卡人"、"对新卡老卡是格杀勿论"等，文章运用一些时尚语言，文字鲜活起来，让读者在充满机趣的阅读中了解到农行这个举措的作用，普及了相关知识，符合广大群众的接受水平。文章标题也起得很有意思，吃"螃蟹"意味着"勇敢"，容易引起读者相应的联想，进而吸引读者的眼球。

第四节 财经杂志评论

一、中国经济类杂志发展现状

依照创刊的时期不同，中国经济类杂志大体上分为两类，一类是在计划经济体制下，有各部委主办、主管的经济类杂志以及各省市厅局主办的经济类杂志。这部分杂志大部分创办于20世纪80年代及90年代初期，创办之初，目的都是为了对刊物主管部门所在行业及系统所做宣传之用。另一类是在市场经济下诞生的经济类杂志，这部分杂志大部分在1998年前后开始出现。市场需求下产生的杂志，其活力和竞争力都是原来旧计划经济体制下的经济类杂志所不可比的,短短几年内,部分杂志便在市场上有不俗的表现,比如诞生于1998年的《财经》,以及后来的《新财经》、《新青年·财富》、《环球财经》、《财经界》、《时代财富》、《科学与财富》、《新财富》以及新近由《智囊》改名而来的《智囊·财经报道》、《商务周刊》、《投资与合作》、《新经济》等众多期刊。

财经类报纸的兴起,也带动财经类杂志的繁荣,迄今已有上百种财经杂志进入市场,其中我国目前占据前十名的知名财经杂志:(1)《财经》双周刊;(2)《环球企业家》月刊;(3)《哈佛〈商业评论〉》月刊;(4)《商业周刊/中文版》月刊;(5)《中外管理》月刊;(6)《销售与市场》旬刊;(7)《21世纪商业评论》月刊;(8)《中国经营报》周刊;(9)《南风窗》半月刊;(10)《商务周刊》双周刊。(知名度算法由"浏览网"提供)①

二、我国财经杂志的市场定位和走向

1. 通俗易懂,立足本土

经济期刊肯定要经常使用一些经济术语、经济观点、经济词汇,这是很正常的,关键是对这些经济词汇、经济观点要有个尽量通俗化的解释,让读者们基本都能看懂才行。毕竟经济专家是少数,整天和经济现象打交道的百姓是多数。而使用专用经济词汇的是那些专家们,把专用经济词汇通俗化的是百姓们,是期刊需要的众读者。经济期刊所刊发的文章,有一篇题目为"从CEO到CFO的博弈过程",题目让读者费解,内容让人头痛。CEO是我国企业中的什么职务?CFO又是我国企业中的什么职务?古语说,入乡随俗。洋企业到我国来合资或独资,尽量要使文化本土化,对原来的产品尽可能地改造,以求适应我国消费者的心理需要。如饮料品牌老大"可口可乐",一听就让人口渴难耐;牙膏商标"高露洁",使人立马想到清新的口气、洁白的牙齿。我们经济期刊的编辑们,往往把简单问题复杂化,CEO、CFO、GDP、GNP,满篇跑洋文,文章不知是写给洋人看的还是写给国人看的。

2. 市场经营,品牌衍生

一个强势的财经期刊,在其品牌发展战略过程中,除了在出版方面不断出增刊、特刊、纪念刊、合订本、光盘版获取利润外,开始向出版产业外发展,这种产业化链条发展思路除了取得了较高利润,反过来促进了财经期刊

---

① GotoRead.com,浏览网,2006-08-16。

品牌的建设,获得相辅相成的效果。《南风窗》杂志是一本受广大读者喜爱的政经类杂志,它的某些言行在一定程度上影响着局部经济的发展规则。利用南风窗在大家心目中形成的美誉度及信任程度。《南风窗》定期举行一些研讨会、讲座、论坛,邀请业内知名的企业家、经济学家来讲,向参加会议学习者收取门票费用。在会议结束后,《南风窗》会将会议的内容进行整理,出版成图书、光盘进行发行。《销售与市场》杂志是一本定位于营销专业的实战性月刊,通过多年的努力,已经在读者心目中建立起了营销专业权威、专业的形象。为了适应国内市场经济发展对营销知识及培训的需要,《销售与市场》专门成立了培训部,向企业提供营销培训服务。同时,还经常策划与企业合作举行各种各样的营销研讨会、论坛。它更重要的一个发展思路是,策划举行"中国营销人金鼎奖"。这项活动于2000年开始,利用《销售与市场》在营销界的影响,每年评出在中国市场营销领域最为活跃、做出最大贡献的营销人员,向他们颁发"金鼎奖",这项活动不向任何参加报名竞选者收取费用。①

3. 独具慧眼,内容充实

经济期刊一般周期较长,所发内容的时效性无法与报纸和网络等媒体相抗衡。经济期刊必须秉承独家经营理念,以报道评点重大题材见长,以融会警醒经济热点闻名。如近年来受到大众欢迎的一份财经杂志:"《财经》是一本密切关注中国经济制度变革与现代市场经济进程的新闻性刊物。秉承'独立立场、独家报道、独到见解'的理念,《财经》全面观察并追踪中国经济改革的重大举措、政府高层的重要动向、市场建设的重点事件,及时予以分析和评论,对于资本市场在中国的成长变化更给予特别关注;对于海外发生的重大经济、时政要闻,《财经》亦经常派出记者现场专访,其报道以新闻的独家性和权威性见长。"("关于我们"http://www.caijing.com.cn)在主流的财经期刊里,大多都将自己最大的卖点在封面上直接告诉读者。比如《中国企业家》昭示自己是"牵挂企业家命运的杂志",《IT经理世界》说自己是"信息时代的商业与管理",《销售与市场》告诉读者是"大型营销实战月刊",《南风窗》称自己为"一份有责任感的政经杂志",《新周刊》直接将自己标榜为"中国最新锐的时事生活周刊",《中外管理》则宣称"开拓视野,理念领先",而《市场观察》与《经济展望》分别称自己为"中国经济的晴雨表,中国市场的风向标"和"全国唯一前瞻性财经期

---

① 张兴旺:《中国财经期刊的发展现状及走势》,《出版参考》,2001年第11期。

刊"。就连新创刊的品牌也把自己叫做是"致力于打造强势品牌的专业期刊"。其实就是这一些简单的诉求点，打动着某一类的群体去购买杂志。

4. 受众明确，服务企业

在美国排名前50名期刊中，经济类期刊有《商业周刊》、《财富》、《福布斯》都是以商业报道为主。其他的美国经济类期刊有，《广告时代》、《经济学家》、《国家商业》、《哈佛商业评论》、《斯隆管理杂志》、《商业水平》、《加州管理杂志》、《营销学杂志》、《市场营销学杂志》、《消费者研究杂志》、《连锁商店杂志》、《进步的杂货店》、《品牌周刊》、《销售与营销管理》、《商店》、《公共关系》、《营销调研杂志》、《管理科学》、《企业战略杂志》、《推销》、《小商业报道》、《品牌周刊》、《变革圈》等。美国经济类期刊细分程度很高，很少有国内类似于中国绝密类财经报道的刊物，更多的是很实际的、实务性的与商业发展相关的报道或者知识的传播，其内容直接为企业发展服务，从战略层面，包括市场分析、商业思想指引方面等。

在分众时代到来后，小众化人群的形成，财经期刊整体上是朝着专门化、专向化之路发展。在经济领域，经济类期刊也向着更细分化的方向发展，经济类的杂志进一步细分了市场，为特定的某一类职业的人服务。财经杂志都宣称自己的读者群为有着高学历、有地位、有追求的社会实力阶层的中青年读者。他们较多从事市场经济经营活动，趋向于知识化、年轻化，年龄在20~40岁，这部分读者易于接受由市场经济带来的种种社会变革。

5. 印刷精美，设计精心

大多的财经类期刊，都采用全彩色印刷，有的是全高档的铜版纸，有的是进口的轻涂纸，使财经类期刊大都比较上档次。版式设计精心。封面设计除了上面所说的标准字精心安排有利于终端陈列外，像《IT经理世界》和《中国企业家》则在封面左边竖排，留出空白，介绍刊物的几篇主打文章及简单内容，吸引读者的购买兴趣。而像《环球企业家》、《经理人》等刊物则开始学习西方刊物设计上的风格，封面大胆地使用人物大图片，显示强烈冲击力，内文的版式则多采用大图片。

三、《财经》封面文章分析

《财经》杂志因其周期长、纸张多，内容多以综合、厚重见长。

《财经》被广泛地评论为目前中国国内仅见的高级财经类新闻性出版物，其主要读者为中国的中高级投资者、政府管理层和经济学界人士。自

1998年4月创刊以来,《财经》的很多报道、评论为海外重要媒体如华尔街日报、路透社、远东经济评论、南华早报、金融时报等广泛转载或引述。

《财经》杂志的领衔栏目"封面文章"因深度报道堪称具有史实记录价值。其他重要栏目如"经济全局"、"资本市场"、"财经观察"、"观点评述"、"产业纵深"、"公司透视"等,每有真知灼见迸发,为业内好评。随着专业采编人员素质与规模的提升,一个强大的经济类资讯采集、整理、分析系统亦日渐成熟,并成为该刊得天独厚的新闻资源库。

案例 11-9

吴敬琏与季卫东对话:国企改革不能因噎废食(节选)

《财经》:我们想转入下一个话题,就是劳动力市场问题。2004年已经出现了所谓"民工荒",对2005年的劳动力市场发展提出什么挑战?

吴敬琏:这里关键的问题是,政府应该如何来保障农民工的权利?是直接通过行政权力去干预微观经济的运行,还是要建立新体制的各种基础设施,即要设立和执行各种市场经济要求的法律和规则,尽量让民间在这一法律框架下自己去解决问题?我想最好是采取后一种方式。

王一江教授最近的一篇文章提到(参见《比较》第14辑,中信出版社,2004年9月——编者注),在出现以下两种情况时,保障劳动者利益的行政和法律的手段应该积极介入:第一是针对雇主的一些短期行为,比如劳动时间过长、劳动强度过大、劳动场所的不安全性,政府首先要运用监管手段进行事先的干预,以防止其发生;其次;一旦出现问题要追究当事人的法律责任。第二是劳动合同的执行问题,政府(主要是法院)在此主要扮演一个执法人的角色。除此之外,我还想强调的一点是,当前农民工缺乏任何组织的力量与侵害自己利益的一方相制衡,应该鼓励农民工在政府的指导下,形成社群组织力量,增强自我维权的能力。

《财经》:我国加入WTO以后,大量劳工进入国际劳动力市场就业,这对于缓解我国国内的就业压力大有裨益。但是,现在也暴露出一些问题,最主要的还是他们的基本权利难以得到保障,政府应该怎么办?

季卫东:出口劳工的保护现在显得尤其重要,必须完善。中国年轻的待业人口比例很高,有必要按照国际法以及国际合作计划向海外缺乏劳动力的地方输送。这样做不但有助于缓解目前的就业压力,还可以改善老龄化社会的福利供给。另外，中国一个孩子的政策已经执行了30年，人口年龄结构开始畸变，从保障劳动力供给和财政收入的角度来看，应该有计划地逐步调整。现阶段向海外输出劳工也有助于调整人口政策，将来可以形成良性循环。但是，如果不切实保护出口劳工的权利、不处理好与接受国及其民众之间的关系，这些都很难实现。

吴敬琏：政府的角色当然要定位在保护出口劳工的基本权利上。政府应该建立对劳务出口公司的监管措施，防止出口劳动力成为血汗劳工。由于身处异国他乡，出口劳工在各种谈判中的弱势地位尤为突出，所以，应该要制定相应的法律来保护他们，这样才会形成有利于劳务输出的激励。现在一些劳务出口公司有政府的背景，这损害了政府的立场，不利于发挥一个监管者的职能。在这个领域，政府不能把自己定位为一个赚钱者。

（资料来源：吴敬琏，季卫东：《终结"血汗劳工"》，《财经》，2004-12-29）

《财经》杂志从创办起就确立"独立、独家、独到"的方针，从创刊号起，接连推出了《琼民源》、《基金黑幕》、《谁在操纵亿安科技？》、《庄家吕梁》、《银广夏陷阱》、《蓝田神话凋零》等独家报道，被众多知识分子看作中国为数不多的"有良知的刊物"之一。《华尔街日报》称其为"中国领先的金融出版物"。2003年，《财经》的SARS报道赢得更大的国际声誉，有人评价这比它赖以成名的所有文章——《基金黑幕》、《庄家吕梁》、《银广夏陷阱》——加起来的意义还要大，胡舒立和她的《财经》杂志至少会在中国新闻史上留下一笔，因为他们勇敢、及时、详尽地报道了SARS肆虐中国的来龙去脉。①

一个有社会责任感的媒体，既是生活的记录员，能及时准确地传播信息，能够在第一时间做好重大事件、重大政策的台前幕后的报道；更是生活的发现者，要挖掘拷问其中蕴涵的深层信息，即使追踪的是各个媒体已经报道的消息，在采写时也要能言还要敢言其他媒体未言之事，提供新情况、新角度、新视点。为目标读者提供更可靠、更有价值的资讯和观点。

打造一份品牌化的经济杂志，其内容一定要做到：第一，影响力。其杂志一定要定位准确，拥有高端读者市场，扩大知名度，树立品牌意识；第二，专业化。商业、金融和高科技等话题，不是都市报的专项，主流经济周

---

① 曾华国：《中国式调查报道》，南方日报出版社，2006年版，第162页。

刊可以发挥专长，做慢新闻，突出专业性、深刻性、权威性，以内容专业见解独到见长。第三，市场化。在媒体竞争日趋激烈的今天，生存为王。针对目标市场加强广告销售，构筑国内国际的发行渠道，积极拓展和扩大市场销售份额。

第十一章　报刊经济新闻评论（二）

第十二章　广播经济新闻评论

第一节　广播经济新闻评论的优势

一、传统广播的优势

传统广播不同于其他媒介，具有以下优势：

1. 接收方便，听众广泛

广播是靠声音传播信息的，不受文化程度高低的影响，今后人类通过听觉接受外界信息仍然是主要途径之一。广播的方便快捷还表现在不受时间地点的限制上，只要有一部收音机，无论何时何地都可以收听广播，这是其他媒体不能相比的。

2. 沟通能力强，参与方便

广播参与非常方便，无论本地外地，坐车行船，只要一部电话、一部手机、一封信，便可直接参与节目，还可以与主持人一对一交流。这也是其他媒体难以做到的。

3. 成本低，传播迅速

广播节目相对于电视、报纸和互联网，成本要低得多，以广播和电视制作节目为例。制作广播节目所需的人力，设备以及工作人员的劳动时间比电视要少得多。从听众的角度讲，广播接收机的费用比买电视、电脑和订报纸的费用要低得多。这就是说，受众通过广播获取同样多的信息，要比电视、报纸、互联网更便宜。这种低成本的传播手段，使广播在众多媒体中，具有较强的竞争力。这是广播占领受众市场的一个十分有利的因素。中国国际广播电台1997年举办"内蒙古杯有奖知识竞赛"，花费40万元人民币，就收到来自74个国家和地区的14万封听众来信。这是对广播高效率低成本的有力证明。

经济新闻评论：理论与写作

4. 真实可信，感染力强

传统广播通过声音来传播信息，对事件现场有质感上和真实性的把握，较之报纸等纸介媒体有更强的感染力。

5. 容量大，可随时插播

即时播出，在突发性事件、战争、自然灾害等宣传报道中有其独特的优势。虽然其他纸介媒体也强调着时效性，并孜孜不倦地向"零时差"的高标准靠近，但广播可以通过声音做同步播出，采用一切现代化手段搞现场口头报道，用因特网、传真、电话、便携式电脑等发稿，随时插播，因此在时效性上具有更强的表现力。

6. 不受距离限制，在对外宣传中不可替代

目前，传统广播通过三种制式进行信号输送：长波（LW）早期广播制式，传播距离远，昼夜变化大，易受干扰，除欧洲少数国家外，大部分国家已淘汰民用长波广播；中波（MW）目前世界各地和地区广泛采用的民间广播波段，主要用于国内、省内、地区性等中等距离广播；短波（SW）利用地球的外表面电离层多次反射来传播信号，广播覆盖距离远，被世界各国采用作为国际广播波段，同时，又广泛地用于军事、民用及业余无线电通讯。调频（FM）近距离的高保真广播制式，以直线方式传播，通常覆盖范围在几十公里左右，用差转台的方法可增加覆盖面积，是目前发展最快、数量最多、音质最好的广播制式。有些电台还利用其附属信道（SCA）来进行股市、教育等广播。

广播传播范围广，传播速度快，穿透能力强。无论是对内广播还是对外广播，这一特点都是广播的优势。

第二节 网络广播的兴起、特点与发展

科学技术的进步，极大地推动了整个广播业的发展与转型。从活字印刷到无线电技术的发明，开创了由文字到声音的变迁；从无线电技术到网络技术的运用，更是改变了传播业的格局和方式。历史上每一次科技进步都给媒介技术带来全新的变化和挑战，旧的媒介技术在新技术面前变革图存，新的技术又为传媒业带来全新的媒体形式和新的传播方式。诞生于20世纪20年代的广播在电视媒体和网络媒体的夹攻下，一方面要保留自己的优势与特色，另一方面又在与新媒体积极联姻，努力开创广播事业的新局面。

一、网络化广播的兴起和现状

广播的产生和发展与电子传输技术的发明和进步密切相关。1920年11月2日，美国西屋电气公司在匹兹堡建立 KDKA 电台，成为美国第一家，也是世界上第一家正式办理了执照的广播电台，标志着广播事业的开端。1995年4月，位于美国西雅图的"进步网络"（Progressive Networks）在其网页上放置了一个 Real Audio System 的试用版软件，提供"随选音效"（Audio on Demand）服务，这一举措标志着网络广播的诞生。《世界广播电视参考》的资料显示：我们现在已经能够听到100多个国家的1 550多个网上电台的广播。2000年7月，著名的 YAHOO 中文在"电台"的检索字串下，就已编入15个类目和347个网站。荷兰电台的节目总监马克思说："现在有超过6 000个电台在互联网上发布各种形式的流式音频。"① 目前，世界上主要的国际广播电台，如英国的 BBC、美国的 VOA、法国国际广播电台 RH 都将注意力放到了网络空间。BBC 已建立了在线新闻网站；美国之音 VOA 用23种语言在 WEB 网络上进行音频广播；法国国际广播电台目前用5种语言在网上进行新闻广播。

广播利用信息数字化技术和高速度、高容量的光纤通信技术以及交互技术等高新技术，不但克服了传统广播稍纵即逝的弱点，而且还可以跨越时空的限制，扩大传播的范围，改变传播方式，开创出广播的新天地。

目前的网络广播存在两种类型，一个是广播网络化，一个是网络化广播，虽然真正意义上的网络广播应该是指网络化广播，但是作为传统广播向网络广播转型的过渡模式，广播网络化这一现象不可忽视。

1. 广播网络化现状

广播网络化是将传统的广播节目制作后放到网络上供听众选择，是一种传统广播的补充和附属物。1997年3月18日，上海东方广播电台《梦晓时间》节目把"瀛海威时空"接进直播室，开辟了"东广信息网"专栏，成为我国广播与网络结合的第一档广播节目，开创了我国广播网络化之先河。1998年2月28日，北京经济电台《动心9时》开始网上直播。中央人民广播电台、中国国际广播电台、珠江电台等也先后推出了网上广播。截止到2002年9月底，我国大陆已有24个省区的130余家广播媒体在因特网上建

---

① Jonathan · Marks. More Variety on Various Platforms,《南方广播研究》，2000年第2期。

立了自己的主页，一些广播媒体已经在因特网上有了一席之地。① 这些广播网络化的节目制作并没有跳出传统模式，也没有形成新的广播传播理念，但是它们积极地与网络媒体联姻，开创了广播媒体的新时代。

2. 网络化广播的特点

美国报界巨头《华盛顿邮报》网站采用的实时广播"直播在线"（Live Online），提供各种网上直播讨论节目，由重要新闻人物、娱乐明星、定期邀请的嘉宾与公众进行互动交流。与许多网上的"聊天（室）"不同，它提供的是"理智的、有主持的讨论。"这可以看作网络化广播的雏形。在充分利用网络资源和技术的前提下，网络广播的播出不仅受制于传统广播的"直播"形式，网络广播的第一受众应该是"网众"，不仅要从网众的需求出发，还应考虑网众的接受习惯。"对于任何性质的新闻媒介，受众的接触与选择，都是其一切功能目标实现的首要前提。无论从哪方面说，受众对于媒介的成败与生存都是至关重要的制约因素之一。要占有市场，要赢得受众，这是媒介的必然选择，而占有市场、赢得受众的第一步就是栏目的受众定位，即确定媒介整体和所设栏目的明确的传播对象，解决向谁传播的问题。"② 在网络的空间里，网众的数量是海量的，其广泛度甚至无法统计，网络广播要在市场上站住脚，在节目设置上就必须将网众的定位摆在首位。

网络广播与传统广播最大的不同：

（1）从单一媒体到多媒体组合

传统广播依托于广播的声音采集和制作节目，而网络广播则是依托于多媒体。所谓多媒体就是声音、图像和数据的混合，多媒体是可延伸扩展、可供选择的讯息。它们囊括了"互动的"、"数字的"和"宽带的"等所有东西，即：它必须能从一种媒体流动到另一种媒体；它必须能以不同的方式述说同一件事情；它必须能触动各种不同的人类感官经验。广播受众已经不只在享受一种结合了影像、声音和数据的"声光餐宴"，而且可以随心所欲地从一个媒体功能转换到另一个媒体功能，从文字和图片——报纸或杂志，到声音——广播，再到图像——电视，从单纯接收到参与。

（2）从受众到传者受者的合一

网络广播最大的优点在于它的资源广泛以及对于可利用资源的有效整合。传统广播发展历史较长，节目制作容易形成固定的模式。而网络广播则

---

① 刘俊华：《谈网络时代的广播》，《声屏世界》，2003年第5期。
② 李良荣：《新闻学导论》，高等教育出版社，2002年版，第121页。

要跳出这种模式,比方说介绍音乐节目,不能仅仅是找资料配合音乐播出就行,而应该在音乐的选题上下功夫,并且利用网络广播互动性的优势,积极及时地接受网众的反馈信息。另外,还可以尝试向多人同时播出广播剧,网络歌手比拼的活动,以新颖的形式来吸引受众。受众通过点击由这些元素和素材组成的环状网上的任一节点,通过一定的编排软件自动开始播放节目(哪怕一个节点也是一个节目,当然也可任意扩大——决定权还是受众自己)。由于数字化信息排列的无序性,网上广播节目具有无限次的复制与组合功能,从而彻底消除广播媒体在时间上的强制性,使受众真正实现非线性收听。不妨"把它看成智慧分布上的一场变迁,说得更准确一些,就是把部分智慧从传播者那端,转移到接受者那端"。"'推'送比特给人们的过程将——变而为允许大家(或他们的电脑)'拉'出想要的比特的过程"。"在不久的将来,广播业者将会在传输信息的刹那间,才决定把比特通过何种媒介来传输"。"传输信息的传播业者根本不知道传送出去的比特最终会以何种面目——影像、声音还是印刷品——在接受端出现。"① 对于网络电台来说就是如此。伴随着网络广播的出现,广播的平民化特点从原来的"伴随性"转换到主持人的替代性上,在网络上,不管你普通话是否标准,也无论你声音是否动听,都可以成为网络广播电台主持人,这样,一群类似于电台 DJ 身份的人冒了出来,他们的称呼 NetJockey 被简化为 NJ,网络电台从很大程度上来说给了许多非专业的播音爱好者展示自我的机会。LAUNCH 电台上的 NJ 博尔斯·蓬特在自己广播日志上写道:"我们 NJ 一代不用像老 DJ 那样守着一摞老唱片,在节目中制造无聊的笑话,因为我们手上的歌曲都是数字化的,随时可以播放,我们的信息是互动的,没必要插科打诨地说废话来拖延节目时间……"② 受众与主持人的角色浑为一体,消泯了传者与受众的角色定位。

二、个人电台——播客的兴起

"播客"又被称作"有声博客",是 Podcast 的中文直译。用户可以利用"播客"将自己制作的"广播节目"上传到网上与广大网友分享。它是数字广播技术的一种,最初借助一个叫"iPodder"的软件与一些便携播放器相

---

① 余彦君:《从受众角度看网络广播》,《视听界》,总第 89 期。
② 尚进:《网络电台——一场自言自语的演出》,《三联生活周刊》,2005 年总第 327 期,2005-03-14。

结合而实现。Podcasting 则是录制的自助广播或网络广播，用户可将此类广播节目下载到自己的 iPod 或其他 MP3 播放器中随身收听。播客一词成为 2005 年度最热门词汇。

1. 播客的产生

加拿大魁北克的中学生萨斯·伯顿是有据可查的第一个网络电台始作俑者，他在 1995 年依靠流媒体软件 Realplay 所特有的 rm 压缩格式，开办了第一家私人网络电台。此后网络电台在全球如同泄洪般汹涌。每个人都有机会和能力开办自己的私人网络电台，那些平时就喜欢没事给传统广播打热线电话诉说的人们，终于找到了自己充满倾诉欲的场所。在 1998 年，博客还没有发明以前，网络电台更普遍被归类为流媒体娱乐，直到 2002 年博客在全球流行，人们才恍然大悟，网络电台不就是声音版本的博客吗。甚至有人直接将这些私人网络电台发烧友规划为火腿 2.0。①

播客起源于美国，根据 Google 搜索的结果，2004 年 9 月有关播客的搜索结果还不到 20 个，10 月初该搜索结果迅速变为 5 950 个，10 月底已暴升至 85 700 个，到现在，美国已有 84 万人使用播客。②

国内播客网站从 2005 年初悄然兴起，现在还没有关于国内播客数量的权威统计数据，播客网目前的发展也不成熟。但是人们把自己制作音频或者视频，上传到网上个人博客中、或者是专门建立一个网页，供人自由在线选择收听或者下载，这种行为和制作出来的节目成品称为 podcasting，制作节目的人称之为 podcaster。国内有关播客服务的网站，比如播客天下、土豆网、菠萝网等，2005 年后开始受到网友们的热捧。湖南新办的商业电台"金鹰之声"，就有一档专门针对播客的节目，通过主持人在网络上的搜索选择性地播放非专业出生的"草根"制作的广播节目，受到关注，反响热烈。尼葛洛庞帝曾说过："在网络上，每一个人都可以是一个没有执照的电视台。"③

2. 播客的特点

（1）网络化生存

播客依赖网络生存，任何 podcaster 想建立自己的 podcasting 发布地都要

---

① 尚进：《网络电台：声音博客能否化叛逆为利器》，《财经时报》，2005-03-12。
② 新云：《新市场：播客挑逗传统传媒业》，《市场报》，2005-09-07。
③ 尼葛洛庞帝（N. Negropont）：《数字化生存》，海南出版社，1997 年版，第 75 页。

在网络上找一个平台,这个平台可以自己搭建,也可以由其他人搭建。现在中国的播客网站分为两类:一类以"反波"网站(http://www.antiwave.net)为代表,属于个人搭建平台的播客网站,由独立的podcasters 平客和飞猪制作,2005 年 5 月 1 日开播,现在被认为是目前国内最好、最专业、影响最大的一个播客网站,开播仅四个月时间,点击率就有 30 万。其制作小组只有两个人组成反波 team,一个叫平客,负责栏目规划及音频制作,有 17 年电台生涯经历,有自己的个人 blog:"声色犬马";另一个叫飞猪,是平客的重要搭档,负责播音及其他工作,有个人 blog:"在屋顶唱着你的歌"。目前反波分出了五个栏目:幽默、传媒、读书、清谈、音乐。页面没有广告,到 2005 年 12 月 17 日止,共 69 次播音/1848 条评论。在页面的说明中,版权一项写明非商业,禁止派生。这类个人搭建平台的播客网站在国内非常少,因为这类个人播客网站一方面需要一定的网络技术知识和资金作支撑,另外一方面对节目制作的要求非常高,更新要求快捷、质量要求优良,才能打出一定的知名度。

(2) 网络化共享

另一类播客网是由网络公司或者其他单位以提供综合平台的方式出现,例如土豆网(http://www.toodou.com),2005 年 4 月开始公测,属于个人影像音频的共享和发布网站,其目的是播客们能够非常容易地发布他们制作或者收集的个人音频和影像作品,提供 100M 的空间,播客上传文件,其他人只需点击下载,其他复杂的后台问题全由土豆网来做。土豆网的目标,"是把中国人同他们的嗜好和他们潜在的合作者连接起来。我们将拥有一个巨大的内容数据库,而且我们将会与内容提供者分享收益。我们建立了一个免费参与的平台,人们就会进来。当各种工具变得越来越便宜时,有创造力的人群自然会增长。"①

目前国内的"播客"站点主要有 4 家,分别为播客天下、土豆播客、中国播客网及博客中国—动听播客。目前,这些网站为用户免费提供 30M 至 100M 的使用空间,有些已经为用户提供后台录音、内置 RSS 阅读器,可以下载、订阅喜欢的"播客"到电脑端,同时与 MP3 用户紧密结合起来。它们的共同特点就是网站自己不提供内容,只搭建平台,podcaster 录制节目和上传下载,因此网站的节目制作质量良莠不齐,节目制作的随意性很大。

---

① [美] 托马斯·弗里德曼:《世界是平的》(第 2 版),湖南科学技术出版社,2006 年版,第 379~380 页。

网站内部分出许多栏目，podcaster 根据自己节目的内容归类其中，管理员每天会审阅他们推荐到主页的节目，然后列出最精彩的排行榜。

三、网络广播的发展趋势

科技的发展日新月异，在网络出现以后，广播也顺应潮流推出网络化广播，当网络广播的概念还没有清晰地被人们接受的时候，"播客"又作为新概念产生了。"反波"被认为是中国目前最好的播客网，不久前曾获"德国之声" 2005 国际博客大赛最佳播客网站金奖。其实，"反波"这个名字恰好体现了播客的内涵——按照"反波"制作者平客与飞猪的说法，"反波"即是反传统电台。

1. 播客的普及

平客曾经是广播电台的节目主持人，他的声线和录制设备成为了"反波"的品质保障。平客以专业电台腔调讽刺传统电台某些不足的做法赢得了无数网民的欢心。而自称为"80 后"的飞猪则凭借带有福建口音的普通话，意外地得到了众人喜爱。"反波"上最著名的两个段子——《反波开播文艺晚会》和《厕所》，前者将春节联欢晚会的主持套路涮了个遍，后者则移花接木般地讽刺了移动运营商的"霸王条款"。

土豆网号称是国内最早的播客网，2006 年，"先后两轮获得寰慧投资、集富基金及 IDG 共计 910 万美元风险投资。"① 如今波萝网、派派播客网、波普播客、播客中国先后问世……据几家网站的综合统计，中国目前播客人数已达 20 多万。随着播客的逐渐升温，传统电台也不甘袖手旁观。上海东方广播电台的《波歌播客秀》和北京文艺台的《播客风暴》目前正形成 PK 之势，一边是"个人广播"披挂上阵，一边是传统广播积极突围。现在"播客会拯救广播！"，"播客会毁灭广播！"两种极端的观点针锋相对，不管争论如何，播客的燎原之势不可阻挡。

2. 传统广播和网络广播共存

很多传统广播纷纷做起了播客，开设 Podcast 专用广播电台，力图跟上时代潮流，从而推动了播客的发展。每一种新的媒介形态的出现从来都不会瞬间消灭旧的媒介形态，每一种媒介都有其生存的土壤。播客具有巨大的文化包容性，通过网络可以跨地域传播，形成一个多文化并存的庞大系统。2005 年 5 月 16 日，拥有 183 家电台的 Infinity Broadcasting（无限广播公司）

---

① 《新媒体重生》，《财经时报》，2007-01-29，第 2 ~ 4 版。

推出全球首家播客电台。Infinity 将 San Francisco 的一家中波电台转变为由听众提交内容的播客频率。新频率命名为"Kyou Radio",邀请听众以 DIY 方式通过网站(Kyouradio.com)上载播客节目。① 已有不少广播公司进行了尝试,像 BBC 电台、CBC 电台、波士顿公共电台等都相继开通了"播客"频道,他们通过传统电台播报"播客"上传的内容,并把自己的节目也制成声音文件放在网上供人们下载。广播形态的顺势变迁一是传统广播走出困境,二是新旧媒介融合带来的新的机会。

第三节 新世纪广播经济新闻评论的发展

一、加强新闻评论节目的容量

长期以来,新闻评论在广播媒体中境遇尴尬。一方面,一些广播电台缺乏评论观念,广播新闻评论长期得不到应有的重视;另一方面,许多广播电台没有建立科学的评论机制,广播新闻评论的形式比较混乱,评论形式被滥用的情况比较严重。广播新闻评论个性化之路的探索明显滞后于广播媒体的发展。

2004 年 1 月 1 日,由中央人民广播电台第 1 套节目改版而来的"中国之声"开播,这套全新改版的以新闻为主的广播频率增加了新闻评论节目的数量,提升了新闻评论的质量,加强了新闻评论的力度,新闻评论成为"中国之声"的一大亮点。以下将以"中国之声"为例,分析广播媒体新闻评论体系的构建。

改版后的"中国之声",除保留了原有的《新闻纵横》,又推出了《新闻观潮》、《中国调查》、《今日论坛》、《观点》等一系列新闻评论节目,基本形成了比较完整的广播新闻评论体系,构建了相对统一的新闻评论格局。

从这些评论节目的类别来看,既有本台评论,也有记者述评,还有专家评论和听众参与节目所发表的短论,形式多样。这既照顾到了当今社会中观点多元化的现状,也尊重了社会不同阶层人士的话语权利。同时,为反映其他媒体观点,还设置了"汇集天下精华"的《观点》节目,这是了解国内媒体舆情的窗口。

"广播评论不仅是广播电台表达自己的见解、表明自己的态度的主要渠

---

① 李建刚:《播客:网络时代的广播新力量》,《传媒》,2005 年第 10 期。

道，而且是社会判断电台的政治面貌和思想水平的重要标志。"因此，广播新闻评论输出的是两方面的影响力，一方面是打造广播媒体自身的影响力；另一方面，是产生对受众的影响力，拓展新闻的深度成为广播媒体必然的选择，这一观念的变化在"中国之声"评论节目的编排中有清晰的表现。

从播出时间上看，原有的中央电台第一套节目严格意义上的新闻评论节目仅有《新闻纵横》（其他少量节目中有新闻评论栏目，如《新闻和报纸摘要》中的《每周评论》栏目），即使包括重播，播出时间也不到一个小时。"中国之声"评论节目的总播出时间达到了3个小时以上，较改版以前增加了两倍，这从一个侧面反映了新闻评论在广播媒体中地位的提升。从时间的分布上看，早、中、晚的黄金时段，都设置有新闻评论。这一方面是为了便于听众收听；另一方面，也凸显了新闻评论节目的重要性。

"中国之声"比改版前更加重视新闻与评论的联动。开播的第一天（2004年1月1日），早间的《新闻纵横》节目中报道和评述了近年出现的"留学低龄化"现象，晚间版块的《新闻观潮》节目请来了相关的专家以及有类似经历的听众，一连三天对这一问题进行了深入的讨论和剖析。这种联动，使新闻价值得到深度挖掘，听众也更加"解渴"。而另一评论节目《今日论坛》直接将定位锁定于挖掘重大、突发新闻事件的深度。该节目"主要侧重于国际国内重大时事新闻的延伸报道，它强调紧紧跟踪新闻动态，凸显先发优势和第一现场优势，依托专家学者，揭示事物本质，分析事态走向，使听众对新闻知其然，又知其所以然，有一个立体全方位的把握。"其早、中、晚三次的节目设置模式（即早间版、午间版和晚间版三档《今日论坛》），体现了节目编排者力图对邻近时间的新闻事件进行深入剖析的编排思想。

二、"开放式"评论节目的互动传播

国内广播界出现比较早、比较成功的"开放式"评论节目是上海电台新闻频率的"市民与社会"节目。节目开播10年来，共探讨过3000多个话题，内容涉及政治、经济、文化、体育、城市建设、环境保护等社会公共事务的方方面面。听众通过热线电话等方式参与话题讨论。而上海市的所有市领导、国内的近30位省、自治区领导和美国总统克林顿都曾应邀来到直播室任嘉宾，与市民交流对相关问题的看法。如广东人民广播电台的"民声热线"栏目，设置民生电话热线，让政府各职能部门的官员直接与民众对话，针对"民众利益"问题进行解答，构造起一个有实现维护"民众利

第十二章 广播经济新闻评论

益"可能的对话平台。节目以普通民众诉说民生为始,以政府官员回应民声为终,进而探寻实现维护"民众利益"的可能途径,使民生新闻在一定程度上,具有了可向"公共新闻"意义上升华的可能。

"中国之声"力推的一档开放式评论节目是晚间档的大型直播谈话、互动节目《新闻观潮》,节目通过热点新闻事件和新闻人物的关注度,吸引网友、听众参与;主持人穿针引线,嘉宾和听众七嘴八舌、畅所欲言。《新闻观潮》将每期讨论的主要话题提前在新浪网上预告,听众和网友通过热线电话、手机短信和网上评论就可以参与到直播节目当中。节目开播当天,新浪网"央广论坛"页面上帖子的数量已经达到了311条,听众和网民参与讨论的热情很高。从实时收听的情况看,节目中对有代表性的听众的观点基本能及时反馈。

广播媒体应充分认识自身的传播特性,厘清广播新闻评论的体系,探索广播新闻评论的独特形式,建立快速反应的评论机制,提升广播媒体的影响力。①

第四节　现阶段广播经济新闻评论问题

一、纯经济频率评论节目内容匮乏

经济广播,应该是以"经济"为主打的广播频率,无论内容设置、形式设计,乃至播报风格、广告类型都应该服务于"经济"这一核心要素。

中央台经济之声的节目调查表中可以看到"益智娱乐节目"与"财经滚动资讯"、"财经深度报道"、"财经新闻点评"、"财富话题讨论"并列在一起,说明娱乐节目一直是经济广播不忍放弃的一道美味。一方面,"泛经济化"的频率形象会影响受众期待,降低媒介依赖,使得经济频率因此丧失"必听性";另一方面,目标受众的不确定性影响了广告的精准投放,从而会错过一批有精准投放需求的有价值客户。

在受众需求与节目内容双匮乏局面短时间内不能改变的情形下,经济广播要满足受众形象期待,现阶段采取的做法大多是对"经济频率"进行重新定义,弱化"经济"在整个频率名称中的地位,比如一些经济节目稀少

---

① 连新元:《从中国之声看广播新闻评论机制的构建》,《中国广播电视学刊》,2004年第4期。

经济新闻评论:理论与写作

的电台将自己的名称改为"经济生活频率"或"生活娱乐频率"。同质化的内容仅仅靠名字区分是缺乏功效的,其结果是"千台一面",长此以往,反而会伤害人们对于"经济频率"的原有认知,等将来有机会重新推出纯经济频率时,反会受现时之累。此外,还可对一些频率进行内容改装与频率包装,比如改"经济广播"为"理财频率",一方面突出了"经济"的专业性特征,同时,以"理财"为切入点,与百姓生活更贴近,讲述的方式由专业的财经播报转变为理财咨询,使节目很好地软着陆。"理财"概念本身也能容纳更多的娱乐元素,这就很好地解决了经济频率"专业性"表述要求与受众娱乐需求之间的矛盾。①

二、"泛经济化"过度存在

广播发展史证明,现代广播最有效的模式即"娱乐+信息"的模式。受众收听广播有两类主导需求,即信息需求与娱乐需求。经济广播表现形式的"专业性"要求与受众对广播的娱乐需求之间存在的矛盾,导致了经济广播要想迎合大量受众就必须放弃其"专业化"表述,这种放弃直接导致了"不专"的形象,而交通广播、文艺广播、新闻广播、音乐广播等类型广播却不存在这一问题,它们的内容与形式在某种意义上是统一的,节目本身的展现方式既能够满足频率的"专业性"要求,同时也能满足受众的"信息+娱乐"的需求,在这一点上,纯经济广播很难"兼顾"。与西方发达国家相比,目前我国的经济发展水平还相对落后,人们对经济信息的需求,特别是专业财经信息的需求还有待开发。百姓的理财渠道相对稀少,储蓄是大部分人首选的理财方式,除此之外,股市投资是另一个渠道。随着经济不断发展,人们理财渠道也将多元化,因此会派生出对银行、股市、债市、期货、黄金、楼市、古董等方面信息的大量需求,在这一需求的刺激下,经济频率的内容也会不断丰富。改变目前这种受众需求与节目内容"双匮乏"的局面需要一个过程,因此"泛经济化"形象也将在一段时间内存在。

三、打造专业频率的广播经济新闻

香港新城财经频率是一家专业化财经广播,仅从其栏目名称就可以看出

---

① 栾轶玫:《从媒介形象的角度看经济广播的形象定位》,《视听界》,2006-11-14。

其"经济广播"的专业性特征，如"开市直击"、"新城地产街"、"投资高手"、"楼市最前线"、"理财就是力量"、"股市直击"、"股市快线"、"继续开市"、"场内外联线"等。节目设置遵循市场节奏，专门服务于对财经资讯有着丰富需求的特定听众，并延伸到有未来理财需求的潜在听众，虽是小众广播，却拥有稳定的收听率与必听率。

英国彭博财经广播（Bloomberg Radio），依托于彭博财经社的专业资讯，是一家全天候播报纯财经内容的类型台。节目设置上有"早间晨报"，主要是对当天欧洲金融市场、期货市场等的资讯播报；"彭博财报（伦敦）"，主要是针对私人投资者的一档节目，接着主持人对下一周的主要财经资讯做出简报式展望，并对主要的投资热点及金融观点进行介绍与分析；此外，"彭博全球财报"则是对全球金融市场的全面报道，包括对法兰克福、新加坡、伦敦、东京、阿姆斯特丹等主要市场进行现场连线报道，对金融分析师与大公司的CEO的访谈也构成了这档节目的主要部分。彭博财经广播采取版块编排方式，内容单一，主要集中在财经资讯及金融深度分析报道上，是典型的内容与形式统一的经济广播，在听众中建构起了"听财讯找彭博"的专业化广播形象。

中央人民广播电台"经济之声"节目列表："天下财经"；"财富广场"；"财富健康"；"缤纷生活"；"天天理财"；"财富人生"；"英语之夜"；"全国新闻联播"；"财富星空"。从节目表中可以看出，财经节目已经占据了多数，表明电台"经济之声"节目正在由"泛经济化"向专业频率广播经济新闻过渡。

第十三章 电视经济新闻评论

第一节 电视新闻评论的发展历程

近年来，中国电视媒体的竞争格局发生了深刻的变化，作为量化与质化的双重标准，"影响力"逐渐成为评估节目价值和企业评估电视广告投放价值的关键指标。在各种节目类型中，新闻评论在公信力、思辨力、感染力等方面的优势使其成为提高频道和电视台影响力的重要着力点，从中央到地方电视台都把评论栏目作为改革的重中之重。1980年7月，我国第一个电视新闻评论性栏目《观察与思考》（1988年底改名为《观察思考》）在中央电视台开播，此后，在"从广播电台在社会上应有的地位和影响考虑，广播电台必须有自己的言论"的共识与政策的支持下，中央和地方电视台的新闻评论类节目发展起来了。但从20世纪80年代末到90年代初，新闻评论性节目一度沉寂了好几年，直到1994年中央台的《焦点访谈》开播，各种新闻评论类节目才又重新活跃起来。如果说中央电视台1993年5月1日开办的《东方时空》的《焦点时刻》是央视评论节目的投石问路，那么《焦点访谈》则是在此基础上的成功运作。"时事追踪报道，新闻背景分析，社会热点透视，大众话题评说"，这是1994年4月1日开播的央视新闻评论专题栏目《焦点访谈》的片头语，此后片头语改为"用事实说话"。该栏目以迅速、犀利、有深度、有分寸赢得了社会各界的欢迎和好评。"《焦点访谈》是以深度报道为特色的述评性栏目，其收视率长期稳定在30%左右，每天晚上收看这个节目的观众达3亿人，是中央电视台收视率最高的栏目之一"。① 《焦点访谈》的成功，不仅改变了央视新闻有述无评的中庸局面，而且也带动了各省市地方台新闻评论栏目的风起云涌，以至于1994年被称为中国新闻评论年，亦形成了《焦点访谈》类节目等同于电视新闻评论的

---

① 央视网站，《焦点访谈》栏目简介。

思维定势。北京台《今日话题》(1995 年)、河北电视台《社会纵横·焦点透视》(1995 年)、四川电视台的《今晚 10 分》(1995 年)纷纷开播,均以《焦点访谈》为模子。

2002 年初江苏电视台城市频道《南京零距离》栏目的出现,率先提出"民生新闻"的理念,各省、市电视台大办"民生新闻"栏目,湖南电视台的《都市一时间》、海南电视台的《直播海南》、安徽电视台《第一时间》等直播类新闻资讯栏目先后推出,新闻评论与新闻的结合更加紧密,形式更为短小、灵活。节目形式主要通过主持人对新闻的点评表达媒体的观点,出现了一句话评论。这些新闻资讯栏目都不约而同把"贴近实际、贴近生活、贴近群众"作为栏目的价值取向,而且都取得了不俗的收视率和广告收入。在"民生新闻"栏目基础上,一种类似于报纸述评性质的"短小、灵活、轻松、幽默"的电视新闻评论方式发展起来,它以贴近生活,走进民间为老百姓所喜闻乐见。地方台对于电视新闻评论节目形式的探索打破了《焦点访谈》一统天下的范本模式。

从 1994 年至今,央视新闻在评论栏目的深度和广度也进行了大胆的尝试和运作,其节目的内容和形式都有极大程度的提高,如 1996 年 5 月 17 日首次推出的"宏志班"的《新闻调查》栏目,1996 年 3 月 16 日首播的群体现场交谈栏目《实话实说》以及一栏演播室谈话节目,2000 年 7 月由中央电视台经济部主办的《对话》等,这些节目在探索中国电视评论的表现方式,阐述中国新闻的立场和观点方面均作出了有益和积极的探索。此时,电视新闻评论节目开始出现多种多样的形式。2003 年 5 月 1 日,随着中央电视台新闻频道的开播,《央视论坛》以全新的面貌为电视评论开创了新局面,其创新如下:

一、纯粹的评论,全新的形式

《央视论坛》的制作人孙杰说:它是"新闻频道唯一的一个纯粹评论性的节目"。其主编耿志民认为:"《焦点访谈》、《新闻调查》,实际上他们应该算是深度报道栏目,虽有评论色彩,而《央视论坛》是纯粹的评论性节目,它不采集新闻,而是借助于其他媒体已经披露过的新闻,或者是目前大家都已知的并正在关注的热点问题展开评论,它比较注重介绍时事背景,发表媒体对这些时事的看法、观点,我想《央视论坛》和上述一些有评论色

经济新闻评论:理论与写作

彩的栏目的区别应该是很明显的"。①《央视论坛》的功能相当于平面媒体的"时评"或"评论员文章",首先它以新闻事实为由头,表述新闻之后的背景和观点;其次它以"本台评论员"或"特约评论员"的身份直接代表媒体说话,发言者是媒体本身。《央视论坛》的栏目形式让人也耳目一新:

1. 全新的谈话角色

它的发言者是一支相对稳定的评论员和特约评论员队伍,他们的职责不再是叙述事实而是直接表达观点,公开表明倾向,他们的立场便是媒体的立场。2004年8月10日的"央视论坛"节目"查办渎职侵权要有新说法",以王怀忠渎职受贿案、重庆彩虹桥垮塌事件、广西南丹透水事件等新闻事实为背景,通过两位嘉宾之口,指出当前司法机关、行政执法机关、经济和金融管理部门是渎职侵权案件高发区域,这样的公开讨论在过去是难以想象的。

2. 全新的谈话方式

它要求语言必须有趣、充满智慧;谈话过程必须具备辩论色彩;主持人必须提出各个质疑的问题。比如众多媒体报道过的西安宝马彩票案,"央视论坛"在经过一系列准备后做了一档节目《失去公正的公证》,节目列举了西安宝马彩票案、湖南彩球事件和假学历公证三条新闻,邀请司法部司法研究所的教授等权威嘉宾,从公证行使的是国家公权说起,提出公证员的选拔机制、公证机构是否应该参与市场竞争、公证员的法律责任等关键问题,采用剥笋法层层分析得出结论。

二、从论事到说理,从现象说本质

《焦点访谈》是以深度报道为主、以舆论监督见长的电视新闻评论性栏目,被老百姓誉为"焦青天"和"啄木鸟"。② 党的十六大以来,新闻舆论监督受到前所未有的重视。舆论监督作为党内监督的一种正式形式在《党内监督条例》中推出,成为一项制度。近日,《瞭望》新闻周刊登出了"实施舆论监督的十条主流意见",其中第七条特别指出:"中央媒体的批评性报道要有所侧重,有所选择。不能把所有问题都拿到中央媒体去曝光,对于重要的、具有普遍意义的典型事件,可由中央媒体进行报道,而一般性的可在地方媒体进行报道。"全国人民注目《焦点访谈》,也给央视评论部带来

---

① 央视网站,嘉宾在线实录,2003-07-31。
② 《中国有个"焦青天"》,《新民晚报》,1998-04-28。

不小的压力。"在《焦点访谈》一个个影响巨大、让人过瘾的节目后面,记者们却有许多鲜为人知的'难'处。这些'难'处,有采访的阻力,拍摄的艰辛,生活、事业不能两全的痛苦,以及众多的不平深感自己无力的感叹。"①《焦点访谈》内容完全以事实为依托,分析来龙去脉,评论是非曲直,观众在事件的展示过程中,采访与被采访的对接中思考问题,而不是被动地加以灌输。《焦点访谈》形成了自己独特的风格:提出问题(演播室)、追踪问题(采访)、总结问题(演播室)。《焦点访谈》以一期期题材聚焦准确、瞄准生活热点、索解社会难题、揭示社会发展规律的节目内容,一直高居收视率榜首。但是一个开播近十年的栏目暴露出的问题也越来越多:访多谈少、访强谈弱、多地方少中央、评论或轻描淡写、或言不由衷,缺乏厚重和深刻感。电视评论的终极目标是通过报道新闻事实,体现出对未来的预见和洞察,如果记者不能深入分析事件的发展规律,不能站在时代和历史的高度提出具有穿透力的预见,这样的栏目必将遭到挑战。

三、凸显主持人,访谈栏目多

从《东方时空》的《焦点时刻》起,央视新闻评论部为了配合《焦点访谈》栏目的播出,有意识地推出各种节目,以丰富广大观众对评论栏目的需求。"如果说 1993 年 5 月 1 日开播《东方时空》是中央电视台加强新闻评论性节目的第一步,1994 年 4 月 1 日推出《焦点访谈》,让评论性节目进入晚间黄金时间是加强新闻评论性节目的第二步,那么,《新闻调查》的创办则是这一思路的第三步举措。② 它以电视调查文体为表现手段,以探寻事实真相为基本内容,以做真正的调查性报道为追求目标。淡化事实报道,突出电视评论,从"一事一议"到"一理一议",思辨性更强。"焦点访谈"等早期的新闻评论节目"用事实说话",一事一议,就事论事。到"新闻调查"栏目,虽然仍以报道新闻事实为主,但在层层深入的调查过程中贯穿了主持人的一步步分析、思考,成为电视新闻评论从"论事"到"论理"的过渡。而以"央视论坛"为标志,新闻事实淡化为背景、由头,每次以一个或多个大家熟知的新闻事件为例,举事论理,重在表达一个观点。主持人循循善诱,而以嘉宾的论述体现媒体的政治倾向。

《新闻调查》的记者以质疑的精神、平衡的意识、平等的视角、平静的

---

① 《〈焦点访谈〉记者的"难处"》,《中华新闻报》,1998-06-11。
② 央视网站,《新闻调查》栏目简介。

心态这一话语机制完成对事件的调查和印证。《新闻调查》以探求事实真相追根寻源的执著精神受到观众的好评，国内外获奖无数。主持人不再是被动地拿着话筒照本宣科，而是积极地参与到节目的策划、选题、制作等环节中。1996年3月16日以西方"Talk Show"为摹本的大型群体现场交谈栏目《实话实说》一经播出，风靡全国，主持人崔永元以风趣机智的谈吐，调侃搞笑、轻松幽默的主持风格征服了广大电视观众。"实话难说，再难也得说"，①崔永元的亲和力正在于此。如果说名栏目名主持互为映衬，锦上添花，那么在2003年，这一现象更加普遍，如2003年1月11日首播的《面对面》，该栏目主持人王志一对一的访谈新闻事件中的人物，其机智敏锐、咄咄逼人、不留情面，具有境外媒体主持人的风格。随着央视新闻频道的开播，一批优秀节目主持人与他们的栏目相得益彰，如《新闻会客厅》的主持人白岩松；《声音》的主持人敬一丹；《国际观察》的主持人水均益，他们伴随着中国近十年新闻评论的成长而成长，他们和他们的评论栏目成为中国电视新闻评论成熟的标志。央视评论节目主持人的成功带来了各地方台主持人风格的改变，以更为灵活的方式主持节目。"民生新闻"以"短、平、快"著称，为追求时效，这类栏目最大限度地压缩节目制作时间，往往以现场直播为手段，主持人即兴点评，时效性极强。在2002年10月份的一期"南京零距离"中，有一则新闻是某著名景区盖了一个庞大的建筑物，破坏了景区的自然风貌。事件报道过后，孟非直言："这种荒唐的决定背后到底是什么？为什么没有拦阻？"这种质疑，代替受众表达出对某一新闻事件的直观感觉，为受众接受和喜爱。当然由于是直播节目，任何主持人都有可能出错，及时的纠正加上一句得体的道歉，观众不仅没有反感，相反增加了真实性和现场感。"南京零距离"一个最受欢迎的板块"孟非读报"，是以主持人冠名的电视新闻评论小栏目。主持人每天从南京地区的地方报纸上挑选三条新闻，观众要看的就是孟非的观点——常常是冷静犀利而不失轻松幽默的一二句点评。而南京电视台"直播南京"的主持人东升以对丑恶现象深恶痛绝而闻名，常常在节目中为弱势群体仗义执言。

---

① 鲁景超：《真话实说——名主持人访谈录》，光明日报出版社，1998年版，第23页。

第二节 电视新闻评论的发展趋势

中国电视新闻评论在将近十年的发展中,取得了长足的进步,这些成绩是广大电视人不断努力的辛勤结晶,同时也是时代变迁使然:一是中国加入WTO,随着全球一体化时代的到来,中国电视新闻节目从内容到形式都要进行全面革新,以应对境外媒体的挑战;二是随着市场化程度加深,各种媒体之间的竞争越来越激烈,尤其是网络媒体的兴盛,电视不敢再以老大自居,提高收视率成为每一个电视人努力的目标;三是观众欣赏水平在二十多年的改革开放的大环境中提高很快,他们不再满足于被"喂食",而是东挑西拣,口味越来越挑剔;四是中国地位的快速提升,作为代表中国声音的中央电视台必须具备自己的立场和观点,在国内外的事件中发挥自己的作用。2003年,央视新闻评论的全面改版和更新是一次飞跃,标志着新闻评论的成熟,但是这仅仅是第一步,中国新闻改革之路还很漫长,新闻评论还有待进一步擢升,其未来发展走向思考如下:

一、国家立场,人民利益

中国作为联合国常任理事国之一,随着经济地位的提升,在国际舞台上的地位日趋重要,加入WTO,进入全球经济一体化,中国与其他国家和地区之间的联系也越来越紧密,随着前苏联的解体和冷战结束,中国再也不是谁的附庸,在重大国际事务中,中国的立场和观点不论是发展中国家还是发达国家都给以高度关注。国务院新闻发言人的设立,中外记者新闻发布会的召开,这些都在表明作为一个独立主权的国家,它有自己的利益、原则,更有不可动摇的信念,对于国际争端和强权政治,作为国家级电视台,央视必须坚持国家立场和民族权利,敢于发出自己的声音。《国际观察》是以演播室访谈为主要手段,以对当日国际时事的深度加工为目的的大型国际新闻评论节目,填补了国际新闻评论栏目的空白,随着中国国际交往的日益增多,国际新闻评论节目还须加强,在东西方文化的碰撞中互相取长补短。随着社会主义民主法制的建立健全,人们的维权意识日益增强,媒体为弱势群体立言,倾听百姓建议,发表百姓观点,解决百姓难题,成为百姓和政府之间沟通的桥梁。关注民生、民情、民意的《共同关注》栏目强调互动性、贴近性和服务性。一个现代化的国家首先是人的现代化,以人为本,这是一个在目前怎么说都不为过的话题,央视评论节目应时刻坚持人民利益,尤其是弱

势群体利益,这才是目前和将来很长一段时间内新闻评论所追求的方向。

二、受众固定,栏目细分

大众传播正在以几何级的速度和汪洋恣肆的信息填充着人们的脑海,人们不可能也无暇接收,他们有选择地吸收他们认为有用或有趣的部分。大众传播日趋"小众"化,市场细分、差异化服务越来越成为近来流行的模式。媒体的目标受众定位和栏目的策划编导内容紧密相关。"《对话》栏目是中央电视台经济部 2000 年 7 月全新改版后推出的一栏演播室谈话节目,通过主持人和嘉宾以及现场观众的充分对话与交流,直逼热点新闻人物和经历,展现他们的矛盾痛苦和成功喜悦,折射经济社会的最新动向和潮流。"①《对话》栏目的嘉宾多是左右经济走向的权威人士、经历商海沉浮的企业巨头、见证热点事件的当事各方,锁定的目标受众应该是企业精英、政府官员、经济专家和投资者以及广大的热切关注经济问题的社会各界人士。这是一个栏目定位明确、策划精致、受众固定和运行机制灵活的上乘节目。社会各阶层的经济收入、教育水平及文化品位的差异决定他们关注的问题与利益、兴趣和修养相关,适合各阶层需求的电视评论节目是电视人提供给社会各界人士交流和对话的平台,也是今后电视节目细分目标受众群体以进一步吸引观众眼球的主要措施。2003 年,央视新闻频道在"新闻话题评说"部分相继推出《央视论坛》、《媒体广场》、《中国周刊》、《声音》、《共同关注》、《国际观察》、《世界周刊》正是这一举措的深化。

新闻评论是时代的号角,是洞察时代风云变幻的"眼睛"。文章合为时而著,不同历史时期的新闻评论的内容应该反映这个时代的特点,应有这个时代鲜明的特征。目前,我国已建立并不断完善具有中国特色的社会主义市场经济体制,在全球范围内,经济全球化、一体化的进程不断加快,我国已加入 WTO,在世界经济中越来越成为不可或缺的一分子。在这种趋势下,铺天盖地的经济信息朝人们涌来,各种新的经济方针政策不断出台,各种前所未有的经济现象和问题不断涌现,亟待分析和解决。

我们每个人都生活在柴米油盐当中,都要与经济发生千丝万缕的联系。经济全球化使人们越来越强烈地感受到经济信息与自己日常生活的密切联系,急于了解最新的经济信息。新闻媒介是党和人民的喉舌,是舆论工具,是社会公器,理所当然地要承担起答疑解惑的责任,选择相应的经济事实,

---

① 央视网站,《对话》栏目简介。

把对观众有启示作用的观点巧妙地融入节目安排中。

从电视自身的角度出发，如今，电视的普及率较高，除了贫困的边远山区，电视几乎落座于每个寻常百姓家。加上电视具有报纸、广播不可企及的优势，更应该发挥作用。市场经济的特点之一就是通过竞争实现优胜劣汰，社会经济生活正在为媒介的经济评论节目提供取之不尽、用之不竭的素材，电视媒介要善于抓住机会，满足观众的需要。

第三节 电视经济新闻评论的分类

一、口播式

这种形式的经济新闻评论既包括电视经济新闻配发的编前、编后话以及主持人、记者的即席点评，主要以口播形式出现。如《一周新闻回顾》，主持人在报道完一篇经济新闻后，会发表一下自己的看法，口语化，生活化，只代表主持人的个人观点，并不是经过严密思考推理后得出的结论，只是一种即席的感受、编前、编后话，通常附着在重要的经济报道的前后，是对报纸模式的沿袭。篇幅短小，一两百字，却是片言居要，对新闻报道起着提示、强调、凸显、引导、深化的作用。这也包括电视新闻主持人对经济新闻评论稿件的直接念播，稿件事先已由记者编辑写好。或者从报纸中选取出来的经济新闻评论。如山东电视台新闻频道播出的一则经济新闻评论就是来自《中国青年报》："银联将为霸道支付昂贵的道德代价"（曹林：《中国青年报》，2006-06-01）评论指出"以现在的眼光看，垄断者似乎可以不在乎这种道德代价，可以无视社会的道德抵制——传言、排行榜、起哄能奈我何？可眼光放远一点看，这些道德代价总有一天会兑现：一旦哪天市场放开，国外银行卡大举进入国内市场后，道德惩罚中积累的不满，会顷刻转化为市场惩罚和用脚投票。到那时候，'支持民族银行卡'之类的口号，是唤不回消费者的心的。或者，技术总在不断进步中，技术进步也会打破银联的垄断地位，垄断打破之日，就是道德代价兑现之时。"

二、电视述评式

电视述评是叙述事实和发表议论相结合的评论形式。"目前较为多见的形态是以典型事件或社会现象为报道、评析对象，以画面、音响、屏幕文字为主要表现手段，以主持人或记者的解说、评析为主线，按事件发展的逻辑

经济新闻评论：理论与写作

顺序和人的认识规律，将群众的分析议论和专家的分析评议加以恰当组合，最后以凝练的语言做画龙点睛式的点评。它是表现手段最为丰富，也是最能体现电视传播特色的电视新闻评论形式。"① 它能够将观众带入现场，了解事件问题的来龙去脉，了解各个方面对问题的反映，现场感很强。

电视述评式的经济新闻评论是电视叙述经济新闻事实与发表评论相结合的评论形式。在节目中既报道经济新闻的基本情况，又对事件进行分析、评论。

如中央电视台《焦点访谈》（2006年01月16日）制作的"'照单偷药'的背后"这档节目，先是陈述一则消息：在湖北有这样一个盗窃团伙，他们专门盗窃医药公司和医院的药品库，盗得药品后，他们又把这些赃物再转卖给药店等单位。几年的时间里，这伙人先后在湖北、湖南、江西等7个省作案190多起，案值高达千万元以上。针对这个事件，一步步展开调查，像剥笋一样层层剥开，让真相浮出水面。在整个调查过程中，镜头呈现画面配上主持人适时的解说，画面与声音相结合，边述边评。将整个调查过程用镜头展现给观众，充满了悬念感和戏剧性，引人入胜。采访了与事件相关的各个方面有代表性的人物，包括医院的医师、警察局人员、犯罪嫌疑人、药店部门经理。除了主持人的解说外，公安局人员对案件的分析、讲解，让观众获得了对整个事件的认识，增强了说服力。最后主持人作了总结性评论："警方的严厉打击固然是最重要的，但是如何堵住赃物的销售渠道，把住药店、药品公司这些出口，则更应该引起我们的深思。"点明问题症结，抓住了问题要害。

三、谈话式评论

顾名思义，谈话式经济评论是以谈话形式出现的评论，是主持人在演播室或其他固定的场所与特定的谈话对象围绕某一经济话题进行的一种新闻评论。它又可细分为三种形式：访谈式、讨论式、观众参与式。

1. 访谈式

这种形式的经济新闻评论是邀请一个或几个经济学方面的专家作为嘉宾，具有一定相关专业素质的主持人与之对话，对某个经济新闻事件、问题、现象进行探讨，采取一问一答的形式，主持人往往从观众的角度提出他们最急于解答的有代表性的问题，专家专门解答，选题往往是重大的经济问

---

① 姜淮超：《新闻评论教程》，中国政法大学出版社，2003年版，第212页。

题，只有专家才能作出权威的解释。访谈双方地位平等，形成双向交流。由于访谈的话题通常是经济领域的重大问题，因此所采访的人物一定要是所论及问题的"意见领袖"，所发表的言论具有权威性、实用性和可信性。另外，它既然是以电视形式播出的访谈节目，就要发挥电视形象性的特点，不像报纸类的访谈，只要把双方对话的内容用文字的形式记录下来就行了，也不像广播，纯粹是声音的传播，只能依赖听众的听觉。而电视类的经济访谈节目，应以论述语言为主，辅之以视觉语言，注意发挥画面、音响的作用，以增加论证的力量。如凤凰卫视的《财经点对点》、《新闻今日谈》。

中央电视台《焦点访谈》主持人敬一丹（2005年7月23日）采访中国银行行长周小川的一期节目《人民币汇率形成机制改革》就是访谈式的典型例子。人民币升值，是国家的一项重要的经济举措，对社会经济、人民生活将产生重大的影响。那么如何看待这次人民币汇率制度改革、它将对中国经济具体带来哪些影响呢？《焦点访谈》请来了中国人民银行行长周小川这样的"重量级人物"进行解说分析。主要是由主持人敬一丹提问，周小川作答。纵观全文，我们发现，主持人提出的问题，是从不同的角度出发的，角度很全面。先是就人民币汇率改革这件事情本身进行提问，如何理解这次改革的核心内容，人民币汇率改革机制为何在此时推出，时机是如何把握的，让广大观众对这个经济事件有个初步的了解和整体上的把握，心里有个底儿，才可以进行进一步的探究。牵一发而动全身，人民币汇率机制改革，币值上涨，必将牵动着经济生活的各个方面。大至进出口企业会受到哪些影响？公民外币资产有无损失？小至这件事与普通的打工妹又有何联系呢？一般老百姓会觉得那是国家的事，天高皇帝远的，他们还是会照样过他们的日子。敬一丹提出的问题，就把企业、广大市民、打工妹都与这件事挂上了钩，关系到自身的利益，大家自会兴趣倍增。周小川的回答，让大家知道自己并不是置身事外的，每个人都或多或少地与之发生联系。

2. 讨论式

这种形式是在主持人或记者的主持下，就某个经济事件或现象邀请有关方面的专家、政府官员或各阶层的代表人士进行讨论。这种形式的特点是有个确定的经济话题；评论场地专门化，一般在演播室内；评论方式群言化，参与人员围绕话题自由地发表自己的观点，各自摆出自己的理由。仁者见仁，智者见智。这样，不同的观点之间可以形成对话、交流、互补、交锋，气氛热烈，从而引起观众的极大兴趣，也使对话题的认识和评论更加深入、全面。

经济新闻评论：理论与写作

这种形式的经济评论,所选话题要具有时宜性(即合乎时宜)和群众性(即众所关心)。既要展得开,又要收得拢,易于激发在场人员的谈兴,引发观众的联想和思考。谈话人选的选择也要恰当。因为观众看的就是这些人的舌战,领略他们舌上逐鹿的风采。因此,谈话人选的水平影响着甚至决定着评论节目的水平。邀请嘉宾是否具有代表性、他们的表达能力如何、是否习惯面对镜头流畅无阻地表述自己的观点、是否能和主持人有效配合,达到"琴瑟相和"的效果,都直接影响到谈话的内容和形式,关系到节目的感染力和吸引力。主持人是节目的核心人物,其人格魅力、气质形象、学识水平和表达能力对现场观众、嘉宾影响很大。他在整个节目过程中起着穿针引线的作用,既要及时地归纳总结,进行点评,又要控制氛围,把握节奏,引导着讨论的主题方向和趋势,并在讨论过程中随机提问。如央视国际《中国财经报道》(2006年5月15日)的节目《到底多少房没卖出去?》,让房地产商、学者坐在一起唇枪舌剑,把争论问题引向深入。

每个人都梦想着有个幸福温暖舒适的家,房价的上涨让城市的中低收入群体望而却步。按照市场经济的规律,房价上涨是由供不应求导致的。而北京市建委发布的一个数字引起了人们广泛的关注,北京有六成可售期房没有卖出去。房子空置率近60%。什么是空置率,怎样计算空置率?任志强(北京市华远集团总裁)、潘石屹(SOHO中国有限公司董事长)、张宝全(今典集团总裁)、董藩(北京师范大学房地产研究中心主任)都有自己的解释,形成观点的分歧并引起争论。任志强认为:办了预售证还未进入市场销售的面积不能算入空置率。潘石屹认为:60%的空置率是对的,也是正常的。董藩认为:空置面积指竣工验收了,没有卖、没有租,或者没有卖出、没有租出的面积。主持人总结认为:争论的焦点在于各方缘于对空置率认识的不同。接着,针对"不买房行动",再次形成观点的交锋,主持人起到了承上启下的作用。董藩认为这是一种荒唐的不符合理性消费的行为,予以否定;潘总认为用类似政治运动的行为看待市场,不符合经济规律;而张宝全反对董藩、潘石屹及"不买房行动"的倡导者邹涛,认为"不买房行动"是一种市场情绪化的表达,对市场不会构成直接影响;任志强则认为:现有住房供应体系不明确,不是所有人都要去挤商品房市场,政府应该建立完整的一套买房保障体系。几位发言的嘉宾都是京城房产大鳄和业内研究学者,各执一词,互不相让,让观众在交锋中领略了房地产业存在的问题。

3. 观众参与式

也可以叫做沙龙式、俱乐部式,由主持人、嘉宾、现场观众共同参与,场外观众可以通过手机短信、电话参与,就某一经济事件、问题、现象展开讨论。它是随着社会的发展,通讯手段的发达而出现的,是一种受众参与程度较高、互动性较强的一种形式。

根据巴赫金的"交流—对话理论",真正意义上的、成功的对话应具备两个前提条件:一是构成对话的双方地位应该是平等的;二是对话双方的观点也要有差异性。所谓的"平等"指的是参与的各方所具有的话语权是一样的,大家可以自由地表达自己的观点,没有谁压制谁,相互之间是互相包容的,没有哪一种观点一定是正确的;所谓的"差异性"是指允许大家有不同的观点和意见,每个人都力证自己的正确性,形成一种辩论的氛围。由于它集中了主流话语、精英话语、群众话语,代表了社会各个群体的声音,能够引起群体效应。对于嘉宾和现场观众的选择,一定要严格把关。

主持人起到核心作用,没有主持人的串联,喧哗的众声将杂乱无章;没有主持人的引导,话题会像脱缰野马,越跑越远;没有主持人的概括总结,众声将各执一词,争论不休。这就对主持人提出了更高的要求,他不仅仅是主持人,还必须是评论员,具有较高的经济理论水平和专业素养,敏捷的思维和快速的反应能力,以及驾驭场面的能力。

《对话》栏目致力于为新闻人物、企业精英、政府官员、经济专家和投资者提供一个交流和对话的平台。这里出现的人物颇具分量:左右经济走向的权威人士、经历商海沉浮的企业巨头、见证热点事件的当事各方。

当全球股市老大思科公司意欲斥资 100 亿美元控股斯坦福大学之际,思科首席执行官钱伯斯先生在《对话》演播室谈笑风生,畅谈"高处不胜寒";当新经济的浪潮袭来时,英特尔公司首席执行官贝瑞特在《对话》中坦言,中国也需要互联网;当全球油价大幅上涨、中国成品油市场硝烟四起之时,BP 阿莫科总裁布朗走进《对话》现场,讲述如何将一个英国老牌国有企业变成世界石油巨人;当摩托罗拉公司做出在中国增资 19 亿美元的重大决定之后,董事长高尔文与《对话》观众一起回忆走出困境的点点滴滴。2004 年 3 月 22 日,《对话》栏目邀请了重量级嘉宾:庞约翰,汇丰集团主席;张光华,广东发展银行行长;巴曙松,国务院发展研究中心金融研究所副所长;易宪容,中国社科院金融研究所金融发展与金融制度室副主任。在外资银行正大举进军中国内地时,中资银行如何应对确实不是一个简单、轻松的话题。加入 WTO 以后,从 2004 年还有两年的时间就全部开放,作为中资银行来讲,确实感到了外资银行的巨大威胁。庞约翰认为汇丰占中国市场份额很小,未来发展很慢,网点也不多。但是外资银行强大的服务,能够对

跨国公司，对大型的中国最高端的客户，是一个强大的竞争对手。当然这个竞争是合作的竞争，汇丰、花旗都跟中国的银行进行合作，从这些市场的业绩来看，可能中资银行和外资银行之间的竞争，还没有真正地展开。未来几年，中资银行应加强全方位的服务意识，建立规范管理制度和预防风险机制，建立个人问责制，防止不良贷款的发生，练好内功才能与外资银行一比高下，同台竞争。

第四节　电视经济新闻评论的主要特点

与电视新闻一样，电视经济新闻评论的突出特点是集图像、声音、文字、色彩于一体，使用多种符号传播信息，使在群众看来枯燥难懂的经济问题、现象显得更为直观、更容易理解接受。

一、选题的贴近性

老百姓整天为生活奔波，他们往往只对与自己生活贴近，与自己切身利益密切相关的经济话题感兴趣，如想买房子的关注房价、想买车的关注车价、有了车的又关心油价的涨落、买股票的更是时时盯着股市……这是一种心理上的接近性。对于新出现的经济事件、经济现象，他们往往急于了解，以便更好地进行决策，安排生活，指导工作。因此，电视经济新闻评论必须有针对性和实用性，选题忌空、大、泛，把上面的精神和下头的实际相结合，做到小中见大，就实论虚，选择当下具有普遍意义的热点经济话题进行评论，及时地为大家答疑解惑，使大众有体验、有感触。如油价上涨、房价上涨、小排量车的放行……这些都与人们的生活息息相关，甚至对人们的生活产生重大影响。很多电视经济新闻评论都抓住了这一点，其实也就是抓住了观众的视线。

二、论述手段的多样性

传播规律表明，绝对抽象化、概念化的内容在受众的接受中容易产生"盲区"，从形象化的事物入手，运用形象化的论据来说明抽象的道理和原则，才能消除传播过程中的"盲区"。电视优于广播、报纸的地方，就在于能够充分发挥图像、声音、文字、色彩的优势，运用多种传播符号：主持人讲解、字幕、旁白、图片、图像、甚至将整个经济新闻事件全程拍摄下来，使观众耳闻目睹，给他们身临其境之感，大大增强了说服力和感染力。因而

可以充分显示"形象化评论"的特色，化解了一提起经济人们就会联想起枯燥的数据、晦涩难懂的经济理论而产生的回避心理，给观众营造了轻松简易直观的接受环境，将形象思维与逻辑思维紧密地结合在一起，将信息很好地传达给观众。如《中国财经报道》的一期栏目：

案例 13-1

油价调整会不会越来越频繁（节选）

电视节目主持人：大家好，这里是《中国财经报道》，我是计渝。今天，国家发改委再次发布了国内成品油价格上调的消息，汽油、柴油及航空煤油每吨上涨了500元钱人民币。这是今年以来油价的第二次上调，也是近一年来油价调整幅度最大的一次。那么油价上调，大家的反应怎么样？今后油价调整会不会越来越频繁呢？我们先来看看记者的调查。

画面加旁白：由于不少人已经提前知道了油价要涨的消息，昨天晚上北京许多加油站前等待加油的汽车都排起了长龙。

加油站工作人员："公司的油库不间断进行发挥作业，确保加油站有足够的汽、柴油资源，向社会进行敞开供应。"

画面加旁白：在北京的一个加油站，5月23日零点工作人员开始调整价牌，而刚刚还是车水马龙的热闹场面，也在5分钟之内就变得冷冷清清。据工作人员介绍，这次北京地区的汽油平均上涨了约4角6分钱，零号柴油涨了4角7分。这次全国其他地区的汽、柴油价格都进行了上调，只是调整幅度略有不同。记者翻看了过去一年的采访记录，从去年年初到现在，我国成品油价格已经进行过六次调整：2005年3月23日汽油出厂价每吨上调300元；5月23日汽油出厂价每吨下调150元；6月25日汽、柴油出厂价每吨又分别上涨了200元和150元；7月23日汽、柴油出厂价每吨再次提高，涨幅分别为300元和250元；虽然此后油价没有再变，但今年3月26日，汽、柴油出厂价开始了新一轮调整，每吨分别提高300元和200元，涨幅基本和前几次持平。而昨天的这次调整，汽油、柴油及航空煤油出厂价每吨都提高了500元，涨幅与前几次相比是最高的一次。总的来看，从去年到现在，差不多每两三个月油价就会发生一次变化，那么相对于2004年以前油价并不频繁的调整，大家又怎么看待现在的油价调整呢？

记者："您感觉这一年来油价上涨频繁吗？"

出租车司机："还行。"

经济新闻评论：理论与写作

记者:"您能理解吗?"

出租车司机:"能理解。"

私家车司机:"今年快了点吧,今年涨得多了点吧。"

记者:"那您怎么看这个油价上涨呢?"

私家车司机:"这是个趋势吧,涨价是趋势吧。"

私家车司机:"我觉得整个国际油市就这样啊,不过也确实再涨也就吃不消了。"

画面加旁白:采访中,不少私家车主都表示,为了省油自己也要想些办法。

私家车司机:"那我平时尽量少开吧。"

画面加旁白:而对于出租车司机来说,日子就不那么好过了。5月21日北京市刚刚把出租车价从每公里1.6元调高到2元,没想到刚刚才过了三天油价就又涨了,一些出租车甚至还没来得及去调计价器。

出租车司机:"油涨价对我们出租车影响太大了,空驶率太高,现在扫马路根本就没活,还得靠趴活。"

出租车司机:"就是在小区或者机场排队趴活,减少油耗呗。"

……

电视节目主持人:看来,油价频繁调整对我们生活的影响还真不小。今天,沪深股市上汽车板块出现了明显的下跌。一些原打算买车的观众也给我们打电话或发短信问,为什么油价刚刚涨了没多久又要上调?以后还会不会再涨?我们也走访了一些专家。

画面加旁白:到底是什么原因造成了近一年来我国油价频繁调整,并且以涨势为主呢?有关专家指出,目前我国成品油价格是在纽约、新加坡、鹿特丹三地成品油价格加权平均的基础上制定的,近一年的频繁上调整也与国际油价的持续上涨有关。

中国现代国际关系研究院世界经济研究所所长陈凤英:"因为世界经济增长比较快,今年世界经济增长预测在4.9%,未来几年可能在4.5到4.6这种增长幅度,这样石油需求就会旺盛。"

发改委能源研究所所长周大地:"在这种前提下,各种非市场因素,包括国际局势的紧张,自然条件的变化,再加上地缘政治的影响,特别是伊朗这个问题也没有完全解决,在这种条件下,短期内油价大幅度下行的因素目前还看不到。"

画面加旁白:专家特别指出,近一个月来,伊朗问题悬而未决使油价一直徘徊在每桶70美元的高位上，加剧了全球原油供应的紧张气氛。

中国现代国际关系研究院世界经济研究所所长陈凤英："今年油价为什么会刷新，就是伊朗核问题激化了，这个国家太重要了，它是世界石油资源第二大国，生产是第四大国，另一个问题伊朗在中东地区地位非常重要，它是在霍尔木斯海峡，霍尔木斯海峡是中东石油的惟一的出口，伊朗问题出来，可能中东石油的运输也会出问题，运输通道安全问题就出来了。"

……

画面加旁白：专家预计，今后我国油价的调整很可能将会更加频繁。

发改委能源研究所所长周大地："从咱们国家能源价格和能源价格管理的机制上来看，由于国际油价这么高位，中国的成品油价格可能还是要进一步根据国际原油和成品油价格进行调整。我觉得如果市场机制建设得比较完善的时候，价格的频繁调整可能也是必然的。"

中国现代国际关系研究院世界经济研究所所长陈凤英："市场化是一个趋势，但是我们是会渐进的，因为中国的石油调整，如果说形成价格机制调整现在不是时机，为什么说这样呢？一个是需求比较旺盛，另一个是国际油价比较高。如果说这个调整过程，应该说比较好的是在国际油价往下走的时候，也就是未来一两年，可能高油价过去以后，还有就是中国的需求相对缓和一下，这个时候，我想改革就到了。"

（资料来源：《油价调整会不会越来越频繁》，央视国际，2006-05-24）

油价调整会不会越来越频繁？油价上涨对人们的生活有怎样的影响？人们有何反应？在节目中先是由主持人在演播室提出问题，随后带着这样的问题，镜头跟随着记者出外采访，采访对象有加油站工作人员、出租车司机、菜农、私家车司机，他们各自说明了油价上调给自己带来的影响。最后由专家对油价上涨的原因及未来发展趋势进行分析，从提出问题、分析问题到解决问题，都是由镜头活生生地呈现在观众面前，使观众特别是车主们面对油价调整越来越频繁这个倍加关注的问题，有了比较清晰的解读和认识。

三、论点的交流性

电视评论的交流性是最强的，它可以把具有不同观点的人集结到一起，让他们各抒己见，形成思想的激烈碰撞，擦出智慧的火花。专家、学者、政府官员、群众……他们往往来自各行各业，代表着他们所属阶层的观点和利益，我们可以听到来自各阶层的声音，从而了解到所讨论的经济事件、问题、现象对社会各阶层、各方面的影响，加深对所讨论话题的了解及意义。电台虽然也可以将人集结到一起，但它只是"有声评论"，仅仅靠声音去传达信息，听众无法看清说话人的表情和现场讨论的热烈气氛，缺少了形象性和现场的感染力，这使它的魅力大打折扣。而且，它受到人数限制，若参与人数太多，意见纷纷，就会显得嘈杂，闹哄哄的乱成一气。听众无法分清并记住每个人的观点，时间一长就会产生厌烦心理。而电视可以借助字幕帮助观众记忆，把每一个成员的相貌神态举止呈现在观众面前。报纸评论的论点的交流性更差，一篇经济评论出来，你若不同意文中观点，就得另外成文，而且只能发表到下一期报纸上，缺少了针锋相对的刺激性。

四、观众参与程度高

麦克卢汉曾指出，人的感觉——一切媒介均是其延伸。拼音文字是视觉的延伸，电台是声觉的延伸，而电视涉及所有感官最大限度的相互作用，是观众高度介入。① 电视栏目要在激烈的行业竞争中求得生存和发展，就必须最大可能地争取观众，提高收视率。除了节目本身有价值，做得精彩，观众爱看以外，吸引观众尽可能地参与到节目中来也是一种很好的手段。对广大受众而言，媒体的使用权与参与权是一种稀缺的资源，能够亲自体验到媒体的运作，不仅是生理距离上的拉近，也是空间上的接近。亲身体验的参与性能够让他们感受到自我的价值和主体精神，从而使节目对受众有着强大的吸引力。从需要媒体到参与它的运作过程，受众向历来蒙着面纱的媒体跨越了一大步，零距离的接触让受众感到巨大的满足。电视就恰恰实现了这一点。现场观众可以踊跃参与，发表意见，与专家面对面；场外观众也可以通过电话、手机短信、网络平台参与，只要观众愿意，都可以找到适合自己的参与方式。良好的互动性反过来能够提高节目制作者的积极性，使节目获得良性发展。

---

① ［加］麦克卢汉：《理解媒介——论人的延伸》（何道宽译），商务印书馆，2000年版，第50页。

第十四章　网络经济新闻评论

第一节　网络新闻评论的几种形式

一、传统新闻媒体评论上网传播

从1996年到1998年，中国的新闻媒体出现上网热，传统媒体因其专业化、时效强和内容的丰富性、可信性而迅速成为网站主流。1997年1月1日，《人民日报》网站正式开通，到2000年，政府所办新闻媒体已经全部上网。报纸、广播、电视都有自己的网站。传统新闻媒介的新闻评论在网上呈现两种状态：一种状态是保留原媒体特点。报纸是将原版样扫描上网，供人调阅。例如，《人民日报》、《文汇报》等在网上都可读到原版样。各种传统媒体原有的特点在这种传播状态下都基本保留了。第二种状态是将传统媒体内容网络化。《人民日报》的内容就既有原版式的，也有把每篇评论抽出整合到网站的"观点"频道中的。人民网、新华网、国际在线等新闻网站纷纷依托其所属传统媒体的实力优势，通过改版、创新等方式，加大了专业新闻评论的力度。如国际在线针对国内问题的《直言不讳》、《观点交锋》和针对国际问题的《特别关注》、《背景透视》，人民网的《人民时评》，新华网的《新华时评》、《第一反映》等评论类栏目，都为受众提供了大量各具特色的专业评论。事实证明，这些栏目的推出显著提升了新闻网站的影响力。

仅仅将传统媒体新闻评论上网，还只是把网络作为传播传统媒体内容的工具。不能充分发挥网络的优势。网络的时空无限性给更多内容的传播提供了空间，许多由传统新闻媒体延伸的网站都逐渐适应网络的特点，发展了网络原创性内容。这些内容现在已经远远大于传统媒体所提供的内容。网络原创性评论有这样一些特点：一是时效性强；二是字数长短不限；三是篇目多少自由。这些特点使网络为信息获得更准确、全面、及时的传播提供了重要平台。

二、非赢利网站新闻评论

非赢利网站由于没有赢利诉求，相对而言，可以站到更加公正、客观的立场上发言。站在社会边缘发言，本来就是知识分子所选择的位置。只要理性地参与社会公共事务讨论，不违背中华人民共和国的有关法律，就可以畅所欲言。这无疑是对政府视角下的新闻评论的有益补充。

1. 不代表传统媒体观点

非政府网站只是为各种观点的表达提供了一个平台，而不是网站自己直接表达，所以，网站中的所有观点只是作者的观点。这一点与新闻网站是不同的。新闻网站的评论既有代表网站立场和观点的评论，也有不代表其立场和观点的评论，二者被严格区分。这样做，一方面可以避免受众把网友的观点误读为媒体自身的观点，从而造成人们认识的混乱，另一方面还可以在国际国内的一些争端中表明，民间是怎样认识的。非政府网站则表明自己仅仅是一个观点销售商或展示者，而不是观点制造商。

2. 意见的自由度大

在新闻网站的论坛中，编辑审稿虽然比传统媒体要宽松，但仍然以媒体的宣传要求为基准。非政府网站新闻评论上帖时要求非常简单，"易言堂"只是要求"在我国宪法确认的'言论自由'的保障下尽情发表"。对发来的帖子，现在大多由网管和版主先加以审核，没有违法的问题再上网。对于那些滥用自由，在网上骂人、搞破坏的，情节严重的，删除其ID。这无疑为网络公共空间的生长提供了最大的保障。

3. 可以使用网名发帖

网络传播不是匿名传播。匿名是不署名，比如匿名信，就是未署名的信。匿名信不要求答复，你想答复也无从答复，但网络传播是互动的，你用了网名发言，别人就可以与你互动。使用网名是为了在发言时保护自己。我国现在实行网络实名制，但实名制实际上指的是实名登记制，而不是实名发言制，因而，它并未改变网络交流网名化的格局。过去个人网页很普遍，但后来大多数网站都不再免费提供个人网页空间，所以，现在个人网页已经很少，取而代之，商业网站为网民提供了博客空间，如网易、新浪的论坛中，有一部分就是博客方式。博客方式一方面为个人提供了集中发言的阵地，另一方面，每个博客的主人类似于一个论坛栏目的版主，要为自己的言论及别人的跟帖负责。

第十四章　网络经济新闻评论

三、论坛跟帖评论

新浪网总编辑陈彤在第四届中国网络媒体论坛上指出:"网络媒体应该担负起'发民声、达民情'责任。网络媒体要让普通人的声音能够被社会听到并得到关注,要秉承公正性、合理性、建设性的原则,推动社会主义民主和经济建设的进程。"① 民声、民情主要是通过论坛跟帖体现出来的。跟帖评论是对话式评论。在网络跟帖评论中,发表主帖者只是提供了一个讨论的话题,主帖类似于传统的评论,但又比传统的评论自由一些。主帖在一定程度上框范着讨论的方向,又为讨论提供了多条路径,使讨论不再是一种线性的方式,而是一种呈网状铺开的过程。版主也不具有广播电视主持人的特点,他只是一个讨论的监控者。

论坛跟帖和聊天室聊天使广大网民真正拥有了发言的可能,因而,论坛跟帖是网民参与社会生活的极为重要的手段。通过跟帖以及在跟帖中的辩论,网民得以提升自己对社会的认识,提升自己作为一个公民的水准。

网民的文化水平和修养水平参差不齐,因而他们表达意见的方式也就各有不同。有的人比较文雅,有的人则情绪化色彩很浓。一些网民上网发言不仅仅是表达意见,还有发泄的动机,也有的因为不善于讲道理,在辩不过别人时,情急之下,蛮不讲理地大骂,这与网下的争论情形是类似的。这些原因导致在发帖中的表现就是"板砖",不同意某人的观点,就在网上虚拟化地把他痛殴一顿。

对于前面几种情况,要加强引导和教育。第一,要学会容忍,不能要求每个人都是谦谦君子;第二,要创造一种良好的理性商讨的氛围,能够对自己的不良举止有所顾忌;第三,提出善意的批评,使他们意识到自己的问题;第四,在事先审核的论坛中,版主可以对不雅的表达做点修改,或不予发表,以提请发帖者注意。对事后审核的论坛,版主可以提出批评,严重的给以封ID等惩罚。一旦形成了一种良好的理性讨论的风尚,就可以做到自由但不出格,随心所欲不逾矩。

每个人水平不同,"灌水"的质量有高有低。人民网划分出"深水区"和"浅水区"。西祠胡同等则在事后将已发表的帖子进行挑选,将有一定水平的帖子放到精华区供读者浏览。如此做法既保证了每个发言者的权利,也

---

① 陈彤:《在主流意识形态主导下完成网络媒体"发民声、达民情"责任》,中国互联网新闻中心,http://www.investchina.com.cn,2004-11-08。

保证了读帖者能在有限的时间读到质量较高的帖子,能够把问题讨论引向深入。大多数网站将论坛栏目细分,使不同兴趣、不同知识水准的人各取所需,兴趣相投者的共同话语更多,讨论也会更专业。

四、各种评论的对话

网上的各种评论并非相互隔绝的,而是呈现为一种互渗与融通的格局。

1. 成文评论可以设置回馈链接,使之变成一种 BBS 中的评论对象或主帖。在传统的报纸中,也设有读者来信栏,但读者来信多是反映问题,即便有一些读者来信是对某则评论的回应,但由于版面限制和媒体导向的制约,能够登在报纸上的很少,形不成一种广泛的回应。网上的成文评论则可以即时得到广泛回应,并且回应信息之间也可能形成良好的互动,使人们相互切磋和启发,达成共识,提升认识。

2. 各网站还可以就某个话题邀请嘉宾与网民展开对话,使电视节目中的访谈变成网民与嘉宾的直接对话。网上嘉宾访谈比电视嘉宾访谈具有优越性。一是网民可以不必再由主持人和现场观众为自己"代议",直接用键盘表达自己的意见;二是背景、修养、视角、知识面和利益各不相同的网民在提问和交流中可以形成一种头脑风暴,使问题讨论的广度和深度大大加强;三是言论场的改变(网名发言)使人们得以畅所欲言,无所顾忌。

网上嘉宾访谈具有信息的不对等性。作为嘉宾的专家大致有这样一些来源:一是部门领导,他们熟悉党和政府的方针政策,有较高的政治觉悟;二是专业研究人士,如某个专业研究领域的专家、学者、教授,他们长期研究某个领域的问题,对问题的看法往往具有独到的见解,有权威性、理论性;三是职业资深人士,如体育报道记者、经济报道记者等;四是实践活动的亲历者、重要经验的创造者。① 作为信息拥有者的少数嘉宾与作为信息匮乏者的多数网民,二者之间必然形成一种权威与非权威的关系,但这不意味着信息的流动只是一种方向的流动。网上嘉宾访谈中,双方都是平等的信息交换者,交换的结果是"双赢"。

3. 论坛跟帖评论的选题范围、问题选择有相当一部分来自大众媒介关注的焦点。

4. 论坛跟帖评论反过来又常常为大众媒介评论设置议题。

---

① 金梦玉:《网络新闻实务》,北京广播学院出版社,2001 年版,第 273 页。

案例 14-1

妞 妞 事 件

2004年10月，网民就深圳"妞妞事件"发表意见，后来，大众媒介开始关注妞妞时任深圳市委副书记的父亲的背景，并发表了一系列的评论，从而形成纸质媒介（肖余恨：《妞妞事件：一定要捅破这层窗户纸》，《中国青年报》2004-11-02；2004年11月4日，《北京青年报》披露妞妞名下共拥有三家公司的股份；2004年11月5日《南方都市报》以《妞妞资产大起底》为题长篇深入报道事件，真正将这层窗户纸捅开。其后《三联生活周刊》、《中国新闻周刊》跟进，报道其留学花费和家庭资产，等等）、电视媒体（中央电视台《面对面》的王志对妞妞进行了专访）与网络媒介（《关注"妞妞事件"就是关注社会公平》，肖余恨专栏 news.longhoo.net 龙虎网 2004-11-10），网络媒介的 BBS（中华会计网校论坛 BBS 和洛阳 BBS 等均有热帖讨论）及博客各种媒介间的议程设置。大众媒介与网络新媒介共同合作掀起公共事件讨论的热浪，呼吁社会的公平、公正，对于"官员的权力寻租"进行了适时的舆论监督。

现在，各种媒介之间的议题互设已经形成了这样一种规律：首先，在 BBS 中有网民提供某一新闻线索或提出某种怀疑，然后由传统媒介派记者去展开调查，调查结果公布后在网上的 BBS 引起热烈讨论，然后网上 BBS 的讨论又迅速蔓延到传统媒介，从而在议题互设中形成强大的社会舆论。这样的规律是有其道理的。网民没有专门的新闻素养，也没有采集信息的各种手段，因而只能根据自己亲历或听说的信息来提供线索，而这一线索究竟可信度有多高，其他网民很难判定，这就需要专业的新闻机构去调查采访。对于专业的新闻机构来说，在空前强大的媒体竞争中，它们迫切需要有价值的新闻线索，网络中的议论正好成为它们的有效资源。专业新闻机构经过一定的程序、使用一定的手段采集来的信息总是有较高的可信度的，提供值得信赖的信息正是专业新闻机构的本职。如果网民没有形成议论话题，那么专业新闻机构的相关评论较少受到关注，而当网民形成议程后，专业新闻机构及时介入就可以获得较高的关注度。二者互相取长补短，形成最佳的搭配。

五、BBS 论坛

BBS（Bulletin board system 中文译为电子公告牌或电子公告栏），是用计算机及软件建立的一种电子数据库，可以让人们登录，并在上面留下信息。其信息通常可以分为若干个话题组（Topic Groups）。任何用户在这个公共区域里都可以阅读或提交信息。尽管今天很多 BBS 是由业余爱好者管理，但大量的 BBS 是由政府教育和科研机构管理的。① 通常来说，BBS 上话题广泛，人们可以分享各种信息及资料，也有一些 BBS 用来讨论专门的话题。据 The definitive BBS List 2005 年的数据，全世界有超过 40 万个 BBS。BBS 的历史比互联网（Internet）要早，但今天，绝大多数 BBS 建立在互联网上，BBS 上有自己的文化，自己的"行话"（Jargon），BBS 一般有自己的管理者（sysop）。②

在 BBS 上，所有的发言基本上都不受限制，任何人都可以表达自己的观点。许多新闻的引发，都从 BBS 开始，许多记者把 BBS 作为自己的重要线人。但 BBS 发言人的不确定性让一些理论家对 BBS 一直不能接受，他们认为 BBS 的言论不排除利用公众的义愤和同情行不法之事的企图。发布者不能提供身份证明，信息发布零散、杂乱。BBS 所引出的话题多是简短和激发性的，为的是与大家一起讨论，不能保证话语的准确性，也不能承担责任，从这个意义上来说 BBS 还不能算作真正的公众新闻。

六、博客评论

Blog，是 Weblog 的简称，即 Web 和 Log 的组合词。Weblog 是在网络上的一种流水记录形式，所以也称为"网络日志"，或简称为"网志"。博客现象始于 1998 年，当时全世界大约只有 30 多个博客网站。大约到了 2000 年，博客网站难以统计准确数字。博客作为一种满足"五零"条件（零编辑、零技术、零体制、零成本、零形式）而实现了"零进入门槛"的网上个人出版方式，在技术层面上，已经从媒体价值链最重要的三个环节——作者、内容和读者，实现了"源代码的开放"。博客主要有三个方面的应用：一是新的个人人际交流方式；二是以个人为中心的信息过滤和知识管理；三是以个人为中心的传播出版。③

在传播学上，博客三个最重要的特点是：个人性、开放性和交互性。博客是个人性的，现有的媒体都是由企业、社会组织和政府拥有的，而博客是

---

① 侯健：《舆论监督与制约权力》（讲稿），"民主与科学"网，2002-10-17。
② 孟超：《中国网络媒体论坛的发展走向》，《中华新闻报》，2001-06-04。
③ 参见 Joseph. B. Walther 的文献目录，http：//PPwww. behavior. netPJOBP.

个人的。博客成为一种传媒工具,能使个人空间直接变成公共领域。博客是交互性的,与传统的单向媒体完全不同,传者和受者之间,实时互动,甚至二者之间的身份也模糊了,最好称他们为对话者。① 博客的兴起让更多的公众参与到新闻的制作当中,甚至成为舆论领袖。与BBS相比,博客的发言人"看得见",尤其是一些名人开设的博客直接将自己的名字设为博客地址,实名制加深了公众的信任感。由于这些人有一定的社会影响,并且能够负责地发布信息,使得博客影响公共舆论甚至影响公共政策的制订。

新闻网站担负的是主流意识形态的再生产任务,目的是要加强政府在互联网上的声音,主动出击,使互联网成为思想政治工作的新阵地,对外宣传的新渠道。因而,新闻网站的评论是以配合政府在一个时期内的宣传任务为写稿和选稿的基本标准。它也有大量的网友评论和跟帖,但这种网友评论和跟帖是被纳入宣传工作的传播和反馈的整个环节中的,与宣传者的关系是党和政府与群众的关系。

商业网站新闻评论应该如何定位呢?

《网易》"易言堂"版主石敢当阐述其宗旨说:"易言堂","一言堂"是也,在这里,各位朋友可以在我国宪法确认的"言论自由"的保障下尽情发表阁下的独到见解,畅论你的一家之言。

纵观人类几千年的文明史,尤其是近几百年的社会发展史,人类摆脱野蛮走向文明的过程靠的是无数个具有独立思想的智慧者的思想交流和观点碰撞所产生的推动力,一些被当时社会视为异端的见解最终被社会发展的进程证明为真理。

求实务实,是民族和国家崛起的根本。在此敬请各位朋友本着为民族兴旺,为国家富强,为世界各族人民的和平和繁荣的这个不可推卸的责任,说出你的真知灼见来。

来到论坛的都是成熟的人,能够为自己的言行负责的人,什么该做什么不该做想来不用我多说了吧,希望来到这里的朋友都乐意把这里当做自己的另一个家。②

---

① 斯蒂文·小约翰:《传播理论》,中国社会科学出版社,1999年版,第505~533页。

② 石敢当:《欢迎您来到"易言堂"》,http://bbs.talk.163.com/talkease.

经济新闻评论:理论与写作

第二节 网络评论与传统媒体新闻评论

网评所含的内容较为广泛,它既指网民在网上论坛发表的单独成篇的评论文章,也指网民在阅读一条新闻后发出的或短或长的评论。

网络对传统媒体新闻评论的影响有以下几个方面:第一,网络提升了传统媒体新闻评论的时效性;第二,网络为传统媒体的新闻评论提供了内容和题材;第三,网络时代的新闻评论语言趋向平民化,内容贴近民生;第四,网络丰富了新闻评论的形式;第五,网络让新闻评论贴上了个性化的标签。网络的草根性和去中心性导致新闻评论观点的多元性和丰富性,这对传统的新闻评论也有一定的影响,从一定程度上也显示了新闻评论的个性光彩。①

1. 互动性,平等性

网评是一种更自由的言论,主要表现在:

(1) 网评没有门槛,谁都可以在网络平台上发言。传统媒体的评论作者队伍越来越"专业化"和"学者化",报纸评论的作者队伍越来越向少数"专业写手"聚拢,报纸的评论专版越设越多,而评论作者的数量未见增多。网络时代打破了这种格局。言论专卖店大一统格局不复存在。与传统媒体评论不同,网评越来越多样化,网评不拘形式,可以长篇大论,也可以寥寥数句。因此,网评的作者队伍越来越庞大,由社会精英的代言向平民意见的直接诉求转化。各个新闻网站现在都引入了网友评论类的互动式新闻评论品种。反过来,有广大网民参与的网上评论也成为了各大新闻网站谋求发展的一个主要增长点。在这方面,人民网的《网友说话》、《精彩贴文》,国际在线的《网评如潮》,新华网的《网友热评》、《边看边议》等栏目都做得比较成功。

(2) 网评没有指向约束,多指向甚至对立的观点都可以畅所欲言。传统媒体时代立足传播,绝少互动,评论作者的观点能否在报纸上发表,取决于报纸的风格和编辑的态度。对同一个事实,有的报纸允许用不同的观点进行交锋(当然不允许出现"过激"言论),有的报纸则只出现一种声音。而网络时代,清晰区分的"传播者"与"接受者"身份逐渐让位于"传播者/接受者"共存于同一交流过程格局。网评没有苛刻的"把关",它不求千人一调,也不筛选掉不同的观点,甚至可以说网上的评论是一种原生态评论,

---

① 孙云龙:《网络时代的新闻评论及其发展趋势》,《中华新闻报》,2007-04-11。

因而在很大程度上实现了言论的自由表达。

2. 直接性，完整性

网评是一种更真实的言论。这种真实主要表现在它的直接性和完整性：

（1）网评是网民观点的直接表达。报纸评论除了评论编辑把关外，分管总编辑也是重要的把关人。从作者投递评论稿件到最终见报，中间增加了两个把关的环节。在信息传递的过程中，中间环节越多，信息丢失或信息改变的因素就越多。网评基本是网民观点直接表达。如红网的"百姓呼声"栏目，将民众所反映的民生问题分成"咨询求助"、"投诉举报"、"建言献策"等几类。受众所看到的是最原汁原味的网民帖子，并不断有受众跟帖对事件进行补充和跟踪，或对咨询求助问题的回应、建议等。

（2）网评是网民观点的完整表达。报纸评论有篇幅限制，有风格约束，有版面编排需要，因而编辑主动修改作者言论的情况较为常见。网评不存在篇幅限制，也不惧观点重复，因而网民的言论可以不经任何改动地完整地呈现在网民面前。完整的表达最符合作者的本意，因而也是最真实的言论。

网络的虚拟性给了网民平等交流的空间和氛围。针对不平事不吐不快，看到共鸣时发帖顶之，这种网民原始的思想流露是网络评论呈现自发性的根本原因。而观点的碰撞和交锋，言语往来体现的是网络的主要特点——互动参与，这真正能调动大家的热情，比如一个"深圳你被谁抛弃"的帖子就引起了网友的激烈争论，一时间众说纷纭，为深圳未来发展献计献策。

3. 整合性，集中性

（1）整合专题评论。在新闻评论方面整合精品，一种典型的做法是将各网站上有内在联系或相似内容的文章纳入本网站为某一重大新闻事件或热点问题特设的专题总汇中。如"中部崛起"、"股市风云"等；另一类典型的做法是在本网站的评论基础上，将其他网站上观点或视点不同且言之有物的同一事件评论拿来对比。比如人民币升值问题，A 网站的评论是"人民币升值利大于弊"，B 网站的评论是"人民币升值弊大于利"，两种观点对峙，两家网站可以把不同于己方的观点整合进自己的栏目中。

（2）融合报刊、广播、电视多种媒体。电视现在经常会出现报纸的内容，比如凤凰卫视的《有报天天读》，央视经济频道的《马斌读报》，以及央视新闻频道的《媒体广场》，都是汇聚报纸的新闻做出自己的挑选和二次编辑。网络编辑也可以做更多的工作，如商业网站可以做视频，把每天的报刊新闻做一档导读性兼评论性的"媒体集萃"，放到网络视频供网众浏览。而大量的网络新闻不必如平面媒体"文字版报纸型"，如果有 WAP 的网络

经济新闻评论：理论与写作

版本，完全可以用主持人播报声音来取代文字，类似广播的效果，而又具备广播不具备的点播、观看的优势。

第三节 网络经济新闻评论

一、经济专业网站

1. 海量信息，专业经济评论

（1）以搜狐网站为例：经济类频道有财经频道、理财频道和证券频道。其中财经频道首页有：专题；产经；公司；评论；金融观察；企业形象；调查；博客；财经社区，手机频道。它的理财频道有：银行；保险；基金；外汇；期货；债券；信托；黄金；规划；我家理财；股市论坛；个股查询。其证券频道有：证券要闻；快报；个股；上市公司；维权；新股；股改；股指期货、权证；自选股；港股；涨跌幅；千股千评；论坛。

（2）博客群的名人博客分为：商业管理；总裁博客；财经传媒人；经济学人；证券投资；投资理财；律师维权七大块。同时又把博客以群划分为：经济学人博客群；评论员博客群；商业管理博客群；传媒人博客群；财经记者博客群；中国经济时报群；证券博客群；理财博客群。

2. 专业网站，聚焦财经评论

在财经网站中，搜狐财经、新浪财经、和讯财经、TOM财经、网易商业频道等作为专业财经网站，其资讯和评论的影响力越来越大，与时代经济脉搏紧密相连，与百姓理财生活息息相关，与中国经济的发展一同前行。

（1）"东方财富网（http://www.eastmoney.com）——中国访问量最大、影响力最大的财经证券门户网站。"

东方财富网以全球化视野，向广大投资者提供全方位的综合财经新闻和金融理财资讯。自2004年3月上线以来，历经数次改版，凭借权威、全面、专业、及时的优势，东方财富网创下了中国互联网发展史上的种种奇迹。2005年以来，据第三方权威数据统计，东方财富网访问量遥遥领先于同行，持续位居中国财经网站第一位，并且拥有当今中国最大、最活跃的财经及股票互动社区。

"没有休息日、新闻不过夜"是东方财富网全体同仁的行动口号。东方财富网拥有一支由具有多年媒体、证券从业资深背景人员组成的专业团队。目前，东方财富网设有财经、股票、基金、期货、债券、外汇、银行、保险等多个频道,每天更新全球财经信息数千条,充分体现了"最权威"、"最全面"、"最专业"、"最及时"的特点,从而让广大用户在第一时间尽览天下财经及理财资讯。

东方财富网——最受用户喜爱的财经证券门户网站。①

中国财富网是一家商业网站,以证券资讯、评论为主,在中国国民的理财热一浪高过一浪之时,东方财富网的财经、股票、基金、期货、债券、外汇、银行、保险等多个频道的资讯满足了人们的需求,经济学专家学者的评论也给了人们相关的经济学知识和理性意识。

(2) 价值中国网

"价值中国网"(http://www.valuechina.com)是中国领先的财经类网络媒体,以专业博客的方式运营,是关注中国财经领域的专业性、实名制的博客网站,涵盖经济、投资、金融、管理等财经领域,传递财经新闻、共享信息和经验、倡导独立思想。

价值中国网整合了中国经济学专家学者的资源,这些专家们总结中国经济运行的规律,为促进经济良性发展,建立完善的市场机制建言献策。同时引导人们理性投资,建立风险防范意识,为国富民强贡献才智。

二、经济争鸣空间

1. 经济焦点论坛

在财经专业频道,开设财经论坛,如"狐说经济"论坛目录有:财经站务;财经大杂烩;新农村建设;左右聚焦;民生杂谈;广告天下;管理沙龙;前车之鉴;经济学堂;市场营销;财经内部培训;财经工作室。网站力图秉承公允、公平、公正的原则,为公共舆论打造一个交流的平台。

搜狐产经评论包括:财经评论、IT评论、汽车评论三大阵营。左右间财经评论宗旨:"从经济的视角解剖社会万象,把握世事的走向和趋势。关注民生,以人为本。坚持专业的态度以求深入,坚守常识的原则以避虚妄。"②

2. 单一话题探讨

(1) 单一网站

如中部崛起话题,江西宜春日报社办了"中部崛起网",栏目有新闻中

---

① 《关于我们》,东方财富网,http://www.eastmoney.com。
② 《左右间财经评论》,http://finance.sohu.com。

经济新闻评论:理论与写作

心、聚焦中部、感受中部、纵论中部、明月论坛。

在纵论中部栏目分别有以下3个版块：

中央领导话中部：

胡锦涛主持中央政治局会议研究促进中部崛起（2006-3-28 8：42：00）/

·胡锦涛视察讲话:河南要走在中部地区前列（2005-8-25 16：59：00）/

·胡锦涛总书记瓷都行：江西在中部崛起中应有更大作为（2005-8-24 9：42：00）/

·胡锦涛在江西兴国视察（2005-5-23 12：00：00）/

·胡锦涛：中部要加快发展步伐（2005-5-23 11：37：00）/

·胡锦涛在江西、湖南考察（2005-5-23 11：44：00）/

·胡锦涛：中部要增强发展的紧迫感（2005-5-10 0：09：00）/

·吴邦国在河南考察强调建设经济强省和文化强省（2006-11-21 16：19：00）/

·吴邦国强调 转变发展观念 创新发展模式（2006-3-22 11：49：00）/

·吴邦国安徽考察强调：结合实际 创造性开展工作（2006-2-14 10：40：00）/

专家学者话中部：

吴瑜章解析中部物流（2006-11-29 11：10：00）/

·跨国巨头点评中国"中部崛起"（2006-10-9 11：58：00）/

·中部经济发展"必须撬起牛肚子"（2006-4-29 8：41：00）/

·"中部崛起"的产业选择——樊纲访谈录（2006-4-24 8：46：00）/

·专家学者献言发展文化产业（2006-4-14 9：31：00）/

·河南应成为新型经济带 专家学者支招河南发展（2006-4-14 9：35：00）/

·廖明耕:以"四个理念"谋求新的发展（2006-4-12 15：14：00）/

·贺铿：中部地区如何崛起（2006-4-12 16：56：00）/

·刘明康：改进金融服务全力促中部崛起（2006-4-3 14：38：00）/

·中部崛起：税收杠杆如何发力（2006-4-3 14：47：00）/

中部领导话崛起：

·张宝顺在中国共产党山西省第九次代表大会上的报告（摘...（2006-10-27 13：54：00）/

·周强：要充分发挥省会中心城市辐射带动作用（2006-10-27 13：53：00）/

·陈政高：推动中部城市群经济一体化（2006-10-24 16：49：00）/

·中部六省省委书记省长的"中部崛起"新思维（2006-5-10 17：18：00）/

·俞正声：中部崛起战略，就是最大最好的优惠（2006-5-8 15：55：00）/

·孟建柱看望慰问部分劳模代表（2006-5-8 16：28：00）/

·徐光春："七要七不要"实现跨越式发展（2006-4-30 17：18：00）/

·张春贤：围绕龙头企业发展产业群（2006-4-29 8：47：00）/

·徐光春：以信息化带动河南工业化城镇化等发展（2006-4-29 8：46：00）/

·张宝顺：抓住战略机遇加快科学发展实现全面崛起（2006-4-26 12：13：00）

(2) 单一话题

互联网的融通性和超链接文本功能，可以将一个话题集中在一个栏目之下，转载报纸、杂志等其他媒体的同类文章，形成话题风暴中心，多方观点汇聚，各种人士交流，作为第三方的读者可以随时跟帖，参与话题讨论或提出疑义，评论的平台无限扩大，人数众多，其影响力超越了以往任何一个传统媒体。

2007年4月10日，沪市股指直逼3400点，牛气冲天的行情把各方人士看得目瞪口呆，国家接连不断出台宏观调控政策，作为经济学专家自然需要谈谈观感和看法。

案例14-2

加大调控力度　绝非剑指股市

中国人民银行决定从2007年4月16日起，上调存款类金融机构人民币存款准备金率0.5个百分点。人民银行将继续执行稳健的货币政策，综合运用多种工具加强银行体系流动性管理，保持流动性水平基本适度，防止货币信贷过快增长，引导金融机构优化信贷结构，促进国民经济又好又快发展。

自2006年开始，央行已经连续6次对银行准备金率进行了提高调整，从央行在短时期内连续提高银行准备金率的速度来看，其主要目的是为了进一步为防止货币信贷总量过快增长、保持国民经济平稳快速健康发展、防止通货膨胀采取更直接更有效的手段和举措。

随着当前中国经济持续快速增长，消费需求稳定提高，城乡居民收入稳

中有升,对外贸易增势强劲,财政收入大幅提高,但经济运行中仍然存在投资需求进一步膨胀、货币信贷增长仍然偏快、通货膨胀压力加大等问题,货币信贷过快增长会引发通货膨胀或资产价格泡沫,可能形成新的银行不良贷款,积聚金融风险。同时,由于国际收支顺差矛盾仍然较为突出,根据流动性的动态变化,人民银行再次提高存款准备金率,其目的在于巩固流动性调控的成效,显示在当前中国的经济迅猛高速发展的趋势下,有必要进一步采取紧缩银根的政策,防止资金流动性过快所产生的各方面负面影响,从而令调控的效果更为直接、显著、有效。

从证券角度看待这一举措的实施,伴随此轮牛市的展开,股市中高速流动的资金显然也成为了当前银行不良贷款率提高的一个重要因素,因此,在此之前,国家就多次针对这一问题加大了该方面的监管力度,从而从侧面对于资金的非正当性流动进行了控制;但是类似的举措仅仅是对于资金的调配所发动的政策调控,而并非是针对当前处于如火如荼阶段的股市进行席卷;从之前几次银行准备金提高与股市的运行情况观察,这并没有对股市造成影响和冲击,因为这并非是针对股市上涨作为调控目的的,相反却为股市持续保持高稳定的健康运行提供了保障,因此在当前股市处于一轮大牛市的市场背景下,诸如此类的调控政策或许仅仅只能在表面上对于股市中的个别相关环节或者板块形成短暂的瞬间侧面效应,而并不会对之后市场基于当前稳步向上趋势中的持续运行在本质上构成任何不良的负面影响。(刘俊:"加大调控力度 绝非剑指股市",http://business.sohu.com,2007-04-05)

中国的股市是"政策市"、是"赌场",股市里的中小散户早已杯弓蛇影,草木皆兵。位高权重人士的几句话也许就会让股市风雨飘零、一泻千里。2007年春节后在3000点的上下波动,创下单日最大跌幅,是市场人心犹疑的反映,2007年"两会"后,股指一路高歌猛进反映了人们对于国家政策稳定性的信心。从2007年4月16日起,中国人民银行上调存款类金融机构人民币存款准备金率0.5个百分点。上文针对这一消息,说明其主要目的是为了进一步为防止货币信贷总量过快增长、保持国民经济平稳快速健康发展、防止通货膨胀采取更直接更有效的手段和举措。通过分析央行此番调整存款准备金率是因为货币信贷过快增长会引发通货膨胀或资产价格泡沫,可能形成新的银行不良贷款,积聚金融风险;同时国际收支顺差矛盾仍然较为突出,再次提高存款准备金率,其目的在于巩固流动性调控的成效,不会对股市造成影响和冲击,但也不排除对于股市中的个别相关环节或者板块形

第十四章 网络经济新闻评论

成短暂的瞬间侧面效应。最终文章指出：此次提高存款准备金率，不会对之后市场基于当前稳步向上趋势中的持续运行在本质上构成任何不良的负面影响。对于国家金融政策的调整和制订，专业人士应从国家宏观经济的运行角度帮助股民理解和支持。此篇评论较好地回答了股民心中的疑问，对于稳定市场、稳定人心起到了良好的作用。

第十五章 多维经济视角下的经济新闻评论

1992年邓小平南方视察讲话和党的十四大的召开,强调我国要搞改革开放,以促进经济发展,改善人民生活,这进一步肯定了以经济建设为中心的发展方针。由此,我国的经济新闻评论的内容和形式也越来越多。

第一节 宏观经济新闻评论

"在论述宏观经济学的过程中,我们经常会遇到几个关键的宏观经济变量,最重要的是国民生产总值(GNP)、失业率、通货膨胀以及净出口。这些指标是用来判断宏观经济业绩的核心标准。"① 经济建设成就报道反映的就是一个国民经济体系在一个特定阶段内实现的经济目标,主要体现在产出、就业、物价、对外贸易等一些国民经济的宏观指标上。也可以说宏观经济是指企业所处的外部直接环境因素,研究的是企业生存其中的国民经济总体,以及越来越具有重要意义的国际经济。国内生产总值(GDP),是一国国内在一定时期所有最终产品总和的价值表现形式。从生产的角度看,国内生产总值是一国国内各经济部门在一定时期内所生产的全部最终产品的价值,即各部门总产出扣除中间消耗后的总和。宏观经济学"研究的是社会总体的经济行为及其后果,即对经济运行的整体,包括整个社会的产量、收入、价格水平和就业水平进行分析。"②

一、具有宏观经济意识,解读宏观经济政策

宏观经济意识在我国改革初期是要认清我国经济改革的必要性及总体思

---

① [美]保罗·A.萨缪尔森等:《经济学》(第14版),首都经济贸易大学出版社,1996年版,第734页。

② 高鸿业:《西方经济学》(第2版),中国人民大学出版社,2000年版,第459页。

路，把握改革的大方向和趋势。艾丰在任《人民日报》记者时就写过"菜篮子引起的思考之一（之二、之三）"，"社会公平的辩论（上下）"，"不同评价缘何而生"等十几篇体现宏观经济意识的经济述评，站在我国经济发展的历史高度，运用唯物辩证法的方法论和观察家的宏观视野，实事求是地分析我国经济改革和发展中的问题和不足。总结自己的写作体会，艾丰说"要当好一个记者，我认为：具备宏观意识是很重要的事情。特别是从事《人民日报》这样的报纸工作，宏观意识就显得更加重要。我欣赏这样一句话：记者要想总理想的事情。当然这主要是讲记者的责任感。但也应该包括宏观意识在里面。因为总理是想全国的事情的。宏观意识首先是全局意识，"宏观"就有"全局"的意思。所以，记者必须要了解全局，把握全局，而后在自己的报道中，要力争向自己的读者清晰地勾勒全局。宏观意识还包括战略意识。战术和具体策略是解决具体的局部问题的，只有战略才是解决全局性问题的。因此，没有战略意识的宏观意识，至多是一种静态的表述，没有动态的把握和动态的思维。因而还不是完全的宏观意识。"①

解读经济政策一定要具有专业眼光和专业知识，媒体记者要做高端访问。宏观经济涉及面广，一般人难以驾驭宏观经济存在的问题和未来走势，媒体要善于和资深经济学家沟通或聘请他们做特约评论员。

案例 15-1

我国经济改革已近 30 年，对于目前我国经济建设方面出现的方方面面的情况和问题，经济学家吴敬琏认为：

"从 1998 年以来，针对经济偏冷的情况，中央政府执行了多项扩张的财政和货币政策。从 2000 年以来经济逐渐升温，并且在 2003 年初开始出现过热迹象。由于对宏观经济形势的判断有不同的看法，在 2003 年没有采取总量措施进行降温。从 2004 年第二季度开始，从货币政策和行政手段两个方面采取了适度从紧的措施。到第四季度，GDP 增长率、广义货币增长率、固定资产投资增长率等宏观经济指标都从今年初的高位有所下降。

不过由于今年的调控还是较多地依靠行政手段的微观干预，在改善国民经济的整体效率指标、从而改善宏观经济运行的微观基础上似乎进展不大。为了在宏观稳定和微观效率两方面都取得改善，最重要的是改进政府管理经

---

① 艾丰：《经济述评自析集》，人民日报出版社，1995 年版，第 46 页。

经济新闻评论：理论与写作

济的办法：政府应当专注于宏观经济的总量管理，而把微观经济问题，即资源在企业之间、部门之间和地区之间的配置问题交由市场去解决。当然，要实现这一目标的前提条件，是完善我国市场经济体制，让市场机制在经济资源的配置中发挥基础性作用。

季卫东：我觉得这里还包括一个央行独立问题。1995年公布的《中国人民银行法》规定央行必须向全国人大常委会提出业务报告，目的就是要让金融运作和货币政策的制定、实施透明化，接受民意代表监督。但是，央行仍然从属于国务院，难免受到中央政府部门的干涉。银行的政策目标是提供产业资本、维持物价稳定，而政府在金融方面的政策目标，还包括重点项目开发、扶持企业、保障雇用等等。两者之间的目标是有矛盾的。

《财经》：那么2005年的重心在哪里？最近闭幕的中央经济会议把明年经济工作的首要任务正确地规定为"加强和改善宏观经济"，如何解释？

吴敬琏：这里讲要"加强"宏观调控，意味着对宏观经济态势的判断是调控只是初见成效，不能松劲，以免功亏一篑。这里讲要"改善"宏观调控，则具体落实为更多地运用经济和法律手段，采取稳健的财政政策和稳健的货币政策进行调控。与此同时，中央经济工作会议把"着力推进经济体制改革"列为2005年的一项主要任务。这就为落实中共十六届三中全会关于完善社会主义市场经济体制若干问题的《决定》，发挥市场机制的作用以便实现经济结构优化和保证全面可持续发展提供了制度基础。以上各点的实现，将使2005年我国经济的"软着陆"和今后长时期平稳较快发展提供了基本保障。

我们的国家已于20世纪的最后一年宣布初步建立了社会主义市场经济体制。但是市场经济体系能够健康运行的重要构架，例如金融体系、法律和司法体系还没有完全建立起来。正像我们在前面分析过的，这种局面的持续，有使我国经济体制滑向坏的市场经济，即权贵资本主义的危险。我认为，2005年的改革重点应该放在金融和证券市场改革、投资体制改革、国有经济改革和社会保障体制改革等方面。"

（资料来源：吴敬琏，季卫东：《国企改革不能因噎废食》，《财经》，2004-12-29）

1. 评价经济建设成就，分析宏观经济趋势

正面宣传国家经济建设成就，为国民经济的发展创造积极的舆论环境。报道和评论经济建设成就，媒体要有宏观的眼光。一方面体现为社会化的视角，要求结合社会发展看待经济成就；另一方面体现为全球化视角，要求参

第十五章　多维经济视角下的经济新闻评论

照世界经济看待我国经济成就。经济建设成就体现在国民经济的各个门类,但宏观经济报道和评论应超越某一产业、某一行业或某一企业,要从社会发展程度、国民生活水平、经济综合实力等方面着眼,把握国民经济建设的总体成就。要明确认识到,宏观经济的建设成就不仅体现在国民生产总值的数字指标,而且还应该体现在各个经济门类的协调发展、资源的高效配置以及居民生活水平的提高上。随着中国入世,中国经济已经成为世界经济的一部分。看待我国经济建设的成就,必须以世界经济发展为大背景。国家经济形势日新月异,旧有的经济成就观念也需要更新。体现在经济建设成就报道和评论中,要以统计数字为依据,用宏观的视角看待国民经济发展的大局,结合政策宣传,正面报道经济建设的现状。同时,更要加强对统计数据的深层分析,透过成绩的表面,发现、预测问题,并为群众解惑。报告成绩要符合经济规律,而发现和预测问题本身也是一种正确的舆论导向。

2. 改善国民福利经济,关注经济可持续发展

福利经济学是从福利的观点对经济体系的运行进行评价的经济学。也就是说,福利经济学是从价值判断的标准出发,来判断一种经济体系的运行究竟是增加了福利,还是减少了福利,进而判断这种经济体系的好与不好。

所谓社会福利"最优状态",就是用边际效用论、最优化原则以及消费主权论,把满足人民的福利程度作为生产和交流活动的"最佳条件"、资源有效配置的"最优状态"和人民福利的"最高标准"。社会福利的实现有两个途径,一是通过国家税收、建立各种福利基金、发展社会保障和公益事业来使广大人民群众获得好处,比如建立国家图书馆、博物馆、流浪乞讨救助站、智障儿童教育院、养老院、免费教育、医疗补助、扶贫、助学等等。这种福利的实现,是通过国家行政手段来实现的,它的摊子大、周期长、实现分批到位。而另一种手段,则可以通过企业行为来实现——这便是兑现消费者剩余,返还消费者福利。应该说,由企业来给人民大众获得福利是一种善举,更是一种创新。我国经济正处于转轨之中,社会发展不均衡,税收、养老、最低工资标准、经济适用房、社会保障等等,政府如何兼顾公平,是我国媒介新闻评论选题中不可忽视的对象。张贵峰的"个税改革应该以公平为坐标"(《中国青年报》2005-8-25)认为:"起征点1500元,各地统一执行,不允许擅自浮动"的新方案,就会发现,其中存在的缺憾仍然很明显:1500元,从全国平均来看,固然不算低,会使许多工薪人员税负减轻乃至免除,但对经济发达地区来说,新标准依然并不高,1500元对于许多人来说不过是一个温饱收入。对于我国个税的改革,作者强调:如果站在整个税

经济新闻评论:理论与写作

制公平的角度来看，仅仅一个起征点调整，能起到的公平作用其实很有限。因为它只涉及为部分穷人减轻税负，没有起到向富人多收税的目的——而这本是个税"调节社会财富再分配"功能的应有之义。因此，要实现个税更深层意义上的公平，就不能只盯着"起征点"这一点，还应从监管方式、征收模式等税制方面着手完善。

国务院发展研究中心副主任鲁志强研究员2002年9月23日在《中国化工报》发表"抓住机遇发展环保经济"，评论认为：要发展中国的环保经济首先是政府要找准定位。在环境保护问题上同样存在政企分开的问题。由于我国历史上长期政企不分，政府和企业成为父子关系，政府难以拉下脸来严格执法。一些污染环境、破坏生态的企业无法关闭，也难以重税惩罚。因为这些企业的开工和税收影响就业、地方收入和地区经济发展的速度，政府处于两难之中。从政府的职能上讲：应通过对环保法律和标准的制订，利用环境监测和管理等手段，代表全国人民监督和限制企业对环境造成污染。另外，政府应该在介入环保的方式、途径上多做文章。从以下四点突破：第一，资金的投入一定要有成效；第二，在环保的整个管理思路和手段上充分发挥经济杠杠的作用；第三，环境保护在一定程度上反映一个企业的生产水平；第四，发展经济、环境保护要"双赢"。自然得出结论：从目前的国情看，经济发展是第一位的，是硬道理。但在发展经济的同时，环境保护也应同样有效地发挥作用，实现经济效益与环境效益双丰收。

2007年3月1日陈予军在《上海证券报》撰文"能耗降低未完成应进行深刻反思"，列举大量资料：2000年，每百万美元国内生产总值能耗，我国为1274吨标准煤，比世界平均水平高2.4倍，比美国、欧盟、日本、印度分别高2.5倍、4.9倍、8.7倍和0.43倍。我国单位产出能耗不仅高于发达国家，也高于和我国人均GDP水平相当的国家。资料显示，2001年，我国人均GDP为921美元，菲律宾、埃及和印度尼西亚与我国相近。2001年，菲律宾的单位产出能耗为0.24千克油当量/美元，埃及为0.34千克油当量/美元，印度尼西亚为0.49千克油当量/美元。我国单位产出能耗与印度尼西亚差不多，而比菲律宾高出1倍以上，比埃及高出44%。我国单位产出钢耗比俄罗斯和印度也高出1倍以上。分析我国生产结构不合理，能耗过高，既造成资源浪费又带来环境污染，在我国经济结构中，重工业占比大，而第三产业所占比小也是一个重要原因。长期以来，我国第二产业占国内生产总值的50%左右（2005年为47.3%），第三产业只占国内生产总值的35%左右（2005年为40.3%）。第二产业单位产出能耗和物耗往往要高于第三产业。世界发达国家的第三产业在国民生产总值中所占的比重一般都在 2/3 以上，美国高达 70%，部分新兴工业国家的比重也在 50% 以上，这是发达国家单位产出能耗较小的一个重要因素。最后得出：要想降低能耗，必须将降低能耗列入官员的政绩考核指标，同时，加快发展第三产业，逐步改变粗放型的经济增长模式，以最低的能耗和最低的环境成本来推动经济持续、健康发展。

第二节　中观经济新闻评论

中观经济学是一门新兴学科，国内外对其内容看法尚未定论，但从目前的研究看，国外有关专家认为"中观经济学理论范围是：经济结构理论、部门与地区发展理论、基础设施理论、环境保护理论、集团与协会理论等。政策范围是：部门结构政策、部门结构计划、研究与工艺政策、部门原料供应政策、地区结构政策"等。国内比较早地研究中观经济学的学者王慎之认为：中观经济的含义可以确定为，凡是介于整个社会和一个经济单位之间的经济活动，也就是非"宏"非"微"，亦"宏"亦"微"的中间状态的经济结构。具体地说，就是某一地区和某一部门的经济活动。① 他强调，中观经济学的研究内容是部门和地区的经济行为及其运行机制。经济协作区、经济特区，以及广泛开展的经济技术协作、横向经济联合，以及经济运行机制中的中观控制、行业管理和区际协作都属于中观经济学的范畴。②

一、产业经济新闻评论

以汽车行业为例，李铁铮在《经济日报》撰文分析 2005 年乘用车增长速度有明显回升的三个基本原因：

第一，宏观经济的平稳快速发展为乘用车需求的增长提供了基本保证。国家计划 2005 年国内生产总值比上年增长 8%，实际执行结果很可能高于 8%。根据国家信息中心预测，2005 年 GDP 增长率在 8.5% 左右，而 2004 年 GDP 增长率初步统计为 9.5%，2005 年增长率不会出现大幅度下降，不会对居民的收入预期产生大的影响，从而居民购车的宏观经济环境条件就有

---

　① 王慎之：《中观经济学》，上海人民出版社，1988 年版，第 2 页。
　② 王慎之：《中观经济学》，上海人民出版社，1988 年版，第 11 页。

经济新闻评论：理论与写作

了基本保证。同时，可以肯定地说，2005年的市场难以出现很多人担心的1994年的局面，对比两次宏观调控的特点就不难得出这样的结论。

第二，等待因素的释放将对乘用车需求增长速度的提高起到重要作用。2001年9月份我国政府宣布从2002年起我国加入世界贸易组织，消费者预期汽车价格将有较大幅度下降，2001年第4季度就开始出现持币待购现象，按需求增长规律测算，2001年第4季度产生了大约4万辆左右转移到了2002年实现，而2004年我国轿车的销量已经相当于2001年的3倍左右，而且持币待购的现象从5月份就已开始，保守地估计2004年至少有8万辆的轿车将转到2005年实现。

第三，车价的继续下降将有效地促进乘用车需求的增长。正常情况下，车价下降将使收入水平更低的人开始具备购车能力，同时使本已具备购车能力的人群中有更大比例的人完成购买行为，因此价格下降必将会带来销量的增长，2002~2003年由于车价下降而带来的需求增长分别达到19万辆和30万辆，占当年需求增量的44.0%和37.5%。2004年虽然车价下降幅度较大，但是频繁降价加剧了消费者的等待和观望，相信随着2005年汽车市场价格体系的重建、混乱局面的改善，车价下降将对乘用车需求增长产生明显促进作用。

（资料来源：李铁铮：《2004~2005年汽车市场分析与预测》，《经济日报》，2006-06-20）

2005年乘用车增长速度回升的原因：第一个原因是基于我国经济的持续增长，人们的收入递增，买车成为越来越多人的选择，这是宏观经济的良好走势给予人们提供了可能的消费前提；第二个原因是人们的消费心理预期的结果，加入世贸组织，消费者预期汽车价格将有较大幅度下降，持币待购现象造成汽车销量不畅，这是消费者行为影响市场的缘由探析；第三个原因是汽车降价。这是价格杠杆在市场中的作用，价格的竞争加剧了消费者的等待和观望，随着2005年汽车市场价格体系的重建，人们合理地选择合适的车型和价位，车价下降会引发消费热度。三个原因分析中肯、理性，对于2005年的车市进行了基于经济学的预测和展望。

二、区域经济新闻评论

1. 区域经济学概念及主要理论

区域经济理论，是研究生产资源在一定空间（区域）优化配置和组合，

以获得最大产出的学说。生产资源是有限的,但有限的资源在区域内进行优化组合,可以获得尽可能多的产出。正是由于不同的理论,对于区域内资源配置的重点和布局主张不同,以及对资源配置方式选择不同,形成了不同的理论派别。以下对区域经济理论的十种流派作一介绍评价。

(1) 平衡发展理论

平衡发展理论,是以哈罗德-多马新古典经济增长模型为理论基础发展起来的。其中又有两种代表性理论,即罗森斯坦－罗丹的大推进理论和纳克斯的平衡发展理论。

平衡发展理论的出发点是为了促进产业协调发展和缩小地区发展差距。但是一般区域通常不具备平衡发展的条件,欠发达区域不可能拥有推动所有产业同时发展的雄厚资金,如果少量资金分散投放到所有产业,则区域内优势产业的投资得不到保证,不能获得好的效益,其他产业也不可能发展起来。即使发达区域也由于其所处区位以及拥有的资源、产业基础、技术水平、劳动力等经济发展条件不同,不同产业的投资会产生不同的效率,因而也需要优先保证具有比较优势的产业的投资,而不可能兼顾到各个产业的投资。所以平衡发展理论在实际应用中缺乏可操作性。

(2) 不平衡发展理论

不平衡发展理论,是以赫希曼为代表提出来的。他认为,经济增长过程是不平衡的。该理论强调经济部门或产业的不平衡发展,并强调关联效应和资源优化配置效应。凡有关联效应的产业—不管是前向联系产业(一般是制造品或最终产品生产部门)还是后向联系产业(一般是农产品、初级产品生产部门)——都能通过该产业的扩张和优先增长,逐步扩大对其他相关产业的投资,带动后向联系部门、前向联系部门和整个产业部门的发展,从而在总体上实现经济增长。

不平衡发展理论遵循了经济非均衡发展的规律,突出了重点产业和重点地区,有利于提高资源配置的效率。这个理论提出来以后,被许多国家和地区所采纳,并在此基础上形成了一些新的区域发展理论。

(3) 区域分工贸易理论

分工贸易理论,最先是针对国际分工与贸易而提出来的,后来被区域经济学家用于研究区域分工与贸易。该理论存在一些不足之处:一是舍弃了技术、经济条件等方面的差别,并假定各生产要素的生产效率是一样的,从而把比较优势当成是绝对和不变的;二是在分析中所包含的生产要素不够充分；三是完全没有考虑需求因素的影响；四是对自由贸易和排除政府对贸易的干预的假定等与现实不符。

（4）梯度转移理论

梯度转移理论，源于弗农提出的工业生产生命周期阶段理论。该理论认为，工业各部门及各种工业产品，都处于生命周期的不同发展阶段，即经历创新、发展、成熟、衰退等四个阶段。

梯度转移理论主张发达地区应首先加快发展，然后通过产业和要素向较发达地区和欠发达地区转移，以带动整个经济的发展。梯度转移理论也有一定的局限性，主要是难以科学划分梯度，有可能把不同梯度地区发展的位置凝固化，造成地区间的发展差距进一步扩大。

（5）增长极理论

增长极理论，最早由佛朗索瓦·佩鲁提出。汉森对这一理论进行了系统的研究和总结。该理论从物理学的"磁极"概念引申而来，认为受力场的经济空间中存在着若干个中心或极，产生类似"磁极"作用的各种离心力和向心力，每一个中心的吸引力和排斥力都产生相互交汇的一定范围的"场"。

增长极理论主张通过政府的作用来集中投资，加快若干条件较好的区域或产业的发展，进而带动周边地区或其他产业发展。这一理论的实际操作性较强。但增长极理论忽略了在注重培育区域或产业增长极的过程中，也可能加大区域增长极与周边地区的贫富差距和产业增长极与其他产业的不配套，影响周边地区和其他产业的发展。

（6）点轴开发理论

点轴开发理论，最早由波兰经济学家萨伦巴和马利士提出。点轴开发理论是增长极理论的延伸，但在重视"点"（中心城镇或经济发展条件较好的区域）增长极作用的同时，还强调"点"与"点"之间的"轴"即交通干线的作用。

该理论十分看重地区发展的区位条件，强调交通条件对经济增长的作用，认为点轴开发对地区经济发展的推动作用要大于单纯的增长极开发，也更有利于区域经济的协调发展。改革开放以来，我国的生产力布局和区域经济开发基本上是按照点轴开发的战略模式逐步展开的。我国的点轴开发模式最初由中科院地理所陆大道提出并系统阐述，他主张我国应重点开发沿海轴线和长江沿岸轴线，以此形成"T"字形战略布局。

（7）网络开发理论

第十五章 多维经济视角下的经济新闻评论

网络开发理论，是点轴开发理论的延伸。该理论认为，在经济发展到一定阶段后，一个地区形成了增长极即各类中心城镇和增长轴即交通沿线，增长极和增长轴的影响范围不断扩大，在较大的区域内形成商品、资金、技术、信息、劳动力等生产要素的流动网及交通、通讯网。

网络开发理论宜在经济较发达地区应用。由于该理论注重于推进城乡一体化，因此它的应用，更有利于逐步缩小城乡差别，促进城乡经济协调发展。

（8）累积因果理论

累积因果理论，由著名经济学家缪尔达尔提出，后经卡尔多、迪克逊和瑟尔沃尔等人发展并具体化为模型。缪尔达尔等认为，在一个动态的社会过程中，社会经济各因素之间存在着循环累积的因果关系。区域经济能否得到协调发展，关键取决于两种效应孰强孰弱。在欠发达国家和地区经济发展的起飞阶段，回流效应都要大于扩散效应，这是造成区域经济难以协调发展的重要原因。缪尔达尔等认为，要促进区域经济的协调发展，必须要有政府的有力干预。这一理论对于发展中国家解决地区经济发展差异问题具有重要指导作用。

（9）中心—外围理论

中心—外围理论，首先由劳尔·普雷维什于20世纪40年代提出，主要是阐明发达国家与落后国家间的中心—外围不平等体系及其发展模式与政策主张。

这一理论对于促进区域经济协调发展，具有重要指导意义。即政府与市场在促进区域经济协调发展中的作用缺一不可，既要强化市场对资源配置的基础性作用，促进资源优化配置；又要充分发挥政府在弥补市场不足方面的作用，并大力改善交通条件，加快城市化进程，以促进区域经济协调发展。

（10）城市圈区域经济理论

第二次世界大战后，随着世界范围内工业化与城市化的快速推进，以大城市为中心的区域经济发展成为各国经济发展中的主流。

城市区域经济理论把城市化与工业化有机结合起来，意在推动经济发展在空间上的协调，对发展城市和农村经济、推动区域经济协调发展和城乡协调发展，都具有重要指导意义。①

---

① 谢小波：《区域经济理论十大流派及其评价》，《山东经济战略研究》，2004年第1期。

2. 区域经济新闻评论实例

案例 15-2

区域经济发展三大难题

博鳌亚洲论坛秘书长龙永图今天在这里发表了精彩的演讲。他认为,加入 WTO 后的中国区域经济发展必须解决三大难题。

龙永图表示,在中国加入 WTO 后的数月内,中国即积极推动建立与东盟国家的自由贸易区,让周边国家分享中国经济发展的成果,同时也驳斥了所谓的"中国威胁论"。全球经济一体化是大势所趋,中国经济必须融入其中。

龙永图说,长三角、珠三角、环渤海等区域板块的发展表明,中国区域经济发展势头良好,为地区经济乃至全国经济的快速发展作出了贡献。但他指出,三大难题正困扰着中国区域经济发展:

第一,行政区划成为重要制约因素。中国省区地方官员存在地方保护主义倾向,行政干预区域经济发展问题存在。地方官员应突破地区观念,依靠市场合理配置资源,通过区域体制合作解决障碍。

第二,比较发达地区如何带动次发达地区?在合理的区域经济体系中,应有通过市场竞争而形成的地区"龙头",以此为中心推动整体发展。但这个经济"龙头"如何发挥其辐射作用,实现区域平衡发展,摆在了区域内各地区政府面前。

第三,区域发展战略与规划如何避免相互"撞车"。区域经济讲求劳动力、资源、资金等要素合理配置,但实际上中国各地区存在重复建设、产业趋同等现象,政府在制定区域规划时没有做到"左顾右盼",对信息的收集、分析存在缺陷。

龙永图说,欧盟的成功经验表明,欧洲十多个主权国家能够坐在一起,通过谈判解决阻碍区域经济发展的壁垒。他相信,中国发展区域经济也能够做到这一点。

(资料来源:龙永图:《区域经济发展三大难题》,2005-02-06)

区域经济合作前景诱人但难度很大,行政区划成为重要制约因素;比较发达地区如何带动次发达地区?区域发展战略与规划如何避免相互"撞车"。这是中国区域经济合作需要克服的三大难点。欧洲十多个主权国家能

第十五章 多维经济视角下的经济新闻评论

够坐在一起，解决阻碍区域经济发展的壁垒。龙永图相信，中国也能够寻找到解决阻碍区域经济发展的壁垒。

《瞭望》杂志的评论文章"长三角经济圈，浓缩的中国经济"（南方网，2003-08-13）在"金融一体化进程加快"一文中对于长三角的金融合作的模式和困难进行了客观的分析和梳理。长三角是我国最具活力的经济圈。长三角地区有着较强的金融实力和经济扩张发展的强烈冲动。充分的金融合作可以帮助长三角金融机构扩大自身的发展空间，与国际接轨，将蛋糕做大。评论从一则消息开始："江苏15个城市的人民银行官员聚集到上海，共同研讨长江三角洲的金融合作框架。目前中国人民银行上海分行正在草拟长三角金融合作的可行性研究报告。据悉，该报告现已基本成型，其中包含鼓励各地银行开展异地金融业务，建立交易结算、清算金融平台等内容。"接着分析了长三角金融合作目前的三种模式：首先是政府主导型；其次是金融监管主导型；第三是市场主导型。区域合作体现优势互补，但是也同时凸显体制障碍：首先，金融机构的行政区划和中央银行管理体制的条块分割是最大的障碍；其次，政府对金融有着无形的压力；第三，社会诚信体系并不完善；第四，目前长三角金融创新的程度还不高；第五，金融软件基础设施的统一问题也是困难之一。最后给出突破障碍的三个答案：一是政府部门的金融服务和金融监管部门要创造条件，支持市场主导型的金融合作；二是金融监管部门应建设信用安全区，完善支付结算网络；三是各地方同业工会要能够从地方和部门发展的角度思考，加大跨地区合作的主动性和积极性。全文基于区域经济，考察长三角的金融合作的合理性和必要性，并且指出了合作的前景和可能性。

魏达志的"城市群已成为国际竞争基本单位"（《上海证券报》，2007-03-28）运用增长极理论认为我国东部京津、长三角、珠三角三大城市群如今已经成为全国经济重要的三大增长极，深圳和香港的经济总量已经超过2万亿元，大约占中国经济总量的九分之一，已是珠江三角洲、乃至全国最大的经济增长与辐射极核。在珠三角城市群发展过程中，由于香港和广州的点线呼应，托起了诸如深圳、东莞以及珠三角西岸一大批的新兴城市，又由于深港、广州等中心城市辐射极核的形成，珠三角正在产生城市群经济圈的辐射和扩散效应，并且这种能极扩散的效应越来越明显。经济的发展越来越互相依赖，联系也越来越密切，依托龙头城市带动经济发展，已经成为区域经济发展的重要模式。以中心城市和城市群为基本单位的全新经济竞争格局，决定了任何城市的定位都必须联系自身所在的城市群。尽管城市群内各市呈现能级均衡态势，但各市的区位、规模、技术知识与人才等并不相同，这意味着各市的创新发生不均等。城市群内总存在一个或两个核心城市，作为增长极核。大多数情况下的经济增长都发端于增长极，然后辐射到整个城市群。在这种城市群均衡的主导路径中，增长极进一步发展是轴向扩散。点轴系统比较完善的城市群，可进一步开发可采用网络扩散模式，构造现代城市群空间结构。在中心城市的辐射下，最后形成的结局：即点线圈的形成，在城市群的能极增长上将发生几何级数的飞跃，即产生1:3:9的能极效应。全文围绕"城市群"的经济作用，论证了中心城市极核的辐射影响力和驱动力，其人流、资金流、信息流、物资流、商品流等等将会对周边城市和地区发展产生巨大的冲击，并使城区的总量增长、存量优化、增量扩张、流量扩大、质量提升。

三、城市经济新闻评论

写作城市经济新闻评论应遵循城市经济学的基本原理。城市经济学是研究城市在产生、成长、城乡融合的整个发展过程中的经济关系及其规律的经济学科。主要内容有城市经济的基本理论，如城市概念，城市化，城市规模、类型、性质、功能、地位和作用；城市经济产生和发展的基础、条件、过程、特点，以及在各种生产方式下的表现；城市经济的外部关系，城乡对立统一运动及其规律；城市经济的内部结构、空间结构和经济关系；城市中的公共经济、市政建设和城市财政；其他城市经济问题，如城市住宅、土地、交通和就业等。

2006年12月7日的《国际金融报》发表综合述评"城市交通'堵'在哪里"，文章列举了新华社、《东方早报》和《第一财经日报》各类文章的数据，证明"汽车跑不过自行车"，出行难、行路难、交通时间成本不断增加、公交车比自行车还慢……近年来，中国城市交通中的种种"软肋"开始急剧凸显。建设部某负责人近日发出警告："如果再不采取断然措施，加快发展城市公共交通，某些城市的交通陷入瘫痪将指日可待"。"拥堵费"引来嘘声一片：《成都商报》援引浙江大学管理学院教授刘南的话说，一个地区人均GDP超过1000美元就将进入机动车快速增长期，从而造成大城市交通日益拥堵；《北京青年报》发表文章指出，不排除收取"拥堵费"能够在一定程度上缓解交通压力，但这一做法的正当性仍然值得怀疑。《南方都市报》刊载文章认为，新加坡、伦敦等地已经收取了多年"拥堵费"，还取得了不错的效果。但人家有效是人家的事情，我们目前根本就不具备收

第十五章 多维经济视角下的经济新闻评论

"买路钱"的条件。对于"公交改革路在何方",各方观点认为:《北京商报》援引仇保兴的话说,个别城市将公交视为经济"包袱",片面推行公交市场化改革,导致企业重经济指标、轻服务质量、忽视安全投入、管理缺位等问题日益严重。《新京报》发表文章指出,公用事业民营化虽然是一个解决公用事业低效率的良好方法,但是这并不意味着政府监管的缺位,而是要强化政府在脱离市场运行基础上的监管职能,其核心机制就是运用市场机制实现政府主导的人本主义理念。《中国青年报》发表文章指出,很长时间都没听到官员在城市交通问题上作出如此酣畅淋漓的表态了。从一定意义上说,这一表态可以被视为我国城市交通一次重大的制度转身,即从以车为本、以钱为本转向了以民为本,占城市人口绝大多数的普通市民的出行权,终于被摆在了一个比较优先的位置上。城市交通问题一定要体现"公平与效率"原则,要把以民为本作为一切城市基础设施建设中最重要的原则,作为原则中的原则。只有这样,才能把中国的城市建设成真正现代化的城市、和谐的城市。

案例 15-3

留住马路摊点就留条活路

在两会召开的前夕,沪上媒体给升斗小民传来利好消息:"市区部分路段经市民同意,可设置部分便民类摊点,对马路摊点不再一律封杀。"这是上海市府即将出台的《城市设摊导则》的基本精神。报道说:"据市容环卫局的数字,目前在上海街头'非法经营'的流动摊点至少在 5 万个以上。……每一个流动摊点背后,往往维系着一张嘴甚至整个家庭的基本生计来源,仅凭此一条,我们称'导则'为善政,善就善在它有利于民生的改善!"

马路摊点也是民生?回答是肯定的,因为这些摊点对于升斗小民而言,是一个"可持续生计"。也就是说,只要允许个人在合适的路段摆摊设点,他就能挣钱养家,于是这一家人就有了"生计",而且是源源不断"可持续"的。因此,沪上媒体将此誉为"善政",一点儿也不过分。

与"善政"相对应,自然是"恶政"。不知从什么时候起,中国城市突然患上了一种可以称之为"城市洁癖"的怪病,马路摊点成为有关部门的"眼中钉、肉中刺",非欲置之于死地而后快。在一些城市,为了彰显"政绩",甚至提出了要创建"无摊城市"或"无亭(报刊售货亭)"的口号,

经济新闻评论:理论与写作

于是，在中国城市的大街小巷中，开始了一场旷日持久的"游击战"。其间，诉诸暴力的事件可谓层出不穷。这场"战争"的结果，非但对阵双方两败俱伤——"无证摊贩"动辄遭遇扫荡围歼而生计不保，"城管"则背负恶名而不受待见。更重要的是，市民们一些可能不起眼的生活需求却因此而难以得到满足，这就是沪上媒体在报道一开头提到的"为修鞋、修伞等琐事而四处寻寻觅觅"。

最具黑色幽默的段子是，2006年的夏天，在某些正在创建"无摊"政绩的城市，买西瓜成了地下活动，要在某些隐秘的地点，通过约定的暗号，才能买到。于是，城市中的路边摊、门前摊被彻底扫除了（政绩术语曰"通畅"），西瓜皮自然也少了（政绩术语曰"清洁"）。然而，市民们却为防暑降温吃西瓜而犯难；瓜农们就更惨了，眼睁睁地看着西瓜烂在了地里。

由此深入，可能要涉及一个基本的问题，人类社会创建城市究竟是用来干什么的？教科书上、理论著作中可能对此会有成百上千种的诠释。然而，也许在当代中国，在"创建国际大都市"的炫目光彩之下，城市的一个最普通但也最重要的功能往往被忽视，这就是，城市的存在是为居住在这一方土地上的老百姓讨生活的，而"摆摊设点"可能就是"小市民"们祖祖辈辈遗传下来的讨生活的一种最基本的生产方式和生活方式。

从上个世纪90年代发生下岗失业大潮以来，"就业是民生之本"成为指导政府工作的一个基本理念，沪上的"善政"无疑是又为落实这个理念开启了一扇"阿里巴巴"之门。平心而论，对政府来说，为所谓的"通畅"和"清洁"等政绩而断绝老百姓的生计终究是得不偿失的；何况，在维护老百姓的生计同时也未必不能做到"通畅"和"清洁"。令人拍手称快的是，终于有地方政府想通了这个看起来很简单的道理，而且还是上海这样的在中国最具影响力的城市。

沪上媒体和专家也都是幽默高手，呼唤"善政"的同时又拿出"国际惯例"来说事。须知，当年的"城市洁癖"也是冠以"与国际接轨"的名目出台的。闲话少说，2007年是"民生年"，还是凡事以是否有利于改善中国老百姓的民生为准则吧！

（资料来源：唐钧：《留住马路摊点就留条活路》，http://www.sh.xinhuanet.com，2007-03-08）

长期以来，我们对于城市管理得了"洁癖"，不容许摆设流动摊点。在一些城市，为了彰显"政绩"，甚至提出了要创建"无摊城市"或"无亭

第十五章 多维经济视角下的经济新闻评论

(报刊售货亭)"的口号。于是,在中国城市的大街小巷中,开始了一场旷日持久的"游击战"。其间,诉诸暴力的事件可谓层出不穷。这场"战争"的结果,非但对阵双方两败俱伤:"无证摊贩"动辄遭遇扫荡围歼而生计不保,"城管"则背负恶名而不受待见。更重要的是,市民们一些可能不起眼的生活需求却因此而难以得到满足,这就是沪上媒体在报道一开头提到的"为修鞋、修伞等琐事而四处寻寻觅觅"。

2006年的夏天,在某些正在创建"无摊"政绩的城市,买西瓜成了地下活动,要在某些隐秘的地点,通过约定的暗号,才能买到。于是,城市中的路边摊、门前摊被彻底扫除了(政绩术语曰"通畅"),西瓜皮自然也少了(政绩术语曰"清洁")。然而,市民们却为防暑降温吃西瓜而犯难;瓜农们就更惨了,眼睁睁地看着西瓜烂在了地里。

文章写道:平心而论,对政府来说,为所谓的"通畅"和"清洁"等政绩而断绝老百姓的生计终究是得不偿失的;何况,在维护老百姓的生计的同时也未必不能做到"通畅"和"清洁"。令人额手称庆的是,终于有地方政府想通了这个看起来很简单的道理,而且还是上海这样的在中国最具影响力的城市。作者指出"2007年是'民生年',还是凡事以是否有利于改善中国老百姓的民生为准则吧"!

第三节 微观经济新闻评论

微观经济指社会再生产中单个基本经济单位的经济活动。如单个的企业或公司的生产经营活动,包括产品的产量、质量、成本、价格、利润,以及收入的分配和使用等等。微观经济学的研究对象是个体经济单位。个体经济单位指单个消费者、单个生产者和单个市场等。①

一、消费者行为评论

1. 为什么要刺激消费

大众对于消费的心理是不平衡的,他们具有流动性,凯恩斯称之为"流动偏好":一方面大众喜欢用货币方式收藏财富,另一方面他们在支出金钱时要仔细计算它的成本,愿意以最低的代价来获取物品,满足需求。这

---

① 高鸿业:《西方经济学》(第2版),中国人民大学出版社,2000年版,第22页。

种流动偏好，出于以下动机：交易动机——为了随时应付开支，必须保持一定数量的现金；谨慎动机——为了防止意外和应急，必须留有一部分现金；投机动机——为了寻求获得最大效应的机会，也必须握有一些现金。这种动机，使得大量现金滞留在人们的手中，直接压低了整个社会总需求的水平，影响商业经济运行的最大化。所以，通过一定途径改变人们的动机、刺激需求、拉动消费势在必行。

中国是个人口众多的国家，是个需求潜力巨大的消费大国，也是全世界最大的新兴市场，谁能掌握中国最多的消费群体谁就是最大的赢家。

2. 消费者是衣食父母

我们党、国家、政府制定一切政策的初衷和依据，就是从满足广大群众的需求出发，我们一切企业从事生产、销售、经营的目的，我们一切中介机构和服务机构的宗旨，就是为了人民，因为人民是我们的衣食父母，是我们一切工作的出发点和归宿。这是因为：

（1）产品的价值实现来自消费者；

（2）消费者提供给商家的不仅仅是金钱；

（3）消费需要引导，引导需要服务商；

（4）消费者制造了市场繁荣，必须给消费者以回报。

案例 15-4

政府应培养消协的独立品格

据《中国经营报》日前报道，从 2007 财政年度开始，中消协全年所有的运营费用将全部从中央财政拨付的 750 万元资金中支取，其实早在 2005 年，当全国其他省份的消协还都归属在当地工商局治下的时候，上海市消费者权益保护委员会就已经"突然变身"，归属上海市政府领导。正是这次"变身"刺激了中消协，于是才有了现在这次"全面收编"。当中国内地众多的协会组织尚在因"社会筹资"而备感艰难与困惑的时候，中消协却已吃上了"皇粮"。

众所周知，在中国目前的体制环境下，众多维权 NGO（非政府组织）的生存环境极为艰难，资金、人员难以为继，甚至连政府的一纸批文都拿不下来，只能处于半非法的状态下运作，其维权行动受到了太大的限制。在这个意义上，人们无法拒绝政府的这次"收编"行动：至少这个"事业单位"以后会有更大的政策空间，也可以更专心地致力于"消费风险预警"等宏

观维权工作，不必把筹款作为第一要务。此外，中消协这次如此轻易地就被收编，甚至一直在主动追求被"收编"，本身就说明其独立性、真实影响力、与消费者之间的内在联系都是先天不足的，因为那些真正植根于社会的民间组织及其成员是无法被"收编"的——无论在功能上，还是心理和人格上。

作为市场的补充，非政府组织首先是作为市场的一部分存在的，作为非营利组织，依循捐助法和非营利组织运作的相关法律，这些NGO依靠其独立品格，获得来自相关利益方的捐助。比照消费者协会的状况，不难发现，消费者协会之所以处于难以维持的窘况，一方面是我国相关法律不完善，缺乏向市场筹集资金的规范，同时消费者协会独立品格匮乏，缺乏在市场获取资源的能力，因此，从社会的整体利益出发，政府更好的做法应该是支持消协的独立运作，将其培养为真实、强大、独立的民间机构。从长远看来，收编不免丧失了在市场经济中一个有力的、独立的、作用无可替代的助手。

说独立NGO的作用是事业单位难以替代的，是因为在市场经济中，NGO组织因其独立于市场、也独立于政府而被称为第三部门，它所扮演的是一个在政府、市场与普通人民之间进行沟通的角色，在协调国家与社会、政府与企业关系方面起着独特的作用：在政府与公民具有共同利益、共同追求的情况下，NGO的民间性质使其在执行那些政府与社会共同认可的政策时有着更高的效率；而在政府或企业对公共利益有所背离的情况下，NGO的存在则是对政府功能的有效监督；此外，NGO还具有智囊团、思想库的功能，近年来政府出台的经济和社会改革思路就有不少来自民间组织。政府将社会第三部门收编为事业单位，其实是损失了这些方面的功能。更何况，缺乏第三部门，单纯依靠政府和企业的社会，是一个权力不平衡的社会，也不利于建设一个健康的市场经济。

长期以来，我国在处理政府与NGO的关系方面总是显得不伦不类。这首先因为第三部门自身定位不清晰，并未在市场中获得独立的位置，以至于无法从市场获得资源，这次事件更会让人担心政府会有全面收编民间组织的想法。当然，这在技术上是不可能的。无论从民间组织的规模、数量上，还是从民间组织本身的意愿上（并不是所有的组织都像中消协那样渴望成为事业单位），所谓"收编"的代价都过于巨大。退一步来说，即使政府能够收编现存所有的NGO组织，但却无法收编整个社会对NGO等社会自治网络广泛而深刻的需求。在建设和谐社会的过程中，缺乏包括NGO在内的利益整合机制，而一味通过简单的政治掌控，是不可能达到政治稳定、社会和谐的。对这个利益结构严重失衡、利益群体日益细碎化、利益冲突逐渐激化的社会来说,独立的第三部门所起的组织化、协调、沟通等作用是不可或缺的。

这样看来,只要社会需求是真实存在的,独立NGO就不会被泯灭。西方有语:"国王死了,国王万岁。"也就是说,国王死了也不是什么了不起的大事,无非换个国王大家再喊万岁。而从社会的真实需求出发,"准官方"消协的死亡,必将意味着诸如"大头奶粉受害者联盟"、"汽车消费者协会"、"全国电器售后服务促进会"等草根消费者维权组织的诞生。其实,所谓的业主委员会,不早就承担着房屋消费者的维权功能吗?不过唯一值得担心的是,有关部门也许会人为地赋予那个"事业单位"以垄断地位,也就是说,只允许事业单位来维权,而禁止社会自发的消费维权组织的出现,若果真如此,则独立NGO在相关领域的缺位、社会权利需求被人为压制,迟早会累积成爆发性的社会矛盾,绝非国家之幸事。

(资料来源:《政府应培养消协的独立品格》,《南方都市报》社论,2007-04-15)

3. 消费者行为评论作用
(1) 加强消费引导

2007年3月16日湖南人杨耕身在《现代快报》发文"权力呵护无法让瘦弱的消协长大",针对3月15日《中国青年报》上中消协副秘书长武高汉的"消协那瘦弱的肩膀根本无法独自承担保护消费者权益的重任",认为"对于社会组织来说,永远都只能是"没作为就没地位"。消协要长大,首先必须彻底根除残存内心的权力依附渴望。在一个稳定良好的社会架构中,社会组织与政府权力之间是互相独立的,并没有谁呵护谁的问题。其次,更需要自身的有所作为,以一种独立公信的姿态,坚定地站在消费者这一边,并通过各种维权手段与方式,制衡其他一些强大的利益势力,其中甚至要包括政府本身的利益",呼吁消协运用自身的影响与作为,参与到各种利益的争夺中去,争取更大的发言权、参与权,从而为本组织和消费者赢取更好的制度环境。文章批评了消协副秘书长武高汉的"弃权"行为,作为消协高级管理者的主动放弃自身权益并在媒体上公开传播,其实质是对消费者维权心理的一种暗示性伤害。一些地方消协也不乏不作为的现象,以致发生有消费者状告消协的案件。全文主旨鲜明,视点高远,敢于发问,善于追究,是维护消费者权益的良音。

(2) 分析消费者心理和行为

一些商家利用人们对于明星的崇拜和信任的心理,重金聘请明星代言其产品,有的夸大功效,有的口出谎言,可以说,商家、明星和媒体合演了一出欺骗消费者行为的荒诞戏剧。愚弄了消费者,侵犯了消费者的权益。分析消费心理和行为的评论可以警醒消费者,时刻做一个理性的消费者,而不要受广告的忽悠,上当受骗。

2006年7月26日徐德国在《南京晨报》发表评论文章"药品代言 封杀明星,更要封杀商家",针对名人、明星在媒体上频频露面,为药品广告代言的行为,国家工商部门已经给予明确的"封杀令",禁止明星为药品代言(《北京晨报》7月25日),作者认为:明星所起到的作用,是放大了商家这种不诚实的行为,是为虚假广告推波助澜。而广告的受益者是谁?除了明星,也是商家,不论是减肥茶广告,还是送子观音广告,商家从明星的代言中,都获取了巨额的利润,因此,不论是从广告的设计以及广告的营利者来说,在虚假广告中,最主要的角色是商家,明星不过是他们的一个钓饵而已。治标更要治本,与其去封杀我们那些综合素质并不很高的明星,还不如在源头上把关,让这些明星们没法接到虚假广告,这才是关键。全文分析了一些明星素质不高,急于露脸弄钱的心理,但更重要的是对于不诚实的商家,没有给予处罚,没有从源头上杜绝此类行为的产生。

二、企业行为评论

1. 国企改革评论

长沙市委党校经济学教研部李跃在《国企改革得与失》一文中回顾了国企改革的目标:1999年中共十五届四中全会通过的《中共中央关于国有企业改革和发展若干重大问题的决定》是一个里程碑式的文件,它标志着我们从理论上完全厘清了国有企业改革的总体思路,并从微观和宏观两个层面明确了符合社会主义市场经济体制要求的国有企业改革整体目标。接着分析了两个目标的具体内容:国有企业改革的微观目标,即企业个体改革所要达到的目标,这就是建立现代企业制度,奠定社会主义市场经济体制的微观基础。国有企业改革的宏观目标,即整个国有经济作为一个整体通过改革所要达到的目标,这就是建立与社会主义市场经济体制相适应的、体现公有制主体地位这一社会主义基本经济制度要求的、具有中国特色的国有经济模式。

文章总结了国有企业的改革方式,归纳出三个特点:一是自上而下由政府主导和推动,中央政府主要把握国有企业改革的大方向,地方政府根据各地具体情况进行实验和探索，组织实施国有企业改革的具体工作；二是循序渐进，先试验后推广；三是"先上车后买票"即先探索"试错"再进行规范。最后也指出国有企业改革中付出的代价与成本：一是下岗职工成为国有企业改革过程中主要的利益受损者和改革成本承担者；二是少数人以改革的名义钻改革的空子、在改革中进行暗箱操作、通过合法的或非法的形式大肆侵吞国有资产开启方便之门，国有资产和社会公共财富不正当地流向少数人的同时，国有企业改革的社会公正性因此而流失。全文在历史的考察中既肯定了国有企业改革的成就也不可回避地指出改革中的过错，对于国有企业改革的未来，作者指明"走法治化道路"，在国有企业改革的目标和任务已经十分清晰而明确的情况下，迫切要求改革的具体操作方式实现从由"人治主导型"向"法治主导型"转变。（李跃："国企改革得与失"《经济参考报》2006-03-05）

邓聿文在《国企改革下一步怎么走》一文中针对"体制问题、布局与结构问题、社会定位问题、职工地位问题"已经初步解决的提法，指出如何提高国企的市场竞争力，仍远未解决。文章总结了国企改革的四个阶段：放权让利、两权分离、建立现代企业制度、国有经济布局战略调整，肯定了国企改革取得了不少成就也指出国企还存在很多问题。文章重点指明未来的改革方向和具体任务。未来的国企改革可以沿着三个主要方向推进：一是对业已取得成果的改革及其做法进行规范；二是推动大企业的改革和调整，比如央企经营者的市场化问题；三是继续推动已经开始启动的工作。（邓聿文："国企改革下一步怎么走"，《东方早报》，2007-01-04）

2. 企业竞争力评论

李东生在《三个方面提高中国企业的竞争力》中谈到中国大陆的发展模式需要借鉴他国和地区的经验模式。韩国的方式是重点培养自己的跨国企业集团，形成一个完整的产业链，在国际市场建立自己的营销体系，建立自己的品牌。台湾的模式，其经营方式大部分只是在产业专注上、整个产业价值链上。而中国是有13亿人口的大国，我国必须要有相对独立的民族工业体系，就必须培养自己的企业和自己的跨国公司，所以，中国大陆的发展模式，应该是韩国模式和台湾模式的综合。如何面临世界级企业的挑战，李东生指出一个是要提高核心技术能力，积累知识产权，这一块是制约中国经济发展很重要的一个瓶颈；二是我们国际经营能力有待于提高。

全文重点从三个方面阐述了创造中国的世界级企业，打造企业的核心竞争力的关键所在：一是企业的文化和体制，二是核心技术能力，三是国际化

的系统管理能力。

案例 15-5

作为一个实业家,李东生对于国企的体制和治理感触颇多,也颇有见地:

"另外,中国创建世界级企业之路要推进经济体制改革,完善公司治理。目前,中国和国外差别很重要的一点就是在企业的体制和治理方面,我们还不能完全达到一个国际企业管理的要求。这几年,中国在大力推动经济体制改革,但在这个过程中目前中国的整个经济体制以及企业的治理和国际大公司的要求还有相当的差距,这也不完全单靠制定相关的政策法律就能够完成,而企业本身要在系统的建设当中不断地改进和提高自己的管制的能力,不断地完善自己的这种体制改革。这一块是中国一直在大力推进的。但是,未来这一块的速度一定要加快。如果没有一个完善的这种经济制度,中国的世界级的企业的成长也会遇到更多的困难。另外一个建立中国世界级企业需要更好的环境的氛围,需要社会各界更多的理解和支持。"

(资料来源:本文根据李东生 2005-03-12 在清华大学经济管理学院的演讲"创建世界级的企业"整理,《财经时报》,2006-07-25)

3. 企业社会责任评论

社会责任标准即 SA8000 标准,是 1997 年公布的全球第一个有关企业道德规范的自愿性国际标准。近年来,越来越多的跨国公司在订单中加入社会责任条款,要求企业必须接受并通过社会责任审核才能进入电子订单系统,有些跨国公司明确提出,供应商必须通过社会责任标准认证才能获得订单。因此,我们要未雨绸缪,认真分析社会责任标准对我国的影响,制定切实可行的应对措施。

社会责任标准对我国的积极影响:

第一,有利于改善劳资关系。尽管我国《劳动法》等法律法规对劳工权益的保护有比较具体的规定,但由于管理滞后、劳动力市场供求关系失衡等多方面原因,我国一些企业违反《劳动法》、侵害职工权益的行为还时有发生。如一些企业非法雇佣童工、收取职工押金、侵犯工人人身权利、超时加班加点、拖欠职工工资等;一些地区工伤事故不断,中毒案件屡有发生,职工的身体健康和生命安全没有保障。社会责任标准是社会良知对资本权力

经济新闻评论:理论与写作

的制约，我国企业实施社会责任标准，就要求企业树立"以人为本"的管理思想，从而改善我国比较紧张的劳资关系。

第二，有利于企业可持续发展。目前，许多跨国公司都把推行社会责任标准作为推动企业发展的杠杆。国内外的实践都已经表明，企业承担社会责任与企业的经济绩效呈正相关关系；企业进行良好的社会责任管理，不仅可以获得良好的社会效益，而且可以获得长远的商业利益。如沃尔玛坚持用社会责任标准审核其供应商，做到了世界第一位。因此，从长远来看，推行社会责任标准必将促进我国企业深化改革，加强管理，进而提高我国企业的国际竞争力，促进我国企业可持续发展。

第三，有利于落实科学发展观。社会责任标准把人本管理、商业道德和精神文明等指标化，使关心人、理解人、尊重人、保护人有了可操作的量化标准，从而也有利于科学发展观的落实。

案例 15-6

企业社会责任不容推卸

微型果冻噎死人的事件披露后，相关企业显得很"无辜"，称事件祸首是"果冻标准不完善"，而很不乐意反省自身：频发的事故咋就没能引起重视？为什么连最起码的"可能造成窒息"的提示都懒得标识？

这种表现不是个别。在前不久发生的"苏丹红事件"中，包括一些知名跨国公司在内的"涉红"企业不是认真检查生产程序是否规范，对原料抽查化验机制是否健全，而是匆匆宣称其产品不含苏丹红。当质检部门在其产品中发现苏丹红后，又踢皮球似的把责任推到"供货商对原料把关不严"上。

种种迹象表明，当经济利益和社会责任发生矛盾时，一些企业往往片面地追求企业眼前经济利益，而忽视甚至故意逃避自己应承担的社会责任。

企业是社会的细胞，必须承担相应的社会责任；社会是企业的生长环境，离开社会资源，企业的发展就成为无源之水。企业要承担起社会责任越来越成为社会各界的共同呼声。在日前举行的博鳌亚洲论坛上，香港国际投资总商会会长许智明就呼吁：企业家不仅要懂得怎么去赚钱，还要知道怎样去花钱，企业家要主动承担社会责任。前不久慈善家排行榜的发布引起较大社会反响，主办人胡润说，评出一个慈善座次并不重要，重要的是，它告诉社会：只有融入了社会责任的财富才是真正有意义的财富。

第十五章　多维经济视角下的经济新闻评论

但同时我们也要看到，尽管社会各界对企业社会责任感的认识越来越深入，但企业逃避社会责任的现象仍很普遍。这里除了企业对履责存在错误认识的原因外，更重要的原因是，当今社会缺乏相应的制度措施对逃责、避责进行约束和处罚。

企业担负社会责任需要规范的法律约束机制。企业在发展初期，其承担社会责任的能力十分有限，意愿不很强烈。有关政府部门应以社会公众利益代表的身份，以法律的形式，根据企业经营环境的动态变化，及时完善和出台一整套涉及环境保护、安全生产、职工劳动保障、消费者权益以及市场经济秩序等方面的法律、法规和规章，让企业不能避责、不敢逃责。

要让企业明白"社会责任不容推卸"的道理，还需要建立社会监督体系，这就要发挥新闻媒体以及消费者协会、环保组织、工会等社会群众团体的作用，形成全方位的监督企业承担责任的社会环境。为此，要重视对企业经营行为的舆论监督，加大对企业履行社会责任正面典型的报道，肯定善的行为；加强对不履行社会责任行为的监督，谴责恶的行为。同时，应该通过建立企业社会信用和道德评价制度，引导社会资金进入具有社会责任的企业。

（资料来源：原国锋：《企业社会责任不容推卸》，《人民日报》，2005-05-09）

现阶段我国构建和谐社会，一个重要任务是要大力发展社会事业。教育、医疗卫生、社会保障等事业的发展直接关系人民的最直接利益，也直接决定着社会安定与否，和谐与否。很多地方在发展社会事业上投资不足或无力投资，这就需要调动一切可以调动的资本，企业应充分发挥资本优势，为发展社会公益事业，为社会的慈善事业做出应尽的责任。如积极支援社区教育、支持健康、人文关怀、文化与艺术、城市建设等项目的发展，帮助社区改善公共环境，自愿为社区工作。伦理责任是社会对企业的期望，企业应努力使社会不遭受自己的运营活动、产品及服务的消极影响。加速产业技术升级和产业结构的优化，大力发展绿色企业，增大企业吸纳就业的能力，为环境保护和社会安定尽职尽责。

企业作为一个经济组织，它要追求利润的最大化，但企业也是社会有机体的一部分，企业在完成其经营目标之后，也要完成其他的目标，即社会责任。企业的价值最大化并不等于利润最大化，而是在实现利润最大化的过程中，取得企业品牌、美誉度、社会形象等的最大化，企业回馈社会，是企业价值境界的最高体现。这就需要企业主动承担相应的社会责任，也即由

"经济人"向"社会人"转变。所以,企业所扮演的角色即是一个"经济人"同时也是一个"社会人"。事实上,企业拿出一部分利益来,是在营造企业经营的良好社会形象,这与企业经营目标并不相悖,只会增强企业竞争力。

案例 15-7

企业的社会责任与劳动者维权

SA8000 标准的要素来自国际劳工组织有关结社自由和集体谈判、废除强迫劳动、消除童工和消除就业与职业歧视等 8 项国际劳工公约(核心公约)和若干建议条款,以及《世界人权宣言》、联合国《儿童权利公约》、《消除一切形式歧视妇女行为公约》有关内容。事实上,这个标准的实现和维护劳动者权益的意义在今天已经得到了更多的肯定。

SA8000 标准是将有关维护劳动者权益的道德要求引进企业的行为准则,是一个明确企业社会责任,并为之提供一套指标体系的劳动标准。由于许多跨国公司对其全球供应商进行了社会责任方面的评估和审核,"社会责任"这个概念已经越来越多地出现在订单的附加条件中,企业管理也从质量管理、环境管理扩展到了社会责任管理。

我们现在讲的企业社会责任,不是计划经济时代那种把员工的住房、医疗、养老、子女教育大包大揽的做法,而是强调在市场经济条件下,企业必须以合乎道德的行动来回报社会。这个标准一是强调企业赚取利润应重视以人为本,生产过程人性化,确保产品符合道德要求;二是通过关注员工权益、提供健康与安全的工作环境来改善企业内部关系,培养员工对企业的感情;三是加强产品信息的透明度,以提高消费者对企业及其产品的信任;四是倡导劳工权益监督标准化,使用户不必单独制定对供应商的道德标准并进行审核。

我国是社会主义国家,维护劳动者权益责无旁贷。劳动者权利理应得到法律的保护,并作为"国家尊重和保障人权"的重要内容予以落实。在国际上,我国迄今已批准 23 项国际劳工公约,并承诺履行这些公约规定的义务。在国内,我国已形成了以《劳动法》为代表的一系列劳动法律体系。其实,SA8000 标准有关条款并没有超出我国《劳动法》的规定。但是《劳动法》颁布多年,在一些地方贯彻执行却迟迟不到位。我们在向市场经济转型的过程中,由于所有制关系的调整,劳动关系发生了深刻变化,维护劳

动者权益,光靠企业的道德自律是不行的,政府和社会力量也要强力介入。

当劳动者权利遭到侵犯或实现受阻时,公共权力应该提供及时、有力和低成本的援助,而且这些援助必须落实为法律制度,必须具体化、明确化并具有可操作性,使劳动者权益能够获得切实的保障,广大劳动者有能力依法维权。政府作为企业利益与社会利益的协调者,还必须采取行政干预和经济调控等手段,为企业履行社会责任引导方向,同时依靠社会力量进行监督,包括发挥行业协会、工会等社团组织和媒介舆论的作用。

集体谈判是市场经济条件下解决劳资冲突、增进劳资合作的有效机制,而劳动者权益的有效维护就取决于劳动者有组织的博弈能力。根据我国法律,劳动者享有包括参加和组织工会的权利、集体协商和集体谈判的权利、民主参与和民主管理的权利。而有代表性的工会组织是实现这些权利的前提。我国工会组织的扩展以及建立有效的集体谈判机制问题,日益成为人们关注的一个焦点。

(资料来源:《企业的社会责任与劳动者维权》,《工人日报》,2005-07-22)

企业社会责任就是企业在创造利润、对股东利益负责的同时,还要承担对员工、对消费者、对社区和环境的社会责任,包括遵守商业道德、生产安全、职业健康、维护劳动者的合法权益、保护环境、支持慈善事业、捐助社会公益、保护弱势群体等等。企业社会责任的本质是经济全球化背景下企业对其自身经济行为的道德约束,它即是企业的宗旨和经营理念,又是企业用来约束企业内部包括供应商、生产者经营行为的一套管理和评估体系。

员工利益是企业社会责任中最直接和最主要的内容,企业效率最终取决于人的活力与创造力。正如一位国企经理所说:一是在国有企业改革中,研究落实职工董事、监事真正有效地参与企业决策、监督的具体形式和方式;研究落实职代会、厂务公开等企业民主管理制度与现代企业制度的有效结合。二是在企业分配关系处理上,要建立与市场经济要求相适应的激励和约束机制,形成合理有序的收入分配秩序,让员工共享企业改革发展的成果。三是依法维护员工的劳动保护、社会保障、安全生产条件等权利和利益。四是贯彻人才强企,保障员工接受职业技能、企业价值理念、科学文化素养等培训,提高员工素质,促进员工的全面发展。促进企业内部劳动关系、人际关系的和谐。①

---

① 孟振平:《国有大型企业的社会责任》,人民网,2006-12-28。

第十六章 金融新闻评论

第一节 金融新闻报道与评论

一、金融报道与评论的作用

金融业不仅影响面广,与经济的每一个微观细胞都密切相联,而且能量大,直接关乎国民经济兴衰。由于金融处于现代经济的核心地位,金融报道和评论所呈现出来的对经济社会的影响力,远远超出一般新闻评论的作用。

1. 传播金融知识

近年来,民众理财意识全面觉醒,投资需求日益旺盛。与此形成反差的是大众金融知识的匮乏以及风险意识的淡薄。显然,民众对金融的兴趣,为金融报道提供了非常好的受众基础,而金融知识的匮乏和风险意识的淡薄,则要求金融报道必须承载起普及教育的社会责任。

由于银行综合经营时代的到来,以及整个国民资产证券化比重的不断提高,民众不仅在日常生活中越来越频繁地接触到各种陌生金融专业名词,以及挂钩多种创新金融工具的理财产品,也日益面临新理财产品中不为其所知的投资风险。因此,加强公益性质的金融知识宣传、加大对投资风险的揭示,是金融报道在当前蓬勃壮大的"理财潮"、"投资热"面前不容推卸的社会责任。作为金融宣传工作者,应当在报道中主动承担普及证券投资知识、揭示投资风险、进行投资者教育的社会责任。《金融时报》在2006年下半年在期货版连载了"走进期权"等普及金融衍生品知识的文章,2007年初又在基金投资风险教育方面做了大量专题。这些以鲜活、生动的案例和生动引人的语言进行的报道,不仅很受读者欢迎,也潜移默化、润物无声地教育了投资者。

2. 维护市场公信

在《华尔街日报》和《金融时报》(美国版)经常有这种情况,某日

对一大公司的市场发展模式或经营管理做出了负面报道或评论,而此公司广告就出现在同期版面上。在媒体、受众和企业看来,这很正常。当然,也有少数企业因此勃然大怒,撤销广告合同,但对媒体来说,宁可得罪企业,也不能丧失公信。

美国媒体的组织架构中,新闻采编部门与评论部门也是分立的,尽管社论主编地位在执行总编之下,但并不对执行总编负责,而是直接贯彻报纸发行人的意志,向发行人负责。在《华尔街日报》,评论版的办公室和其他部门完全分开隔绝,没有经过允许,记者、编辑、广告人员等不能随意进入评论版的办公室,也不知道第二天的评论选题。作为两大专业财经报纸,《华尔街日报》和《金融时报》(美国版)都非常重视评论写作。无独有偶,两家报纸都不约而同辟出两个整版刊登评论和读者来信。评论版发表的文章仅仅体现报社或读者自己的观点,而不是广告客户、政府机构其他利益集团的观点。

《华尔街日报》和《金融时报》(美国版)一般都是每期三篇社论,表达报社对各种重大财经及政经问题的立场。此外,还有本报评论员的数篇署名文章。除了报社本身的评论员外,这些财经报刊还约请业界和学界权威人士就金融热点问题撰写评论性文章,从第三方的视角发掘金融新闻事实后面的深层次问题。这样做的好处是既扩充了评论来源和视角,还增加了媒体的中立性,又保证了报道的权威性,从更宽广的角度观察和分析金融市场的热点问题。①

维护金融秩序稳定和社会稳定,应该是金融记者思考问题的一个基本坐标,不能固守新闻偏执而抱憾终生。在一个脆弱的金融体系里,一篇不适当的报道很可能就是压垮骆驼的最后一根稻草,市场多米诺骨牌式的连锁倒塌将应声而起,最终受损的是全社会。看看"9·11"后的华尔街,格林斯潘以前所未有的清晰坚定的言语告诉人们,美联储将满足任何机构、任何人的资金需求,一向习惯挑刺的美国新闻界也前所未有地"舆论一律",牢牢护住市场信心,一场比恐怖爆炸更可怕的金融灾难才得以幸免。②

3. 促进资本市场健康发展

金融领域假象环生,需要记者具有批判与怀疑精神。不要认为官员说的一定是真理,也许在辩解、在推脱、在洗刷;不要以为学者说的一定公正,

---

① 卢怀谦:《一位驻外记者眼中的美国金融报道》,《中国记者》,2007年第3期。
② 张旭东:《媒体在维护国家金融安全中的作为》,《中国记者》,2007年第3期。

经济新闻评论:理论与写作

也许有学术偏执,或者在兜售私货;不要认为目击者说的一定真实,也许观察有误、感受不深。需要特别提醒的是,金融报道不少信源来自境外机构与媒体,在报道时,不要喧宾夺主,将"信息参考"混淆成了"转述报道",将人家观察的事实当真实,将人家对事实的判断当真理。

记者有时很难做到既尊重信源又不处处受制。比较平衡的方法是,尽量了解每位信息提供者的价值偏向,并尽量向其他有不同价值偏向的信源获取信息,在相互佐证、比较中得出判断。

有些金融新闻也不能只顾追求时效,而是要按照政府职能与市场规则兼顾的原则来进行报道和评论。《正确认识当前股票市场》是1996年12月16日《人民日报》所发表的社论。针对当时市场的过度投机行为,抑制市场的疯狂炒作之风,管理层抛出的一枚重型炸弹,社论认为股市存在五个方面问题:第一,机构大户操纵市场;第二,银行违规资金入市;第三,证券机构违规透支;第四,新闻媒介推波助澜;第五,误导误信股民跟风。文章达到了抑制市场疯狂投机的目的,但也使我国先天不足后天营养失调的证券市场一蹶不振,踏上漫漫熊市之途。因此,重大金融方针的报道策略应考虑到我国金融业发展现状,目前有关重大金融方针的金融报道,政策敏感性强,报道起来要格外慎重。

案例 16-1

成立国家外汇投资公司一石五鸟

日前,楼继伟被任命为国务院副秘书长,着手负责新的外汇投资公司筹备工作,这标志着一直备受关注的外汇投资公司的组建工作正式启动,如何管理中国庞大外汇储备问题的全局规划、未来方向已经确立。这必将对全球资本市场乃至全球经济产生深远影响。

关于如何管理我国金融性国有资产,各界一直存在不同意见。一种认为应该模仿国资委,成立新的金融国资委,代表国家行使金融资产出资人权利;另一种观点则认为应坚持走公司化市场化的路子,借鉴新加坡模式,按照国际投资公司规范模式建立新的外汇投资公司,来管理国有金融资产。年初的全国金融工作会议上,国务院确定成立国家外汇投资公司,搁置金融国资委方案,争论才画上句号。这实际上意味着外汇储备管理体制的进一步改革将遵循市场化这一原则。笔者认为,成立高度市场化的外汇投资公司具有明显的优越性和可操作性,可谓"一石五鸟"。

其一，组建直属国务院领导的国家外汇投资公司实体，能全面整合现有外汇管理渠道，理清外汇管理权责关系，一改以往政出多门、利益交错、相互掣肘的局面。关于如何消化庞大的外汇储备，有人提议扩大采购国外资源，增加资源储备；有人建议增加对外投资，到国外设厂办企业。这些建议各有道理，但背后也不无各自部门利益的考虑打自己的小算盘。国家成立新的外汇投资公司后，未来中国的庞大外汇储备管理框架有望由两部分组成，一部分是由央行保留的外汇储备，以满足对外汇储备的交易性和日常性的需求。这部分储备主要追求安全性。另一部分是用于投资管理。有专家估计，规模可达 2 000 亿美元。这部分储备会凸显公司化的商业性质及追求市场高收益的职能。这样，中国的巨额外汇储备被分为两部分，各部分承担的职能明确，产权清晰，运作理念各有偏重，监管方式各有不同，既能发挥外汇储备保障国民经济正常运行的作用，又能提高使用效率，不至于成为国民经济的负担。

其二，新的国家外汇投资公司，能根据市场及国内外经济形势的变化，自主选择投资方向和方式，有利于逐步改善我国外汇储备资产结构，化解风险，保值增值。

目前我国外汇储备中有近70%为美元资产，且多数为美国国债，由于美元一直存在贬值风险，且近几年来全球物价水平涨幅持续走高，使得我国外汇的实际购买力不断下降，蕴藏的风险也日累渐高，对外汇储备进行分散化投资迫在眉睫。可以预计，新成立的外汇投资公司可能逐步减持美元资产，而将资金合理分配到欧元、英镑、日元等货币资产，投资的重点也将不是收益率低的国债，而是基本面较好的具有长期投资价值的股票和公司债券，还有可能涉足金融衍生品市场，直至通过海外并购重组等方式，直接参与国际企业和行业的竞争。这种策略的灵活性和手段的多样性，将会优化我国外汇储备投资结构，分散投资风险，使我国外汇储备的管理水平更上一层楼。

其三，预计新的外汇投资公司，将会贯彻中央"走出去"的战略意图，扩大与我国利益攸关的国家和地区的合作，参与国际市场的资源和技术合作，保障我国能源安全，提升整体技术水平，扩大中资特别是国有资本在世界的影响力。

其四，国家外汇投资公司可采取发行债券的方式融资，然后从央行购进外汇的方式注入资本金。此举可以对冲央行由于外汇结汇所释放的基础货币，建立外汇资金回流机制，实现过剩外汇"体外"循环。按照预期的

2 000亿美元的购买规模推算,相当于回笼近16 000亿人民币,相当于10次上调存款准备金,有助于解决当前中国流动性过剩问题,促进国内经济的良性发展。

最后,由于外汇投资公司在财务上与央行是分开的,阻断了外汇储备与基础货币之间的直接联动以及汇率变动可能对货币政策产生的直接影响。由于阻断了不稳定的外部冲击,央行货币政策的独立性将得以提高,其调控国内经济运行的能力也将进一步加强,这将有助于稳定股市的资金存量,同时增加外汇的吸纳渠道,稳定人民币升值预期,挤压国际投机性资金的活动空间,抑制国内股市的投机成分,为股市的发展提供良好的资金保障。

(资料来源:石开:《成立国家外汇投资公司一石五鸟》,《经济参考报》,2007-03-14)

由于汇市具有全球联动特性,且国际上某些国家不断对人民币升值施加压力,因此对人民币汇率报道要备加谨慎。汇率改革报道要坚持我国"实行以市场供求为基础,参考一篮子货币进行调节、有管理的浮动汇率制度"的政策原则,对人民币汇率报道要遵循"有升有贬"双向浮动原则,强调我国并非一味要求人民币单边上扬。报道中也要对当前汇市中人民币对美元呈缓步上扬态势有清醒认识,注意分析人民币汇率变动对国内进出口企业及经济带来的影响。

二、存在的问题

由于我国正处于一个快速转型的发展中经济体,金融市场和金融政策具有多变、实验等不确定性,致使金融报道和评论存在以下问题。

1. 传播不实新闻

近年来,民众理财意识全面觉醒,投资需求日益旺盛。与此形成反差的是大众金融知识的匮乏以及风险意识的淡薄。而金融知识的匮乏和风险意识的淡薄,则要求金融报道必须承载起普及教育的社会责任。但一些媒体在报道和评论金融新闻时为了扩大版面,忽视了对投资咨询执业资格的把关,常常出现以下问题:第一,一些媒体没有财经专业人士,为了吸引客户,有的传媒提供各类市场传闻或一些尚未证实的消息以吸引投资者注意,文章的严肃性和准确性存在一定的偏差。第二,某些媒体聘用无证券咨询资格的人士进行股评,对咨询资格把关不严。第三,有的媒体内部管理不到位,制作证券节目从经济利益考虑,对证券信息把关不严,甚至是"庄托"的股评也

上了节目、栏目，误导消费者，造成不良的社会影响。

2. 违背市场规律

维护金融秩序稳定和社会稳定，应该是金融记者思考问题的一个基本坐标，不能固守新闻偏执而危害社会。一些媒体采用娱乐新闻的制作手法和报道语言，对道听途说的传言大加渲染，对捕风捉影的不实言论到处传播。金融领域假象环生，需要记者具有批判与怀疑精神。某些政府官员说到经济问题往往夸大其辞，歌功颂德；一些学者说到经济现象，也许在为其利益集团争利，转移视听。尤其，金融报道不少信源来自境外机构与媒体，在报道时，喧宾夺主，将"信息参考"混淆成了"转述报道"，将他人观察的事实当真实，将他人对事实的判断当真理。记者有时很难做到既尊重信源又不处处受制。比较平衡的方法是，尽量了解每位信息提供者的价值偏向，并尽量向其他有不同价值偏向的信源获取信息，在相互佐证、比较中得出判断。

3. 缺乏社会责任

我国的一些证券新闻评论往往不加理性思考成为泡沫经济的助推器。如2006年下半年股市大涨、基金收益率大幅攀升，"基金投资热"成了理财市场新风景。一些基金公司为争夺客户，对基金回报进行了不负责任的夸大宣传；一些大众媒体更是推波助澜、大肆炒作。大众对基金的投资出现了漠视或无视风险的非理性行为，有些投资者根本不知基金为何物，就匆匆将储蓄搬进基金。有些报刊利用大众的盲从跟风心理，配合银行或基金公司片面宣传基金的高额利润而不提风险防范，致使2007年2月27日沪指狂跌268.81点，跌幅8.84%，创下1996年12月以来单日最大跌幅，创下中国A股市场十年来跌幅最高记录，投资者万亿市值在一天之中被蒸发殆尽，一些股票型基金投资者在血淋淋的教训中切身领教高收益与高风险并存的残酷事实。因此，作为金融宣传工作者，应当在报道中主动承担普及基金投资知识、揭示投资风险、承担投资者风险教育的社会责任。

三、媒体的应对策略

过去几年，我国金融业在以银行体系为核心的金融系统改革中取得了很大进步。与此相应，金融报道也日渐呈现开放、透明及宽容的环境，在参与金融市场的改革中，积极地传递信息，分析事实、促进市场效率和宣传政策策略，媒体均做出了很大成绩。正是处于改革发展阶段，我国媒体在未来的金融报道理念和组织形式方面将面临更大考验。因此，媒体尤其是主流媒体应积极应对挑战，强化行业自律和他律，加大管理力度和报道质量。

1. 提升监管理念，规范金融报道和评论

金融报道和评论的内容具有政策性强、专业性强和受众广泛等特点，属于财经报道中的高难度动作。一方面，金融报道要把枯燥复杂的金融问题深入浅出地解释给广大受众，让一般的大众能接受，能够及时了解国家的金融方针、金融改革发展的情况；另一方面，作为投资者的广大受众关注的重要领域，金融报道和评论还要体现出专业性、实用性，当好投资和决策的"高参"，及时提醒消费者也是投资者应学会规避风险，理性决策。同时金融评论还必须对于相关金融政策的推出或取消作出解释和说明。

案例 16-2

宏观调控：财政政策联动货币政策

种种迹象表明，取消或改革实施近七年的利息税已经进入倒计时。

4月3日，中国人民银行办公厅主任李超在上海透露，目前中国财政、金融部门正在对取消利息税进行"具体研究"。在其后的一周内，经济学界建议取消或改革利息税征收方式的呼声日益高涨。事实上，取消或改革利息税只是中国加快税制改革步伐的一系列措施之一。

分析师们称，在"十一五"计划的开局之年，财政政策将在政府对经济的宏观调控中扮演更重要角色。而税率杠杆将充分发挥财政政策的再分配职能，以促进社会公平协调发展。深化税收制度改革的一系列措施今后将有望陆续出台。所涉及的改革内容包括：统一内外资企业所得税、开征燃油税、调整进出口环节税收政策等。

进入2006年，中国经济在保持强劲增长势头的同时，经济运行中的深层次问题也充分凸显。一是国内居民消费价格指数（CPI）连续下滑，目前已经进入理想的区间；二是人民币汇率形成机制改革顺利实施，人民币汇率在初始升值2%之后稳中有升；三是在人民币升值后净出口继续上升，贸易顺差大幅增加，外汇储备创历史新高；四是工业企业利润率下降；五是部分行业产能过剩矛盾突出。

分析人士认为，在这样的背景下，政府实施宏观调控政策增加了操作的难度。若要保持高增长、低通胀的理想发展格局，短期内通过利率、汇率调节经济增长、改善进出口平衡、提高工业企业经济效益、压缩长线投资等已经没有太大的空间。

而与货币政策相比，财政政策则可以通过降低企业税负总水平、调整进

出口关税政策、实行有差别的行业税制和税收优惠政策、调整公共支出的方向和比例、加大转移支付等措施，促进经济稳定增长，抑制和消除目前经济发展中存在的不健康因素，实现社会的协调发展，从而实现政府的宏观调控目标。

正如国家财政部部长金人庆所言，经济增长方式转变已成为宏观调控的一项紧迫任务。而财政政策作为政府配置资源和宏观调控的主要手段，要在优化结构方面发挥重要作用，这将是今后一个时期财政政策的主要任务。

事实上，作为宏观调控的重要手段，中国的财政政策近年来已日趋灵活，税收已经成为政府宏观调控的主要工具之一。从2003年开始，国家财政与税务相关主管部分就已经在出口退税、农业税、个人所得税、资源税、消费税等各种税种上大动手脚。

对于税率杠杆在国家财政政策中的作用，财政部税政司司长史耀斌概括为，"充分发挥税收调节经济和调节分配的作用，为改革、发展和稳定做出新的贡献。"

史耀斌认为，税收政策的调控功能将加快产业结构调整和推动区域经济协调发展。

（资料来源：汪洋：《宏观调控：财政政策联动货币政策》，《经济参考报》，2006-04-10）

我国央行货币政策的主要调控杠杆有以下四种：利率、存款准备金、再贴现、公开市场业务。调整存贷款利率是最为直接的调控手段。取消或改革实施近七年的利息税，正是充分发挥税收调节经济和调节分配的作用，并且可加快产业结构调整和推动区域经济协调发展。此篇评论分析利率、汇率已经没有太大的空间，所以需要与财政政策联动调控，通过降低企业税负总水平、调整进出口关税政策、实行有差别的行业税制和税收优惠政策、调整公共支出的方向和比例、加大转移支付等措施，促进经济稳定增长，抑制和消除目前经济发展中存在的不健康因素，实现社会的协调发展，从而实现政府的宏观调控目标。

2. 强化行业自律，加强舆论监督

2005年7月，《英才》杂志采访中国银监会副主席唐双宁，他指出，银监会自成立以来非常重视案件防范，但案件仍然大量发生，主要有四个因素。

第一主要原因还在于银行自身管理体制、制度建设尚不完备，管理不到位。从另一个角度看，案件的暴露和监管力度加大也有关系。特别是，中行、建行在成为国有银行股份制改革试点银行后，监管力度加大，银行内部想要继续作案，或者再进一步掩藏案件的可能性小了，很多问题暴露出来。

第二个案件高发的因素则与行业特点有关。他指出，金融业本来就是与钱打交道的行业，发达国家金融业也发生过很多大案。

第三个因素是社会发展、历史因素造成的。有些专家认为，一个国家人均 GDP 达到 1 000～3 000 美元，这个时期既是经济高增长期，又是各种矛盾的凸显期。这种矛盾必然会反映到银行。

第四个因素则是文化影响。东方文化的一个短项是，情面大于制度。因此，虽然中国的银行也立下了很多非常严格的制度，但到执行的时候，往往会受"情面"这种传统文化的制约。

中国银监会主席刘明康在接受记者采访时也表示说，"银行业频频发生的案件多呈现下列特征：发生在操作风险领域，内外勾结案件凸显，大部分集中在基层。这是旧体制弊端、当前社会矛盾、社会信用环境以及传统银行文化等多种因素相互交织与作用的结果，也是商业银行自身管理体制不完善、基本制度执行不力、内控制度不落实和对基层机构特别是对机构负责人管控不到位造成的。"①

金融大案的集中爆发也推进了银监会对风险监管措施的出台速度。财经媒体记者可以从银监会等正规渠道获悉银行制度建设方面的新闻，监督国有银行上市以及中国金融改革路途中暴露的现象和问题。外汇、股市、货币等政策，往往高度敏感，在进行相关分析报道时，要准确把握国家政策，严格按照政策口径进行采写，必要时要送归口的金融管理部门审定，以求政策的准确性。而涉及到政策事实及真实性时，更要慎之又慎，避免因为失实，误导舆论，诱发和引发金融动荡。目前，有些媒体在采写稿件时，往往采取"据知情人士透露"作为消息来源，这种模糊消息源的方法不严谨，也容易产生报道风险，应该为金融报道工作者所禁。

3. 提高专业素质，建立国际视野

中国金融目前存在流动性过剩、信贷增长过快、国际收支不平衡等突出难题。汇率改革需要应对国际上呼吁人民币升值的压力，股市持续攀升的背后也有风险隐忧，农村金融改革虽然开始破冰，但前路依然漫长。当前金融

---

① 贺宛男，佟琳，唐俊：《财经专业报道概论》，复旦大学出版社，2006 年版，第 199 页。

工作任务可谓繁重,金融调控正面临着前所未有的压力。懂金融,熟悉情况,是搞好金融报道与评论解读的前提。当前,金融业发展日新月异,金融工作会议经常召开,金融政策也层出不穷。中国金融业在飞速变化,作为金融媒体工作者更应该加强学习,加深对金融业的熟悉程度,防止固守陈旧的报道经验和知识,束缚报道思路。媒体从业者除了自身要加强学习,更要引导广大消费者的理财兴趣,普及金融常识,强化风险意识。

现代金融报道需要记者建立全球化国际信息视野。一个称职的金融记者,应该时刻关注:国内以及当地金融主管机构,如央行、财政部等国家级部委;主要政策研究机构和学术研究重镇,如央行研究局、国务院发改委、社科院、一流大学经济研究中心等;市场机构、大公司信息发布和咨询研究部门,如证券期货交易所、零点调查、麦肯锡等;联合国以及有关国家政府机构与货币当局,如联合国贸发组织、美联储等;国际非政府组织、国外知名财经媒体、知名学府与国内非政府组织,如 IMF、世界银行、华尔街日报、哈佛商学院、达沃斯世界经济论坛等。此外,知名的财经博客、财经社区,也要时时关注。一个记者的能力毕竟有限,最有效的做法是由编采团队合理分工,共同协作,从而共同编织一个全面、高效、实用的信源网络。

总之,金融新闻浩如烟海,谁能持久获得影响力,谁就能胜出,而建立报道品牌是获得影响力的不二法门。知名专家型记者、知名财经分析栏目是一种具有市场号召力的传播符号,值得媒体全力包装锻造。媒体除了信息提供与客观报道之外,对金融信息进行深度分析和权威判断的评论能力,才是金融报道真正获得影响力的前提。

第二节 证券新闻报道与评论

一、中国证券市场回顾与展望

中国证券市场是改革开放的产物。自 1990 年 12 月 1 日深圳证券交易所正式成立始,中国证券市场至今(2006 年底)已有 16 年历史。中国证券市场从无到有,从小到大,从分散到集中,从地区性市场到全国性乃至国际性市场,从手工操作到电脑交易的全过程。尤其是 1995 年 5 月至 2005 年底,中国证券市场走过的一段艰辛而复杂的道路,期间有不少工作经验和教训值得总结、深入客观的分析和研究。"以史为鉴",对全面而正确地认识和评价中国的证券市场,对今后的证券市场稳定健康发展,无疑是会有些帮助的。

二、16年证券市场成绩斐然

在过去的十几年间，我国证券市场已发展成为我国经济生活中的重要组成部分，并在国民经济发展中发挥了积极的作用。中国证券市场发展的16年是辉煌的16年，16年走过了国外数十年走过的道路，浓缩了国外几十年甚至上百年发展所经历的波折与坎坷。

16年来，证券市场为国民经济建设筹集了大量资金，对推动国有企业改革，建立现代企业制度，促进经济结构的调整，支持国民经济的增长等都起到了十分重要的作用。截至2006年底，我国境内上市公司已达1400余家，总市值逾10万亿元，通过证券市场实现了大规模筹资，为推进传统产业升级换代，促进生产力的迅速提高开辟了直接融资渠道。

16年间，一大批大中型企业通过改制上市，在建立现代企业制度的改革实践中起到了先导和示范作用。我国证券市场已经拥有相当一批发展前景良好、受投资者青睐的优秀企业。它们在建立现代企业制度，转换经营机制，促进结构优化和产业升级，提高盈利水平和竞争能力等方面都处于领先地位。不仅如此，证券市场的发展还增加了国内居民的投资渠道，改善了我国的金融结构，对推动当前经济稳定增长具有十分积极的作用。

中国证券登记结算公司的最新统计显示，从2006年11月1日到11月20日，深沪两市新增A股开户数160 914户，新增基金开户数101 363户，为2005年同期的10.3倍和46倍。股票、基金、债券已成为越来越多的国内居民重要的投资品种。经过16年的发展，证券业已成为我国经济中的一个重要行业，对推动国民经济增长做出了贡献。伴随着市场的发展，一大批证券公司、基金管理公司、律师事务所、会计师事务所、财务公司、评估公司、投资咨询公司等市场中介机构如雨后春笋般涌现出来并获得了较快的发展。"截至2006年10月底，107家证券公司总资产4 400亿元，累计营业收入405亿元，实现利润180亿元，盈利公司92家。全行业连续4年亏损的局面将在今年得以扭转，他们创造的价值构成拉动国民经济增长的重要因素。"①

16年间，我国证券市场法制和信息系统建设也取得显著的成绩。经过努力，到2002年底，我们先后颁布实施了200多项法律法规。1999年7月

---

① 陈劲：《创新业务将成券商盈利新阵地》，《中国证券报》，2006-12-28。

1日，历经风雨的《证券法》正式施行，初步形成了证券市场法律法规体系。与此同时，经过前几年的清理整顿和不断加强监管，基本控制住了市场潜在的风险。在"法制、监管、自律、规范"的方针指引下，证券市场得到健康发展。证券信息系统的建设，网上交易的发展，集中统一的中央登记结算系统的建成等，都大大提高了市场效率，提高了证券市场资源配置的效率。

三、防范风险与发展同行

在充分肯定我国证券市场取得巨大成绩的同时，我们也应该清醒地认识到，我国证券市场毕竟还十分年轻，还存在诸多问题。自2001年股市大跌以来，广大投资者的损失已达数千亿元，投资者的信心受到沉重打击，证券经营机构面临非常严峻的困难局面。上市公司规范运作水平还不高，法人治理结构尚不健全；市场中介机构诚信观念、法制意识还较薄弱；弄虚作假、操纵市场、内幕交易等违法行为时有发生；投资者结构不尽合理；保护投资者合法权益的机制还不完善；资本市场建立较晚，规模较小，直接融资比重很低，市场的结构、功能、品种以及服务等方面还存在缺陷和不足等。这些问题的存在与证券市场发育程度不高相关，与整个经济体制改革的进程、市场发展的特定阶段相关，还与社会文化、传统思维和法制环境密切相关。新闻媒体应该肩负起舆论监督的作用，维护投资市场的公平、正义和秩序。证券市场是国民经济发展的重要环节之一，证券市场发展的任务重大、责任重大，作为媒体，要担起历史责任，切实履行职责，为建设一个健康发展的证券市场而努力。

案例 16-3

股市太疯 现在应重温人民日报特约评论员文章

《正确认识当前股票市场》是十年前的12月16日《人民日报》所发表的特约评论员文章。针对当时市场的过度投机行为，抑制市场的疯狂炒作之风，管理层抛出了这样一枚重型炸弹。虽然从今天看来，管理层当时的出手未免重了一些，似乎也有不妥之处，但总体说来，管理层的出发点还是好的，而从效果来看，也达到了抑制市场疯狂投机的目的。

十年后的今天，笔者之所以旧话重提，重温十年前的特约评论员文章，是因为当前的市场似乎又在重复十年前的故事。虽然目前市场的投机远还没有达到十年前那么疯狂的一幕，但股指的暴涨却一点也不逊色于当年，因此，作为投资者来说，我们有必要增强风险防范意识，而作为管理层来说，同样有必要做好市场潜在风险因素与不健康因素的消除工作。

十年前，管理层之所以认定"股市暴涨"，是因为当时"从4月1日到12月9日，上证综合指数涨幅达120%，深证成分指数涨幅达340%。这在国际证券市场上是罕见的。"

而之所以认定这种"暴涨"是"不正常的和非理性的"，其原因有三点。第一，市盈率偏高，远超出国际股市绝大多数20倍左右的水平，如当时上海市场平均市盈率达44倍，深圳市场达55倍。第二，上市公司的经营业绩不可能长期支持这么高的股价，1996年上半年上市公司的每股收益为0.14元。第三，市场违规活动呈递增趋势，与此对照，股指飞速上升，成交额急剧增加，速度之快，异乎寻常。其中特别提到个股炒作的"鸡犬升天"，以及成交额的急剧增加，如当年9月份的日均成交额为87亿元，12月后达200亿元以上，12月5日这一天竟达到350亿元，因而认定"股票交易过度投机明显"。

对于当时股市超常暴涨的原因，特评文章也归纳为了五个主要方面。第一，机构大户操纵市场；第二，银行违规资金入市；第三，证券机构违规透支；第四，新闻媒介推波助澜；第五，误导误信股民跟风。

而对比十年前的股市，如今的股市又是何其相似。一是暴涨，从2005年12月6日到今年12月18日，沪指已上涨116.13%，基本上已达到10年前的涨幅，并且这种上涨的趋势还在继续；深成指也上涨了141.81%，涨幅并不落后于沪指。二是市盈率也已经偏高。虽然目前的市盈率低于10年前的水平，但也达到了30倍左右，如12月18日沪市市盈率为29倍，深市市盈率为31.51倍。远高于国际股市绝大多数20倍左右的水平。三是业绩同样难以支撑股价，今年前三季度上市公司的业绩为每股收益0.2013元，与十年前1996年上半年0.14元的业绩基本相当。四是违规活动也有抬头，比如基金发行中的违规，人民币理财信托产品进行股票投资等。此外，市场成交量的急剧放大也是有目共睹。如最近沪深股市的日成交量都达到了800亿元的水平，特别是12月6日的成交量甚至达到了959.4亿元，再创历史天量。

从造成今年行情上涨的原因来看，虽然目前还不能肯定银行资金违规入市、证券机构违规透支等问题是否存在，但投资基金等机构投资者对一批大盘股、蓝筹股的拉抬，一点也不亚于十年前机构大户对市场的操纵，并吸引

第十六章　金融新闻评论

散户跟风。虽然今年的个股炒作没有形成"鸡犬升天"的局面,但有机构拉抬的个股涨幅之大,同样令人目瞪口呆。而新闻媒体的推波助澜更是胜过了当年许多,什么"股市成了富翁的生产线",什么"黄金十年"等等,一个比一个诱人,而至于股市风险则根本不谈。而股民、基民也因此而疯狂,不仅不相信股市会下跌,甚至将自己的住房款也都押到基金上去了,没有了一点风险意识。

幸好尚福林并没有被当前火爆的市场行情所迷惑。就在12月14日大盘创出历史新高的当天,尚福林明确表示,"现在的市场,乍一看好像很红火,再细看,问题还很多。"作为证监会主席来说,尚福林能认识到"问题还很多"这是好事,但局限于此,显然不够。股市还需要消除当前市场中的风险因素,尤其是在股指一次次刷新历史高点的情况下,强化投资者的风险意识,加强对投资者的风险教育实在是刻不容缓。

(资料来源:皮海洲:《股市太疯 现在应重温人民日报特约评论员文章》,《中国经济时报》,2006-12-20)

金融无小事,金融报道更是直接关系着社会稳定。近年来,中国加快了人民币利率的市场化进程,逐步放开了汇率浮动范围,基本完成了证券市场的股权分置改革,同时在期货市场不断上市新品种,一个日益市场化、跟国际金融市场联动紧密的中国金融市场体系正在形成。案例16-3的评论提醒股民,股市有风险,入市当慎重,不要好了伤疤忘了痛,1996年的特约评论员文章值得大家重温。

中国是一个新兴的金融市场,投资机会固然诱人,但新兴市场本身所固有的政策风险、市场风险和投资者的心理素质风险,同样不容忽视。作为承担这方面报道的金融新闻工作者,不仅要善于在类似中小金融机构出现问题时,通过报道做好储户的情绪疏导、安定人心工作;更要善于在市场氛围极端狂热时,冷静解剖热点,及时提醒投资者自我保护,为社会稳定贡献媒体的力量。

当2007年1月31日沪指出现144.23点的非理性暴跌时,《金融时报》迅速在第二天头版醒目位置刊登署名文章《2007年,我们需要怎样的牛市》,立场鲜明地回答了"政府是否会采取强行干预的办法,终结这轮持续一年有余的牛市"的疑问,指出从各个角度看,2007年中国都需要一个牛市环境,投资者应当用心领会政策意图,呵护市场,为中国资本市场"黄金十年"蓄积恒久的牛市动力。同时忠告投资者,只有树立健康投资理念

和理性投资态度，市场各方才能真正分享到中国经济快速增长下的牛市硕果。

案例 16-4

股市大涨，大牛市已经来了吗？

11个月前，股市跌破千点，投资者信心濒临崩溃，市场一片凄风苦雨。如今，股市涨势汹涌，上证综指在三周内连续冲破1400、1500、1600三个整数关口，仅"五一"后第一个交易周就上涨了162点，沪市更创出1885亿元的历史最高周成交纪录。

戏剧性的反转是如何发生的？

成因之一：股改成功进入收官阶段，政策面的不确定性消除，加上其他一些加强监管的新措施出台，股市基本面有所改善；成因之二，宽松的货币政策，外加赌人民币升值的境外游资继续大举入境，导致市场资金极为充沛，强大的买盘将股票、债券、房产等多种资产价格一起推高，蔚为奇观；成因之三，在需求强劲的背景下，国际商品市场上各类资源品价格大涨，尤以有色金属为最，从而为国内股市提供了领涨板块。

由此，先是机构投资者大举进场，财富效应下，散户投资者继而拥入，一举推高了股指。

也许是熊市太难熬，过去几年间股市的每一次反弹，都会引来一片牛市鼓噪，眼下这波5年来的最大行情，自然引发出"历史性的牛市已经到来"的欢呼。

中国股市16年，曾有多次牛市，但都脱不了政策市、庄家市、投机市的特征，而每一次由政策托起的牛市，又都以公司圈钱权贵牟利普通股民受损股市暴跌而收场，在这周而复始的循环中，一个公开公正公平的市场始终遥不可及。这一次，情况会有所不同吗？1600点的反转是又一轮弱肉强食的丛林盛宴，还是真的跨进了"历史性大牛市"的门槛？

要回答这个问题，就必须把目光从红红火火的行情图移开，转而审视那些决定一个股市是否有投资价值的基本因素——上市公司质量、中介机构质量、监管质量。

如果把股市比作一座房子，那么上市公司是房子的基石，由于指导思想有误，长期把股市当作圈钱工具，致使垃圾公司充斥股市，三分之二以上不具投资价值。与此同时，大量优质公司赴海外上市，国内投资者无缘分享这

第十六章 金融新闻评论

些中国经济精华的成长。2003~2005年，海外上市的中国公司总利润上升了104%，国内A股公司仅增长了23%——低于中国工业利润的整体增幅。从最近的情况看，去年A股公司平均每股收益下降7.88%，今年一季度平均每股收益又下降18.57%。中国经济在高速增长，A股上市公司的赚钱能力却在高速下降，这就不难理解，为何在中国股市成了经济的反向晴雨表。

中介机构——证券公司、基金公司、投资咨询公司、会计公司、审计公司——是房子的墙壁，十余年来，证券公司包装垃圾企业上市、会计审计公司做假账、基金公司对敲对倒、投资咨询公司坑蒙拐骗，中介机构的丑闻黑幕已经让人见怪不怪，股市这座房子的墙壁可谓千疮百孔。

基于法治的监管可谓股市的屋顶，在有关方面将股市作为圈钱工具时，一个以保护普通投资者利益为核心的证券立法尚无法指望，而在股市的直接监管机构自视为中介机构的婆婆，又以指数高低为政绩指标的情况下，有限的证券立法在执行过程又难免大打折扣。可以说，股市的屋顶同样千疮百孔。

当然，世界上没有完美的事物，股市也不例外。2001年以来，中国股市正在发生积极的变化，尤其最近一年，中国证券市场正在加速完善。

去年5月，股权分置改革启动，中国股市最大的不确定因素开始消除；去年7月，证监会对证券公司分而治之，七成券商被划为风险类和高危类，面临退出市场的命运；去年11月，《关于提高上市公司质量的意见》发出，将坏公司清出股市的指向明确；上周，《上市公司证券发行管理办法》发布，上市标准更加严格，坏公司将更难混入股市。年初，修订后的《证券法》和《公司法》全面实施，新法在信息披露的真实准确、强化公司高管约束方面取得了突破性进展。由于工程巨大，很多业内人士视修订过程为两法的再造。此外，证监会今年上半年预计完成两部法律的配套文件31件，另有15件也将随后制定和修改。应当说，中国证券市场的法律环境至少是立法环节，已经有了明显改善。但是，纸上规则能否成为行动准则，尚有待实践检验。

如果说，2001年前的中国股市是一把一条腿的凳子，坐上去随时都有跌倒的可能，那么五年后的今天，中国股市的另外两条腿已经长出，也许再过几年，这两条腿就可触到地面。

还是回到文章开头的问题吧——大牛市已经来了吗？我们的答案是：中国经济必须有一个健康有力的资本市场相匹配，中国股市也必然会迎来历史性的大牛市，但是，现在还不是时候。

（资料来源：《股市大涨，大牛市已经来了吗？》，《南方都市报》社论，2006-05-19）

经济新闻评论：理论与写作

从我国证券业来看，加入 WTO 后，虽然对于我国证券市场有一定的影响，但更主要的是将有力地推动证券业的发展和完善。外资金融机构积极参与我国的证券市场交易，将活跃我国的证券市场，带来国外成熟的证券市场操作规则和管理经验，有利于推动我国证券市场的发展和完善。同时，外国银行、证券机构的大量涌入，有利于促进我国国际金融中心的建立，将为证券业创造更加美好的前景。

我国证券市场已初步形成并将继续形成一个比较完善的市场体系，随着改革的不断向前推进，我国证券市场的规范化建设将会在原来的基础上迈上一个新台阶。股票、债券、基金等投资品种将不断丰富，上市公司质量将会明显提高，交易登记结算将会有新的改进，将基本建设成集中统一的全国结算体系。随着证券期货业信息系统的初步建成，证券市场信息发布质量将有较大提高，证券中介机构体系不断健全，将形成一批功能完备、服务优良的大型证券公司。证券市场法律法规体系也将趋于完善。由于市场规模的扩大和市场体系的完善，实现规模经营，降低交易成本，市场效率将进一步提高。

我国证券市场还有巨大的发展空间。随着经济形势持续向好，居民金融资产稳步增加，金融意识、证券意识逐步加强，投资渠道日益多样化，居民购买有价证券的投资倾向将日趋加强。从长远来看，我国证券市场的发展空间是巨大的，是很有潜力的。近年来，中国基本完成了证券市场的股权分置改革，同时在期货市场不断上市新品种，一个日益市场化、跟国际金融市场联动紧密的中国金融市场体系正在形成。

案例16-4 在中国股市缓慢上升中选择于 2005 年 5 月 19 日刊出股评文章应该说别有一番深意，凡是中国股民不会忘记"5·19"行情，在 1999 年面对股市的萧条，一篇《人民日报》社论"坚定信心规范发展"将"5.19"行情引向高潮，从而拉开了中国股市的牛市序幕。"股市大涨，大牛市已经来了吗？"前瞻性地分析了一轮大牛市行情上升必备的前提条件，满怀信心地指出随着各项制度的完善，中国股市历史性的大牛市必将到来。

四、证券新闻和证券新闻评论

1. 证券业带动证券新闻繁荣

日前，《中国证券报》评出 2005 年十大证券新闻，其中股改最受证券市场关注，十大新闻为：

(1) 银行保险社保直接入市

4月7日,经国务院批准,工商银行、建设银行和交通银行被确定为首批直接投资设立基金管理公司的试点银行。下半年,工商银行、交通银行、建设银行控股的瑞信基金管理公司、交银施罗德基金管理公司、建信基金管理公司分别成立并开始募集,正式进入证券市场。此前,保险资金和社保基金获准直接投资 A 股市场。

(2) 证券投资者保护基金设立

2月20日,中国证监会、财政部下发通知明确,公开发行股票、可转债等证券时,所有申购冻结资金的利息须全部缴存到上海、深圳证券交易所开立的存储专户,作为证券投资者保护基金的来源之一。证券投资者保护基金开始设立,南京港所冻结的 191 万元申购资金利息成为该基金的第一笔资金。9月29日,《证券投资者保护基金管理办法》发布,中国证券投资者保护基金有限责任公司正式开业。

(3) 资产证券化开始破冰之旅

3月22日,经国务院批准,信贷资产证券化试点工作正式启动。国家开发银行和中国建设银行作为试点单位,分别进行信贷资产证券化和住房抵押贷款证券化试点。4月22日,《信贷资产证券化试点管理办法》公布实施。12月15日,两试点单位的"开元"和"建元"两只资产支持证券招标发行。

(4) 股权分置改革正式启动

4月29日,经国务院批准,中国证监会发布《关于上市公司股权分置改革试点有关问题的通知》,宣布启动股权分置改革试点工作。5月9日,清华同方、金牛能源、紫江企业和三一重工被确定为股权分置改革试点单位,随后相继公布股改方案,股权分置改革试点拉开序幕。9月12日,40家公司拉开全面股改大幕。目前,已有402家公司完成或进入股改程序。

(5) 处置高风险金融机构提速

6月16日,央行表示将强化金融稳定再贷款管理,加快处置16家高风险金融机构,使其稳妥退出市场。随后,一些问题证券公司在汇金、建银的主导下以不同方式被分别处理。目前,获国务院批准的注资券商有13家。

(6) 人民币汇率形成机制改革

从7月21日起,人民币汇率不再钉住单一美元,而是参考一个"货币篮子",将市场供求关系作为重要依据,形成有管理的浮动汇率。人民币兑美元当日升值2%。截至目前，人民币兑美元汇率为8.0758，累计升值2.425%。

(7) 权证产品重回证券市场

8月22日，宝钢权证上市，权证产品时隔9年后重回市场。此后有6只权证产品先后上市，包括沪市的武钢认股权证、武钢认沽权证和白云机场认沽权证，深市的钢钒PGP1、万科HRP1、鞍钢JTC1。因采用T+0方式，权证交易活跃异常，日成交量一度超过1400余只股票交易量。上证所还推出了权证创设制度。

(8) 公司法、证券法修订草案获通过

10月27日，十届全国人大常委会第十八次全体会议表决通过《证券法（修订草案）》、《公司法（修订草案）》，为市场创新预留了空间。

(9) 股市创8年新低，债市现历史牛市

上证指数6月6日跌破千点，收于998.23点，创出自1997年以来的新低；国债指数则在10月20日攀上109.73点的历史高峰。与此同时，债券市场发行主体不断丰富，金融创新也取得长足的发展。

(10) 中石油、中石化终止部分子公司上市

中石油拟61亿人民币收购旗下锦州石化、辽河油田和吉林化工三家上市公司流通股。至12月15日，中石油整体回购锦州石化和辽河油田的要约收购完成，两公司终止上市。与此同时，继今年年初回购注销北京燕化后，中国石化再度公告，以几乎同样的方式回购注销在港上市的镇海炼化，重新启动了对下属控股上市公司整合的进程。（《中国证券报》2005-12-30）

2. 证券新闻推动证券市场的发展

(1) 传播证券市场信息

在我国，众多传媒参与传播证券市场信息是与我国证券市场发展的特点相联系，其作用表现在：首先，我国证券市场仍处于发展的初级阶段，全社会迫切需要了解证券市场及证券投资知识，因此媒体传播证券信息是我国证券市场规范化建设的重要途径，特别是近期中国证监会提出的投资者教育活动，更是离不开媒体的参与。其次，从我国的证券交易规则来看，证券交易委托都是由投资者自行操作，并不是像国外成熟的证券市场实行证券经纪人制度，这导致了在我国证券市场进行具体买卖行为的都是众多散户。因此，传媒传播证券信息也是与我国现行的证券交易制度下广大的中小投资者对证券信息需求相适应的。第三，传媒可充分发挥对证券市场的舆论监督作用。

第十六章 金融新闻评论

由于我国证券市场发展时间不长，还存在诸多不规范行为，而传媒对当地证券市场可作深入的调查研究，揭露证券市场违法违规行为。因此，媒体可以通过证券市场的信息披露，增强证券市场透明度，监督市场各参与方规范运作。第四，专业性证券传媒由于大多是全国性，信息传递需要成本和时间。媒体能快速传播证券信息，时效性较高。第五，媒体能够根据地方的政策、经济、文化需求和市场环境的变化，提供多元化、个性化服务，办出地方特色，弥补专业证券传媒的局限性。

（2）证券市场信息的来源和主要方式

媒体一般是通过新闻内部信息交流渠道以及一些公开的渠道如互联网等获取证券市场信息，间接信息所占比重较高。媒体可与证券经营机构、证券投资咨询机构合作，开设有关证券市场信息栏目。其主要合作方式包括：第一，合编股市专版，其利益关系是在报纸上标识公司字样做宣传，报社向公司收取固定费用。第二，合编股市栏目，公司在规定时间固定栏目发表本公司的股评及有关文章，有些合作收费，也有不收费的。合作收费时，公司发表咨询及相关文章的主动性比较大。第三，采取约稿方式，由报社向撰稿者支付报酬，这种方式比较普遍，通常报社有权对约稿进行修改、删节等处理。

网站与证券公司或证券投资咨询机构的合作方式有两种：一是双向证券专业网站链接；二是向各网站发送信息。电视台、电台传播证券市场信息较普遍的方式是特邀股评人员进行股市分析，也有咨询公司买下一个时段，机动安排，每年付50万~100万元的费用，有做广告的性质，但往往不能获得预期收益，风险较大。

案例 16-5

谁拿走了投资者的奶酪？

1991~2000的十年间，我国沪深两市的总市值由109.18亿元发展到48090.94亿元，流通市值从40.72亿元增加到16087.52亿元，但表1显示，二级市场投资者收益率除1991年为3.88%大于零外，其余九年均为负值，投资者不但没有收益，反而存在亏损。是谁拿走了投资者的奶酪？（见表1）

表1   中国证券市场投资者收益率与换手率（1999-2000）

年份	1991	1992	1993	1994	1995	1996	1997	1998	1999	2000
换手率	1.1	3.1	4.4	8.4	4.3	7.4	5.9	4.1	3.8	3.8
投资者收益率	3.88	-2.06	-2.26	-7.15	-0.14	-8.00	-5.99	-3.67	-3.29	-4.03

"换手率"作为衡量一个市场投资与投机的指标，一般地，换手率低，投资性强；换手率高，投机性强。表1表明，除1991年为1.1外，我国证券市场的换手率均大于3，1994年甚至达到8.4，即投资者持有股票的最长期限也不超过四个月，一只股票一年被换手三次。相比于其他证券市场，我国证券市场的换手率出奇地高。（见表2）

表2   全球主要证券交易所换手率对比（1996年）

国家/地区	纽约	东京	伦敦	香港	新加坡	台湾	上海	深圳
换手率	0.52	0.27	0.58	0.54	0.40	2.43	5.91	9.02

而换手率通过影响交易成本、成交金额、市价总值等影响到投资者收益率。分析表明，我国证券市场投资者收益率与换手率呈现负相关性，相关系数为 -0.887。且满足关系式：投资者收益率 $= -1.46 \times$ 换手率 $+ 3.50$，当换手率增加一倍时，收益率下降1.46个百分点；当换手率为2.4时，即一只股票一年交易2.4次时，收益率刚好为零。

是谁导致换手率如此之高，市场投机性如此之强？有人认为是因为我国证券市场的中小投资者过多、投资缺乏理性；有人则认为是由庄家操纵市场所致。我们知道，投资者投资股票的收益来源于股利和资本利得两种渠道。但表3显示，即使上市公司每年将与流通市值对应的利润全部分配，也不足以弥补投资者的交易成本，收益的股利来源不可靠，因而，无论中小投资者、机构投资者，还是被广大股民褒贬不一的庄家，均只能寄希望于资本利得，即通过买卖差价获取收益。凯恩斯的预期（Expectation）理论认为，在证券市场上，都遵循一条成规（Convention），即"除非我们有特别的理由预测未来会有改变，否则我们即假定现存状态将无定期继续下去"。弗里德里希·冯·哈耶克则说过，"如果预期报酬不能再告诉人们，他们在何处努力才会对总产出量做出最大的贡献，则资源的有效利用也就变得不可能了"。当投资者从历史上看，上市公司的经营和利润分配政策并不能为其带

第十六章 金融新闻评论

来利润或利润甚少时,他们只好另谋他途以求获得相应于投资的报酬,超过市场理性需求容量的过量的市场投机活动应运而生,进一步促成了收益率的下降,投资者的奶酪被无情地拿走。(见表3)

表3　　　　交易成本和上市公司利润总额（1991~2000）（单位:亿元）

年份	1991	1992	1993	1994	1995	1996	1997	1998	1999	2000
交易成本	0.65	10.22	56.32	121.91	60.54	319.98	460.83	353.16	469.79	912.40
上市公司利润额	2.23	5.72	36.84	52.65	59.27	90.76	149.19	142.54	199.89	263.81

注:上市公司利润额指与流通市值对应的利润总额,计算式为:上市公司利润额=上市公司利润总额*（流通市值/总市值）

正是大量的上市公司,通过一次又一次地从证券市场"圈钱"、低下的经济效益以及很少以现金形式分配的股利政策,拿走了投资者的奶酪。因此,提高上市公司质量、维持投资者信心将是我国证券市场能否健康、顺利发展的命脉。

（资料来源:胡荣才、李丽:《谁拿走了投资者的奶酪?》,《21世纪经济报道》,2002-04-15）

我国证券业的不规范,致使广大中小散户成为最终的埋单者。股市要发展,需要管理层有一种"以民为本"的改革精神,纠正那些侵害投资者利益的错误行为,加快上市公司的产权变革,禁止不规范企业的上市,以务实和充分保护中小投资者的态度消除股权分裂形象,稳妥逐步解决上市公司与市场的全流通问题,要进一步加强市场的诚信化建设,不断减少政府的政策性干预,还股市以真正的市场化特征。案例16-5通过数据分析,总结中国十年股市的投资者收益问题,指出正是大量的上市公司,通过一次又一次地从证券市场"圈钱"、低下的经济效益以及很少以现金形式分配的股利政策,拿走了投资者的奶酪。

五、我国证券市场信息传播存在的问题及对策

1. 存在的问题

媒体传播证券市场信息主要问题来源于三个方面:一是地方传媒存在的问题;二是咨询机构存在的问题;三是监管方面存在的问题。因国内主要是

地方媒体传播的不规范,以下主要以地方媒体作为主要研究对象。

(1) 传媒存在的主要问题

第一,传媒获取证券信息来源渠道比较狭窄,间接信息较多,多数地方媒体没有财经专业人士,为了吸引客户,有的地方传媒提供各类市场传闻或一些尚未证实的消息以吸引投资者注意,文章的严肃性和准确性存在一定偏差。第二,地方媒体聘用无证券咨询资格的人士进行股评时有发生,对咨询资格把关不严。究其原因是各大地方传媒纷纷推出证券栏目,而获证券投资咨询执业资格的机构和人员有限,一些媒体为了扩大版面,忽视了对投资咨询执业资格的把关。第三,有的地方媒体内部管理不到位,制作证券节目从经济利益考虑,对证券信息把关不严,甚至是"庄托"的股评也上了节目、栏目,造成不良的社会影响。

(2) 咨询机构存在的主要问题

第一,我国证券投资咨询机构规模普遍偏小,证券咨询行业定位不够明确,法定业务空间偏小。多数咨询公司无法从正常的咨询业务中获取生存的收益,转而向代客理财、全权委托方面发展。这种情况下,咨询人员是否公正地为投资者提供咨询服务难以判别。第二,一些股评人士利用地方媒体,打着为客户提供咨询的幌子,暗中与上市公司或其他机构勾结拉抬股价,从中牟取暴利。第三,股评人士的咨询水平有待提高。我国证券咨询人员虽然经过职业考试,但由于整个队伍形成时间短,尚未经过系统的训练,缺乏有深度的调研。股评人士在地方媒体上信口开河、不负责任地推荐股票屡见不鲜。

(3) 监管方面存在的主要问题

第一,1997年六部委下发的《关于加强证券期货信息传播管理的若干规定》在报纸、电台、电视台等媒体中没有很好地贯彻实施。第二,互联网传播证券信息的管理仍然处于真空状态。管理主要依据《中华人民共和国电信条例》和《互联网信息服务管理办法》,管理重点是新闻信息,并未涉及证券信息。第三,证券咨询业的监管力量不足。行政区域范围大,地方媒体品种多,日常监管也是疲于奔命,难以对所有地方媒体进行监管,更无法对媒体进行有效的约束和制裁。

(4) 有关咨询机构监管的行政法规存在比较大的缺陷

1997年12月25日颁布的《证券、期货投资咨询管理暂行办法》,共有六章38条。该《办法》规定了从事证券、期货咨询业务的机构、人员的资格认定、业务管理和处罚措施。但《办法》对不少问题只作了原则性的规定,缺乏可操作性。1998年4月23日证监会发布了《证券、期货投资咨询管理暂行办法实施细则》,对《办法》中很多模糊性的措辞和条款进行补充解释。2001年10月11日证监会又发布了《关于规范面向公众开展的证券投资咨询业务行为若干问题的通知》。总的来看,上述行政法规的颁布对规范证券咨询业起到一定作用,但存在很多问题,不便于实施检查,大多数的规范行为条款并没有相应的罚则,无法执行,不利于市场有效监管。

2. 促使传媒规范传播证券市场信息的对策

我国证券市场发展的实践证明:正确的舆论引导和正确的政策措施,能够促使证券市场稳定健康发展;反之,错误的舆论引导和不当的政策措施,必然阻碍证券市场稳定健康发展。针对我国证券咨询业的现状、存在的问题以及国外成熟市场对证券分析师的管理和媒体传播证券市场的现状,我们认为媒体传播证券信息管理要从以下几点加以考虑:

(1) 明确管理目标,提升监管理念,确定合理的管理范围

媒体对证券市场的宏观专题分析、理论分析、趋势的分析;对上市公司行业分析、对上市公司按规定公开披露的信息如年报等提出质疑等,媒体均可自由选择、客观报道、文责自负,对证券市场的评论和分析信息应在百家争鸣的基础上提高质量。

(2) 三管齐下,规范证券投资咨询行为

我国证券咨询业法律法规体系有三个层次,分别是法律、行政法规和部门规章,它们分别规范了证券咨询机构及有关人员的刑事责任、行政责任和民事责任。证券信息传播的管理要充分利用刑事制裁和民事制裁,并完善行政管理,这样三管齐下,才能有效地规范证券咨询机构及咨询人员的行为,提高市场监管效率。

(3) 支持媒体对证券市场进行舆论监督

媒体传播证券信息可有效地扩大社会公众对证券市场的认识,更重要的是通过媒体对证券市场的舆论监督,促进证券市场规范发展。《财经》(北京)、《新财富》(深圳)等媒体揭露出的证券市场的一系列黑幕事件,在全国反响很大,不仅深受广大投资者欢迎,也给证券监管工作传递了一个重要信息,即媒体对证券市场的舆论监督的正面作用正在初步显现。

(4) 加强对媒体传播证券信息的联合监管

中国证监会应重视与各媒体的主管部门建立合作监管的模式,具体包括两个方面:一是与国家新闻出版署、广播电视管理局联合修订并发布《证券期货信息发布有关规定》;二是与国家互联网管理中心联合发布《互联网

证券信息服务管理办法》，并通过法规的形式，要求媒体管理部门加强对媒体传播证券信息的管理。

(5) 提高证券咨询人员的从业素质

目前，我国已成立证券分析师协会，要使证券分析师协会有效地发挥作用，应将证券分析师的资格认证、证券分析师的资格培训结合起来，证券分析师协会可以通过培训提高业界的执业水平，通过资格认证和资格管理行使对分析师的自律管理，从而提高证券咨询人员的水平。

主要参考文献

1. 邵华泽：《新闻评论概要》，人民日报出版社，1991年版
2. 胡文龙：《中国新闻评论发展研究》，中国人民大学出版社，2002年版
3. 丁法章：《新闻评论教程》，复旦大学出版社，2002年版
4. 赵振宇：《现代新闻评论》，武汉大学出版社，2005年版
5. 李法宝：《新闻评论：发现与表现》，中国传媒大学出版社、中山大学出版社，2005年版
6. 薛中军：《新闻评论》，上海大学出版社，2003年版
7. 中央电视台经济部编：《经济半小时》，中国经济出版社，1998年版
8. 冯井，阎卡林：《每周经济观察精粹》，中国人民大学出版社，1998年版
9. 裴毅然：《经济新闻学概论》，上海财经大学出版社，2003年版
10. 艾丰：《经济述评自析集》，人民日报出版社，1995年版
11. 闵凡路：《闵凡路评论集》，新华出版社，1996年版
12. 经济日报工商部，法国苏伊士里昂水务集团编著：《新经济革命》，经济日报出版社，2000年版
13. 马少华：《新闻评论教程》，高等教育出版社，2007年版
14. 贺宛男，佟琳，唐俊：《财经专业报道概论》，复旦大学出版社，2006年版
15. 王振业：《广播电视新闻评论》，北京广播学院出版社，1997年版
16. 蓝鸿文：《新闻采访学》，中国人民大学出版社，1984年版
17. 王益民：《系统理论新闻学》（第2版），华中理工大学出版社，1996年版
18. 涂光晋：《广播电视评论学》，新华出版社，1998年版
19. 胡文龙：《小言论写作方法系列谈》（修订本），新华出版社，1997年版

20. 王振业，胡平：《新闻评论写作教程》，中国广播电视出版社，1995年版

21. 程世寿：《新闻评论写作教程》，华中理工大学出版社，1987年版

22. 殷俊等：《媒介新闻评论学》，四川大学出版社，2005年版

23. 李秀云：《中国新闻学说史》（1834~1949），新华出版社，2004年版

24. 张莉，张君昌：《中国广播名栏目》，新华出版社，2005年版

25. 人民日报新闻信息中心编：《头版头条》（上下），中国言实出版社，1999年版

26. 财政部办公厅编：《全国财政好新闻作品选》，新华出版社，1993年版

27. 刘明华：《西方新闻采访与写作》，中国人民大学出版社，1993年版

28. 彭朝丞：《新闻标题学》，人民日报出版社，1996年版

29. 陈共，周升业，吴晓求：《证券与证券市场》，中国人民大学出版社，1996年版

30. 陈共，周升业，吴晓求：《证券投资分析》，中国人民大学出版社，1996年版

31. 陈共，周升业，吴晓求：《证券发行与交易》，中国人民大学出版社，1996年版

32. 周伟：《媒体前言报告》，光明日报出版社，2002年版

33. 刘海贵：《中国报业发展战略》，上海人民出版社，2006年版

34. 周鸿铎，王文杰，陈鹏：《传媒集团运营机制》，经济管理出版社，2005年版

35. 仲富兰：《广播评论——功能、选题与语言艺术》，复旦大学出版社，1997年版

36. ［美］艾伦·B.阿尔巴朗：《电子媒介经营管理》（第2版）谢新洲等译，北京大学出版社，2005年版

37. 陆小华：《再造传媒：传统媒体系统整合方略》，中信出版社，2002年版

38. 陈共，周升业，吴晓求：《中国证券法规总汇》，中国人民大学出版社，1996年版

39. 吴克宇：《电视媒介经济学》，华夏出版社，2004年版

40. 新世纪第二界新闻评论高层论坛论文集,华中科技大学新闻与信息传播学院,2006年

41. [美]康拉德·芬克（Conrad C. Fink）:《冲击力:新闻评论写作教程》,柳珊,顾振凯,郝瑞译,新华出版社,2002年版

42. [美]威廉·C. 盖恩斯:《调查性报道》(第2版),刘波,翁昌寿译,中国人民大学出版社,2005年版

43. 中国企业管理委员会,中国社会科学院管理科学研究中心主编:《企业社会责任报告》,中国财政经济出版社,2006年版

44. 丁淦林:《中国新闻事业史》,高等教育出版社,2002年版

45. 张海林:《中国思想家评传丛书——王韬评传》,南京大学出版社,1998年版

46. 方汉奇,张之华:《中国新闻事业简史》(第2版),中国人民大学出版社,1995年版

47. 曾华国:《中国式调查报道》,南方日报出版社,2006年版

48. 丛树海,张桁:《新中国经济发展史》(上),上海财经大学出版社,1999年版

49. 林晖:《新闻报道新教程:视角·范式与案例解析》,复旦大学出版社,2005年版

后　记

　　光阴荏苒,笔者从事新闻评论教学工作已经进入第十个年头。1997年我校成立新闻系,于当年9月招收"经济新闻专门化"本科生,学校办学思路明确,依托经济、法律、管理三大优势学科,强化新闻特色方向,着重培养经济新闻、法制新闻专业方向的复合型人才。笔者在新闻评论学的教学之余,有意识地把教学研究与经济新闻的学科特色紧密结合,关注经济新闻报道和评论的发展,以及报业产业化的改革和媒介经济的动态发展等方面。这本拙著可算是十年教与学过程的一个阶段性总结。写书的过程,是一个学习的过程,面对那些经济新闻评论佳作,屡屡感到才疏学浅有心无力。但是,笔者还是勇敢地先抛一个丑石,希望引出无数的美玉。

　　在这十年间,我们国家的改革向纵深发展,媒体也不例外,媒体业界的改革风起云涌,尤其是财经媒体大量涌现,经济专刊、专栏、专版、专业频道等呈出不穷;学界也纷纷研究媒体的改制转轨、兼并重组、媒介生态环境等新课题。关于经济新闻报道和评论的研究近年来佳作频出,大量的著作和论文对于业界的实践活动进行了理论的概括和总结。拙著也算是对经济新闻评论的原理发展和写作案例作一个简单的梳理和小结。

　　本书在写作过程中,一直得到所在学院领导和同事的鼓励和支持,没有他们的热情相助,本书不可能得以顺利出版。笔者每每在与学生的接触中,欣喜发现青年学生的锐气和才华,教学相长,课堂内外经常颇受启发。证券评论和报纸经济新闻评论等部分章节,得到2006届毕业生马艳兰、吴增苗、张帆同学在资料方面给予的帮助。在文稿修改中学生李石平提出了一些建议,笔者在此一并表示衷心的感谢。

　　本书完稿正值"五一"黄金周,笔者从武汉到北京,换了一个地方写作,真正以劳动纪念"劳动节"。笔者先生也在百忙中花费时间逐字逐句地斟酌推敲,在结构安排、个别章节内容等方面提出了大量修改意见,家人不言谢,铭记在心。

　　特别感谢华中科技大学新闻与信息传播学院院长张昆教授在百忙中欣然

为此书作序，可以说笔者研究经济新闻和媒介经济，其缘由起于张昆教授的指教和帮助，学无止境，愿意继续聆听教诲。

本书在出版中，得到武汉大学出版社舒刚编辑的大力帮助，提出了许多宝贵建议，此致谢忱。

对于本书参阅的文献资料和引用的经济新闻评论的作者，请接受笔者再次致意，与你们同行，并肩为我国的新闻事业添砖加瓦，是笔者的荣幸，也是今后更加努力的动力。

作　者
2007 年 5 月于北京皂君庙